Globale Germania -

Eine Geschichte der deutschen Kolonialunternehmungen weltweit

Ralf Schönert

Globale Germania -

Eine Geschichte der deutschen Kolonialunternehmungen weltweit

Ralf Schönert

Impressum

Bibliografische Information der Deutschen Nationalbibliothek:
Die Deutsche Nationalbibliothek verzeichnet diese Publikation in der
Deutschen Nationalbibliografie; detaillierte bibliografische Daten sind im
Internet über http://dnb.dnb.de abrufbar.

Die automatisierte Analyse des Werkes, um daraus Informationen
insbesondere über Muster, Trends und Korrelationen gemäß § 44b UrhG
(„Text- und Data-Mining") zu gewinnen, ist untersagt.

© 2025 Ralf Schönert

Verlag: BoD · Books on Demand GmbH, Überseering 33,
22297 Hamburg, bod@bod.de
Druck: Libri Plureos GmbH, Friedensallee 273, 22763 Hamburg

ISBN: 978-3-7693-2015-2

Inhaltsverzeichnis

1. EINFÜHRUNG

Wenn von deutscher Kolonialgeschichte die Rede ist, denken viele zuerst an Afrika. Doch der Einfluss des Deutschen Reiches reichte weit darüber hinaus. Dieses Buch zeichnet ein umfassendes Bild der deutschen Kolonialbestrebungen – von Asien über den Pazifik bis hin zu wenig bekannten Unternehmungen in Amerika. Diese Aktivitäten lassen sich nur verstehen, wenn sie im Kontext der europäischen Expansion und der globalen Machtverhältnisse des 19. und frühen 20. Jahrhunderts betrachtet werden.

Nach der Gründung des Deutschen Reiches im Jahr 1871 und der Proklamation Wilhelms I. als Kaiser begann Deutschland, seinen Anspruch als Großmacht zu etablieren. Angetrieben von einem starken Nationalismus und dem Wunsch, auf der internationalen Bühne mit Großbritannien und Frankreich gleichzuziehen, entwickelte sich ein koloniales Streben, das über Afrika hinausreichte.

Die deutsche Kolonialpolitik war, wie die anderer europäischer Mächte, von einer Mischung aus geopolitischem Kalkül und wirtschaftlichen Interessen geprägt. Die Industrialisierung schuf einen enormen Bedarf an Rohstoffen und neuen Absatzmärkten, die durch koloniale Erwerbungen gedeckt werden sollten. Darüber hinaus spiegelte das Streben nach einem „Platz an der Sonne", wie es Kaiser Wilhelm II. später formulierte, nicht nur wirtschaftliche Ambitionen wider, sondern auch ein sozialdarwinistisches Weltbild, das von einer angeblichen kulturellen und rassischen Überlegenheit ausging.

Die deutsche Kolonialgeschichte außerhalb Afrikas ist reich an wenig bekannten, aber bedeutsamen Kapiteln. Besonders hervorzuheben sind die Unternehmungen in Ostasien und im Pazifik. So kam Qingdao in China 1897 unter deutsche Kontrolle und wurde rasch zu einem wichtigen Marinestützpunkt – aber auch zu einem kulturellen und wirtschaftlichen Zentrum. Im Pazifik sicherte sich Deutschland mehrere Inselgruppen, darunter Teile von Samoa und die Karolinen. Diese dienten nicht nur als strategische Stützpunkte, sondern auch als wirtschaftliche Ressourcen, insbesondere für den lukrativen Kopra- und Phosphatabbau.

Die deutsche Kolonialgeschichte war nicht auf formelle Besitzungen beschränkt. Auch in der Karibik und Südamerika suchte das Deutsche Reich nach Einfluss – wenn auch vornehmlich durch Handelsbeziehungen und wirtschaftliche Präsenz, etwa im Bankwesen. Besonders bemerkenswert ist ein wenig bekanntes Kapitel der Geschichte: Schon im 16. Jahrhundert unternahmen deutsche Kaufleute in Venezuela Kolonisierungsversuche. Diese scheiterten jedoch – und gerieten fast in Vergessenheit.

Deutschland trat vergleichsweise spät in das koloniale Rennen ein, was dazu führte, dass es sich auf Gebiete konzentrieren musste, die von anderen Mächten als weniger erstrebenswert angesehen wurden. Diese späte Teilnahme und die daraus resultierende Fokussierung auf periphere Regionen hatten spezifische Auswirkungen auf die Art und Weise, wie deutsche Kolonialunternehmungen umgesetzt wurden. Häufig führte dies zu intensiveren und konfliktreicheren Interaktionen mit den lokalen Bevölkerungen.

Neben politischen und wirtschaftlichen Zielen spielten kulturelle und wissenschaftliche Projekte eine wichtige Rolle in den deutschen Kolonien. Expeditionen und Forschungsreisen, oft unter der Schirmherrschaft des deutschen Kaiserreichs durchgeführt, trugen zur Sammlung von Wissen und Artefakten bei, die in deutschen Museen und wissenschaftlichen Institutionen präsentiert wurden. Diese Bemühungen waren jedoch nicht frei von ethischen Konflikten, insbesondere im Umgang mit indigenen Kulturen und ihrem Erbe.

Die deutsche Kolonialgeschichte ist weitaus komplexer als die weithin bekannten Ereignisse in Afrika. Ihre Spuren reichen in viele andere Weltregionen, und gerade diese weniger bekannten Facetten verdienen besondere Beachtung. Sie zeichnen ein differenzierteres Bild des deutschen Imperialismus – eines, das die globale Dimension und den weitreichenden Einfluss jener Zeit deutlich macht. Diese oft übersehenen Kapitel bergen faszinierende Geschichten, die uns helfen, die weltumspannenden Dynamiken dieser Epoche besser zu verstehen.

In den kommenden Kapiteln werden wir tief in diese Geschichte eintauchen. Wir werden die Entwicklungen in den einzelnen Kolonialgebieten beleuchten, Verbindungen aufzeigen und die Auswirkungen dieser Politik auf die betroffenen Regionen und die Nachwelt analysieren. Ziel ist es, die Welt von damals lebendig werden zu lassen und ein fundiertes Verständnis für diese prägende Epoche der deutschen Geschichte zu vermitteln.

Ralf Schönert, 2016 - 2022

2. DIE ERSTEN SCHRITTE

Die deutschen Versuche, in Amerika Fuß zu fassen, sind eines der spannendsten und zugleich vergessenen Kapitel der Geschichte. Ein Abenteuer voller Hoffnungen und ehrgeiziger Pläne – geprägt von mutigen Visionen, aber auch von tragischem Scheitern. Und all das geschah lange vor der Reichsgründung von 1871. In jener Zeit träumten deutsche Fürsten und Handelsgesellschaften davon, sich neben den großen Kolonialmächten der Neuen Welt zu behaupten. Dabei ging es nicht nur um wirtschaftlichen Gewinn. Es war ein Wettlauf um Prestige, um das Streben nach internationaler Anerkennung. Es ging um den Platz Deutschlands in einer sich rapide wandelnden Weltbühne – und um den Traum, Teil eines globalen Spiels zu sein, das die Zukunft bestimmen würde.

Schon im 16. und 17. Jahrhundert wagten deutsche Handelsfamilien – allen voran aus Hamburg und Bremen – den Sprung über den Atlantik. Sie sahen die neuen Kolonien als Tor zu Reichtum und Einfluss. Besonders die Welser aus Augsburg versuchten in den 1520er Jahren, in Venezuela eine eigene Kolonie zu errichten. Ihr Unternehmen war ehrgeizig – doch letztlich scheiterte es. Dieser und andere Versuche zeugen von der Entschlossenheit, aber auch von den Herausforderungen, mit denen sich deutsche Kaufleute in der Neuen Welt konfrontiert sahen. Der Erfolg dieser Unternehmungen blieb allerdings begrenzt, was auf eine Mischung aus politischer Zersplitterung im damaligen Heiligen Römischen Reich und die überlegene militärische Präsenz anderer europäischer Mächte wie Spanien und England zurückzuführen war.

Die deutsche Präsenz in der Neuen Welt war eng mit der europäischen Expansion verknüpft – und doch von Grund auf anders. Während Spanien und Frankreich ihre Kolonien mit staatlicher Unterstützung ausbauten, blieben die deutschen Bestrebungen zersplittert. Es fehlte an einem geeinten Nationalstaat, der diese Unternehmungen hätte lenken können. Stattdessen waren es Einzelpersonen und regionale Handelsbündnisse, die den Sprung über den Atlantik wagten – oft mit bescheidenem Erfolg, aber großem Ehrgeiz. Dennoch bietet diese Epoche einen aufschlussreichen Blick auf die europäische Kolonialisierung aus einer deutschen Perspektive, die oft übersehen wird. Sie zeigt, wie sehr der Traum vom Zugang zu den Reichtümern der Neuen Welt auch jenseits der etablierten Kolonialmächte geträumt wurde und wie ambitioniert manche dieser Vorhaben waren – auch wenn sie letztlich scheiterten.

Diese historische Episode wirft die Frage auf, wie anders die koloniale Expansion verlaufen wäre, wenn die deutschen Länder bereits im 16. Jahrhundert vereint gewesen wären. Hätten sie womöglich einen bedeutenderen Platz in der Geschichte der Neuen Welt eingenommen? So bleibt die deutsche Kolonialgeschichte in Amerika ein wenig bekanntes, aber umso faszinierenderes Beispiel für die komplexen Dynamiken europäischer Machtpolitik und die unterschiedlichen Motivationen hinter der Expansion in die Übersegebiete.

Welser-Kolonie in Venezuela

Im 16. Jahrhundert, einer Epoche geprägt von Entdeckungen und kolonialen Ambitionen, nahmen auch deutsche Kaufleute eine aktive Rolle in der globalen Expansion europäischer Mächte ein. Ein bemerkenswertes, jedoch weitgehend vergessenes Kapitel dieser Geschichte ist das Engagement der Augsburger Handelsfamilie Welser in Venezuela. Dieses Unterfangen stellt einen frühen und einzigartigen Versuch deutscher Beteiligung an der amerikanischen Kolonialgeschichte dar.

Die Geschichte der Welser-Kolonie beginnt mit Kaiser Karl V., der nicht nur das Heilige Römische Reich regierte, sondern auch die spanischen Kronländer – und damit die neu entdeckten Gebiete Amerikas. Die Augsburger Kaufmannsfamilie Welser hatte dem Kaiser mehrfach Kredite gewährt. Als Gegenleistung erhielten sie 1528 eine außergewöhnliche Konzession: das Recht, die Provinz Klein-Venedig – große Teile des heutigen Venezuela – zu kolonisieren und zu verwalten.

Abbildung 1: Venezuela-Welser Kolonie ©OpenStreetMap, Open Database License (ODbL) 1.0

Bartholomäus Welser, ein einflussreiches Mitglied der Kaufmannsfamilie, übernahm die Leitung des ehrgeizigen Unternehmens. Die erste Expedition wurde rasch zusammengestellt und unter das Kommando von Ambrosius Ehinger gestellt – einem erfahrenen, aber wagemutigen Abenteurer, den die Welsers als ihren Statthalter bestimmten. Im Jahr 1529 erreichte Ehinger, auch bekannt als Ambrosius Alfinger, die venezolanische Küste und gründete die erste deutsche Siedlung in der Neuen Welt: Neu-Augsburg.

Die Bedingungen in Venezuela erwiesen sich als gnadenlos. Das tropische Klima setzte den Siedlern ebenso zu wie die unbekannten Krankheiten, gegen die sie kaum eine Chance hatten. Doch die größte Bedrohung ging von den zunehmend feindseligen Beziehungen zu den einheimischen Stämmen aus, insbesondere den Kariben. Die deutschen Kolonisten begegneten ihnen mit Härte – und mit rücksichtsloser Gier nach Gold. Diese brutale Vorgehensweise ließ Spannungen eskalieren, die in offenen Aufständen mündeten. Gewalt prägte den Alltag der Kolonie, und die Zahl der Todesopfer unter den Siedlern stieg unaufhaltsam.

Die Wirtschaft der Welser-Kolonie beruhte auf zwei Säulen: Bergbau und Landwirtschaft. Doch der erhoffte Reichtum blieb aus. Trotz aller Anstrengungen erwiesen sich die Ernten als mager, und die Minen lieferten nur wenig von dem ersehnten Gold. Die Legende von El Dorado ließ die Hoffnungen dennoch nicht schwinden. Mehrere Expeditionen drangen tief ins unerforschte Landesinnere vor – auf der Suche nach der Stadt aus Gold. Doch alle kehrten enttäuscht zurück. Was blieb, waren erschöpfte Männer und verschwendete Ressourcen.

Die Lage der Welser-Kolonie spitzte sich immer weiter zu. Die Expeditionen blieben erfolglos, die Kosten explodierten, und der stetige Nachschub an Siedlern aus Europa reichte kaum aus, um die Verluste auszugleichen. Gleichzeitig wuchsen die Spannungen mit den spanischen Behörden, die die deutschen Kaufleute zunehmend als unliebsame Konkurrenten betrachteten. Bald folgten Anschuldigungen: Misshandlungen, Missmanagement, gebrochene Absprachen. Rechtliche Auseinandersetzungen häuften sich – ein gefährliches Signal für die Zukunft der Kolonie.

Nach weniger als zwei Jahrzehnten war das Ende besiegelt. 1546 zog Kaiser Karl V. die Konzession zurück. Eine königliche Untersuchungskommission hatte schwere Verstöße gegen die Vertragsbedingungen festgestellt – und damit den endgültigen Schlag gegen die deutsche

Präsenz in Venezuela versetzt. Die letzten Vertreter der Welsers mussten das Land verlassen. Was einst als ehrgeiziges Handelsprojekt begann, endete als gescheiterter Traum. Die spanische Krone übernahm wieder die Kontrolle – und die Spuren der deutschen Kolonialambitionen verblassten in der Geschichte.

Die Welser-Kolonie in Venezuela bleibt ein weitgehend vergessenes Kapitel deutscher Überseeunternehmungen – überschattet von den mächtigen Kolonialreichen Spaniens und Portugals. Ihr kurzes Bestehen offenbart die harten Grenzen privater Kolonialprojekte in der Frühen Neuzeit. Ohne staatliche Unterstützung waren ehrgeizige Handelspläne dem politischen und wirtschaftlichen Druck der Großmächte nicht gewachsen.[1][2]

Die Brandenburger in der Karibik

Im 17. Jahrhundert wagte das Kurfürstentum Brandenburg unter Friedrich Wilhelm, dem Großen Kurfürsten, einen kühnen Schritt: den Eintritt in das Rennen um Kolonien. Mitten in der Karibik sollte eine deutsche Präsenz entstehen – ein kaum bekanntes, aber ambitioniertes Kapitel der Geschichte. Auch wenn das Vorhaben nur kurze Zeit Bestand hatte, hinterließ es Spuren im geopolitischen Gefüge der europäischen Kolonialmächte.

1   Rolf Walter, et al., Der Traum vom Eldorado. Die deutsche Conquista in Venezuela im 16. Jahrhundert. Eberhard, München 1992, ISBN 3-926777-23-0

2   German Latorre, 1919, Relaciones geográficas de Indias: (contenidas en el Archivo general de Indias de Sevilla). La Hispano-américa del siglo XVI: Colombia--Venezuela--Puerto Rico--República argentina. Spanien: Tip. Zarzuela.

Brandenburgs koloniale Bestrebungen waren mehr als ein wirtschaftliches Experiment – sie waren ein Statement. Der Große Kurfürst wollte nicht nur an den enormen Gewinnen aus dem Zucker- und Sklavenhandel teilhaben, sondern auch sein kleines Fürstentum auf die Landkarte der Großmächte katapultieren. Der Besitz einer Kolonie galt als Symbol von Stärke und Einfluss, und Brandenburg wollte sich in diesem globalen Machtspiel einen Platz sichern.

1682 gründete Brandenburg die Brandenburgisch-Afrikanische Compagnie (BAC) – ein Unternehmen mit klarem Ziel: Profit aus dem transatlantischen Handel. Entlang der westafrikanischen Küste errichtete man Handelsposten und Forts, um Sklaven zu beschaffen. Diese wurden über den Atlantik verschifft und in der Karibik gegen Zucker, Tabak und andere begehrte Waren eingetauscht. Der Menschenhandel florierte – und Brandenburg wollte mitverdienen.

1685 sicherte sich die Brandenburgisch-Afrikanische Compagnie ein begehrtes Stück Karibik: Teile der Insel St. Thomas. Durch geschickte Verhandlungen mit lokalen Herrschern und europäischen Kolonialmächten entstand eine brandenburgische Kolonie – ein Umschlagplatz für Sklaven, Zucker und andere wertvolle Güter. Doch der vermeintliche Erfolg hatte seinen Preis: Die Siedler gerieten in ständige Konflikte mit konkurrierenden Mächten, Piraten bedrohten die Handelsrouten, und die Versorgung der abgelegenen Kolonie blieb eine logistische Herausforderung.

Brandenburgs Einfluss in der Karibik wuchs – doch nicht ohne Widerstand. St. Thomas wurde zum Dreh- und Angelpunkt brandenburgischer Ambitionen, und bald richtete sich der Blick auf weitere Inseln. Kurzzeitig erlangte Brandenburg Kontrolle über St. Vincent und Tortuga. Doch der Expansionsdrang stieß auf Hindernisse: Die einheimische Bevölkerung leistete Widerstand, und europäische Rivalen, allen voran die Dänen, verteidigten ihre eigenen Interessen mit Nachdruck.

Die brandenburgischen Kolonialträume wurden zunehmend zu einem gefährlichen Spiel um Macht und Einfluss.

Der brandenburgische Handel mit Menschen war ein Geschäft mit unvorstellbarem Leid. Tausende von afrikanischen Sklaven wurden von der Brandenburgisch-Afrikanischen Compagnie verschleppt, auf engsten Raum gepfercht, über den Atlantik verschifft und schließlich verkauft. Die Zustände auf den Sklavenschiffen waren grausam: Hitze, Hunger, Krankheiten – viele überlebten die Reise nicht. Doch für die Kaufleute zählte nur der Profit. Jeder verkaufte Mensch bedeutete Einnahmen, und Brandenburgs Kolonialambitionen wurden mit Blut und Leid erkauft.

Ende des 17. Jahrhunderts begann der Einfluss Brandenburgs in der Karibik zu schwinden. Die fortwährenden Konflikte mit anderen europäischen Mächten, interne Misswirtschaft und logistische Herausforderungen untergruben die Stabilität und Rentabilität der Kolonien. 1717 wurde die brandenburgische Präsenz in der Karibik offiziell beendet, als die letzten Besitzungen verkauft wurden. Dies markierte das Ende des brandenburgischen kolonialen Abenteuers in der Neuen Welt.

Die brandenburgische Episode in der Karibik bleibt ein kaum beachtetes Kapitel der deutschen Geschichte – und doch war sie mehr als ein gescheiterter Versuch. Sie war der erste Schritt in Richtung kolonialer Ambitionen, ein früher Testlauf für die spätere deutsche Expansion. In einer von Spaniern, Briten und Franzosen dominierten Welt versuchte Brandenburg, sich einen Platz zu erkämpfen – und scheiterte. Doch die Erfahrungen dieser Zeit hinterließen Spuren: Sie formten eine spätere Kolonialpolitik, die zwischen wirtschaftlichen Träumen und humanitären Katastrophen schwankte.[3]

3   Hermann Kellenbenz, Die Brandenburger auf St. Thomas. In: Jahrbuch für Geschichte von Staat, Wirtschaft und Gesellschaft Lateinamerikas. 2 (1965), S. 196–217

Mennonitische Migration nach Pennsylvanien

Als die Mennoniten im 17. und 18. Jahrhundert nach Pennsylvania aufbrachen, war es mehr als eine Flucht – es war der Beginn einer neuen Geschichte. Verfolgt in Europa, suchten sie in der Neuen Welt nicht nur Sicherheit, sondern eine Zukunft. Ihre Ankunft prägte nicht nur die religiöse Landschaft Nordamerikas, sondern auch die Wirtschaft: Mit ihrem Wissen über Landwirtschaft und Handwerk hinterließen sie eine bleibende Spur in den entstehenden Kolonien.

Die Mennoniten, benannt nach Menno Simons, einem ehemaligen katholischen Priester aus Friesland, entstanden im 16. Jahrhundert im Zuge der radikalen Reformation. Menno Simons' Lehren förderten ein Leben in Einfachheit, Gewaltlosigkeit und strenger Auslegung der Bibel, was oft im Konflikt mit den staatlichen und religiösen Autoritäten stand. Diese Konflikte umfassten beispielsweise die Verweigerung des Kriegsdienstes, das Nichtablegen von Eiden sowie die Ablehnung staatlicher Eingriffe in religiöse Praktiken. Aufgrund ihrer pazifistischen Haltung und ihrer Weigerung, staatliche Autoritäten über die Lehren der Bibel zu stellen, waren Mennoniten in Europa häufig Verfolgungen ausgesetzt.

Menno Simons (1496–1561) war ein niederländischer Theologe und führender Vertreter der Täuferbewegung. Ursprünglich katholischer Priester, wandte er sich von der Kirche ab, nachdem er die biblische Taufe hinterfragte. Inspiriert von reformatorischen Ideen setzte er sich für eine pazifistische und gemeinschaftsorientierte Auslegung des Christentums ein. Menno Simons prägte die Bewegung, die später als Mennoniten bekannt wurde, und betonte die Trennung von Kirche und Staat sowie ein Leben in Christusnachfolge. Sein Wirken trug zur Entstehung einer friedfertigen Glaubensgemeinschaft bei, die bis heute Bestand hat. Sein Vermächtnis bleibt ein Symbol für Glaubensfreiheit und Gewaltlosigkeit.

Auf der Suche nach Sicherheit wanderten die Mennoniten durch Europa – von Deutschland und der Schweiz nach Holland, wo sie vorübergehend Schutz fanden. Doch die Verfolgung ließ sie nicht zur Ruhe kommen. Immer wieder mussten sie weiterziehen, in der Hoffnung, endlich einen Ort zu finden, an dem sie ihren Glauben frei ausleben konnten. Diese Hoffnung keimte neu auf, als Berichte über William Penns Kolonie Pennsylvania sie erreichten. Der Quäker Penn, der 1681 Land von König Karl II. erhalten hatte, versprach eine Zuflucht für religiös Verfolgte. Für viele Mennoniten war dies die Chance auf einen Neubeginn.

Die Reise nach Amerika war gefährlich und entbehrungsreich. Die Überfahrt erfolgte häufig auf kleinen, überfüllten Schiffen, die unter miserablen hygienischen Bedingungen segelten. Krankheiten wie Typhus und Skorbut forderten viele Opfer, und Stürme brachten die Reisenden oft in Lebensgefahr. Viele Mennoniten verkauften ihr gesamtes Hab und Gut in Europa, um die Überfahrt finanzieren zu können. Die Schiffe waren oft überfüllt und die hygienischen Bedingungen mangelhaft. Krankheiten wie Typhus und Skorbut waren auf diesen Reisen keine Seltenheit. Dennoch nahmen Tausende von Mennoniten diese Strapazen auf sich, getrieben von der Hoffnung auf ein freies und sicheres Leben.

William Penn (1644–1718) war ein englischer Quäker, Politiker und Gründer der Kolonie Pennsylvania. Geboren in London als Sohn eines wohlhabenden Admirals, konvertierte er in jungen Jahren zum Quäkertum, was ihn in Konflikt mit der Church of England und seinem Vater brachte. 1681 erhielt Penn von König Karl II. ein großes Landgebiet in Nordamerika als Schuldentilgung, das er zur Heimat für religiös Verfolgte machte. In Pennsylvania etablierte er eine Regierung auf Grundlage von Gleichheit, Toleranz und Mitbestimmung, mit besonderem Fokus auf friedliche Beziehungen zu den indigenen Völkern. Sein „Holy Experiment" wurde ein Vorbild für Demokratie und Religionsfreiheit in der Neuen Welt. Trotz späterer finanzieller Schwierigkeiten bleibt Penn ein Symbol für Toleranz, soziale Gerechtigkeit und das Recht auf Glaubensfreiheit.

Als die ersten mennonitischen Siedler in den 1680er Jahren Pennsylvania erreichten, betraten sie mehr als nur neues Land – sie begannen ein neues Kapitel der Geschichte. In Germantown, der ersten dauerhaften deutschen Siedlung in Nordamerika, legten sie den Grundstein für eine blühende Gemeinschaft. Mit harter Arbeit und unerschütterlichem Glauben verwandelten sie die Wildnis in fruchtbares Land. Bald wurde Germantown zum Zentrum deutscher Einwanderer und prägte die wirtschaftliche, soziale und kulturelle Entwicklung der jungen Kolonie. Ihre Spuren sind bis heute sichtbar. Sie brachten mit sich fortgeschrittene landwirtschaftliche Kenntnisse, die besonders in den fruchtbaren Gebieten Pennsylvanias sehr erfolgreich waren.

Obwohl die Mennoniten ihre eigene, oft isolierte Gemeinschaft pflegten, waren sie weit mehr als nur stille Beobachter der Kolonie – sie waren prägende Gestalter. Ihre Farmen wurden zum Maßstab für erfolgreichen Ackerbau und lockten andere Siedler an, die von ihrem Wissen und ihrer Arbeitsweise lernen wollten. Doch ihr Einfluss reichte über die Felder hinaus: Mit eigenen Schulen sicherten sie nicht nur den Fortbestand ihres Glaubens, sondern vermittelten auch praktisches Wissen, das ihre Kinder auf ein selbstbestimmtes Leben vorbereitete. In einer neuen Welt voller Herausforderungen bauten sie sich mit Disziplin und Gemeinschaftssinn eine stabile Zukunft auf.

Die Mennoniten waren in Pennsylvania angekommen, doch ein wirkliches Ankommen in der Gesellschaft blieb eine Herausforderung. Ihre strikte Weigerung, Eide zu schwören, brachte sie in Konflikt mit den kolonialen Verwaltungen, für die solche Schwüre selbstverständlich waren. Ihr Pazifismus, ein Kernstück ihres Glaubens, stieß auf Unverständnis – besonders in Zeiten des Krieges. Während die Amerikanische Revolution die Kolonie erschütterte, blieben die Mennoniten standhaft und verweigerten den Waffendienst. Für ihre Nachbarn war dies ein Zeichen von Illoyalität, für die Mennoniten ein unverrückbares Prinzip. Es war ein ständiges Ringen zwischen Überzeugung und gesellschaftlicher Akzeptanz.

Trotz aller Widerstände behaupteten sich die mennonitischen Gemeinden in Pennsylvania – und sie blühten auf. Ihre Höfe verwandelten die Region in ein Zentrum landwirtschaftlicher Innovation, ihr handwerkliches Geschick wurde zum Maßstab für Qualität, und ihre Schulen legten das Fundament für eine umfassende Bildung. Doch ihr größtes Erbe reicht über materielle Errungenschaften hinaus: Ihr unbeirrter Pazifismus und ihr soziales Engagement prägten die amerikanische Gesellschaft tiefgreifend und hinterließen eine Ideologie, die bis heute nachhallt.[4]

Handelsniederlassungen entlang des Mississippi

Die Entstehung von Handelsniederlassungen entlang des Mississippi im 17. und 18. Jahrhundert markiert eine signifikante Phase in der Geschichte Nordamerikas. Diese Niederlassungen waren nicht nur Knotenpunkte des Handels und der Interaktion zwischen europäischen Kolonisatoren und indigenen Völkern, sondern auch Katalysatoren für kulturellen Austausch und Konflikt. Die Geschichte dieser Handelsposten entfaltet sich vor dem Hintergrund europäischer Machtkämpfe, der wirtschaftlichen Expansionsbestrebungen und der tiefgreifenden Veränderungen in den Lebensweisen der indigenen Bevölkerung.

Der Mississippi, einer der längsten Flüsse Nordamerikas, war eine entscheidende geographische und strategische Ressource für die Kolonialmächte in Nordamerika. Seine Entdeckung und kartographische

4 Heinhold Fast, Die Mennoniten und die Gründung von Neustadtgödens. In: Mennonitische Geschichtsblätter, Bd. 52 (1995), S. 85–100

Erfassung durch europäische Entdecker wie Hernando de Soto im 16. Jahrhundert und später durch französische Expeditionen unter Führung von René-Robert Cavelier, Sieur de La Salle, legten den Grundstein für die spätere Nutzung des Flusses als Handelsroute.

Im frühen 17. Jahrhundert begann Frankreich mit der systematischen Erkundung und Kolonisierung des Mississippi-Tals. Die Franzosen erkannten schnell die Bedeutung des Flusses als Verkehrsweg und errichteten eine Reihe von Handelsniederlassungen, die als Stützpunkte für den Pelzhandel dienten. Orte wie Biloxi (1699 gegründet), Mobile (1702) und New Orleans (1718) wurden als strategische Handelsposten eingerichtet, die den Handel zwischen den Kolonien und den indigenen Völkern erleichtern sollten.

Der Pelzhandel war das Rückgrat der Wirtschaft entlang des Mississippi. Europäische Händler tauschten Waren wie Gewehre, Metallwerkzeuge und Stoffe gegen die wertvollen Pelze der Biber und anderer Tiere, die von den indigenen Völkern gejagt wurden. Diese Handelsbeziehungen waren komplex und oft von gegenseitiger Abhängigkeit geprägt, aber auch von Konflikten und Missverständnissen durchdrungen.

Die Entstehung der Handelsniederlassungen führte zu tiefgreifenden Veränderungen in den traditionellen Lebensweisen der indigenen Völker. Während einige Gruppen von den neuen Handelsmöglichkeiten profitierten, führten Krankheiten, die die Europäer einschleppten, und zunehmende Konflikte um Territorien und Ressourcen oft zu Leid und Bevölkerungsrückgang. Die Beziehungen zwischen den europäischen Händlern und den indigenen Gruppen waren daher geprägt von einer komplizierten Mischung aus Kooperation und Konkurrenz.

Neben den Franzosen waren auch die Briten und Spanier aktiv an der Erschließung des Mississippi-Tals beteiligt. Nach dem Sieg im Siebenjährigen Krieg erhielt Großbritannien die Kontrolle über große Teile des östlichen Mississippi-Tals, während Spanien das westliche Territorium übernahm. Diese neuen Machtverhältnisse führten zu einer Neuausrichtung der Handelsnetzwerke und zu einer Intensivierung der kolonialen Expansionsbestrebungen.

Mit der amerikanischen Unabhängigkeit und dem anschließenden Louisiana Purchase im Jahr 1803, durch den die Vereinigten Staaten das riesige Territorium westlich des Mississippi von Frankreich erwarben, begann eine neue Phase der Entwicklung. Amerikanische Siedler drängten nach Westen, und die Handelsniederlassungen entlang des Mississippi spielten eine entscheidende Rolle bei der Expansion in das Innere Nordamerikas.

Die Handelsniederlassungen entlang des Mississippi hinterließen ein gemischtes Erbe. Sie waren Zentren des kulturellen Austauschs und der wirtschaftlichen Entwicklung, aber auch Schauplätze von Ausbeutung und Konflikten. Ihre Geschichte bietet Einblicke in die komplexen Dynamiken der Kolonialzeit und die frühen Formen der Globalisierung in Nordamerika.[5]

Deutsche Söldner im Amerikanischen Unabhängigkeitskrieg

Die Rolle deutscher Söldner, insbesondere der hessischen Truppen, im Amerikanischen Unabhängigkeitskrieg (1775-1783) ist ein faszinierendes Kapitel der Militärgeschichte, das die internationalen Verflechtungen dieser Zeit beleuchtet. Diese Söldner wurden von den Briten angeworben, um gegen die aufständischen amerikanischen Kolonien

---

5 Hermann Wellenreuther, Niedergang und Aufstieg. Geschichte Nordamerikas vom Beginn der Besiedlung bis zum Ausgang des 17. Jahrhunderts. Lit, Münster u. a. 2000, ISBN 3-8258-4447-1

zu kämpfen. Ihre Beteiligung hatte nicht nur militärische, sondern auch tiefgreifende soziale und kulturelle Auswirkungen.

Die Anwerbung deutscher Söldner durch das britische Empire war Teil einer Strategie, um genügend militärische Ressourcen für den Konflikt in Nordamerika zu mobilisieren. Die meisten Söldner kamen aus verschiedenen kleinen deutschen Staaten, vor allem aus Hessen-Kassel. Der Landgraf von Hessen-Kassel, Friedrich II., sah in der Vermietung seiner Soldaten an Großbritannien eine lukrative Einnahmequelle, um seinen Staatshaushalt ohne zusätzliche Steuern zu finanzieren. Die Reise der hessischen Söldner nach Amerika war lang und gefährlich. Viele Soldaten litten unter Krankheiten, schlechter Ernährung und beengten Bedingungen auf den Transportschiffen. Nach ihrer Ankunft in Amerika waren sie den harten Realitäten des Krieges und einem fremden Land ausgesetzt. Ihre Integration in die britischen Streitkräfte verlief nicht immer reibungslos, da sprachliche und kulturelle Barrieren die Zusammenarbeit erschwerten.

Die hessischen Truppen waren an vielen bedeutenden Schlachten des Amerikanischen Unabhängigkeitskrieges beteiligt, darunter Trenton, Saratoga und die Südkampagnen. Ihre militärische Effektivität war hoch, doch die amerikanischen Streitkräfte lernten schnell, ihre taktischen Schwächen auszunutzen. Besonders bekannt wurde die Schlacht von Trenton, bei der hessische Truppen überraschend angegriffen und besiegt wurden, was eine entscheidende Wende im Krieg bedeutete. Obwohl sie als Kombattanten auf britischer Seite kämpften, kamen viele hessische Söldner mit der lokalen Bevölkerung in Kontakt und beeinflussten diese kulturell. Einige blieben nach dem Krieg in Amerika und bereicherten die kulturelle Vielfalt der jungen Nation. Ihre Erfahrungen und Erzählungen halfen, die Beziehungen zwischen Deutschland und den Vereinigten Staaten in den folgenden Jahrzehnten zu formen. Nach dem Unabhängigkeitskrieg kehrte ein Großteil der überlebenden hessischen Söldner nach Deutschland zurück. Die Rückkehr war jedoch oft schwierig. Viele fanden ihre Heimat verändert vor, und die Wiedereingliederung ins zivile Leben war herausfordernd. Die Kriegserfahrungen hatten sie geprägt, und sie wurden oft mit gemischten Gefühlen empfangen.

Die Beteiligung deutscher Söldner im Amerikanischen Unabhängigkeitskrieg hat das Bild Deutschlands in den USA lange geprägt. In Deutschland selbst wurde die Vermietung von Truppen kritisch gesehen und trug zu einem Umdenken über militärische Dienstleistungen im Ausland bei. Die historische Aufarbeitung dieser Episode hat zu einer kritischen Reflexion über die Rolle von Söldnern in internationalen Konflikten geführt.[6]

---

6 Marianne S. Wokeck, Trade in Strangers – The Beginnings of Mass Migration to North America, 1999, Pennsylvania State University, ISBN 978-0-271-01832-4

3. DAS DEUTSCHE REICH IN ASIEN

Das Thema „Das Deutsche Reich in Asien" beleuchtet ein Kapitel der deutschen Kolonialgeschichte, das sich im späten 19. und frühen 20. Jahrhundert abspielte. Im Mittelpunkt dieses Kapitels steht die Stadt Qingdao (auch Tsingtau genannt), die als deutscher Militär- und Handelsposten an der chinesischen Küste errichtet wurde. Doch das deutsche Engagement in Asien war weit mehr als der Versuch, einen einzelnen Stützpunkt zu etablieren, und es war auch nicht allein auf die koloniale Expansion beschränkt. Vielmehr war es Ausdruck komplexer politischer, wirtschaftlicher und strategischer Interessen in einem Zeitalter des imperialen Wettstreits der europäischen Großmächte.

Das Engagement in Qingdao begann 1897, als das Deutsche Reich die Stadt unter dem Vorwand der Vergeltung für die Ermordung zweier deutscher Missionare besetzte. In den darauffolgenden Jahren wurde Qingdao zu einem Symbol für die Ambitionen des Kaiserreichs in Fernost: Es entstand eine moderne Hafenstadt mit deutschen Verwaltungsgebäuden, Industrieanlagen und einem Eisenbahnnetz, das die wirtschaftliche Erschließung der Region ermöglichen sollte. Dabei war Qingdao jedoch nicht nur ein strategischer Militärposten, sondern auch ein Handelszentrum, das deutschen Unternehmen ermöglichen sollte, von den Ressourcen und Märkten Chinas zu profitieren.

Das deutsche Engagement in Asien war aber nicht auf Qingdao beschränkt. Auch an anderen Orten, wie etwa auf den pazifischen Inseln oder in Handelsbeziehungen mit Japan, versuchte das Deutsche Reich, seinen Einfluss auszudehnen. Diese Bestrebungen waren Teil eines größeren Bildes, in dem es darum ging, im globalen Machtspiel der damaligen Zeit nicht ins Hintertreffen zu geraten. Der Erwerb von Kolonien und Einflusszonen galt als Zeichen nationaler Stärke und als notwendiger Bestandteil, um als Großmacht anerkannt zu werden.

Die Geschichte von Qingdao und der deutschen Präsenz in Asien zeigt aber auch die Herausforderungen, mit denen das Deutsche Reich konfrontiert war. Die Errichtung und Verwaltung einer Kolonie in einer so fernen Region erwies sich als äußerst kostspielig und stieß auf zahlreiche Widerstände – sowohl von Seiten der lokalen chinesischen Bevölkerung als auch im Kontext der internationalen Rivalitäten mit anderen Kolonialmächten, insbesondere Japan und Großbritannien. Als der Erste Weltkrieg ausbrach, wurde Qingdao von japanischen Truppen erobert, was das Ende der deutschen Kolonialpräsenz in dieser Region markierte.

Trotz seines letztlich begrenzten Erfolgs bietet das Kapitel des Deutschen Reiches in Asien wertvolle Einblicke in die Dynamik des Imperialismus und die Motivation hinter der kolonialen Expansion. Es verdeutlicht, dass es nicht nur um territoriale Eroberungen ging, sondern auch um das Streben nach Prestige, wirtschaftlichen Vorteilen und strategischen Positionen. Die deutsche Kolonialgeschichte in Asien ist somit ein bedeutender, wenngleich oft übersehener Teil der globalen Geschichte des Imperialismus – und ein Beispiel dafür, wie europäische Großmächte versuchten, ihre Macht und ihren Einfluss weit über die Grenzen Europas hinaus auszudehnen.

Der Erwerb von Qingdao war ein geopolitisches Meisterstück im Kontext der Zeit. Während europäische Mächte wie Großbritannien, Frankreich und Russland seit dem Beginn des 19. Jahrhunderts ihre kolonialen Netzwerke in Asien etabliert hatten, war das Deutsche Reich relativ spät in diesen Wettlauf eingestiegen. Nach der Reichsgründung von 1871 unter Bismarck galt der Fokus zunächst der inneren Konsolidierung und dem europäischen Machtgleichgewicht. Der außenpolitische Kurs des Reichskanzlers stand unter dem Zeichen der „Realpolitik", und koloniale Abenteuer erschienen aus wirtschaftlicher und strategischer Sicht riskant. Doch mit dem Regierungsantritt von Wilhelm II. änderte sich die deutsche Außenpolitik grundlegend. Der

Kaiser verfolgte eine imperialistische Politik, die auch eine Präsenz in Übersee erforderte. Wilhelm II. träumte von einem „Platz an der Sonne" und wollte, dass das Deutsche Reich eine führende Rolle in der Weltpolitik spielte.

Zeitleiste der deutschen Kolonialzeit in Qingdao

year	event
1897	Besetzung der Bucht von Jiaozhou und Gründung Qingdaos
1902	Schulreformprojekt: Aufbau eines deutschen Bildungssystems in Qingdao
1903	Eröffnung der Tsingtao-Brauerei
1905	Aufstand der Eisenbahnarbeiter gegen die deutschen Kolonialherren
1908	Tsingtau-Proteste: Chinesischer Widerstand gegen die Kolonialverwaltung
1910	Deutsch-Mandschu-Kooperation zur Modernisierung des chinesischen Militärs
1914	Beginn der Belagerung von Qingdao durch japanische und britische Truppen
1914	Deutsche Kapitulation und Ende der Kolonialzeit in Qingdao

Abbildung 2: Zeitleiste Quelle: Eigene Darstellung, © Ralf Schönert

Ein Schlüsselmoment für das deutsche Engagement in Asien war die Ermordung von zwei deutschen Missionaren im Jahr 1897 in der chinesischen Provinz Shandong. Diese Ereignisse wurden von der deutschen Regierung als Vorwand genutzt, um militärische Maßnahmen zu ergreifen und ihren Einfluss in der Region zu stärken. Ein Geschwader der Kaiserlichen Marine besetzte daraufhin die Bucht von Jiaozhou und die umliegende Region, wo die Stadt Qingdao gegründet wurde. Dieses Vorgehen stand im Einklang mit der damaligen imperialen Praxis, Gebiete durch "Kanonenbootpolitik" zu erwerben, d.h. militärische Präsenz und Gewaltandrohung als Mittel zur Durchsetzung politischer und wirtschaftlicher Ziele einzusetzen.

Die Wahl von Qingdao als Standort für eine deutsche Kolonie war keineswegs zufällig. Die Region bot zahlreiche strategische Vorteile: Die Bucht von Jiaozhou war ein natürlicher Tiefwasserhafen, ideal für mi-

26

litärische und kommerzielle Zwecke. Zudem lag sie günstig an wichtigen Handelsrouten, die China mit Japan und den westlichen Mächten verbanden. Die geographische Nähe zu Peking ermöglichte es den Deutschen, direkten politischen Druck auf die Qing-Dynastie auszuüben. Darüber hinaus bot die Region reiche landwirtschaftliche Ressourcen, die für die Versorgung der Kolonisten genutzt werden konnten. Qingdao wurde somit nicht nur als militärischer Stützpunkt, sondern auch als wirtschaftliches und politisches Zentrum der deutschen Aktivitäten in China konzipiert.

An der Spitze sowohl der zivilen als auch der militärischen Verwaltung in Qingdao stand ein Marineoffizier in der Funktion des Gouverneurs. Dieser war nicht nur der oberste Verwaltungschef, sondern zugleich der militärische Befehlshaber der Truppen, die in der Kolonie stationiert waren. Über die Jahre hinweg wurde diese Position von verschiedenen hochrangigen Offizieren der Kaiserlichen Marine bekleidet. Admiral Oskar von Truppel war zweimal Gouverneur: zunächst in den Jahren 1897 bis 1898 und später nochmals von 1901 bis 1911. In der Zwischenzeit führte Konteradmiral Carl Rosendahl von 1898 bis 1899 das Amt, während Kapitän zur See Paul Jaeschke es von 1899 bis 1901 innehatte. In den letzten Jahren der deutschen Herrschaft, von 1911 bis 1914, war Vizeadmiral Alfred Meyer-Waldeck der letzte Gouverneur der Kolonie.

Zur Unterstützung des Gouverneurs war ein Gouvernementsrat vorgesehen, der als Repräsentationsorgan der deutschen Einwohner fungieren sollte. Dieser Rat sollte ursprünglich die Interessen der deutschen Bevölkerung vertreten und gleichzeitig als Kontrollinstanz agieren, um die umfassende Macht des Gouverneurs einzuschränken. In der Praxis blieb dies jedoch erfolglos, da der Gouverneur weiterhin nahezu uneingeschränkte Befugnisse ausübte.

Zusätzlich zu diesem Gremium gab es ein sogenanntes Chinesisches Komitee, das die wohlhabenderen und einflussreicheren chinesischen

Einwohner vertreten sollte. Dieses Komitee spielte anfangs jedoch eine sehr untergeordnete Rolle und hatte wenig Einfluss auf die politischen Entscheidungen. Erst im Jahr 1910 wurde es in eine Handelskammer umgewandelt, die sich auf eine landsmannschaftliche Organisation stützte. Ab diesem Zeitpunkt fungierte die Handelskammer weitaus effektiver als Bindeglied zwischen den deutschen Kolonialherren und der chinesischen Bevölkerung, insbesondere im wirtschaftlichen Bereich. Durch diese Reform konnte eine deutlich bessere Kommunikation und Zusammenarbeit zwischen den beiden Bevölkerungsgruppen in Qingdao erreicht werden.

Die eigentliche Entwicklung der Stadt Qingdao begann mit der Errichtung einer modernen Infrastruktur. Die deutschen Ingenieure und Stadtplaner legten großen Wert darauf, ein modernes städtisches Zentrum nach europäischen Maßstäben zu errichten. Es wurden breite Straßen angelegt, moderne Gebäude im wilhelminischen Stil errichtet, und die Stadt erhielt eine umfassende Wasserversorgung sowie ein Elektrizitätswerk. Das deutsche Viertel von Qingdao war eine regelrechte Kopie europäischer Städte mit großzügigen Villen, gepflegten Gärten und öffentlichen Plätzen. Besonders beeindruckend war die Errichtung eines modernen Hafens, der es ermöglichte, große Handelsschiffe abzufertigen und Qingdao zu einem wichtigen Knotenpunkt im Handel zwischen Europa und Asien zu machen.

Während der wirtschaftliche Nutzen für Deutschland durch den Handel mit China und anderen asiatischen Märkten offensichtlich war, spielten auch kulturelle und wissenschaftliche Aspekte eine bedeutende Rolle. Die Deutschen gründeten in Qingdao Schulen, Kirchen und wissenschaftliche Institute, um sowohl ihre eigene Präsenz zu festigen als auch Wissen über China zu sammeln. Ein herausragendes Beispiel war die Pflanzenschule in Qingdao, die von deutschen Botanikern eingerichtet wurde und zum Sammeln und Klassifizieren der vielfältigen Flora Chinas diente. Weniger bekannt, aber dennoch von historischer Bedeutung, war das deutsche Interesse an der chinesischen Medizin. Einige deutsche Wissenschaftler und Ärzte, die in Qingdao stationiert waren, begannen, sich intensiv mit der traditionellen chinesischen Medizin auseinanderzusetzen und deren Heilmethoden zu dokumentieren. Diese Arbeit führte zu einem bemerkenswerten interkulturellen Austausch, der in vielen westlichen Ländern bis heute spürbar ist.

Neben diesen wissenschaftlichen und kulturellen Initiativen verfolgten die Deutschen jedoch auch strikt militärische Ziele in Qingdao. Die Kaiserliche Marine nutzte den Hafen von Qingdao als Stützpunkt, von dem aus sie ihre Interessen im Pazifikraum und in Südostasien verteidigen konnte. Um die Verteidigungsfähigkeit der Stadt zu gewährleisten, wurden umfangreiche Befestigungsanlagen errichtet, darunter das berühmte Fort Bismarck. Diese militärischen Anlagen sollten Qingdao nicht nur gegen mögliche chinesische Aufstände schützen, sondern auch gegen andere imperialistische Mächte, die ein Interesse an der Region hatten.

Ein Ereignis, das oft im Schatten der bekannteren militärischen und wirtschaftlichen Entwicklungen in Qingdao steht, ist der sogenannte „Bierkrieg". Deutsche Braumeister hatten in Qingdao eine Brauerei gegründet, die das berühmte Tsingtao-Bier herstellte, das heute noch weltweit bekannt ist. Was weniger bekannt ist, ist der Konflikt, der innerhalb der deutschen Kolonialverwaltung über die Kontrolle und das Management dieser Brauerei ausbrach. Verschiedene Fraktionen innerhalb der Verwaltung und der Wirtschaftselite kämpften um die Vorherrschaft über die Brauerei, da sie als eines der profitabelsten Unternehmen in der Region galt. Dieser Konflikt führte zu einer Reihe von Intrigen und Machtkämpfen, die die deutsche Kolonialverwaltung zeitweise destabilisierten.

Ein weiteres Ereignis, das nicht im Fokus der Öffentlichkeit steht, ist die sogenannte „Küstenmission". Dabei handelte es sich um eine geheime Operation der Kaiserlichen Marine, die darauf abzielte, versteckte Waffendepots entlang der chinesischen Küste zu errichten, um im Falle eines Konflikts schnell aufgerüstet werden zu können. Diese Operation wurde in Zusammenarbeit mit einigen einheimischen Warlords durchgeführt, die den Deutschen im Gegenzug für Waffen und Unterstützung ihre Loyalität versprachen. Diese Strategie sollte sicherstellen, dass Deutschland auch im Falle eines internationalen Konflikts seine Kontrolle über Qingdao und die umliegenden Gebiete behalten würde. Diese Waffendepots spielten später eine entscheidende Rolle im Ersten Weltkrieg, als Qingdao von japanischen Truppen belagert wurde.

Ein weiteres weniger bekanntes, aber bedeutendes Kapitel der deutschen Kolonialgeschichte in Qingdao betrifft die jüdische Gemeinde. Während der deutschen Besatzung fanden zahlreiche jüdische Händler und Geschäftsleute aus Russland und Europa ihren Weg nach Qingdao. Die deutsche Verwaltung gewährte ihnen besondere wirtschaftliche Privilegien, um den Handel zu fördern. Es entstand eine kleine, aber wohlhabende jüdische Gemeinschaft, die zum wirtschaftlichen Aufstieg der Stadt beitrug. Dieser Aspekt der Kolonialgeschichte ist in der breiten Öffentlichkeit weitgehend unbekannt geblieben, obwohl er eine wichtige Rolle in der Entwicklung der Stadt spielte.

Die deutsche Herrschaft in Qingdao endete abrupt mit dem Beginn des Ersten Weltkriegs im Jahr 1914. Die Japaner, die bereits seit Jahren Interesse an der Region hatten, sahen in der Kriegserklärung an Deutschland eine Gelegenheit, ihren Einfluss in China auszubauen. Im Oktober 1914 begannen japanische Truppen, unterstützt von britischen Einheiten, die Belagerung von Qingdao. Nach wochenlangen Kämpfen kapitulierten die deutschen Truppen am 7. November 1914. Qingdao wurde von den Japanern besetzt und blieb bis zum Ende des Ersten Weltkriegs in ihrem Besitz.

Obwohl die deutsche Herrschaft über Qingdao nur etwa 17 Jahre andauerte, hinterließ sie tiefe Spuren in der Stadt und in der Region. Die deutsche Architektur, die Infrastruktur und die industrielle Entwicklung prägten Qingdao nachhaltig und sind noch heute in vielen Teilen der Stadt sichtbar. Die Stadtplanungen, die während der deutschen Kolonialzeit entwickelt wurden, beeinflussten die Modernisierung der Region und machten Qingdao zu einer der fortschrittlichsten Städte Chinas. Das Tsingtao-Bier ist nach wie vor ein Symbol für das deutsche Erbe in der Stadt und wird heute in über 50 Länder exportiert.

Trotz dieser Erfolge war die deutsche Kolonialpolitik in Asien nicht frei von Kontroversen und Misserfolgen. Die kulturellen und politischen Spannungen zwischen den deutschen Kolonialherren und der einheimischen Bevölkerung führten immer wieder zu Konflikten. Besonders die Diskriminierung der Chinesen in der Kolonialverwaltung und die harte Hand, mit der Aufstände und Proteste niedergeschlagen wurden, trugen zu einer wachsenden Feindseligkeit gegenüber den Deutschen bei. Diese Spannungen kulminierten in den sogenannten „Tsingtau-Protesten" von 1908, als chinesische Arbeiter und Studenten gegen die deutschen Kolonialherren auf die Straße gingen. Obwohl diese Proteste von der deutschen Kolonialmacht brutal niedergeschlagen wurden, blieben sie ein Vorbote der späteren antikolonialen Bewegungen, die in den 1920er und 1930er Jahren ganz Asien erfassten.

Ein besonders wenig beachtetes Ereignis in der Geschichte Qingdaos ist der „Deutsch-Chinesische Technologietransfer" während der Kolonialzeit. In den ersten Jahren der deutschen Besatzung konzentrierten sich die Bemühungen der Deutschen vor allem auf den Aufbau von Infrastruktur und Industrie. Es wurde jedoch wenig Aufmerksamkeit auf die Ausbildung der einheimischen Bevölkerung gelegt. Dies änderte sich in den 1910er Jahren, als eine Gruppe von deutschen Ingenieuren und Wissenschaftlern beschloss, ihr Wissen an chinesische Arbeiter und Studenten weiterzugeben. Diese Initiative führte zur Gründung der ersten technischen Hochschule in Qingdao, die chinesische Ingenieure ausbildete und sie mit modernem technologischem Wissen versorgte. Diese Ausbildung legte den Grundstein für die spätere industrielle Entwicklung Chinas in der Region.

Neben den bereits erwähnten Ereignissen, die das deutsche Engagement in Qingdao und die damit verbundenen Entwicklungen in Asien prägten, gab es noch weitere bedeutende Vorfälle und Initiativen, die oft in der Geschichtsschreibung übersehen werden. Diese Ereignisse zeigen die Komplexität und die vielfältigen Dimensionen der deutschen Kolonialpolitik in der Region, die sich nicht nur auf militärische oder wirtschaftliche Aspekte beschränkten, sondern auch soziale, kulturelle und wissenschaftliche Bereiche umfassten.

Bildungssystem in Qingdao während der deutschen Kolonialzeit

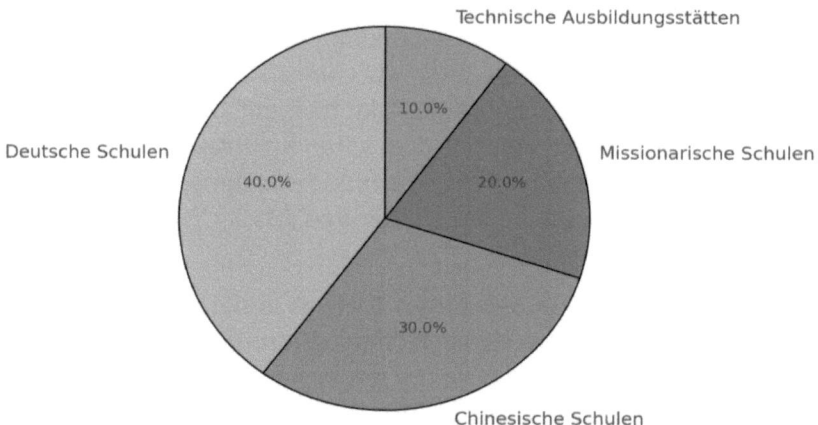

Abbildung 3: Datenmaterial aus: Deutsche Kolonialpolitik in Ostasien 1897-1914, Verlag für Sozialwissenschaften, 1969, Quelle: Eigene Darstellung, © Ralf Schönert

Ein weniger bekanntes Ereignis ist auch das sogenannte „Schulreformprojekt" von 1902, das von deutschen Missionaren und Kolonialbeamten initiiert wurde. Dieses Projekt zielte darauf ab, ein modernes Bildungssystem in der Region Shandong zu etablieren. Die Deutschen waren sich bewusst, dass der langfristige Erfolg ihrer Kolonie nicht nur von militärischer Stärke, sondern auch von der Akzeptanz und Zusammenarbeit der einheimischen Bevölkerung abhing.

Das Schulreformprojekt beinhaltete den Aufbau eines Netzwerks von Grundschulen, in denen sowohl die deutsche Sprache als auch chinesische Kultur und Traditionen unterrichtet wurden. Die Idee war es, eine Generation von Chinesen heranzubilden, die sowohl mit der deutschen Kultur vertraut als auch loyal gegenüber der Kolonialmacht waren. Besonders bemerkenswert war der Versuch, diese Schulen auf dem Land zu etablieren, wo das Bildungssystem bis dahin rudimentär geblieben war. Die deutsche Kolonialverwaltung erhoffte sich dadurch langfristig eine stabile und gebildete einheimische Schicht, die als Vermittler zwischen den Kulturen dienen konnte.[7]

Auch erwähnenswert ist die Förderung der deutschen Wissenschaft und Technologie in China durch eine Reihe von Forschungsprojekten, die weniger im öffentlichen Fokus standen. Während die kolonialen Ambitionen in Qingdao primär von wirtschaftlichen Interessen getrieben wurden, spielten auch wissenschaftliche Erkundungen eine wichtige Rolle. Deutsche Geologen, Biologen und Ethnologen führten in der Provinz Shandong umfangreiche Forschungsarbeiten durch. Besonders die geologischen Untersuchungen waren von großer Bedeutung, da die Region reich an Bodenschätzen wie Kohle und Eisenerz war. Diese Forschungsarbeiten führten zu einem besseren Verständnis der geologischen Struktur Chinas und ermöglichten den Deutschen, ihre wirtschaftlichen Aktivitäten in der Region gezielt auszu-

---

7   Vossische Zeitung (historisches Archiv, 1902–1905), Artikel zur Bildungsarbeit der deutschen Kolonialverwaltung in Qingdao

bauen. Auch in den Bereichen Botanik und Zoologie wurden zahlreiche Expeditionen durchgeführt, die zur Entdeckung und Katalogisierung einer Vielzahl von Tier- und Pflanzenarten führten, die bis dahin in Europa unbekannt waren. Diese wissenschaftlichen Errungenschaften, die oft in enger Zusammenarbeit mit chinesischen Wissenschaftlern und Institutionen stattfanden, trugen zu einem interkulturellen Austausch auf hohem Niveau bei, der jedoch heute wenig Beachtung findet.

Ein weiteres wenig bekanntes Ereignis war die Deutsche-Mandschu-Kooperation von 1910, bei der die Deutschen versuchten, eine strategische Allianz mit der Mandschu-Elite der Qing-Dynastie zu schmieden. Während sich der Großteil der westlichen Mächte auf Handelsbeziehungen und militärische Präsenz konzentrierte, erkannten die Deutschen die Bedeutung einer Zusammenarbeit mit der einheimischen Elite. Diese Kooperation beinhaltete sowohl wirtschaftliche als auch politische Aspekte. Deutsche Waffenhändler lieferten modernste Ausrüstung an die mandschurischen Truppen, während deutsche Diplomaten versuchten, die Qing-Regierung davon zu überzeugen, eine engere Zusammenarbeit mit dem Deutschen Reich einzugehen, um den Einfluss anderer westlicher Mächte zu begrenzen. Diese Initiative war insofern bemerkenswert, als sie die erste ernsthafte diplomatische Bemühung Deutschlands war, eine dauerhafte strategische Partnerschaft mit einer einheimischen Macht in Asien aufzubauen. Der Erfolg dieser Bemühungen war jedoch begrenzt, da die politische Situation in China zunehmend instabil wurde, was schließlich zur Xinhai-Revolution von 1911 und dem Sturz der Qing-Dynastie führte.[8]

Auch interessant war der Aufstand der Eisenbahnarbeiter von 1905, der sich gegen die schlechten Arbeitsbedingungen unter deutscher

8   Jürgen Osterhammel, Die Entzauberung Asiens. Europa und die asiatischen Reiche im 18. Jahrhundert. Beck, München 1998, ISBN 3-406-44203-X

Aufsicht richtete. Die Deutschen hatten in Qingdao nicht nur moderne Straßen und Gebäude errichtet, sondern auch ein umfangreiches Eisenbahnnetz, das die Stadt mit dem chinesischen Hinterland verbinden sollte. Diese Eisenbahn war von entscheidender Bedeutung für den Transport von Waren und Rohstoffen aus den inneren Provinzen Chinas nach Qingdao und weiter nach Europa. Die Arbeitsbedingungen für die chinesischen Arbeiter, die an diesem Projekt beteiligt waren, waren jedoch extrem hart. Sie mussten lange Stunden unter gefährlichen Bedingungen arbeiten und erhielten nur einen geringen Lohn. Als sich die Arbeitsbedingungen nicht verbesserten, kam es 1905 zu einem massiven Streik der Eisenbahnarbeiter. Der Aufstand wurde von der deutschen Kolonialverwaltung zunächst ignoriert, eskalierte jedoch, als die Arbeiter begannen, wichtige Infrastruktur zu sabotieren. Die Deutschen reagierten mit Gewalt, und der Aufstand wurde blutig niedergeschlagen. Dieser Vorfall zeigt die soziale Dimension der deutschen Kolonialherrschaft in Qingdao und die wachsende Unzufriedenheit der einheimischen Bevölkerung mit den Kolonialherren.[9]

Ebenfalls weniger bekannt ist die deutsche Beteiligung an der Modernisierung der chinesischen Marine. Die Deutschen, die Qingdao als wichtigen Militärstützpunkt betrachteten, erkannten früh die Bedeutung einer modernen Marine für die Sicherung ihrer Interessen in der Region. Ab 1904 wurden chinesische Offiziere an deutschen Marinetechniken ausgebildet, und deutsche Ingenieure halfen beim Bau moderner Schiffe für die chinesische Marine. Diese Initiative war Teil eines größeren Plans, das militärische Potenzial der Chinesen zu stärken und sie zu einem verlässlichen Partner im Kampf gegen andere Kolonialmächte zu machen. Obwohl diese Bemühungen von der zunehmenden politischen Instabilität in China überschattet wurden, spiel-

9   Jork Artelt, Tsingtau, deutsche Stadt und Festung in China 1897-1914, 1984, Droste Verlag, ISBN 9783770006465

ten sie eine bedeutende Rolle bei der Modernisierung der chinesischen Marine und des Militärs, und sie legten den Grundstein für spätere militärische Reformen in der Republik China.

Insgesamt lässt sich sagen, dass das Deutsche Reich in Asien und speziell in Qingdao sowohl positive als auch negative Spuren hinterlassen hat. Während die wirtschaftliche und infrastrukturelle Entwicklung der Region stark von der deutschen Präsenz profitierte, führte die Kolonialherrschaft auch zu erheblichen Spannungen und Konflikten mit der einheimischen Bevölkerung. Qingdao bleibt jedoch bis heute ein einzigartiges Beispiel für die komplexen und oft widersprüchlichen Aspekte der deutschen Kolonialpolitik in Asien. Der Einfluss der deutschen Kolonialzeit auf die Architektur, Kultur und Wirtschaft der Stadt ist bis heute sichtbar und prägt das Bild von Qingdao als einer der modernsten und internationalsten Städte Chinas.

4. DER PAZIFIK ALS SCHAUPLATZ

Die deutschen Kolonialbemühungen im Pazifik markieren ein weiteres Kapitel in der Geschichte des Deutschen Reichs als weltweit agierende Macht. Besonders interessant sind die Geschichten der deutschen Aktivitäten in Samoa und auf den Karolinen, zwei Regionen, die entscheidend zur deutschen Präsenz im Pazifik beitrugen. Diese Gebiete erlebten eine Vielzahl von Ereignissen, die nicht nur die lokale Bevölkerung tiefgreifend beeinflussten, sondern auch die Ambitionen und Herausforderungen der deutschen Kolonialpolitik in dieser Region prägten – eine Geschichte, die bis heute weitgehend unbekannt geblieben ist.

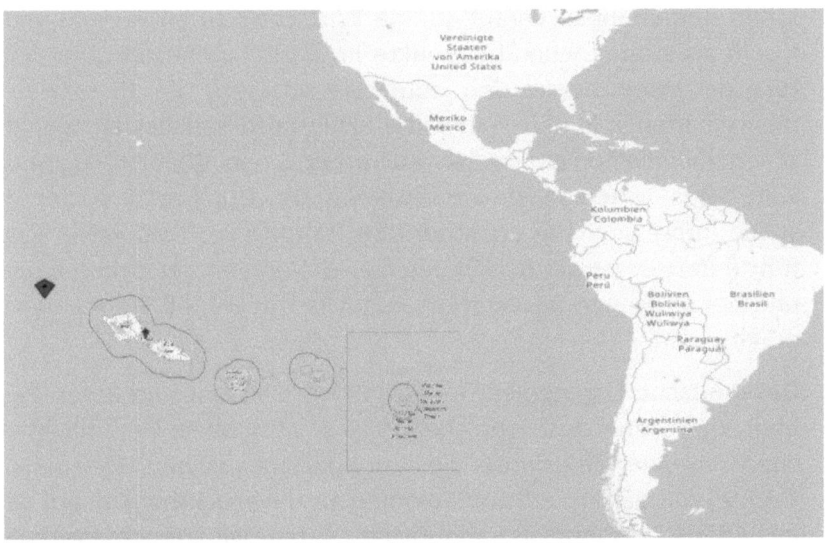

Abbildung 4: Samoa©OpenStreetMap, Open Database License (ODbL) 1.0, Änderungen vorgenommen durch Autor

Ende des 19. Jahrhunderts wetteiferten Deutschland, Großbritannien und die USA um Einfluss in Samoa. In diesem Kontext begann das deutsche Engagement auf den Inseln.

Nach jahrelangen Verhandlungen und Spannungen teilten die Großmächte das Gebiet unter sich auf, wobei das westliche Samoa 1899 offiziell zur deutschen Kolonie wurde. Die Deutschen etablierten eine Kolonialverwaltung, die sich insbesondere auf den Anbau von Kopra, einer wichtigen Exportware, konzentrierte. Diese wirtschaftlichen Bestrebungen waren jedoch nicht konfliktfrei: Die lokalen Samoaner lehnten sich gegen die Eingriffe in ihre traditionelle Lebensweise auf, was zu Spannungen und wiederholten Aufständen führte.

Ähnlich war die Situation auf den Karolinen, einer Inselgruppe, die Deutschland 1899 von Spanien erwarb. Auch hier zielten die deutschen Bemühungen darauf ab, die Wirtschaft zu entwickeln und die Inseln als strategische Stützpunkte im Pazifik zu nutzen. Die Verwaltung der Inseln erwies sich jedoch als schwierig, da die lokalen Gemeinschaften mit den kolonialen Strukturen kollidierten. Die deutschen Kolonialherren stießen auf erheblichen Widerstand, und die kulturellen Unterschiede erschwerten die Durchsetzung der deutschen Interessen. Die oft autoritäre Haltung der Kolonialverwaltung führte dazu, dass die Beziehungen zwischen den deutschen Beamten und der indigenen Bevölkerung von Misstrauen und Spannungen geprägt waren.

Das deutsche Engagement im Pazifik war Teil eines größeren Bestrebens, den Status des Deutschen Reiches als globale Großmacht zu sichern. In einer Zeit, in der der Imperialismus seinen Höhepunkt erreichte, galt der Erwerb von Kolonien als unverzichtbar, um auf der internationalen Bühne als ebenbürtiger Akteur wahrgenommen zu werden. Samoa und die Karolinen standen somit symbolisch für den deutschen Wunsch, im Wettlauf um Einflusszonen nicht hinter den anderen europäischen Mächten zurückzubleiben. Gleichzeitig verdeutlichen diese Kolonialprojekte aber auch die Grenzen der deutschen Macht: Die Entfernung zu den Mutterländern, die mangelnde Infrastruktur und die Widerstände der lokalen Bevölkerung machten die Verwaltung dieser Kolonien zu einer ständigen Herausforderung.

Die Geschichte der deutschen Kolonialbemühungen im Pazifik zeigt auf, wie europäische Großmächte versuchten, ihren Einfluss über die ganze Welt auszudehnen, oft ohne die Konsequenzen für die indigenen Bevölkerungen zu berücksichtigen. Sie ist ein Beispiel dafür, wie Imperialismus nicht nur von wirtschaftlichen und strategischen Interessen, sondern auch von Prestige und der Suche nach internationaler Anerkennung getrieben war. Diese Kapitel der deutschen Geschichte sind bis heute weitgehend unbekannt und verdienen eine differenzierte Betrachtung, um die Auswirkungen auf die betroffenen Gemeinschaften und die Dynamiken des Kolonialismus besser zu verstehen.

Samoa: Der strategische Archipel

Samoa, ein Archipel in der Mitte des Pazifischen Ozeans, spielt eine signifikante Rolle in geopolitischen und kulturellen Diskursen weit über seine geographische Größe hinaus. Die Inseln Samoas sind durch ihre strategische Position als Tor zum Südpazifik von historischer und gegenwärtiger Bedeutung. Dieser Text beleuchtet die geschichtlichen Wendepunkte, die Samoa zu einem Brennpunkt internationaler Interessen gemacht haben, und analysiert die Auswirkungen dieser Dynamiken auf die Region und die Welt.

Samoa besteht aus mehreren Inseln, von denen Savai'i und Upolu die größten sind. Diese vulkanischen Inseln sind nicht nur für ihre natürliche Schönheit bekannt, sondern auch für ihre reiche kulturelle Tradition, die tief in der Lebensweise und den Bräuchen der samoanischen Bevölkerung verwurzelt ist. Die traditionelle Gesellschaftsordnung, bekannt als 'Fa'a Samoa', spielt eine zentrale Rolle im sozialen und politischen Leben und hat die kulturelle Identität Samoas über Jahrhunderte bewahrt.

Im 19. Jahrhundert wurde Samoa zu einem Objekt des Interesses für mehrere Kolonialmächte, darunter Deutschland, die Vereinigten Staaten und das Vereinigte Königreich. Die strategische Lage Samoas als Stützpunkt mitten im Pazifik machte die Inseln zu einem begehrten Ziel für militärische und wirtschaftliche Unternehmungen. Im Jahr 1889 führten Spannungen zwischen diesen Mächten zur Konferenz von Berlin, auf der die Tripartite Konvention verabschiedet wurde, welche Samoa in eine deutsche und eine amerikanische Einflusssphäre teilte.

Die deutsche Kolonialperiode in Samoa begann 1900 und dauerte bis zum Beginn des Ersten Weltkriegs. In dieser Zeit entwickelte Deutschland die Plantagenwirtschaft auf den Inseln, insbesondere den Anbau von Kopra und Kakao, was erhebliche wirtschaftliche Veränderungen für die Region mit sich brachte. Die deutschen Kolonialherren bauten auch die Infrastruktur, einschließlich Straßen und Häfen, aus, die für die wirtschaftliche Nutzung der Inseln entscheidend waren. Die koloniale Erfahrung hatte jedoch auch tiefgreifende Auswirkungen auf die samoanische Gesellschaft und führte oft zu Konflikten mit den lokalen Traditionen und Autoritäten.

Mit dem Ausbruch des Ersten Weltkriegs eroberten neuseeländische Truppen Samoa im Namen der Alliierten von Deutschland. Nach dem Krieg wurde Samoa durch den Völkerbund offiziell unter neuseeländische Verwaltung gestellt. Diese Zeit war geprägt von weiteren politischen und sozialen Spannungen, insbesondere im Zusammenhang mit dem Mau-Bewegung, einem Widerstand gegen die koloniale Herrschaft, die auf eine größere politische Selbstbestimmung für Samoa drängte.

Die Mau-Bewegung war entscheidend für die Entwicklung eines samoanischen Nationalbewusstseins und setzte den Grundstein für die spätere Unabhängigkeit. 1962 erlangte Samoa als erstes Land in der Pazifikregion seine Unabhängigkeit von kolonialer Herrschaft. Dieser Übergang markierte einen bedeutenden Moment in der Geschichte des Pazifiks und demonstrierte das Streben der Inselnationen nach Selbstbestimmung und politischer Autonomie.

Die **Mau-Bewegung**, die in den 1920er Jahren entstand, repräsentiert einen entscheidenden Wendepunkt in der Geschichte Samoas. Diese soziale und politische Bewegung zielte darauf ab, die samoanische Autonomie zu stärken und sich gegen die koloniale Herrschaft, insbesondere unter neuseeländischer Verwaltung, zur Wehr zu setzen. Der Name "Mau" bedeutet in der samoanischen Sprache so viel wie "fest entschlossen" oder "unerschütterlich", was die Entschlossenheit der Bewegung verdeutlicht, für die Rechte und die Unabhängigkeit des samoanischen Volkes zu kämpfen.

Die Mau-Bewegung entstand als direkte Reaktion auf die unpopulären und oft repressiven Methoden der neuseeländischen Kolonialverwaltung. Nachdem Samoa 1914 zu Beginn des Ersten Weltkriegs von Neuseeland erobert und später durch den Völkerbund offiziell als Mandatsgebiet unter neuseeländische Verwaltung gestellt wurde, führte die neue Regierung Maßnahmen ein, die von vielen Samoanern als inkompatibel mit ihren traditionellen sozialen Strukturen und ihrer Lebensweise angesehen wurden. Besonders umstritten waren Landnahmen, die Einführung nicht-samoanischer Rechtsnormen und die mangelnde Respektierung der einheimischen Führungsstrukturen.

Die Spannungen verschärften sich erheblich nach der Ankunft von Generalgouverneur George Richardson 1923, dessen autoritäre Regierungsführung zu offener Empörung führte. Die Mau-Bewegung organisierte sich zunehmend besser und begann, aktiven Widerstand zu leisten. Ihre Mitglieder kamen aus allen Schichten der samoanischen Gesellschaft, einschließlich der Matai (Häuptlinge), der Kirchen und sogar Frauen, was zu dieser Zeit als revolutionär galt.

Ein Wendepunkt in der Geschichte der Mau-Bewegung war das tragische Ereignis, das als "Schwarzer Samstag" bekannt ist. Am 28. Dezember 1929 kam es zu einer Konfrontation zwischen bewaffneten Polizeikräften und unbewaffneten Demonstranten der Mau-Bewegung. Der neuseeländische Polizeichef, der einen Konvoi der Mau durch Apia beobachtete, befahl die Eröffnung des Feuers, als er sich durch die Menschenmenge bedroht fühlte. Der Anführer der Mau, Tupua Tamasese Lealofi III, wurde dabei tödlich getroffen, während er seine Anhänger dazu aufrief, Frieden zu bewahren und nicht zurückzuschießen. Dieses Ereignis schockierte die Weltgemeinschaft und führte zu einer internationalen Verurteilung der neuseeländischen Handlungen. Die Brutalität des "Schwarzen Samstags" und der Märtyrertod von Tupua Tamasese Lealofi III verliehen der Mau-Bewegung neue Dringlichkeit und führten zu verstärktem internationalen Druck auf Neuseeland, seine Verwaltungspraktiken zu reformieren. In den folgenden Jahren ließen die neuseeländischen Behörden allmählich von ihrer repressiven Politik ab, und die Forderungen nach samoanischer Selbstverwaltung wurden lauter. Schließlich mündete der Widerstand der Mau-Bewegung in die Unabhängigkeit Samoas im Jahr 1962, als Samoa das erste Land im Pazifik wurde, das seine koloniale Herrschaft abschüttelte und eine unabhängige Nation wurde. Die Mau-Bewegung bleibt ein mächtiges Symbol für den Widerstand gegen koloniale Unterdrückung und ein wichtiges Kapitel in der Geschichte des samoanischen Nationalbewusstseins. Sie zeigt nicht nur den Kampf eines kleinen Inselstaates gegen eine große Kolonialmacht, sondern auch das Streben eines Volkes nach Selbstbestimmung und Gerechtigkeit. Ihre Lehren und das Erbe sind weiterhin relevant in Diskussionen über Kolonialismus, Unabhängigkeit und die Rechte indigener Völker weltweit.

Heute bleibt Samoa strategisch wichtig, besonders im Kontext der zunehmenden Rivalität zwischen China und den Vereinigten Staaten im Pazifik. Beide Mächte suchen verstärkt nach Einfluss in der Region, wobei China durch wirtschaftliche Initiativen und Infrastrukturprojekte präsent ist. Die Vereinigten Staaten und ihre Verbündeten, darunter Neuseeland und Australien, bemühen sich ebenfalls, ihre traditionellen Bindungen zu den Pazifikinseln zu stärken und ihre Interessen zu sichern.

Trotz der kleinen Größe und der entfernten Lage hat Samoa eine bemerkenswerte Fähigkeit bewiesen, seine kulturelle Identität zu bewahren und eine aktive Rolle in regionalen und globalen Angelegenheiten zu spielen. Die samoanische Diaspora, besonders in Neuseeland, Australien und den USA, trägt weiterhin zur globalen Präsenz und zum kulturellen Einfluss Samoas bei.[10]

Der Hurrikan von 1889 in Samoa

Im späten 19. Jahrhundert ereignete sich auf den Inseln Samoas eine der verheerendsten Naturkatastrophen, die jemals dokumentiert wurden: Der Hurrikan von 1889, auch bekannt als der Apia-Zyklon, hinterließ nicht nur tiefgreifende Spuren in der Infrastruktur und im Leben der Menschen vor Ort, sondern hatte auch bedeutende diplomatische und militärische Auswirkungen, die das geopolitische Kräfteverhältnis im Pazifik nachhaltig veränderten.

Samoa, im Herzen des südpazifischen Ozeans gelegen, ist aufgrund seiner geografischen Lage besonders anfällig für tropische Stürme, die sich aus dem warmen, feuchten Klima des Pazifiks speisen. Der Zyklon von 1889 entstand aus einer tropischen Depression, die sich nordöstlich der Inseln entwickelte und durch günstige Bedingungen rasch an Intensität zunahm. Mitte März erreichte der Sturm seine volle Stärke und zog direkt über die Hauptinsel Upolu hinweg, wo sich auch die Hauptstadt Apia befindet.

Die Tage des 15. und 16. März 1889 verwandelten sich für die Bewohner der Insel und die in Apia ankernden Schiffe in einen Albtraum. Der Hurrikan brachte extrem starke Winde und heftige Regenfälle, die verheerende Überschwemmungen auslösten. Die Windgeschwindig-

10 Peter J. Hempenstall, Pacific Islanders Under German Rule: A Study in the Meaning of Colonial Resistance, 2016, Lulu Press, ISBN 9781921934315

keiten erreichten Spitzenwerte, die mit Leichtigkeit ganze Häuser aus ihren Fundamenten rissen, Wellen und Sturmfluten über die Küstenregionen fegten und landwirtschaftliche Flächen schwer verwüsteten.

Zu jener Zeit tobte der sogenannte "Samoanische Bürgerkrieg", und im Hafen von Apia lagen mehrere Kriegsschiffe der USA, Deutschlands und Großbritanniens vor Anker. Diese Schiffe waren entsandt worden, um die Interessen ihrer jeweiligen Nationen zu schützen und ihre Staatsbürger in der Region zu sichern. Unter normalen Bedingungen bot der Hafen von Apia eine sichere Zuflucht, doch gegen die Urgewalt eines Zyklons dieser Stärke war er machtlos. Die Schiffe wurden von den mächtigen Wellen gegen das Riff und gegeneinander gedrückt. Sieben der acht im Hafen ankernden Schiffe wurden entweder zerstört oder schwer beschädigt, und über 200 Seeleute verloren ihr Leben. Dieses Ereignis verdeutlichte eindrucksvoll die rohe Naturgewalt, die selbst den modernsten technischen Errungenschaften der damaligen Zeit widerstehen konnte.

Die unmittelbaren Folgen des Zyklons waren für die Bewohner Samoas verheerend. Viele Dorfbewohner verloren ihre Häuser und Lebensgrundlagen, während der Sturm auch viele Todesopfer forderte. Die wirtschaftliche und soziale Infrastruktur, auf die die Insel dringend angewiesen war—Straßen, Brücken und Kommunikationslinien—wurde weitgehend zerstört. Dies erschwerte den Wiederaufbau erheblich und führte zu einer langanhaltenden Phase der wirtschaftlichen Stagnation. Besonders der landwirtschaftliche Sektor, welcher stark vom Anbau von Kopra und tropischen Früchten abhing, war erheblich betroffen, was zu einem tiefen wirtschaftlichen Einbruch führte.

Doch der Hurrikan hatte auch diplomatische Konsequenzen, die über die Katastrophe selbst hinausgingen. Die gemeinsame Tragödie im Hafen von Apia führte zu einem vorübergehenden Waffenstillstand zwischen den kriegsführenden Parteien. Diese Naturkatastrophe brachte Amerikaner, Deutsche und Briten dazu, ihre Differenzen zumindest für einen Moment beiseite zu legen und zusammenzuarbeiten. In den Wochen nach dem Sturm beteiligten sich Seeleute und Offiziere aller drei Nationen an den Rettungsarbeiten und halfen, die Ordnung in Apia wiederherzustellen. Diese Zusammenarbeit trug zur Deeskalation der politischen Spannungen bei und leitete eine Phase ein, in der friedlichere Verhandlungen über die Zukunft Samoas möglich wurden.

Langfristig führte der Apia-Zyklon von 1889 zu einer wichtigen Neubewertung der kolonialen Ambitionen in der Region. Die beteiligten Mächte erkannten die Risiken direkter militärischer Konfrontationen auf solch unsicherem Terrain und suchten nach stabileren Wegen, ihre Interessen zu wahren. Diese Erkenntnis trug schließlich dazu bei, dass Samoa 1962 als erste Nation im Pazifik seine Unabhängigkeit erlangte—nach einem Jahrhundert der Einflussnahme und kolonialen Kontrolle durch ausländische Mächte. Der Zyklon von Apia steht somit nicht nur als Symbol für die rohe Kraft der Natur, sondern auch für die Möglichkeit, selbst in Zeiten größter Katastrophen Wege zur Zusammenarbeit und zum friedlichen Wandel zu finden.

Die Schlacht von Vailele[11]

Die Schlacht von Vailele, die am 1. April 1899 stattfand, markiert einen entscheidenden Wendepunkt in der Geschichte Samoas während des Samoanischen Bürgerkriegs. Diese Schlacht war nicht nur aufgrund der direkten militärischen Auseinandersetzungen zwischen den kolonialen Mächten und den einheimischen samoanischen Kämpfern von Bedeutung, sondern auch, weil sie die diplomatischen Beziehun-

---

11 Augustine Krämer (1994). The Samoa Islands: An Outline of a Monograph With Particular Consideration of German Samoa: Constitution, Pedigrees and Traditions. Vol. I. Honolulu, HI: University of Hawaii Press. ISBN 0824822196

gen zwischen den USA, Deutschland und Großbritannien nachhaltig beeinflusste. Diese Spannungen führten letztlich zur Teilung der Inselgruppe im Rahmen der Tripartite Konvention.

Der Samoanische Bürgerkrieg, der sich über das letzte Jahrzehnt des 19. Jahrhunderts erstreckte, war das Ergebnis tiefsitzender Rivalitäten zwischen verschiedenen samoanischen Häuptlingsfamilien, die um die Kontrolle über die Inselgruppe kämpften. Die wichtigsten Figuren in diesem Konflikt waren Mata'afa Iosefo und Malietoa Tanumafili I., die jeweils von unterschiedlichen Fraktionen und externen kolonialen Interessen unterstützt wurden. Während Deutschland Mata'afa unterstützte, favorisierten die Briten und später die Amerikaner Malietoa. Diese koloniale Einmischung verschärfte die lokalen Spannungen erheblich, da jede der Mächte ihre eigenen geopolitischen Interessen durchsetzen wollte.

Die unmittelbare Ursache der Schlacht von Vailele war der Versuch der amerikanischen und britischen Streitkräfte, Mata'afa Iosefo und seine Anhänger entscheidend zu schwächen. Mata'afa hatte sich nach einer Reihe vorangegangener Auseinandersetzungen als eine starke und einflussreiche Figur etabliert. Für die Amerikaner und Briten stellte seine wachsende Macht eine direkte Bedrohung für ihre eigenen Interessen und für die ihres samoanischen Verbündeten Malietoa dar. Am Morgen des 1. April 1899 marschierten kombinierte amerikanische und britische Streitkräfte, darunter Matrosen und Marinesoldaten von Kriegsschiffen, die vor Samoa stationiert waren, von Apia aus in Richtung Mata'afas Stellung in Vailele. Ihre Absicht war es, Mata'afas Einfluss ein für alle Mal zu brechen.

Die Kolonialtruppen, angeführt von Offizieren wie dem britischen Kommandeur Lionel Terry und dem amerikanischen Leutnant Philip Lansdale, trafen nahe dem Dorf Vailele auf entschlossenen Widerstand. Mata'afas Krieger waren nicht nur zahlenmäßig überlegen, sondern auch bestens mit dem Gelände vertraut und setzten gezielt

Guerilla-Taktiken ein. Diese unkonventionellen Strategien behinderten die kolonialen Truppen erheblich. Der Kampf war intensiv und verlustreich; trotz ihrer modernen Bewaffnung und taktischen Ausbildung erlitten die amerikanischen und britischen Streitkräfte erhebliche Verluste. Besonders markant war der Tod von Leutnant Lansdale, der bei dem Versuch, seine Truppen sicher zurückzuziehen, ums Leben kam. Sein Tod wurde zu einem Symbol für das Scheitern der kolonialen Militäroperation und für die Unterschätzung der samoanischen Kampfbereitschaft.

Die Schlacht von Vailele endete mit dem Rückzug der amerikanischen und britischen Streitkräfte, und diese Niederlage hatte sowohl moralische als auch politische Auswirkungen. Sie zeigte nicht nur die Entschlossenheit und militärische Fähigkeit der samoanischen Krieger, sondern schwächte auch die Position der Kolonialmächte in den Augen ihrer Verbündeten und der internationalen Gemeinschaft. Diese militärische Niederlage beschleunigte die diplomatischen Bemühungen zur Beilegung des Konflikts und trug direkt zur Unterzeichnung der Tripartite Konvention im November 1899 bei.

Im Rahmen der Tripartite Konvention einigten sich die Vereinigten Staaten, Deutschland und Großbritannien auf die Teilung der Inselgruppe: Die westlichen Inseln fielen unter deutsche Kontrolle, während die östlichen Inseln, das heutige Amerikanisch-Samoa, unter die Kontrolle der Vereinigten Staaten gelangten. Großbritannien zog sich im Austausch für Kompensationen in anderen Teilen des Pazifiks zurück. Diese Vereinbarung beendete den Konflikt und legte den Grundstein für die koloniale Neuordnung im Pazifik.

Die Schlacht von Vailele und ihre Konsequenzen veranschaulichen die Komplexität der kolonialen Machtpolitik im Pazifik und die tiefgreifenden Auswirkungen, die internationale Konflikte auf lokale Bevölkerungen hatten. Sie zeigen, wie lokale Interessen und der Widerstand gegen die kolonialen Bestrebungen in den globalen Ambitionen der imperialen Mächte aufgingen. Trotz der militärischen Niederlage der Samoaner im langfristigen Verlauf war ihre Entschlossenheit ein wichtiger Faktor, der den imperialen Mächten die Grenzen ihrer Macht vor Augen führte und schließlich den Weg für die Unabhängigkeit der Region ebnete.

Die Gründung der Deutschen Handels- und Plantagengesellschaft

Die Deutsche Handels- und Plantagengesellschaft (DHPG) stellt ein eindrucksvolles Beispiel für Deutschlands späten Einstieg in den imperialistischen Wettbewerb der europäischen Großmächte dar. Gegründet am 19. Oktober 1888, spielte die DHPG eine zentrale Rolle in der kolonialen und wirtschaftlichen Expansion des Deutschen Reichs, insbesondere in der Pazifikregion. Ende des 19. Jahrhunderts intensivierten die europäischen Großmächte ihre Bemühungen, Überseegebiete zu erobern, um ihre wirtschaftliche und politische Macht zu festigen. Deutschland, das im Vergleich zu Ländern wie Großbritannien und Frankreich in der kolonialen Expansion zurückgeblieben war, begann unter Reichskanzler Otto von Bismarck, ein eigenes Kolonialreich aufzubauen. Die Gründung der DHPG war dabei ein strategischer Schritt, um deutsche Interessen im Ausland zu sichern, insbesondere im Bereich des Handels und der Landwirtschaft.

Die Initiative zur Gründung der DHPG ging von einer Gruppe einflussreicher deutscher Kaufleute und Bankiers aus, die das wirtschaftliche Potenzial unerschlossener Überseegebiete erkannten. Zu den führenden Persönlichkeiten gehörten Adolph von Hansemann, der Direktor der Disconto-Gesellschaft, sowie Carl Fürstenberg, ein prominenter Bankier. Diese Gruppe sah in der systematischen Entwicklung von Plantagen und Handelsnetzwerken nicht nur die Möglichkeit zur Profitmaximierung, sondern auch die Chance, den deutschen Einfluss in diesen Gebieten zu verstärken. Der Zugang zu Rohstoffen und der

Aufbau wirtschaftlicher Machtstrukturen waren zentrale Motive hinter der Gründung der Gesellschaft.

Am 19. Oktober 1888 wurde die DHPG offiziell in Berlin eingetragen. Mit einem Startkapital, das durch Aktien von deutschen Investoren aufgebracht wurde, richtete die Gesellschaft ihren Fokus schnell auf die Pazifikregion, insbesondere auf Deutsch-Neuguinea, das heutige Papua-Neuguinea. Diese Region war nicht nur reich an wertvollen Rohstoffen, sondern bot auch ideale klimatische Bedingungen für den Anbau von Kokosnüssen, Kautschuk und anderen tropischen Nutzpflanzen. Die wirtschaftlichen Interessen gingen dabei Hand in Hand mit der kolonialen Politik des Kaiserreichs, das sich eine stabile Rohstoffversorgung und neue Absatzmärkte sichern wollte.[12]

Die DHPG erwarb große Ländereien in Deutsch-Neuguinea und errichtete dort mehrere Plantagen. Sie war maßgeblich an der Etablierung der Kopra-Produktion beteiligt, die bald zum wichtigsten Exportprodukt der Kolonie wurde. Zudem investierte die Gesellschaft in den Aufbau der notwendigen Infrastruktur, etwa durch den Bau von Straßen und Hafenanlagen, um den Transport von Waren zu erleichtern. Diese Investitionen förderten die wirtschaftliche Entwicklung der Region und schufen Arbeitsplätze—allerdings unter harten Bedingungen. Die DHPG wurde oft für den Umgang mit den einheimischen Arbeitern kritisiert, die unter Zwangsarbeit ähnlichen Bedingungen und ohne ausreichende Entlohnung schuften mussten.

Die wirtschaftlichen Unternehmungen der DHPG brachten erheblichen Reichtum für die deutschen Investoren und spielten eine entscheidende Rolle in der wirtschaftlichen Entwicklung Deutsch-Neuguineas. Allerdings hatten sie auch tiefgreifende Auswirkungen auf die

12 Heinrich Schnee (Hrsg.): Deutsches Kolonial-Lexikon. 3 Bände, Quelle & Meyer, Leipzig 1920

einheimische Bevölkerung. Die systematische Aneignung von Land durch die Gesellschaft führte zur Verdrängung lokaler Gemeinschaften und zur Einführung von Arbeitsverträgen, die häufig unter Zwang und ohne angemessene Entschädigung geschlossen wurden. Diese Praktiken führten zu sozialen Spannungen und Widerstand, der jedoch aufgrund der militärischen Präsenz der Kolonialmacht brutal unterdrückt wurde.

Nach dem Ende des Ersten Weltkriegs verlor Deutschland im Rahmen des Versailler Vertrags alle seine Kolonien, darunter auch Deutsch-Neuguinea, das unter die Verwaltung des Völkerbunds gestellt und von Australien verwaltet wurde. Die DHPG musste ihre Überseeaktivitäten einstellen und sich neu orientieren. Sie überlebte in verschiedenen Formen und mit neuen Schwerpunkten, unter anderem in der Beteiligung an industriellen Unternehmungen innerhalb Deutschlands.

Die Geschichte der Deutschen Handels- und Plantagengesellschaft verdeutlicht sowohl die Ambitionen als auch die Widersprüche der deutschen Kolonialpolitik. Die DHPG trug zwar zur wirtschaftlichen Entwicklung der kolonial besetzten Gebiete bei, doch dies geschah auf Kosten der einheimischen Bevölkerung, die unter Ausbeutung und kultureller Fremdbestimmung zu leiden hatte. Das Erbe der DHPG und ähnlicher Unternehmen bleibt ein kritischer Teil der deutschen Wirtschafts- und Kolonialgeschichte. Es zeigt die Notwendigkeit einer reflektierten Auseinandersetzung mit der Vergangenheit auf, die sowohl die wirtschaftlichen Erfolge als auch die sozialen und ethischen Kosten der kolonialen Expansion berücksichtigt.

Die Karolinen: Ein verstreutes Paradies

Die Karolinen, eine weit verstreute Inselgruppe im westlichen Pazifischen Ozean, sind ein faszinierendes Mosaik aus mehr als 500 kleinen

Korallenatollen und vulkanischen Inseln. Diese Inseln bilden einen wesentlichen Teil der mikronesischen Region und sind heute aufgeteilt in die Staaten der Föderierten Staaten von Mikronesien und Palau. Mit ihrer reichen natürlichen Schönheit und kulturellen Vielfalt bieten die Karolinen einzigartige Einblicke in die Komplexität des Insellebens und verdeutlichen die Herausforderungen sowie die Chancen, die sich aus ihrer isolierten und zerstreuten geografischen Lage ergeben.

Die Karolinen erstrecken sich über eine gigantische Fläche von mehr als fünf Millionen Quadratkilometern des Pazifischen Ozeans, auch wenn die tatsächliche Landmasse relativ klein ist. Diese geographische Besonderheit prägt sowohl das ökologische als auch das kulturelle Profil der Region. Die Inseln reichen von flachen, sandigen Atollen, die knapp über die Wasseroberfläche ragen, bis hin zu steilen, bewaldeten vulkanischen Inseln, die mit rauschenden Wasserfällen und üppigen Regenwäldern aufwarten. Diese Vielfalt an Landschaften schafft eine breite Palette an Lebensbedingungen und stellt die Grundlage für eine beeindruckende biologische Vielfalt dar.

Die Flora und Fauna der Karolinen ist ebenso vielfältig wie die Landschaft. Tropische Regenwälder, Mangrovensümpfe und die umgebenden Korallenriffe bieten Lebensraum für eine große Anzahl an Tier- und Pflanzenarten, von denen viele endemisch sind, also nur in dieser Region vorkommen. Die Korallenriffe, die einige der Inseln umgeben, zählen zu den artenreichsten und gesündesten ihrer Art weltweit und bieten nicht nur Schutz vor Sturmfluten, sondern auch eine Nahrungsgrundlage für die Bevölkerung.

Die Geschichte der Besiedlung der Karolinen reicht mehrere tausend Jahre zurück. Die ersten Bewohner waren vermutlich seefahrende Mikronesier, die mit ihren Auslegerkanus über weite Strecken navigierten und die Kunst der Sternnavigation meisterten. Sie entwickelten komplexe soziale Strukturen und Anpassungsstrategien, um den Herausforderungen des Lebens auf abgelegenen Inseln mit begrenzten natürlichen Ressourcen zu begegnen. Diese Anpassungsfähigkeit war entscheidend, um in einer Umgebung zu überleben, die durch Isolation und periodische Naturkatastrophen geprägt ist.

In der frühen Neuzeit stießen europäische Entdecker auf die Karolinen. Der erste dokumentierte Kontakt erfolgte im 16. Jahrhundert durch spanische Entdecker, die die Inseln beanspruchten, ohne jedoch eine umfassende Kontrolle auszuüben. Erst im späten 19. Jahrhundert verkaufte Spanien die Karolinen an Deutschland, welches begann, eine koloniale Verwaltung einzurichten und die Plantagenwirtschaft, insbesondere den Anbau von Kopra, systematisch auszubauen. Die Kolonialzeit brachte einschneidende Veränderungen mit sich, von denen nicht alle positiv waren: Die wirtschaftliche Entwicklung ging oft mit einer Ausbeutung der einheimischen Bevölkerung einher.

Nach dem Ersten Weltkrieg übernahm Japan die Kontrolle über die Karolinen. Unter japanischer Herrschaft wurden die Infrastruktur ausgebaut und der Zuckerrohranbau ausgeweitet, was für die Region sowohl wirtschaftliche Verbesserungen als auch neue Belastungen bedeutete. Während des Zweiten Weltkriegs waren die Karolinen ein bedeutender Schauplatz militärischer Auseinandersetzungen zwischen Japan und den Alliierten, was zu erheblichen Zerstörungen führte. Nach dem Krieg wurden die Karolinen Teil des Treuhandgebiets der Pazifischen Inseln der Vereinten Nationen, verwaltet von den Vereinigten Staaten, bis sie schließlich in den 1980er und 1990er Jahren ihre Unabhängigkeit erlangten.

Die kulturelle Landschaft der Karolinen ist durch eine außergewöhnliche Vielfalt an Sprachen, Bräuchen und Traditionen gekennzeichnet. Bereits in der vorkolonialen Zeit entwickelten die Inselbewohner ein beachtliches Maß an sozialer Komplexität, darunter das berühmte Sternbild-Navigationssystem, das es ihnen ermöglichte, riesige Distanzen über offenes Meer ohne moderne Navigationshilfen zu überwinden. Traditionelle Gesellschaften in den Karolinen waren häufig matrilinear organisiert, wobei Land und Titel durch die weibliche Linie vererbt wurden. Diese sozialen Strukturen sind bis heute von großer Bedeutung und beeinflussen sowohl die Landrechte als auch die politische Organisation. Die lokale Kultur betont die Bedeutung der Gemeinschaft und der Familie, was sich in den sozialen Interaktionen und Zeremonien des täglichen Lebens widerspiegelt.

Die Wirtschaft der Karolinen war lange Zeit vor allem von der Landwirtschaft und vom Fischfang geprägt. Der Anbau von Taro, Yams und Brotfrucht sowie der traditionelle Fischfang sichern bis heute die Grundversorgung der Bevölkerung. In den letzten Jahrzehnten haben jedoch auch der Tourismus und die Entwicklung von Offshore-Finanzdienstleistungen an Bedeutung gewonnen. Trotz dieser Entwicklungen stehen die Karolinen weiterhin vor erheblichen wirtschaftlichen Herausforderungen. Die isolierte Lage, die Abhängigkeit von Importen und die begrenzten Entwicklungsmöglichkeiten sind nur einige der Schwierigkeiten, mit denen die Inselstaaten konfrontiert sind. Hinzu kommen die zunehmenden Auswirkungen des globalen Klimawandels, die die Lebensgrundlagen der Bewohner bedrohen.

Die geografische Lage und die ökologische Beschaffenheit machen die Karolinen besonders anfällig für die Folgen des Klimawandels. Steigende Meeresspiegel, zunehmende Sturmaktivität und die Versauerung der Ozeane stellen große Herausforderungen dar, denen sich die Inselgemeinschaften stellen müssen. In Zusammenarbeit mit internationalen Organisationen wurden Anpassungs- und Mitigationsstrategien entwickelt, um die Widerstandsfähigkeit der Region zu stärken und die Folgen des Klimawandels zu mildern.

Die Karolinen, mit ihrer reichen Geschichte, ihrer kulturellen Vielfalt und ihrer beeindruckenden natürlichen Schönheit, sind ein exemplarisches Beispiel für die Komplexität und die Herausforderungen kleiner Inselstaaten im globalen Kontext. Trotz ihrer isolierten Lage haben sie eine wichtige Rolle in der Geschichte der menschlichen Zivilisation gespielt und bieten wertvolle Einblicke in die Fähigkeit von Gesellschaften, sich an extreme und sich verändernde Umweltbedingungen anzupassen. Diese Inseln stehen für die Widerstandsfähigkeit und die Anpassungsfähigkeit der Menschen, die dort seit Generationen leben, und erinnern uns an die dringende Notwendigkeit, nachhaltige Lösungen für die Herausforderungen des Klimawandels zu finden.

Die deutschen Kolonialaktivitäten in Samoa und den Karolinen zeugen von einer Zeit, in der das Deutsche Reich seine Macht und seinen Einfluss über seine europäischen Grenzen hinaus ausdehnen wollte.

5. DIE VERSTECKTEN KOLONIEN

Obwohl das Deutsche Reich im Vergleich zu anderen europäischen Mächten wie Spanien, Großbritannien oder Frankreich nie umfangreiche Kolonialgebiete in der Karibik oder Südamerika besaß, gab es dennoch eine Reihe bedeutender und oft übersehener deutscher Aktivitäten in diesen Regionen. Diese umfassten sowohl kommerzielle Unternehmungen als auch wissenschaftliche Expeditionen und sogar kurzzeitige koloniale Ambitionen, die interessante Einblicke in die weniger bekannten Aspekte der deutschen Überseeinteressen bieten.

Die deutschen Handelsaktivitäten in der Karibik und in Südamerika begannen bereits im 16. und 17. Jahrhundert, als deutsche Kaufleute anfingen, Handelsverbindungen mit den europäischen Kolonien in der Neuen Welt zu knüpfen. Besonders während des 19. Jahrhunderts, als das Interesse am internationalen Handel stieg, engagierten sich zahlreiche deutsche Handelsfirmen in der Region. Die Nachfrage nach tropischen Gütern wie Zucker, Kaffee, Kakao und Tabak lockte deutsche Kaufleute in die Karibik, wo sie mit den bestehenden Kolonialmächten konkurrierten und in einigen Fällen erfolgreich eigene Handelsniederlassungen errichteten. Diese wirtschaftlichen Unternehmungen trugen zur Stärkung der deutschen Handelsbeziehungen bei und sorgten dafür, dass Deutschland eine bedeutende Handelsnation wurde, auch ohne formelle Kolonien in der Region.

Wissenschaftliche Expeditionen waren ein weiterer wichtiger Bestandteil der deutschen Präsenz in der Karibik und in Südamerika. Im 19. Jahrhundert, dem goldenen Zeitalter der Entdeckungen, finanzierten deutsche wissenschaftliche Gesellschaften und Universitäten zahlreiche Expeditionen, um die Biodiversität, Geologie und Kultur der Region zu erforschen. Der vielleicht bekannteste deutsche Forscher dieser Zeit war Alexander von Humboldt, dessen Reisen nach

Südamerika bahnbrechende Erkenntnisse über die Naturgeschichte und Ökologie des Kontinents lieferten. Humboldt setzte sich intensiv mit der Vielfalt der Pflanzen- und Tierwelt auseinander und legte den Grundstein für die moderne Naturwissenschaft. Seine Arbeit war nicht nur wissenschaftlich bedeutend, sondern beeinflusste auch das europäische Verständnis von Südamerika und trug dazu bei, das Interesse an der Region zu steigern.

Alexander von Humboldt (1769–1859) war ein deutscher Naturforscher und Entdecker, der als einer der bedeutendsten Universalgelehrten des 19. Jahrhunderts gilt. Geboren in Berlin, widmete er sein Leben der Erforschung der Natur und unternahm bahnbrechende Forschungsreisen, insbesondere in Südamerika (1799–1804). Auf dieser Reise sammelte er umfangreiche geographische, botanische und meteorologische Daten, die zur Grundlage seines berühmten Werks Kosmos (1845–1862) wurden. Humboldt erkannte als einer der Ersten die Zusammenhänge globaler ökologischer Systeme und die Auswirkungen menschlicher Eingriffe auf die Umwelt. Sein wissenschaftlicher Ansatz, verschiedene Disziplinen zu verknüpfen, und sein Verständnis der Natur als ein vernetztes Ganzes hatten großen Einfluss auf die moderne Wissenschaft. Humboldt korrespondierte mit Gelehrten weltweit und inspirierte zahlreiche Zeitgenossen, darunter Charles Darwin. Sein umfassendes Wissen und seine visionäre Sicht auf die Natur machten ihn zu einer Schlüsselfigur der Aufklärung und der frühen Umweltwissenschaften. Bis heute wird Humboldt für seine Beiträge zur Geographie, Meteorologie und Ökologie hochgeschätzt.

Neben kommerziellen und wissenschaftlichen Aktivitäten gab es auch einige kurzzeitige koloniale Ambitionen des Deutschen Reichs in der Karibik. Ein besonders bekanntes Beispiel war die kurzzeitige deutsche Kontrolle über die Insel Margarita in Venezuela im Jahr 1871, als deutsche Kriegsschiffe die Insel besetzten, um Schuldenforderungen gegenüber der venezolanischen Regierung durchzusetzen. Obwohl die Besetzung nur kurz andauerte und Deutschland keine dauerhaften Kolonien in der Region etablieren konnte, zeigt dieses Beispiel, dass auch das Deutsche Reich koloniale Ambitionen in der westlichen Hemisphäre verfolgte.

Die deutschen Aktivitäten in der Karibik und in Südamerika verdeutlichen, dass das Interesse des Deutschen Reichs an Überseegebieten weit über Afrika und den Pazifik hinausging. Diese Interessen wurden jedoch weniger durch territoriale Expansion und militärische Kontrolle als durch Handel, Wissenschaft und diplomatischen Druck umgesetzt. Deutsche Kaufleute, Wissenschaftler und gelegentlich auch die Marine spielten eine aktive Rolle in der Region und trugen dazu bei, die deutsche Präsenz auf internationaler Ebene zu stärken, auch wenn diese Aktivitäten heute oft in Vergessenheit geraten sind.

Das Beispiel der deutschen Aktivitäten in der Karibik und Südamerika bietet eine wichtige Perspektive auf die Komplexität der deutschen Überseeinteressen und zeigt, dass die deutsche Geschichte nicht nur durch die bekannteren kolonialen Bestrebungen in Afrika und im Pazifik geprägt wurde. Die deutschen Ambitionen in der westlichen Hemisphäre waren weniger formal und weniger sichtbar als die ihrer europäischen Konkurrenten, hatten jedoch dennoch tiefgreifende Auswirkungen auf die Handelsbeziehungen, die Wissenschaft und das Verständnis der Region.

Frühe Handelsbeziehungen und private Kolonialisierungsversuche

Die Geschichte der brandenburg-preußischen Kolonialbestrebungen an der Goldküste, dem heutigen Ghana, ist ein bemerkenswertes Beispiel für die Machtspiele der europäischen Mächte im 17. und 18. Jahrhundert in Westafrika. Während sich die Diskussionen über die deutsche Kolonialgeschichte meist auf die späte Phase des 19. und frühen 20. Jahrhunderts konzentrieren, bietet die Episode der Brandenburgischen Goldküstenkolonie einen seltenen Einblick in eine frühere, oft übersehene Phase deutscher Überseepolitik. Diese Unternehmung war nicht nur ein Ausdruck der Ambitionen Brandenburg-Preußens, sich als europäische Macht zu etablieren, sondern verdeutlicht auch die Herausforderungen und die Komplexität des Kolonialismus in einer Zeit, als das moderne Verständnis von nationalen Grenzen und globaler Politik noch in den Kinderschuhen steckte.

Die brandenburgische Kolonisierung an der Goldküste begann im späten 17. Jahrhundert unter der Herrschaft des Großen Kurfürsten Friedrich Wilhelm von Brandenburg. Diese Initiative war Teil eines größeren Plans, die wirtschaftlichen Möglichkeiten des brandenburgischen Staates zu erweitern, indem neue Handelsrouten und Handelsstationen etabliert wurden. Im Jahr 1682 gründete Friedrich Wilhelm die Brandenburgisch-Afrikanische Compagnie in Emden, die für die Organisation der Handels- und Kolonisationsaktivitäten in Westafrika verantwortlich war. Der Schwerpunkt lag dabei auf dem Erwerb wertvoller Produkte wie Gold, Elfenbein und später auch Sklaven.

Friedrich Wilhelm von Brandenburg, bekannt als der „Große Kurfürst" (1620–1688), war ein bedeutender Herrscher des 17. Jahrhunderts und Kurfürst von Brandenburg-Preußen. Während seiner Regierungszeit von 1640 bis 1688 legte er den Grundstein für den Aufstieg Brandenburg-Preußens zur europäischen Großmacht. Nach dem Dreißigjährigen Krieg, der sein Land schwer getroffen hatte, verfolgte Friedrich Wilhelm eine kluge Wiederaufbau- und Modernisierungspolitik. Er förderte Handel und Wirtschaft, insbesondere durch die Aufnahme verfolgter Hugenotten aus Frankreich, die als tüchtige Handwerker und Händler neue Impulse brachten. Militärisch stärkte er Brandenburg durch den Aufbau eines stehenden Heeres und zeigte diplomatisches Geschick, indem er Allianzen flexibel anpasste, um Brandenburgs Interessen zu sichern. Die Stärkung der Zentralgewalt und die Reduzierung des Einflusses des Adels auf Verwaltung und Justiz waren weitere wichtige Reformen seiner Herrschaft. Seine Außenpolitik und militärische Erfolge, darunter die Eroberung Ostpommerns und der erfolgreiche Widerstand gegen Schweden, machten ihn zu einem angesehenen

Die erste Expedition zur Goldküste wurde 1683 vom brandenburgischen Admiral Otto Friedrich von der Groeben angeführt. Nach seiner Ankunft errichtete von der Groeben im Namen Brandenburgs die Festung Groß Friedrichsburg, benannt nach dem Großen Kurfürsten, in der Nähe des heutigen Pokesu. Dieses Fort diente als Handels- und Verwaltungszentrum der brandenburgischen Aktivitäten in der Region. In den darauffolgenden Jahren entstanden weitere kleinere Forts und Handelsstationen entlang der Küste, die den wirtschaftlichen Einfluss Brandenburgs in Westafrika sichern sollten.

Otto Friedrich von der Groeben (1657–1728) war ein preußischer Admiral, Entdecker und Militär, der sich als Pionier der brandenburgischen Kolonialpolitik und als Kommandant mehrerer Seefahrtsunternehmen einen Namen machte. Geboren in Napratten (Ostpreußen), begann von der Groeben eine militärische Laufbahn und diente zunächst in europäischen Kriegen, unter anderem im venezianisch-türkischen Krieg. Dort sammelte er Erfahrungen im militärischen und maritimen Bereich, die seine spätere Karriere entscheidend prägten.Im Auftrag des Großen Kurfürsten Friedrich Wilhelm von Brandenburg wurde von der Groeben 1682 mit einer Expedition zur westafrikanischen Küste beauftragt. Ziel war die Errichtung einer brandenburgischen Handelsniederlassung, um am lukrativen Handel mit Gold, Elfenbein und Sklaven teilzuhaben. Er gründete die Festung Groß Friedrichsburg im heutigen Ghana, die zur Basis für die kurze Phase brandenburgischer Kolonialbestrebungen in Westafrika wurde. Trotz logistischer und klimatischer Herausforderungen gelang es ihm, die Festung erfolgreich zu errichten und Handelskontakte zu etablieren. Nach seiner Rückkehr setzte von der Groeben seine militärische Laufbahn fort und diente in verschiedenen Funktionen im brandenburgisch-preußischen Heer. Er wurde zum Generalmajor befördert und war später als Schriftsteller tätig, wobei er seine Erfahrungen in Reiseberichten und anderen Schriften festhielt, die Einblicke in die damalige Kolonialpolitik und das Leben an der afrikanischen Küste geben. Otto Friedrich von der Groeben wird als eine schillernde, aber auch umstrittene Figur betrachtet, die das koloniale Interesse Brandenburg-Preußens prägte. Seine Expeditionen legten den Grundstein für die kurzlebige brandenburgische Kolonialzeit und markieren einen bemerkenswerten, wenn auch wenig bekannten Teil der deutschen Kolonialgeschichte.

Die brandenburgische Präsenz an der Goldküste war jedoch mit erheblichen Herausforderungen verbunden. Die Region war von einer komplexen politischen Landschaft geprägt, bestehend aus verschiedenen lokalen Reichen und Stammesverbänden, die jeweils ihre eigenen Interessen verfolgten. Die Brandenburger mussten diplomatische Beziehungen zu lokalen Herrschern wie den Ahanta aufbauen, um die Erlaubnis zur Errichtung ihrer Forts zu erhalten und den Handel zu betreiben. Diese Beziehungen waren jedoch oft fragil, und die Brandenburger waren gezwungen, ihre Interessen sowohl gegenüber ihren europäischen Rivalen als auch gegenüber lokalen Widerständen zu verteidigen. Dies machte die Kolonialisierung zu einem ständigen Balanceakt zwischen Kooperation und Konfrontation.

Ein besonders dunkles Kapitel der brandenburg-preußischen Präsenz an der Goldküste war ihre Beteiligung am transatlantischen Sklavenhandel. Ursprünglich war die Brandenburgisch-Afrikanische Compagnie gegründet worden, um den Handel mit Gold und anderen wertvollen Gütern zu organisieren. Doch schon bald stellte sich heraus, dass der Handel mit Sklaven wesentlich profitabler war. Die Brandenburger beteiligten sich aktiv am Verkauf von Sklaven, die sie durch Kauf oder militärische Expeditionen erwarben, und verkauften diese an Plantagenbesitzer in den amerikanischen Kolonien. Dieser Handel wurde zu einer wichtigen Einkommensquelle für die Kolonie, auch wenn die moralischen Verwerflichkeiten und das menschliche Leid dieses Unternehmens nicht zu übersehen sind.

Trotz anfänglicher Erfolge konnte die brandenburg-preußische Kolonie an der Goldküste nicht langfristig bestehen. Der Tod des Großen Kurfürsten und die nachfolgenden politischen Veränderungen in Brandenburg-Preußen führten zu einem schwindenden Interesse an überseeischen Unternehmungen. Zudem machten die ständigen Konflikte mit anderen europäischen Kolonialmächten, insbesondere den Niederländern, die ebenfalls starke Interessen in der Region verfolgten, die Aufrechterhaltung der Kolonie zunehmend schwierig. Im Jahr 1717 wurden die brandenburgischen Rechte an der Goldküste an die Niederlande verkauft, was das Ende der brandenburgischen Kolonialambitionen in Westafrika markierte.

Die Geschichte der Brandenburgischen Goldküstenkolonie ist von großer Bedeutung für das Verständnis der deutschen und der europäischen Kolonialgeschichte. Sie zeigt, wie auch kleinere europäische Mächte versuchten, an den globalen Handelsnetzwerken teilzuhaben und wie diese Ambitionen oft von wirtschaftlichen Interessen angetrieben wurden. Gleichzeitig beleuchtet sie die komplexen Wechselwirkungen zwischen den europäischen Kolonisatoren und der afrikanischen Bevölkerung, die von Kooperation bis zu Konflikt reichten. Die Episode verdeutlicht auch die Frühformen des Kolonialismus, in denen sich wirtschaftliche Interessen, diplomatische Verhandlungen und militärische Machtstrategien miteinander verbanden und den Weg für die späteren imperialen Strukturen bereiteten, die das 19. Jahrhundert prägten.

Wissenschaftliche Expeditionen und kultureller Austausch

Alexander von Humboldts Südamerika-Expedition

Alexander von Humboldt, einer der bedeutendsten Naturforscher und Entdecker des 19. Jahrhunderts, unternahm von 1799 bis 1804 eine wissenschaftliche Expedition, die ihn durch weite Teile Südamerikas führte. Diese Reise sollte nicht nur Humboldts Leben und Werk nachhaltig prägen, sondern auch die westliche Wahrnehmung der Tropenwelt revolutionieren und die wissenschaftliche Forschung in zahlreichen Disziplinen entscheidend voranbringen. Humboldts umfangreiche Aufzeichnungen und Sammlungen von dieser Expedition legten den Grundstein für das moderne Verständnis in den Geowissenschaften, der Biologie und der Ethnographie.

Alexander von Humboldt hatte schon früh das Ziel, die Natur in ihrer gesamten Komplexität zu erforschen. Seine Südamerika-Expedition begann er im Alter von 29 Jahren, nachdem er zuvor eine umfassende Ausbildung in Physik, Chemie und Naturgeschichte erhalten hatte. Bereits vor seiner Reise hatte er eine finanziell gesicherte Position im preußischen Bergdienst inne, die ihm erlaubte, erste praktische Erfahrungen in der wissenschaftlichen Arbeit zu sammeln. Humboldt finanzierte seine Expedition größtenteils aus eigenen Mitteln, wodurch er unabhängig von staatlichen oder privaten Interessen agieren konnte. Begleitet wurde er von dem französischen Botaniker Aimé Bonpland, den er 1799 in Paris kennengelernt hatte. Bonpland wurde zu einem wichtigen Partner bei der Erforschung der Flora Südamerikas.

Aimé Bonpland (1773–1858) war ein französischer Botaniker, Naturforscher und Arzt, bekannt für seine bahnbrechende Forschungsreise mit Alexander von Humboldt nach Südamerika (1799–1804). Geboren als Aimé Jacques Alexandre Goujaud in La Rochelle, Frankreich, begeisterte er sich früh für die Naturwissenschaften und Medizin. Gemeinsam mit Humboldt erforschte er das Pflanzen- und Tierleben Südamerikas und dokumentierte zahlreiche neue Arten. Bonplands botanische Kenntnisse ergänzten Humboldts ganzheitlichen Ansatz, und zusammen sammelten sie umfangreiche Daten zu Flora, Fauna, Klima und Geologie. Nach der Rückkehr aus Südamerika veröffentlichte Bonpland detaillierte Studien über Pflanzen, die neue Maßstäbe in der Botanik setzten. Später zog er nach Südamerika zurück und widmete sich in Argentinien der Landwirtschaft und dem Studium einheimischer Pflanzenarten. Bonpland wurde jedoch mehrfach politisch verfolgt, da seine Aktivitäten in Paraguay und Argentinien teils als Bedrohung angesehen wurden. Aimé Bonpland hinterließ ein bedeutendes botanisches Erbe, das die Wissenschaft seiner Zeit nachhaltig beeinflusste. Seine

Entdeckungen und Forschungen trugen wesentlich zum Verständnis der südamerikanischen Biodiversität und zur Entwicklung der modernen Botanik bei.

Die Expedition begann im Juni 1799, als Humboldt und Bonpland von La Coruña in Spanien aus in Richtung der Neuen Welt aufbrachen. Ihre erste bedeutende Station war Cumaná in Venezuela, wo sie am 16. Juli 1799 anlandeten. Von dort aus unternahmen sie umfangreiche Erkundungen entlang des Orinoco und seiner Nebenflüsse. Sie kartographierten über 1700 Meilen des Flusssystems und bewiesen, dass der Orinoco und der Río Negro durch einen natürlichen Wasserweg verbunden sind—eine Entdeckung, die als wissenschaftliche Sensation galt und das Verständnis der Flusslandschaften in der Region entscheidend erweiterte.

In den darauffolgenden Jahren reisten Humboldt und Bonpland weiter südwärts durch die heutigen Länder Kolumbien, Ecuador, Peru und Bolivien. Einer der Höhepunkte ihrer Expedition war die Besteigung des Vulkans Chimborazo in Ecuador, der damals als der höchste Berg der Welt galt. Obwohl sie den Gipfel nicht erreichten, gelang es ihnen, eine Höhe von etwa 5.900 Metern zu erklimmen—ein Rekord für jene Zeit. Humboldts Messungen und geographischen Beobachtungen, die er während der Besteigung durchführte, trugen maßgeblich zur Entwicklung der modernen Geographie und Geologie bei. Seine Erkenntnisse zur Höhenabhängigkeit von Vegetationszonen legten den Grundstein für das Konzept der „ökologischen Stockwerke", das die Beziehung zwischen Höhenlage und Vegetation beschreibt.

Während der gesamten Reise führte Humboldt systematische Messungen durch, die Temperatur, Luftdruck und Feuchtigkeit erfassten. Seine akribischen Beobachtungen über die Abhängigkeit der Vegetation von geografischer Breite und Höhe legten den Grundstein für die moderne Ökologie und Biogeographie. Humboldt und Bonpland sammelten darüber hinaus mehr als 60.000 Pflanzenexemplare und beschrieben zahlreiche Arten, die in Europa bis dahin unbekannt waren. Diese botanischen Studien hatten einen erheblichen Einfluss auf die europäische Wissenschaft und trugen zur Erweiterung des botanischen Wissens bei.

Humboldts Interessen beschränkten sich jedoch nicht nur auf die Naturwissenschaften. Er zeigte ein tiefes Interesse für die Kulturen der indigenen Bevölkerung Südamerikas und setzte sich kritisch mit den sozialen und politischen Bedingungen auseinander, unter denen diese Menschen lebten. Er dokumentierte ihre Bräuche, Sprachen und Lebensweisen und sprach sich gegen die unmenschliche Behandlung der indigenen Völker und die Sklaverei aus. Humboldts Schriften enthielten detaillierte wirtschaftliche Betrachtungen der von ihm besuchten Regionen, die später wichtige Anhaltspunkte für die Entwicklung wirtschaftlicher Theorien wurden. Sein humanitäres Engagement und sein Einsatz für die Abschaffung der Sklaverei waren revolutionär für seine Zeit und machten ihn zu einer wichtigen Stimme der Aufklärung und des Fortschritts.

Nach fünf Jahren intensiver Forschung in Amerika kehrte Humboldt 1804 nach Europa zurück, beladen mit einem enormen Schatz an wissenschaftlichen Daten und Sammlungen. In den folgenden Jahren veröffentlichte er eine Vielzahl von Werken, darunter das mehrbändige „Voyage aux régions équinoxiales du Nouveau Continent" („Reise in die Äquinoktial-Gegenden des neuen Kontinents"), das seine Erkenntnisse und Erlebnisse detailliert beschrieb. Seine Arbeit hatte weitreichenden Einfluss auf zahlreiche Wissenschaftsbereiche und inspirierte Generationen von Naturforschern, darunter auch bekannte Persönlichkeiten wie Charles Darwin.

Die Südamerika-Expedition von Alexander von Humboldt bleibt eine der beeindruckendsten wissenschaftlichen Unternehmungen der Geschichte. Sie illustriert nicht nur die Breite und Tiefe von Humboldts Genie, sondern auch seinen unermüdlichen Drang, die Natur in all ihren Facetten zu verstehen und dieses Wissen zugänglich zu machen. Seine interdisziplinären Methoden und sein ganzheitlicher Ansatz haben die moderne Forschung entscheidend beeinflusst und sind bis heute von unschätzbarem Wert. Humboldts Vermächtnis liegt in seinem Bestreben, die Zusammenhänge der Natur in ihrer Ganzheit zu begreifen und dabei stets die Verantwortung des Menschen für die Umwelt zu betonen—eine Botschaft, die auch heute noch hochaktuell ist.

Die ethnologischen Studien von Theodor Koch-Grünberg

Theodor Koch-Grünberg war ein deutscher Ethnologe und Forschungsreisender, dessen Arbeiten zu Beginn des 20. Jahrhunderts wesentlich zum Verständnis der indigenen Völker Südamerikas beitrugen. Sein wissenschaftlicher Fokus lag insbesondere auf den ethnologischen und sprachlichen Aspekten der indigenen Kulturen im nördlichen Brasilien und den angrenzenden Regionen. Durch seine umfassenden Feldforschungen, seine methodische Vorgehensweise und die darauf basierenden Publikationen wurde Koch-Grünberg zu einer Schüsselfigur in der Ethnologie.

Theodor Koch-Grünberg wurde 1872 in Grünberg, Hessen, geboren. Nach seinem Studium der Geographie und Ethnologie an der Universität Leipzig begann er seine berufliche Laufbahn am Völkerkundemuseum in Dresden. Doch sein Interesse für fremde Kulturen und Sprachen zog ihn bald nach Südamerika, wo er ab 1903 umfangreiche Feldforschungen durchführte. Diese Expeditionen legten den Grundstein für sein Lebenswerk und seine bahnbrechenden Studien über die indigenen Gesellschaften des Amazonasgebiets.

Im Jahr 1903 brach Koch-Grünberg zu seiner ersten großen Expedition nach Brasilien auf, die ihn in das Gebiet des Rio Negro führte. Während dieser Reise studierte er die Lebensweisen, Sprachen und

Bräuche der dort lebenden indigenen Völker und sammelte eine große Menge ethnographischer Objekte, die später in deutschen Museen ausgestellt wurden. Seine Beobachtungen und Analysen führten zu einer tiefgreifenden Wertschätzung der kulturellen Komplexität und Vielfalt der indigenen Gesellschaften, die er in seinen späteren Publikationen dokumentierte.

Koch-Grünberg unterschied sich von vielen seiner Zeitgenossen durch seine methodische Herangehensweise an die Feldforschung. Er betonte die Bedeutung des direkten und langfristigen Kontakts mit den indigenen Gemeinschaften und lernte deren Sprachen, um besser mit ihnen kommunizieren zu können. Diese immersive Methode ermöglichte es ihm, detaillierte und nuancierte Informationen zu sammeln, die weit über das hinausgingen, was europäische Forscher zu dieser Zeit normalerweise zusammentrugen. Er führte umfassende Interviews, machte ausführliche Notizen und erstellte detaillierte Beschreibungen der indigenen Rituale, sozialen Strukturen und des Alltagslebens.

Eines der herausragenden Merkmale von Koch-Grünbergs Arbeit war seine Studie über die Völker des oberen Rio Negro. In seiner Publikation "Zwei Jahre unter den Indianern: Reisen in Nordwest-Brasilien 1903–1905" dokumentierte er die vielfältigen kulturellen Praktiken und sozialen Organisationen dieser Gruppen. Er beschrieb ihre religiösen Überzeugungen, ihre Kunst, Mythologie und die soziale Bedeutung ihrer Rituale. Koch-Grünbergs Arbeiten trugen nicht nur zum akademischen Verständnis bei, sondern förderten auch ein respektvolleres Bild der indigenen Völker, das sich von den stereotypen und oft abwertenden Darstellungen jener Zeit unterschied.

Nach seiner Rückkehr nach Deutschland setzte Koch-Grünberg seine Forschungen fort und bereitete weitere Expeditionen vor. Von 1911 bis 1913 unternahm er eine zweite große Forschungsreise, die ihn noch tiefer in das Amazonasgebiet führte. Während dieser Expedition sammelte er weiteres Material für seinen "Völkerkundlichen Atlas", der detaillierte Karten, Fotografien und Beschreibungen der besuchten Regionen und ihrer Bewohner enthielt. Dieses umfangreiche Werk trug entscheidend dazu bei, das Wissen über die geographische und kulturelle Vielfalt Südamerikas zu erweitern und die Region in Europa bekannter zu machen.

Theodor Koch-Grünbergs ethnologische Studien haben einen dauerhaften Einfluss auf das Verständnis südamerikanischer indigener Kulturen. Seine Arbeiten bieten tiefgehende Einblicke in die sozialen Strukturen, Sprachen und kulturellen Praktiken der indigenen Bevölkerung und sind bis heute eine unverzichtbare Quelle für Ethnologen und Anthropologen. Darüber hinaus setzte Koch-Grünberg Maßstäbe für die ethnographische Feldarbeit, indem er die Bedeutung von Sprachkenntnissen, direktem Kontakt und dem Respekt vor den untersuchten Kulturen betonte. Sein Ansatz hob sich durch ein hohes Maß an Empathie und wissenschaftlicher Genauigkeit hervor, das für die damalige Zeit keineswegs selbstverständlich war.

Theodor Koch-Grünbergs Lebenswerk ist ein eindrucksvolles Beispiel dafür, wie ein engagierter Forscher durch seine Arbeit nicht nur zur Wissenschaft beitragen, sondern auch das Bild einer ganzen Region und ihrer Bevölkerung prägen kann. Seine detaillierten Studien und Publikationen haben dazu beigetragen, die Vielfalt und Tiefe der indigenen Kulturen Südamerikas aufzuzeigen und einen respektvollen Umgang mit diesen zu fördern. Sein Vermächtnis lebt weiter in der Arbeit vieler Wissenschaftler, die seine Methoden und seinen interkulturellen Ansatz als Vorbild für ihre eigenen Studien nehmen.[13]

13 Hartmann, G., Koch-Grünberg, T. (1972). Zwischen Amazonas und Orinoko: Zum 100. Geburtstag von Theodor Koch-Grünberg. Deutschland: Staatl. Museen Preussischer Kulturbersitz Berlin

Kommerzielle Unternehmungen und informelle Einflussnahme

Deutsche Kaffeeplantagen in Brasilien

Die Geschichte der deutschen Einwanderung und des Kaffeeanbaus in Brasilien ist ein faszinierendes Kapitel der wirtschaftlichen und kulturellen Entwicklung des Landes. Ab dem frühen 19. Jahrhundert spielten deutsche Einwanderer eine wichtige Rolle in der Expansion und Modernisierung der brasilianischen Kaffeewirtschaft. Ihre Beteiligung spiegelte nicht nur ihre Anpassungsfähigkeit und ihren Unternehmergeist wider, sondern hinterließ auch bleibende Spuren in der brasilianischen Gesellschaft und Wirtschaft.

Die Migration deutscher Siedler nach Brasilien begann ernsthaft, nachdem das Land zu Beginn des 19. Jahrhunderts für europäische Einwanderer geöffnet wurde. Dies geschah unter der Herrschaft von König Johann VI. von Portugal, der die Einwanderung europäischer Siedler aktiv förderte, um die landwirtschaftliche Entwicklung voranzutreiben und die Bevölkerung in bestimmten, oft dünn besiedelten Regionen Brasiliens zu erhöhen. Die brasilianische Regierung und später das unabhängige Kaiserreich Brasilien sahen in der europäischen Einwanderung einen wichtigen Baustein für die wirtschaftliche und gesellschaftliche Entwicklung des jungen Landes. Unter den Europäern, die sich entschieden, in Brasilien ein neues Leben zu beginnen, waren die Deutschen besonders stark vertreten.

Kaffee, das im späten 18. Jahrhundert in Brasilien eingeführt wurde, entwickelte sich bis zum Ende des 19. Jahrhunderts zum wichtigsten Exportgut des Landes. Die deutschen Einwanderer, die sich zunächst in den südlichen Regionen Brasiliens niederließen, begannen nach und nach mit dem Anbau von Kaffee, insbesondere in den Staaten São Paulo und Minas Gerais, wo die Bedingungen für die Kaffeeproduktion besonders günstig waren. Der Kaffeeanbau bot nicht nur wirtschaftliche Chancen, sondern trug auch dazu bei, die Deutschen in die brasilianische Gesellschaft zu integrieren.

Die deutschen Einwanderer brachten ihre landwirtschaftlichen Kenntnisse, technologischen Innovationen und organisatorischen Fähigkeiten mit, die entscheidend dazu beitrugen, die Effizienz und Produktivität der Kaffeeproduktion zu steigern. Sie führten fortschrittliche Anbaumethoden ein, darunter die Terrassierung von Hängen zur besseren Nutzung des Geländes, verbesserte Bewässerungstechniken und den Einsatz mineralischer Düngemittel, die zu einer Erhöhung der Ernteerträge führten. Diese Neuerungen waren nicht nur im technischen Sinne fortschrittlich, sondern halfen auch, die brasilianische Landwirtschaft im Allgemeinen zu modernisieren und die Produktivität der Region zu steigern.

Im Laufe des 19. Jahrhunderts wuchs die Anzahl deutscher Kaffeepflanzer in Brasilien stetig. Viele deutsche Einwanderer begannen als Kleinbauern oder Arbeiter auf größeren Plantagen und arbeiteten sich im Laufe der Zeit zu eigenständigen Plantagenbesitzern hoch. Die Gemeinschaften, die sie bildeten, waren oft eng verbunden und zeichneten sich durch eine starke Betonung von Bildung, harter Arbeit und gegenseitiger Unterstützung aus, was ihnen half, in der neuen Umgebung erfolgreich zu sein. Diese Werte prägten nicht nur ihre eigenen Gemeinschaften, sondern beeinflussten auch das soziale und wirtschaftliche Leben der Region insgesamt.

Die deutschen Kaffeeplantagen waren bekannt für ihre strenge Arbeitsdisziplin und ihre fortschrittlichen Anbaumethoden, die dazu beitrugen, dass diese Plantagen oft produktiver waren als ihre brasilianischen Pendants. Die Deutschen spielten auch eine wichtige Rolle beim Aufbau von Infrastruktur, wie Schulen, Kirchen und Handelsnetzwerken, die zur weiteren Entwicklung der Kaffeeanbaugebiete beitrugen. Dadurch trugen sie nicht nur zur wirtschaftlichen, sondern auch zur sozialen und kulturellen Entwicklung der Region bei. Der Einfluss der deutschen Einwanderer reichte weit über die Landwirtschaft hinaus und schuf Grundlagen, die bis heute in vielen Teilen Brasiliens spürbar sind.

Auch kulturell hinterließen die deutschen Kaffeepflanzer und ihre Familien einen nachhaltigen Eindruck. Sie gründeten deutsche Schulen, Vereine und andere soziale Einrichtungen, die ihnen halfen, ihre Kultur und Traditionen am Leben zu erhalten. Dieses starke Gemeinschaftsgefühl und die Aufrechterhaltung kultureller Identität führten dazu, dass die deutschen Brasilianer oft als distinkte ethnische Gruppe innerhalb Brasiliens wahrgenommen wurden. Gleichzeitig trugen sie aber auch zur kulturellen Vielfalt des Landes bei, indem sie ihre Bräuche und Traditionen mit der brasilianischen Kultur verschmolzen.

Die Präsenz und der Erfolg der deutschen Einwanderer waren jedoch nicht ohne Herausforderungen und Konflikte. Es kam gelegentlich zu Spannungen zwischen den deutschen Einwanderern und der brasilianischen Bevölkerung, insbesondere aufgrund kultureller Unterschiede und wirtschaftlicher Konkurrenz. Die Arbeitsbedingungen auf den Plantagen waren oft hart, und bis zur Abschaffung der Sklaverei in Brasilien im Jahr 1888 wurde auch in deutschen Betrieben Sklavenarbeit eingesetzt, was zu sozialen und ethischen Spannungen führte. Diese Aspekte der Geschichte werfen ein kritisches Licht auf die Rolle der deutschen Kaffeepflanzer und zeigen die komplexen Wechselwirkungen zwischen wirtschaftlichem Erfolg und sozialen Ungerechtigkeiten.

Mit dem Beginn des 20. Jahrhunderts und den Veränderungen in der globalen und brasilianischen Wirtschaft, insbesondere durch den Ersten Weltkrieg, erlebten viele deutsche Kaffeeplantagen einen Niedergang. Die politischen Umbrüche in Europa und die wachsenden nationalistischen Tendenzen in Brasilien führten dazu, dass viele deutsche Einwanderer das Land verließen oder ihre wirtschaftlichen Aktivitäten in andere Sektoren verlagerten. Dennoch bleibt das Erbe der deutschen Kaffeepflanzer in Brasilien bestehen—es ist geprägt von tief-greifenden wirtschaftlichen und kulturellen Einflüssen, die bis heute spürbar sind. Die deutsche Migration nach Brasilien trug zur landwirt-schaftlichen Entwicklung in bestimmten Regionen bei. Dies zeigt sich in der bis heute bestehenden Präsenz deutscher Einwanderergemein-schaften und ihrer kulturellen Einflüsse, insbesondere in Bundesstaa-ten wie Santa Catarina und Paraná.

Die Geschichte der deutschen Kaffeeplantagen in Brasilien ist ein Zeugnis der Verflechtungen zwischen Migration, Landwirtschaft und kulturellem Austausch. Die Deutschen spielten eine entscheidende Rolle in der Entwicklung der brasilianischen Kaffeewirtschaft und hin-terließen ein reiches kulturelles Erbe. Ihre Geschichte verdeutlicht die Komplexität der kolonialen und postkolonialen Wirtschaftsgeschichte Südamerikas und bietet wertvolle Einblicke in die Dynamik von Ein-wanderung, wirtschaftlicher Modernisierung und kultureller Integrati-on. Dieses Erbe ist auch heute noch sichtbar in den Regionen, die einst von deutschen Einwanderern geprägt wurden, und zeigt, wie tief verwurzelt die Einflüsse der Migration in der Geschichte Brasiliens sind.[14]

Deutsche Banken und die Finanzierung von Infrastrukturprojekten

Die Rolle deutscher Banken bei der Finanzierung von Infrastruktur-projekten ist von tiefgreifender Bedeutung und hat sowohl die wirt-schaftliche Entwicklung Deutschlands als auch seine internationalen Wirtschaftsbeziehungen stark beeinflusst. Seit dem 19. Jahrhundert bis in die Gegenwart haben deutsche Banken eine zentrale Rolle bei der Bereitstellung von Kapital für den Bau und die Modernisierung von Infrastrukturen gespielt. Diese Projekte reichten von Eisenbah-

14 Hugo Zöller, (1883). Die Deutschen im Brasilischen Urwald, Deutsch-land: Spemann, Österreichische Nationalbibliothek

nen, Straßen und Brücken bis hin zu Stromnetzen, kommunalen Einrichtungen und modernen Informationstechnologien. Die Geschichte dieser finanziellen Aktivitäten bietet einen aufschlussreichen Einblick in die Wechselwirkungen zwischen Finanzinstitutionen, staatlicher Politik und wirtschaftlicher Entwicklung.

Mit der Industrialisierung im 19. Jahrhundert sah sich Deutschland mit einem enormen Bedarf an Infrastrukturinvestitionen konfrontiert. Deutsche Banken, darunter prominente Institute wie die Deutsche Bank, die Dresdner Bank und die Commerzbank, spielten eine entscheidende Rolle bei der Bereitstellung der finanziellen Mittel, die für diese Entwicklung notwendig waren. Ihre Beteiligung war nicht nur eine Reaktion auf die wachsenden Bedürfnisse der Industrie, sondern auch eine strategische Entscheidung, um von den damit verbundenen wirtschaftlichen Chancen zu profitieren. Die Expansion des Eisenbahnnetzes in der ersten Hälfte des 19. Jahrhunderts ist ein herausragendes Beispiel für die wichtige Rolle der Banken bei der Infrastrukturentwicklung. Das rasante Wachstum der Eisenbahnen diente als Katalysator für die wirtschaftliche Entwicklung und war ein zentrales Element der Industrialisierung.

Deutsche Banken waren intensiv in die Finanzierung des Eisenbahnbaus involviert, indem sie sowohl direkte Darlehen bereitstellten als auch die Ausgabe von Anleihen organisierten, die national und international platziert wurden, um Kapital für die Eisenbahnunternehmen zu beschaffen. Die Deutsche Bank, gegründet 1870, war besonders aktiv in der Finanzierung sowohl nationaler als auch internationaler Eisenbahnprojekte. Ein bekanntes Beispiel ist ihre Beteiligung am Bau der Bagdadbahn, einer Eisenbahnverbindung, die Berlin mit dem Persischen Golf verbinden sollte. Dieses Projekt war nicht nur aus wirtschaftlicher, sondern auch aus geopolitischer Sicht von strategischer Bedeutung und illustriert die Rolle der deutschen Banken bei der Verfolgung nationaler Interessen im Ausland.

Nach dem Ersten Weltkrieg und der darauffolgenden Weimarer Republik sah sich Deutschland mit der Herausforderung konfrontiert, seine zerstörte Infrastruktur wiederaufzubauen. Deutsche Banken spielten erneut eine Schlüsselrolle bei der Bereitstellung der notwendigen finanziellen Mittel für den Wiederaufbau und die Modernisierung der Infrastruktur. Diese Zeit war geprägt von einer verstärkten staatlichen Einflussnahme auf die Finanzierung von Infrastrukturprojekten, da die Weimarer Regierung versuchte, wirtschaftliche Stabilität durch öffentliche Arbeitsprogramme zu fördern und die große Arbeitslosigkeit zu bekämpfen.

Nach dem Zweiten Weltkrieg war der Bedarf an Infrastrukturinvestitionen in Deutschland noch dringender. Die Zerstörungen des Krieges hatten große Teile der Industrie und Infrastruktur des Landes in Trümmer gelegt. Deutsche Banken spielten im Rahmen des Wiederaufbaus eine entscheidende Rolle und wurden dabei durch den Marshall-Plan und andere internationale Hilfsprogramme unterstützt. Die Finanzierung von Infrastrukturprojekten war ein zentraler Faktor für das sogenannte "Wirtschaftswunder" der 1950er Jahre, das Deutschland ermöglichte, sich von den Verwüstungen des Krieges zu erholen und zu einer der führenden Volkswirtschaften Europas zu werden.

Ein bedeutendes Instrument zur Finanzierung des Wiederaufbaus war die Gründung der Kreditanstalt für Wiederaufbau (KfW) im Jahr 1948. Diese staatliche Entwicklungsbank wurde mit dem Ziel ins Leben gerufen, den Wiederaufbau der deutschen Wirtschaft zu unterstützen. Die KfW investierte in den Bau von Wohnungen, in kommunale Infrastrukturen und in späteren Jahren auch in Umweltprojekte und die Förderung erneuerbarer Energien. Die KfW hat im Laufe der Jahrzehnte eine zentrale Rolle bei der Finanzierung nachhaltiger Entwicklungsprojekte sowohl in Deutschland als auch weltweit übernommen und gilt als Vorreiter bei der Unterstützung umweltfreundlicher und sozialer Projekte.

Mit der Globalisierung ab den letzten Jahrzehnten des 20. Jahrhunderts sahen sich deutsche Banken neuen Herausforderungen und Chancen gegenüber. Sie expandierten zunehmend auf internationale Märkte und engagierten sich verstärkt bei der Finanzierung großer Infrastrukturprojekte in Entwicklungs- und Schwellenländern. Viele dieser Projekte wurden im Rahmen von öffentlich-privaten Partnerschaften (Public Private Partnerships, PPPs) umgesetzt und spiegelten das wachsende Interesse an nachhaltigen Entwicklungszielen wider. Deutsche Banken spielten dabei eine Schlüsselrolle, indem sie sowohl Finanzierungen bereitstellten als auch als Vermittler zwischen den verschiedenen Akteuren agierten, um die Projekte erfolgreich zu realisieren.

Die Geschichte der deutschen Banken bei der Finanzierung von Infrastrukturprojekten ist ein Spiegelbild ihrer Fähigkeit, sich an die sich wandelnden wirtschaftlichen und politischen Rahmenbedingungen anzupassen. Von den Anfängen der Industrialisierung über die Wiederaufbauphasen nach den Weltkriegen bis hin zur heutigen globalisierten Wirtschaft haben diese Institutionen eine entscheidende Rolle bei der Gestaltung der wirtschaftlichen Zukunft Deutschlands gespielt. Ihre Geschichte zeigt nicht nur die Bedeutung des Finanzsektors für das wirtschaftliche Wachstum, sondern auch für die soziale und ökologische Entwicklung. Die Rolle der Banken ist dabei nicht nur auf die Bereitstellung von Kapital beschränkt, sondern umfasst auch die Unterstützung von Innovation, Nachhaltigkeit und internationaler Zusammenarbeit, was sie zu einem wichtigen Akteur für die Zukunftsfähigkeit der Gesellschaft macht.[15]

---

15 Plumpe, W., Nützenadel, A., Schenk, C. R. (2020). Deutsche Bank: Die globale Hausbank 1870 - 2020. Deutschland: Ullstein Ebooks

Deutsche Einwanderung und kultureller Einfluss[16]

Die Geschichte der deutschen Einwanderung nach Südamerika ist eine faszinierende Erzählung über kulturelle Anpassung, wirtschaftlichen Einfluss und dauerhafte soziale Prägung. Besonders in Argentinien und Chile hat die deutsche Einwanderung tiefe Spuren hinterlassen, die bis heute in diesen Gesellschaften sichtbar sind. Dieser Beitrag beleuchtet die Ursprünge, die Entwicklung und die langfristigen Auswirkungen der deutschen Einwanderung in diesen beiden südamerikanischen Ländern.

Die Migration von Deutschen nach Südamerika begann im Wesentlichen im 19. Jahrhundert, verstärkt durch verschiedene wirtschaftliche, soziale und politische Faktoren in Deutschland. Zu den treibenden Kräften zählten wirtschaftliche Schwierigkeiten infolge der Industrialisierung, politische Unruhen nach den gescheiterten Revolutionen von 1848 sowie religiöse Diskriminierungen. Diese Probleme veranlassten viele Deutsche, ihr Heimatland zu verlassen und in der Neuen Welt nach besseren Lebensmöglichkeiten zu suchen.

Argentinien war eines der Hauptziele deutscher Einwanderer in Südamerika. Die argentinische Regierung unter Präsident Domingo Faustino Sarmiento förderte aktiv die europäische Einwanderung, um die Landwirtschaft zu entwickeln, die Wirtschaft zu diversifizieren und die dünn besiedelten Gebiete des Landes zu bevölkern. Die ersten bedeutenden Gruppen deutscher Einwanderer kamen Mitte des 19. Jahrhunderts in Argentinien an und ließen sich vorwiegend in der Provinz Buenos Aires und später auch in anderen Teilen des Landes nieder. Diese Einwanderer brachten landwirtschaftliche Kenntnisse mit, die in den landwirtschaftlich geprägten Regionen Argentiniens, wie der Pampa, von großem Wert waren. Sie führten fortschrittliche euro-

16 Manfred Illi, (1977) Die deutsche Auswanderung nach Lateinamerika: eine Literaturübersicht, Deutschland: Vervuert

päische Techniken im Ackerbau und in der Viehzucht ein, was zur Modernisierung der argentinischen Landwirtschaft beitrug.

Darüber hinaus gründeten viele deutsche Einwanderer auch kleine und mittelständische Unternehmen, insbesondere in der Lebensmittelverarbeitung und in der Herstellung von Maschinen und Ausrüstungen, was die industrielle Basis des Landes stärkte. Ihre wirtschaftlichen Beiträge gingen damit weit über die Landwirtschaft hinaus und spielten eine wichtige Rolle bei der Entwicklung neuer Industriezweige und der Diversifizierung der argentinischen Wirtschaft.

In Chile begann die systematische Ansiedlung deutscher Einwanderer etwas später, erlangte aber eine ähnliche Bedeutung. Die chilenische Regierung startete in den 1840er Jahren ein Einwanderungsprogramm, das darauf abzielte, das südliche Chile, insbesondere die Regionen um Valdivia, Osorno und Llanquihue, zu kolonisieren und zu entwickeln. Diese Regionen boten fruchtbare Böden und ein gemäßigtes Klima, das den klimatischen Bedingungen in Deutschland ähnelte, was sie besonders attraktiv für deutsche Bauern und Handwerker machte.

Die deutschen Einwanderer in Chile spielten eine entscheidende Rolle bei der Entwicklung der Landwirtschaft und des Handwerks in den südlichen Regionen. Sie brachten neue landwirtschaftliche Kulturen wie Hopfen und Gerste sowie Techniken der Milchwirtschaft und Käseherstellung ein, die sie erfolgreich an die lokalen Bedingungen anpassten. Darüber hinaus hatten sie einen erheblichen Einfluss auf die Architektur, das Bildungswesen und das öffentliche Leben in den von ihnen besiedelten Gebieten. Die von Deutschen gegründeten Schulen, wie das Instituto Alemán Carlos Anwandter in Valdivia, spielten eine wichtige Rolle bei der Verbreitung der deutschen Sprache und Kultur in Chile.[17]

In beiden Ländern führten die deutschen Gemeinschaften zur Entstehung von sogenannten "Deutschenvierteln", in denen deutsche Traditionen, Sprache und Kultur gepflegt wurden. Diese Gemeinschaften errichteten deutsche Schulen, Kirchen, Vereine und andere soziale Einrichtungen, die ihnen halfen, ihre kulturelle Identität über Generationen hinweg zu bewahren. Trotz ihrer starken kulturellen Bindungen an ihre deutsche Herkunft gelang es den meisten deutschen Einwanderern, sich gut in die argentinische und chilenische Gesellschaft zu integrieren. Sie leisteten wichtige Beiträge zur wirtschaftlichen und sozialen Entwicklung ihrer neuen Heimatländer und schufen damit eine Brücke zwischen den Kulturen.

Carlos Anwandter (1801–1889) war ein deutscher Einwanderer und bedeutender Kolonist in Chile, der durch sein Engagement für die deutsche Gemeinschaft und die Entwicklung des Landes bekannt wurde. Geboren in Luckenwalde, Preußen, emigrierte er 1850 nach politischen Unruhen und der gescheiterten Revolution von 1848 nach Südamerika. In Chile ließ er sich in Valdivia nieder, einer Region, die für deutsche Einwanderer attraktiv war, und trug maßgeblich zur Entwicklung der deutschen Kolonie in dieser Gegend bei. Anwandter engagierte sich intensiv im Aufbau von Bildungs- und Sozialinstitutionen, darunter Schulen und Krankenhäuser. Seine Bemühungen waren geprägt von dem Wunsch, deutsche Kultur und Werte wie Fleiß, Bildung und Gemeinschaftssinn zu fördern, während er gleichzeitig die Integration in die chilenische Gesellschaft unterstützte. Besonders hervorzuheben ist seine Rolle in der Gründung der „Deutschen Schule von Valdivia" und die Förderung von Landwirtschaft und Industrie. Carlos Anwandter gilt als prägende Figur der deutschen Migration in Chile und hinterließ ein kulturelles Erbe, das die chilenisch-deutsche Gemeinschaft bis heute prägt.

17 Ralf Schönert, (2023), Allendes Erben: Chiles Weg zur Demokratie. Deutschland BoD, ISBN 9783757826369

Die langfristigen Auswirkungen der deutschen Einwanderung in Argentinien und Chile sind bis heute sichtbar. In beiden Ländern haben die Nachkommen der deutschen Einwanderer eine bedeutende Rolle in Wirtschaft, Politik, Wissenschaft und Kultur gespielt. Die deutsch-südamerikanischen Gemeinschaften bleiben aktive und geschätzte Mitglieder der Gesellschaft, die sowohl zur kulturellen Vielfalt als auch zur wirtschaftlichen und sozialen Entwicklung ihrer Länder beitragen. Deutsche Feste wie das Oktoberfest werden heute in Argentinien und Chile gefeiert, und deutsche Vereine und Schulen bestehen weiter und pflegen die deutsche Sprache und Traditionen.

Die Geschichte der deutschen Einwanderung nach Argentinien und Chile ist ein beeindruckendes Beispiel dafür, wie Migration die Entwicklung von Nationen prägen kann. Sie zeigt, wie Einwanderergruppen durch ihre Arbeit, ihre Kultur und ihre Werte erheblich zur Gestaltung der modernen Gesellschaften Südamerikas beigetragen haben. Diese Geschichte verdeutlicht auch, dass Migration ein Motor für Innovation und kulturelle Bereicherung sein kann und dass die Integration von Einwanderern eine bereichernde und positive Rolle in der Entwicklung einer Gesellschaft spielen kann.

Diese Beispiele deutscher Aktivitäten in der Karibik und Südamerika beleuchten ein oft vernachlässigtes Kapitel der deutschen Überseegeschichte. Sie zeigen, dass die deutschen Interessen und Einflüsse in diesen Regionen vielschichtig waren und über den reinen Kolonialismus hinausgingen. Sie umfassten wirtschaftliche, wissenschaftliche und kulturelle Dimensionen, die bis heute in vielen Aspekten des südamerikanischen und karibischen Lebens sichtbar sind.

6. WIRTSCHAFTLICHE MOTIVATIONEN UND ENTWICKLUNGEN

Die wirtschaftlichen Motivationen hinter der deutschen Kolonialpolitik waren komplex und facettenreich. Während des späten 19. und frühen 20. Jahrhunderts suchte das Deutsche Reich, ähnlich wie andere europäische Mächte, nach Möglichkeiten, seine wirtschaftliche Stärke durch Übersee-Expansion zu festigen. Diese Bestrebungen waren nicht nur von dem Wunsch nach direkten wirtschaftlichen Gewinnen, sondern auch von strategischen Überlegungen zur Sicherung von Ressourcen und Märkten geprägt.

1. Suche nach Rohstoffen

Die Suche nach Rohstoffen war eines der zentralen Ziele der deutschen Kolonialpolitik, und sie prägte die Ausgestaltung und Verwaltung der deutschen Überseegebiete entscheidend. Im Kontext der sich intensivierenden Industrialisierung im späten 19. Jahrhundert war das Deutsche Reich zunehmend darauf angewiesen, Zugang zu wichtigen Rohstoffen zu sichern, die für die eigene Wirtschaft unerlässlich waren. Dies betraf insbesondere Rohstoffe, die im Mutterland entweder nicht vorhanden waren oder nur in begrenzten Mengen vorkamen. Die koloniale Expansion bot die Möglichkeit, diese Ressourcen nicht nur zu sichern, sondern auch die Abhängigkeit von Importen aus anderen Ländern zu reduzieren und eine strategische Autarkie zu erreichen.

Besonders die afrikanischen Kolonien, darunter Deutsch-Ostafrika (das heutige Tansania), Deutsch-Südwestafrika (heute Namibia), Kamerun und Togoland, standen im Mittelpunkt dieser Rohstoffpolitik. Afrika war reich an natürlichen Ressourcen wie Kupfer, Zinn, Gold und vor allem Gummi, das durch die wachsende Nachfrage im Zuge der

Industrialisierung in Europa besonders begehrt war. Gummi war entscheidend für die aufkommende Automobilindustrie, die gerade in Deutschland im Aufschwung begriffen war. Die große Nachfrage nach diesem Material trieb den deutschen Staat dazu an, Ressourcen in die Erforschung und Ausbeutung der Gebiete zu investieren, in denen diese Materialien vorkamen.

Ein weiteres wichtiges Beispiel ist das Phosphat, das in großen Mengen in den deutschen Kolonien im Pazifik gewonnen wurde, insbesondere auf der Insel Nauru. Phosphat war ein essenzieller Bestandteil von Düngemitteln und trug entscheidend zur Ertragssteigerung in der Landwirtschaft bei, die sich im Zuge der Bevölkerungszunahme und des wachsenden Nahrungsmittelbedarfs in Deutschland entwickeln musste. Die Kontrolle über die Produktion und den Export von Phosphat sicherte dem Deutschen Reich einen strategischen Vorteil im internationalen Wettbewerb, da diese Düngemittel die Grundlage für die Intensivierung der Agrarproduktion darstellten.

Die Rohstoffpolitik war jedoch nicht nur wirtschaftlich, sondern auch politisch motiviert. Das Streben nach wirtschaftlicher Unabhängigkeit und die Förderung der eigenen Industrie wurde zu einem Instrument nationaler Machtpolitik. Durch die Kontrolle über die Rohstoffquellen wollte das Deutsche Reich nicht nur seine eigene industrielle Entwicklung sicherstellen, sondern auch in den internationalen Machtspielen eine stärkere Position einnehmen. Die Kolonialgebiete boten dabei die Möglichkeit, wirtschaftliche Macht in politische Einflussnahme umzusetzen. Dies bedeutete, dass die deutsche Regierung und Unternehmen in den Kolonien systematisch daran arbeiteten, den Abbau und den Transport der Ressourcen so effizient wie möglich zu gestalten.

Um diese Effizienz zu erreichen, wurden umfangreiche Infrastrukturen geschaffen, wie Eisenbahnstrecken, die vom Inneren der Kolonien zu den Häfen an der Küste führten. Der Bau solcher Infrastrukturprojekte diente nicht nur der wirtschaftlichen Ausbeutung der Kolonien, sondern war auch ein Mittel zur effektiven Kontrolle der Territorien und zur Sicherstellung der Ressourcenzufuhr ins Mutterland. Diese Infrastrukturprojekte wurden oft mit Hilfe von Zwangsarbeit realisiert, was gravierende soziale Folgen für die lokale Bevölkerung hatte. Tausende indigene Arbeiter wurden gezwungen, unter extremen Bedingungen zu arbeiten, um die deutschen wirtschaftlichen Interessen zu bedienen. Diese Zwangsmaßnahmen trugen zur Destabilisierung der traditionellen sozialen Strukturen in den betroffenen Regionen bei und führten zu erheblichen Spannungen zwischen den Kolonialherren und der einheimischen Bevölkerung.

Ein weiteres Beispiel für die wirtschaftliche Ausrichtung der Kolonialpolitik ist die Gewinnung von Gold und Kupfer in Deutsch-Ostafrika. Diese Mineralien waren entscheidend für die metallverarbeitende Industrie und den Maschinenbau in Deutschland, die während der Industrialisierung schnell wuchsen. Die Förderung dieser Rohstoffe war mit großen Investitionen verbunden, sowohl in Bezug auf die technische Ausstattung als auch auf die Infrastruktur. Bergbaugesellschaften, oft mit Sitz in Deutschland, wurden gegründet, um die Ausbeutung der Bodenschätze zu organisieren und die Profite ins Mutterland zu transferieren. Die Gewinne aus diesen kolonialen Unternehmungen kamen hauptsächlich den deutschen Eliten zugute und trugen zur Verstärkung der sozialen Ungleichheiten innerhalb der kolonialen Gesellschaften bei.

Die deutsche Kolonialpolitik und ihr Streben nach Rohstoffen hinterließ in den betroffenen Regionen tiefgreifende Spuren, die weit über das Ende der Kolonialzeit hinausreichten. Die einseitige Konzentration auf den Abbau bestimmter Rohstoffe führte oft zur Vernachlässigung der lokalen Wirtschaften und zu einer Abhängigkeit von den kolonialen Strukturen. Auch nach dem Ende der Kolonialherrschaft blieben viele der betroffenen Länder in wirtschaftlicher Hinsicht von den ehemaligen Kolonialmächten abhängig. Die Ausbeutung der Ressourcen und der Arbeitskraft führte zu langfristigen sozialen und ökologischen Problemen, die die Entwicklung dieser Regionen nachhaltig beeinträchtigten.

Insgesamt zeigt die Suche nach Rohstoffen im Kontext der deutschen Kolonialpolitik, wie wirtschaftliche Interessen und geopolitische Machtambitionen ineinandergreifen können. Der Drang nach Ressourcen, um die heimische Industrie zu stärken und strategische Vorteile zu erlangen, war ein zentraler Motor für die koloniale Expansion. Dabei wurden wirtschaftliche Gewinne stets über das Wohl der kolonisierten Bevölkerung gestellt, was zu sozialen Ungerechtigkeiten und erheblichen Belastungen für die Ökosysteme der betroffenen Gebiete führte. Diese Aspekte sind bis heute Gegenstand intensiver Debatten, die die dunklen Seiten der kolonialen Geschichte aufarbeiten und die Verflechtungen von wirtschaftlicher Ausbeutung und politischer Macht kritisch hinterfragen.

2. Sicherung neuer Absatzmärkte

Die Sicherung neuer Absatzmärkte war ein weiterer wesentlicher Antrieb der deutschen Kolonialpolitik, insbesondere im späten 19. und frühen 20. Jahrhundert. Mit der rasanten Industrialisierung des Deutschen Reiches wuchs auch der Bedarf an stabilen und langfristig gesicherten Absatzmärkten für die stetig steigende Produktion von Industrieerzeugnissen. Die deutschen Fabriken produzierten eine Vielzahl von Waren, darunter Textilien, Maschinen, Werkzeuge und militärische Ausrüstung. Um den wirtschaftlichen Aufschwung fortzusetzen und die industrielle Kapazität voll auszuschöpfen, musste das Deutsche Reich Wege finden, diese Produkte auch außerhalb Europas abzusetzen. Die Kolonien boten eine Möglichkeit, sich exklusive Märkte zu sichern, in denen deutsche Produkte ohne die Konkurrenz anderer europäischer Mächte verkauft werden konnten.

Die Kolonialpolitik diente hierbei als eine Art "wirtschaftliches Sicherheitsnetz", das in einer Zeit von starken Schwankungen auf den internationalen Märkten dazu beitragen sollte, die deutsche Industrie vor Krisen zu schützen. Ein kontrollierter Absatzmarkt in den Kolonien sollte nicht nur als Absatzkanal für die industriellen Überschüsse dienen, sondern auch helfen, Preisschwankungen und Überkapazitäten zu vermeiden. Die Kolonien boten also eine doppelte Möglichkeit: zum einen als stabile Abnehmer von Industrieerzeugnissen und zum anderen als Puffer gegen wirtschaftliche Unsicherheiten und Rezessionen, die auf den liberalisierten europäischen Märkten auftreten konnten.

Ein besonders wichtiger Aspekt der Absatzmarktsicherung war die Schaffung eines geschlossenen Wirtschaftskreislaufs, der die Kolonien wirtschaftlich in das Deutsche Reich integrierte. Die kolonialen Absatzmärkte wurden nicht als unabhängige Einheiten betrachtet, sondern als Erweiterung des deutschen Wirtschaftssystems. In diesem System sollte eine weitgehende Abhängigkeit der Kolonien vom Mutterland geschaffen werden, indem die Kolonien gezielt mit Produkten aus Deutschland beliefert wurden, während die gewonnenen Rohstoffe zur Weiterverarbeitung ins Mutterland gelangten. Dies führte zu einer intensiven wirtschaftlichen Verflechtung, die den Kolonien kaum Möglichkeiten bot, ihre eigenen Wirtschaften zu diversifizieren oder sich unabhängig zu entwickeln.

Die Absatzmärkte in den Kolonien wurden durch gezielte Investitionen in Infrastruktur und Handelspolitik gefördert. Der Bau von Eisenbahnen und Straßen sowie die Einrichtung von Handelshäfen sollten sicherstellen, dass die deutschen Produkte effizient in die Kolonialgebiete transportiert werden konnten. Die Infrastrukturentwicklung diente dabei nicht nur der Erschließung der Rohstoffe, sondern auch der schnellen Verteilung der Waren in die abgelegenen Regionen der Kolonien. Deutsche Handelsgesellschaften spielten eine Schlüsselrolle bei der Vermarktung dieser Produkte und etablierten Filialen und Handelsstationen, um den Vertrieb zu organisieren und die Warenflüsse zu kontrollieren.

Insbesondere die deutsche Textilindustrie profitierte von den kolonialen Absatzmärkten. Textilien waren eines der wichtigsten Exportprodukte des Kaiserreichs, und die Kolonien boten eine hervorragende Möglichkeit, die Produktion zu steigern und neue Absatzmöglichkeiten zu schaffen. Durch den Export von Kleidung und Stoffen konnten nicht nur Arbeitsplätze in der Heimat gesichert werden, sondern auch Gewinne erzielt werden, die in die weitere industrielle Expansion investiert wurden. Die Kolonien wurden bewusst als Ziel für minderwertigere und standardisierte Produkte genutzt, die auf den europäischen Märkten weniger wettbewerbsfähig waren. Dies trug dazu bei, eine Win-Win-Situation für die heimische Industrie zu schaffen, die ihre Überschüsse abbauen konnte, während die Kolonialbevölkerung auf Produkte angewiesen war, die durch das koloniale Wirtschaftssystem aufgezwungen wurden.

Eine weitere Branche, die von den kolonialen Absatzmärkten profitierte, war die Maschinenbauindustrie. Deutschland, das zu dieser Zeit ein führendes Land im Bereich der Ingenieurkunst und des Maschinenbaus war, nutzte die Kolonien als Absatzgebiet für landwirtschaftliche Maschinen, Bergbaugeräte und andere technische Ausrüstungen. Die Etablierung von Plantagenwirtschaften in den Kolonien erforderte zum Beispiel neue Maschinen und Technologien, die hauptsächlich aus Deutschland importiert wurden. Dies verstärkte die wirtschaftliche Abhängigkeit der Kolonien weiter, da sie nicht nur die Technologie für die Produktionssteigerung benötigten, sondern auch die dazu notwendige Expertise, die ebenfalls aus Deutschland bereitgestellt wurde.

Die kolonialen Absatzmärkte hatten jedoch auch eine bedeutende politische Komponente. Die wirtschaftliche Integration der Kolonien in das Deutsche Reich war gleichzeitig ein Instrument, um die politische Loyalität zu festigen und die koloniale Kontrolle zu verstärken. Indem man den Kolonien deutsche Produkte aufzwang, die ihnen teilweise ihre eigenen Märkte und traditionellen Produktionsmethoden entzogen, wurde die Abhängigkeit der Kolonien vom deutschen Mutterland immer weiter vertieft. Dadurch entstanden asymmetrische Machtverhältnisse, die es Deutschland ermöglichten, seine wirtschaftlichen und politischen Interessen durchzusetzen. Koloniale Handelsstrukturen waren eng mit politischen Machtverhältnissen verknüpft. Wirtschaftliche Abhängigkeiten führten dazu, dass lokale Eliten und Bevölkerungsgruppen oft in koloniale Verwaltungsstrukturen eingebunden wurden, was die Herrschaft der Kolonialmächte stabilisierte.

Diese Politik hatte tiefgreifende Auswirkungen auf die Gesellschaften in den Kolonien. Lokale Handwerker und kleine Unternehmer konnten mit den importierten Produkten oft nicht konkurrieren, was zu einem Niedergang traditioneller Produktionsweisen und zu einer Verarmung breiter Teile der einheimischen Bevölkerung führte. Durch die Konzentration auf den Konsum importierter europäischer Waren ging vielfach das Wissen um die eigene handwerkliche und landwirtschaftliche Praxis verloren. Die koloniale Absatzpolitik wirkte daher nicht nur als Motor für die Expansion der deutschen Industrie, sondern trug auch zur systematischen Zerstörung lokaler wirtschaftlicher Strukturen und zur kulturellen Entwurzelung bei.

Zusammenfassend lässt sich sagen, dass die Sicherung neuer Absatzmärkte für die deutschen Industrieprodukte ein zentraler Bestandteil der deutschen Kolonialpolitik war. Diese Absatzmärkte dienten nicht nur dazu, überschüssige Produkte der deutschen Industrie zu verkaufen, sondern auch zur Festigung der kolonialen Abhängigkeit und zur Schaffung eines geschlossenen Wirtschaftskreislaufs zwischen den Kolonien und dem Mutterland. Diese Politik trug maßgeblich dazu bei, die wirtschaftliche Macht Deutschlands zu stärken, hatte jedoch erhebliche negative Folgen für die kolonialisierten Gesellschaften, die unter der wirtschaftlichen Ausbeutung und der Zerstörung ihrer traditionellen Wirtschaftsformen zu leiden hatten. Bis heute sind die Auswirkungen dieser Wirtschaftspolitik in den ehemaligen Kolonien spürbar und bilden einen wichtigen Bestandteil der kolonialen Aufarbeitung. Studien zur postkolonialen Wirtschaftsentwicklung zeigen, dass koloniale Strukturen oft eine Grundlage für spätere wirtschaftliche Abhängigkeiten bildeten.

3. Kapitalanlage und Finanzinvestitionen

Kapitalanlage und Finanzinvestitionen spielten eine wesentliche Rolle in der deutschen Kolonialpolitik und waren entscheidend für die infrastrukturelle und wirtschaftliche Erschließung der Überseegebiete. Mit der rapiden Industrialisierung in Deutschland im späten 19. Jahrhundert entstanden enorme Überschüsse an Kapital, die rentabel angelegt werden sollten. Die kolonialen Gebiete erschienen den deutschen Banken und Industriellen als vielversprechende Möglichkeit, profitable Anlagemöglichkeiten zu schaffen und zugleich den wirtschaftlichen Einfluss des Deutschen Reiches in der Welt zu stärken. In diesem Kontext waren die Finanzinstitute nicht nur Geldgeber, sondern auch treibende Kräfte hinter der Expansion und Entwicklung der deutschen Kolonialwirtschaft.

Die wichtigsten deutschen Banken, darunter die Deutsche Bank, die Dresdner Bank und die Disconto-Gesellschaft, waren tief in die Finanzierung kolonialer Infrastrukturprojekte involviert. Diese Banken stellten große Kredite für den Aufbau von Eisenbahnstrecken, Straßen und Häfen bereit, die die kolonialen Ressourcen mit den Küsten und den Exportmärkten verbinden sollten. So ermöglichte beispielsweise die Deutsche Bank den Bau der Otavibahn in Deutsch-Südwestafrika (heute Namibia), die dazu beitrug, die Kupferminen des Landes effizienter zu erschließen. Solche Investitionen waren strategisch darauf ausgelegt, den schnellen Transport von Rohstoffen zu gewährleisten und die Verteilung deutscher Produkte zu erleichtern, was zur wirtschaftlichen Integration der Kolonien in das deutsche Wirtschaftssystem beitrug.

Neben der Finanzierung von Infrastruktur waren deutsche Banken auch stark in landwirtschaftliche und industrielle Projekte in den Kolonien involviert. Viele Investitionen flossen in die Plantagenwirtschaft, die ein zentraler Bestandteil der kolonialen Wirtschaftsstrategie war. Die Entwicklung von Kaffee-, Kautschuk- und Kakao-Plantagen erforderte nicht nur umfangreiche Flächen, sondern auch eine erhebliche finanzielle Infrastruktur, die von deutschen Banken bereitgestellt wurde. So wurden beispielsweise in Togo und Kamerun großflächige Plantagen angelegt, die nicht nur der Rohstoffgewinnung, sondern auch der Erprobung neuer landwirtschaftlicher Techniken dienten. Die Plantagenwirtschaft war eine wichtige Kapitalanlage für deutsche Investoren, die damit sowohl hohe Renditen als auch politische Einflussnahme in den Kolonien anstrebten.

Ein weiterer bedeutender Bereich, in dem Kapitalanlagen eine große Rolle spielten, war der Bergbau. In vielen deutschen Kolonien, wie zum Beispiel in Deutsch-Ostafrika, gab es vielversprechende Bodenschätze, deren Abbau hohe Profite versprach. Deutsche Bergbaugesellschaften, die oft von Finanzinstituten unterstützt wurden, erhielten großflächige Konzessionen, um Mineralien wie Kupfer, Gold und Kohle abzubauen. Der Aufbau von Minen war mit erheblichen Kosten verbunden, die für den Kauf von Maschinen, die Anwerbung von Arbeitskräften und die Schaffung der notwendigen Infrastruktur benötigt wurden. Diese hohen Investitionen wurden in der Hoffnung auf langfristige Profite getätigt und stärkten die wirtschaftliche Abhängigkeit der Kolonien vom deutschen Mutterland. Die Profite aus dem Bergbau flossen hauptsächlich zurück nach Deutschland, während die sozialen und ökologischen Kosten vor Ort blieben.

Die Kapitalanlagen hatten jedoch auch eine politische Dimension. Die Bereitstellung großer finanzieller Mittel für Infrastruktur und Industrieprojekte verlieh den Banken erheblichen Einfluss auf die koloniale Verwaltung und Politik. Viele der Investitionen wurden nicht nur von privaten Banken, sondern auch in Zusammenarbeit mit dem deutschen Staat getätigt, der ein starkes Interesse daran hatte, die koloniale Expansion zu fördern. Die deutschen Kolonien sollten wirtschaftlich möglichst schnell selbsttragend werden, und dies konnte nur durch umfangreiche Investitionen in produktive Infrastrukturen erreicht werden. Dabei traten die Interessen der deutschen Banken und des Staates oft in eine enge Symbiose: Banken profitierten von den staatlich garantierten Konzessionen und Sicherheitsleistungen, während der Staat durch die wirtschaftliche Entwicklung der Kolonien seine politischen und strategischen Ziele verfolgte.

Ein Beispiel für diese enge Verzahnung von Finanzkapital und politischer Macht war das Engagement der Disconto-Gesellschaft im Rahmen der Finanzierung der Bagdadbahn, die von Berlin aus das Osmanische Reich durchqueren und bis zum Persischen Golf führen sollte. Obwohl dieses Projekt formal außerhalb der direkten Kolonialgebiete lag, verdeutlicht es die Reichweite und die geopolitischen Ambitionen, die mit den deutschen Kapitalinvestitionen verbunden waren. Das Projekt war nicht nur ein wirtschaftliches Vorhaben, sondern auch ein strategischer Versuch, den deutschen Einfluss in der Region zu stärken und neue Absatzmärkte sowie Rohstoffquellen zu erschließen. Deutsche Banken fungierten hierbei als Schlüsselakteure, die das notwendige Kapital zur Verfügung stellten und damit eine aktive Rolle bei der Umsetzung der kolonialen und imperialen Ambitionen des Kaiserreichs spielten.

Die Kapitalanlagen in den Kolonien führten auch zu einer engen Verflechtung zwischen Wirtschaft und Verwaltung. Viele der Infrastruktur- und Wirtschaftsprojekte wurden unter direkter Beteiligung der kolonialen Verwaltung umgesetzt, die die notwendigen Konzessionen erteilte und oft auch Zwangsmaßnahmen zur Sicherstellung der Arbeitskräfte durchsetzte. Dies hatte zur Folge, dass die wirtschaftlichen Interessen der Investoren eng mit der politischen Kontrolle über die kolonialen Gebiete verknüpft waren. Die Arbeiter auf den Plantagen und in den Bergwerken mussten oft unter extrem schlechten Bedingungen arbeiten, und die Gewinne aus ihrer Arbeit flossen in erster Linie an die deutschen Investoren und nicht zurück in die lokale Ökonomie. Die Kapitalanlagen trugen damit nicht nur zur wirtschaftlichen Ausbeutung der Kolonien bei, sondern auch zur Aufrechterhaltung der kolonialen Machtstrukturen, die auf sozialer Ungleichheit und Unterdrückung basierten.

Zusammenfassend lässt sich sagen, dass Kapitalanlagen und Finanzinvestitionen eine treibende Kraft hinter der deutschen Kolonialpolitik waren. Sie ermöglichten den Aufbau von Infrastruktur, die Entwicklung der Plantagenwirtschaft und den Abbau von Bodenschätzen und trugen so zur wirtschaftlichen Ausbeutung der Kolonien bei. Dabei standen die Interessen der deutschen Banken und Investoren im Vordergrund, während die koloniale Bevölkerung die sozialen und ökologischen Kosten dieser Politik trug. Die enge Verflechtung zwischen Finanzkapital und politischer Macht verdeutlicht, dass die wirtschaftliche Expansion in den Kolonien nicht nur aus rein ökonomischen Interessen erfolgte, sondern stets auch als Mittel zur Sicherung politischer Kontrolle und zur Stärkung der nationalen Machtposition diente. Bis heute sind die Auswirkungen dieser Politik in den ehemaligen Kolonien spürbar und werfen Fragen nach Gerechtigkeit und Wiedergutmachung auf.

4. Landwirtschaftliche Experimente und Plantagenwirtschaft

Die landwirtschaftlichen Experimente und die Entwicklung der Plantagenwirtschaft spielten eine zentrale Rolle in der deutschen Kolonialpolitik und bildeten die Grundlage der kolonialen Wirtschaftsstrategie. Der Anbau von Exportkulturen, der in den Kolonien eingeführt wurde, diente dem Ziel, die Kolonien wirtschaftlich rentabel zu machen und gleichzeitig die Nachfrage der europäischen Märkte nach bestimmten Rohstoffen zu decken. Diese landwirtschaftlichen Aktivitäten waren nicht nur auf die Erwirtschaftung von Profiten ausgelegt, sondern hatten auch erhebliche soziale und ökologische Auswirkungen auf die kolonisierten Gebiete.

Im Zuge der kolonialen Expansion wurden großflächige Plantagen angelegt, auf denen vor allem Exportkulturen wie Kautschuk, Kakao, Kaffee, Tabak, Tee und Baumwolle angebaut wurden. Diese Pflanzen waren auf den internationalen Märkten besonders gefragt und boten die Aussicht auf hohe Gewinne. Die Anbaukulturen wurden nicht zufällig ausgewählt, sondern entsprachen den Bedürfnissen der aufstrebenden Industrienationen Europas, die auf diese Rohstoffe zur Herstellung ihrer Produkte angewiesen waren. Kautschuk beispielsweise wurde für die aufstrebende Automobilindustrie gebraucht, während Kakao und Kaffee zunehmend zu begehrten Konsumgütern in den europäischen Städten wurden.

Ein wesentliches Merkmal der kolonialen Landwirtschaft war der Versuch, neue Anbaumethoden und landwirtschaftliche Techniken einzuführen, die die Produktivität steigern und die Erträge maximieren sollten. Diese landwirtschaftlichen Experimente wurden oft von deutschen Agronomen und Experten geleitet, die in die Kolonien geschickt wurden, um die optimalen Bedingungen für den Anbau der Exportkulturen zu erforschen. Diese Experimente reichten von der Auswahl geeigneter Pflanzenarten und Sorten über die Einführung neuer Düngemittel bis hin zur Terrassierung von Hügeln, um die Anbauflächen zu vergrößern und die Bodenerosion zu minimieren. Die Forschungstätigkeit diente dazu, die Plantagenwirtschaft so effizient wie möglich zu gestalten und die Investitionen der deutschen Banken und Handelsgesellschaften profitabel zu machen.

Diese Intensivierung der Landwirtschaft hatte jedoch gravierende Folgen für die ökologischen und sozialen Systeme der Kolonien. Der großflächige Anbau von Monokulturen, der zur Deckung der internationalen Nachfrage betrieben wurde, führte zur Verdrängung der traditionellen, subsistenzorientierten Landwirtschaft, die viele lokale Bevölkerungen zuvor betrieben hatten. Diese Umstellung bedeutete für viele indigene Gemeinden, dass sie ihre angestammten Ländereien verloren und von den neuen landwirtschaftlichen Produktionssystemen ausgeschlossen wurden. Anstatt für den eigenen Bedarf Nahrungsmittel zu produzieren, waren sie zunehmend auf den Kauf von Lebensmitteln angewiesen, deren Preise aufgrund der kolonialen Wirtschaftsstrukturen hoch waren.

Der Arbeitskräftebedarf der Plantagenwirtschaft war enorm, und oft wurden Zwangsmaßnahmen ergriffen, um sicherzustellen, dass genügend Arbeitskräfte zur Verfügung standen. In vielen Fällen wurden lokale Gemeinschaften dazu gezwungen, Arbeitsdienste auf den Plantagen zu leisten, oft unter extrem schlechten Bedingungen. Die Arbeit auf den Plantagen war hart und gesundheitsschädlich, und die Löhne waren in der Regel so niedrig, dass sie kaum zum Lebensunterhalt ausreichten. Zudem waren die Arbeitskräfte häufig in einem System von Schuldknechtschaft gefangen, das ihnen kaum Möglichkeiten bot, ihre Situation zu verbessern oder den Plantagen zu entkommen. Diese Zwangsmaßnahmen und die damit verbundene Ausbeutung der Arbeitskräfte führten zu erheblichen sozialen Spannungen und Widerstand gegen die kolonialen Autoritäten.

Ein weiteres wichtiges Merkmal der Plantagenwirtschaft war die Einführung neuer landwirtschaftlicher Pflanzenarten, die nicht immer an die ökologischen Bedingungen der Region angepasst waren. Dies führte zu einer erheblichen Belastung der örtlichen Ökosysteme. Der Anbau von Monokulturen führte zu einem Rückgang der Biodiversität, da natürliche Lebensräume zerstört wurden, um Platz für die Plantagen zu schaffen. Die Verwendung von Düngemitteln und Pestiziden, die in großem Umfang auf den Plantagen eingesetzt wurden, hatte ebenfalls negative Auswirkungen auf die örtliche Flora und Fauna und führte oft zu einer Verschmutzung der Gewässer. Die langfristigen ökologischen Folgen dieser intensiven landwirtschaftlichen Nutzung sind bis heute in vielen ehemaligen Kolonialgebieten spürbar und erschweren die Regeneration der natürlichen Ökosysteme.

Trotz der negativen Folgen für die lokale Bevölkerung und die Ökologie war die Plantagenwirtschaft aus Sicht der deutschen Kolonialverwaltung und der privaten Investoren äußerst erfolgreich. Sie brachte erhebliche Gewinne, die zur Stärkung der deutschen Wirtschaft beitrugen und die Kolonien zu wichtigen Produktionsstandorten für Rohstoffe machten, die in der deutschen Industrie verarbeitet wurden. Dabei stand das Interesse an wirtschaftlicher Effizienz und Profitabilität stets im Vordergrund, während die Belange der einheimischen Bevölkerung weitgehend ignoriert wurden. Die kolonialen Plantagen wurden zu Symbolen der wirtschaftlichen Macht Deutschlands über seine Kolonien und dienten zugleich als Experimentierfelder für die Anwendung neuer Technologien und Arbeitsmethoden.

Zusammenfassend lässt sich sagen, dass die landwirtschaftlichen Experimente und die Plantagenwirtschaft zentrale Elemente der deutschen Kolonialpolitik waren, die sowohl der Erzielung hoher Gewinne als auch der Sicherung des deutschen Einflusses in den Kolonien dienten. Diese landwirtschaftliche Expansion ging jedoch mit erheblichen sozialen und ökologischen Kosten einher. Die einheimische Bevölkerung wurde oft gewaltsam in das koloniale Wirtschaftssystem integriert und ihrer traditionellen Lebensgrundlagen beraubt, während die Monokulturen zu einer Degradierung der Umwelt führten. Die deutschen Kolonialbehörden sahen in diesen Entwicklungen dennoch vor allem den Erfolg ihrer wirtschaftlichen Strategie, ungeachtet der weitreichenden negativen Konsequenzen für die betroffenen Regionen. Die Auswirkungen dieser kolonialen Landwirtschaftspolitik sind bis heute in vielen ehemals kolonisierten Ländern spürbar und werfen weiterhin Fragen nach historischen Verantwortlichkeiten und Gerechtigkeit auf.

5. Entwicklung der Infrastruktur

Die Entwicklung der Infrastruktur war ein zentraler Bestandteil der deutschen Kolonialpolitik und spielte eine entscheidende Rolle für die wirtschaftliche Erschließung und Kontrolle der kolonialen Gebiete. Im späten 19. und frühen 20. Jahrhundert verfolgte das Deutsche Reich das Ziel, seine Kolonien effizient zu verwalten, ihre Rohstoffe auszubeuten und gleichzeitig die koloniale Herrschaft zu festigen. Infrastrukturprojekte wie der Bau von Eisenbahnen, Straßen und Häfen waren hierbei von großer Bedeutung, da sie sowohl die wirtschaftliche als auch die politische Integration der Kolonien in das Reich ermöglichten.

Der Ausbau des Eisenbahnnetzes galt als besonders wichtig, da Eisenbahnen als das Schlüsselinstrument zur Erschließung der kolonialen Ressourcen betrachtet wurden. Sie sollten sicherstellen, dass Rohstoffe wie Mineralien, landwirtschaftliche Produkte und Holz schnell und kostengünstig zu den Häfen transportiert werden konnten, von wo aus sie nach Europa verschifft wurden. Das Eisenbahnnetz verband oft abgelegene Produktionsgebiete mit den Küsten und ermöglichte somit die Einbindung auch entfernter Regionen in das koloniale Wirtschaftssystem. Ein prominentes Beispiel ist die sogenannte Otavibahn in Deutsch-Südwestafrika (heute Namibia), die den Kupferabbau ermöglichte und das Kupfer effizient zu den Exporthäfen transportierte. Der Bau dieser Eisenbahnen wurde oft unter extrem schwierigen Bedingungen durchgeführt, wobei Zwangsarbeit weit verbreitet war. Viele indigene Arbeiter wurden gezwungen, an diesen Projekten zu arbeiten, oft unter miserablen Arbeitsbedingungen und mit unzureichender Entlohnung.

Auch der Bau von Straßen spielte eine wichtige Rolle bei der infrastrukturellen Erschließung der Kolonien. Straßennetze dienten dazu, den regionalen Handel zu fördern, militärische Bewegungen zu erleichtern und die koloniale Verwaltung effizienter zu gestalten. Straßen verbanden die Plantagengebiete, Bergwerke und Dörfer mit den urbanen Zentren und den Häfen. Während der Bau und die Wartung der Straßen den Transport von Waren erleichterten, ermöglichten sie auch die schnelle Verlegung von Kolonialtruppen in rebellische Gebiete und damit die militärische Sicherung der kolonialen Herrschaft. Die Infrastrukturprojekte dienten somit nicht nur wirtschaftlichen Interessen, sondern hatten auch eine strategische Dimension, da sie das schnelle Eingreifen in Konfliktfällen ermöglichten und die Kontrolle über die lokalen Bevölkerungen festigten.

Hafenanlagen bildeten ein weiteres zentrales Element der kolonialen Infrastruktur. Die Häfen dienten als Drehscheiben des internationalen Handels, über die die Rohstoffe aus den Kolonien ins Deutsche Reich exportiert wurden. Der Bau und die Modernisierung von Hafenanlagen stellten sicher, dass die Kolonien in den globalen Wirtschaftskreislauf integriert wurden und als Produktionsstätten für den Export genutzt werden konnten. Hafenstädte wie Douala in Kamerun oder Lüderitz in Deutsch-Südwestafrika entwickelten sich schnell zu wichtigen Handelszentren, die eine zentrale Rolle im Warenverkehr zwischen den Kolonien und Europa spielten. Die Häfen waren ebenfalls wichtig für die Ankunft und Versorgung von deutschen Truppen und Verwaltungspersonal, wodurch die koloniale Präsenz nachhaltig gesichert wurde.

Neben den großen Infrastrukturprojekten förderte das Deutsche Reich auch die Entwicklung von Kommunikationseinrichtungen wie Telegrafenlinien, um die Verwaltung der Kolonien zu verbessern. Die Telegrafie ermöglichte eine schnellere Kommunikation zwischen der Kolonialverwaltung vor Ort und der Zentrale in Berlin. Dies war be sonders wichtig, um auf politische oder militärische Entwicklungen schnell reagieren zu können und die Kontrolle über die weit entfernten Gebiete zu behalten. Telegrafenverbindungen wurden oft parallel zu Eisenbahnlinien verlegt, um den Informationsfluss entlang der wichtigsten Verkehrswege sicherzustellen. Diese technologische Modernisierung sollte die koloniale Verwaltung straffen und die Effizienz der Ausbeutung der kolonialen Ressourcen erhöhen.

Die Finanzierung dieser Infrastrukturprojekte erfolgte in enger Zusammenarbeit zwischen der deutschen Regierung und privaten Banken, die bereit waren, erhebliche Summen in die Entwicklung der Kolonien zu investieren. Die Kredite, die für den Bau von Eisenbahnen, Häfen und Straßen bereitgestellt wurden, waren oft an langfristige Renditen gebunden, die durch die Erträge aus den Kolonien gesichert werden sollten. Private Investoren und Banken sahen in der kolonialen Infrastruktur eine vielversprechende Anlagemöglichkeit, da sie die Grundlage für die wirtschaftliche Entwicklung und die Ausbeutung der kolonialen Gebiete bildete. Der Staat wiederum garantierte diese Investitionen, indem er die politischen Rahmenbedingungen schuf und durch militärische Präsenz die Sicherheit für die Bauprojekte und deren spätere Nutzung sicherstellte.

Die Entwicklung der kolonialen Infrastruktur war jedoch nicht nur positiv. Sie hatte tiefgreifende Auswirkungen auf die betroffenen Regionen und ihre Bevölkerungen. Die Umsetzung dieser Infrastrukturprojekte führte oft zur Enteignung von Ländereien, auf denen Eisenbahnen oder Straßen gebaut wurden. Viele indigene Gemeinschaften verloren ihr Land und damit ihre Lebensgrundlage, da die kolonialen Behörden wenig Rücksicht auf bestehende Besitzverhältnisse nahmen. Die Arbeitsbedingungen beim Bau der Infrastruktur waren in der Regel extrem hart und gesundheitsschädlich. Viele Arbeiter starben an Erschöpfung, Krankheiten oder durch Unfälle, da Sicherheitsmaßnahmen kaum existierten. Die Infrastruktur wurde in erster Linie für die

Bedürfnisse der kolonialen Wirtschaft und Verwaltung errichtet und trug wenig zur Verbesserung der Lebensbedingungen der einheimischen Bevölkerung bei.

Zusammenfassend war die Entwicklung der Infrastruktur in den deutschen Kolonien ein zentrales Mittel zur wirtschaftlichen und politischen Kontrolle. Die Eisenbahnen, Straßen, Häfen und Kommunikationsnetze dienten dazu, die Rohstoffausbeutung zu optimieren, die Mobilität von Truppen zu erleichtern und die koloniale Verwaltung effizienter zu gestalten. Dabei standen die Interessen des Deutschen Reiches und der privaten Investoren stets im Vordergrund, während die lokale Bevölkerung oft die negativen Konsequenzen der Infrastrukturprojekte tragen musste. Die koloniale Infrastruktur schuf die Grundlagen für eine systematische Ausbeutung der Kolonien und hinterließ bis heute sichtbare Spuren in den betroffenen Regionen, die weiterhin mit den Auswirkungen dieser gewaltsam durchgesetzten Modernisierung zu kämpfen haben.

6. Handelsnetzwerke und Schifffahrtslinien

Die Entwicklung von Handelsnetzwerken und Schifffahrtslinien war ein integraler Bestandteil der deutschen Kolonialpolitik und spielte eine entscheidende Rolle bei der Integration der Kolonien in das weltweite Wirtschaftssystem. Im späten 19. und frühen 20. Jahrhundert waren die Handelsrouten und maritimen Verbindungen der Schlüssel, um den wirtschaftlichen Nutzen der Kolonien für das Deutsche Reich zu maximieren und gleichzeitig die koloniale Kontrolle über weit entfernte Gebiete zu festigen. Diese Handelsnetzwerke dienten nicht nur dem Transport von Rohstoffen nach Europa, sondern auch der Lieferung von Industrieprodukten in die Kolonien, wodurch eine symbiotische wirtschaftliche Beziehung geschaffen wurde, die hauptsächlich den Interessen des Mutterlandes diente.

Die Etablierung von Schifffahrtslinien, die die Kolonien mit den gro-ßen deutschen Hafenstädten wie Hamburg und Bremen verbanden, war von großer strategischer Bedeutung. Deutsche Reedereien wie die Deutsche Ost-Afrika Linie und die Woermann-Linie spielten hierbei eine wichtige Rolle. Diese Unternehmen entwickelten spezielle Schifffahrtsrouten, die regelmäßig die verschiedenen deutschen Kolonien anliefen und eine effiziente Verbindung zwischen den Produktionsgebieten in Afrika oder dem Pazifik und den Absatzmärkten in Europa sicherstellten. Diese Schiffe transportierten Rohstoffe wie Kupfer, Kautschuk, Palmöl und Kakao nach Deutschland, während auf dem Rückweg industrielle Fertigwaren wie Textilien, Werkzeuge und Konsumgüter in die Kolonien gebracht wurden. Auf diese Weise trugen die Schifffahrtslinien zur wirtschaftlichen Integration der Kolonien und zur Erzeugung einer starken Abhängigkeit der kolonialen Wirtschaft von den deutschen Industrien bei.

Die Hafeninfrastruktur war ebenfalls von zentraler Bedeutung für den kolonialen Handel. In den Kolonien wurden Häfen ausgebaut und modernisiert, um die steigende Menge an transportierten Gütern effizient abwickeln zu können. Hafenstädte wie Douala in Kamerun oder Swakopmund in Deutsch-Südwestafrika entwickelten sich zu bedeutenden Umschlagplätzen, an denen Rohstoffe verschifft und Industrieprodukte entladen wurden. Der Ausbau dieser Häfen war eng mit der militärischen und politischen Kontrolle verknüpft, da eine gut funktionierende Hafeninfrastruktur auch die Versorgung der deutschen Truppen sicherstellte und die Präsenz der Kolonialmacht nachhaltig manifestierte. Die Entwicklung der Hafenanlagen ermöglichte es, große Schiffe aufzunehmen, die für den Transport von Massenwaren notwendig waren, wodurch die Effizienz des kolonialen Wirtschaftssystems weiter gesteigert wurde.

Handelsnetzwerke innerhalb der Kolonien spielten ebenfalls eine bedeutende Rolle. Nach der Ankunft der Rohstoffe in den Häfen der Kolonien wurden sie durch ein Netzwerk von Handelsstationen gesammelt, die oft von deutschen Handelsgesellschaften wie der Deutsch-Ostafrikanischen Gesellschaft betrieben wurden. Diese Gesellschaften fungierten als Vermittler zwischen den lokalen Produzenten und den deutschen Importeuren und sorgten dafür, dass die Rohstoffe kostengünstig erworben und effizient exportiert werden konnten. Gleichzeitig wurden die Kolonien mit deutschen Waren beliefert, die in Europa produziert wurden und auf dem lokalen Markt vertrieben wurden. Hierbei handelte es sich häufig um Produkte, die als minderwertig galten oder in Europa keinen Absatz fanden, in den Kolonien jedoch als wichtige Konsumgüter verkauft wurden.

Ein weiteres Schlüsselmerkmal der deutschen Handelsnetzwerke war der Aufbau von Kolonialmessen und Handelsverbindungen, die auf die Integration der Kolonialprodukte in den deutschen Binnenmarkt abzielten. In deutschen Städten wurden Kolonialmessen abgehalten, bei denen Rohstoffe aus den Kolonien präsentiert und neue Absatzmöglichkeiten geschaffen wurden. Diese Veranstaltungen sollten nicht nur das Interesse der deutschen Bevölkerung an den Kolonien steigern, sondern auch potenzielle Investoren anlocken, die bereit waren, in die Entwicklung der kolonialen Wirtschaft zu investieren. Solche Messen dienten als Instrument zur Legitimation der Kolonialherrschaft, indem sie die wirtschaftlichen Vorteile für das Deutsche Reich betonten und die Bedeutung der Kolonien für den nationalen Wohlstand hervorhoben.

Die Handelsnetzwerke und Schifffahrtslinien hatten jedoch nicht nur wirtschaftliche, sondern auch politische Implikationen. Die Schaffung und Kontrolle dieser Handelswege ermöglichte es dem Deutschen Reich, seine politische Macht in den Kolonien zu festigen und seine Position im internationalen Wettbewerb zu stärken. Die Schifffahrtslinien sorgten für eine ständige Verbindung zwischen dem Mutterland und den Kolonien, was nicht nur den Austausch von Gütern, sondern auch von Verwaltungsbeamten, Soldaten und Missionaren erleichterte. Diese dauerhafte Präsenz diente dazu, die koloniale Herrschaft zu stabilisieren und den politischen Einfluss in den kolonialen Gebieten auszuweiten. Darüber hinaus waren die Handelsrouten auch von strategischer Bedeutung, da sie die Möglichkeit boten, militärische Einheiten schnell in Krisengebiete zu verlegen, um Aufstände oder Widerstand zu unterdrücken.

Die wirtschaftlichen Konsequenzen der Handelsnetzwerke und Schifffahrtslinien für die kolonialen Gebiete waren gravierend. Die Kolonien wurden weitgehend in die Rolle von Rohstofflieferanten gedrängt und hatten kaum Möglichkeiten, ihre eigenen Produkte zu verarbeiten oder eine unabhängige Wirtschaft zu entwickeln. Die einheimische Produktion wurde oft vernachlässigt oder durch die Dominanz der deutschen Handelsgüter verdrängt. Dadurch entstand eine einseitige wirtschaftliche Struktur, die die Kolonien von den deutschen Handelsbeziehungen abhängig machte. Diese Abhängigkeit setzte sich auch nach dem Ende der Kolonialzeit fort, da viele der ehemaligen Kolonien weiterhin auf den Export von Rohstoffen angewiesen waren, deren Preise auf den Weltmärkten starken Schwankungen unterlagen. Die Infrastruktur und Handelsnetzwerke, die geschaffen wurden, dienten vor allem den Interessen des Deutschen Reiches, während die einheimische Bevölkerung oft kaum Nutzen daraus ziehen konnte.

Zusammenfassend lässt sich sagen, dass die Handelsnetzwerke und Schifffahrtslinien eine zentrale Rolle in der deutschen Kolonialpolitik spielten und entscheidend zur wirtschaftlichen Ausbeutung der Kolonien beitrugen. Sie schufen eine enge Verflechtung zwischen den Kolonien und dem Deutschen Reich, die vor allem den Interessen der deutschen Wirtschaft diente und die koloniale Abhängigkeit verstärkte. Während diese Handelsstrukturen den wirtschaftlichen Nutzen der Kolonien für das Mutterland maximierten, führten sie gleichzeitig zu einer dauerhaften Benachteiligung der kolonisierten Gesellschaften, die bis heute mit den Auswirkungen dieser ungleichen wirtschaftlichen Beziehungen zu kämpfen haben. Die Errichtung dieser Handelsnetzwerke zeigt deutlich, wie eng wirtschaftliche Interessen und politische Macht in der Kolonialzeit miteinander verwoben waren und wie die Kontrolle über den Handel zur Festigung der kolonialen Herrschaft genutzt wurde.

7. Wettbewerb und Kooperation mit anderen Kolonialmächten

Der Wettbewerb und die Kooperation mit anderen Kolonialmächten prägten die deutsche Kolonialpolitik entscheidend und spielten eine zentrale Rolle bei der Ausgestaltung der kolonialen Beziehungen sowie bei der Verwaltung der erworbenen Gebiete. Im späten 19. Jahrhundert befand sich Europa mitten im "Wettlauf um Afrika", einem imperialen Bestreben der Großmächte, möglichst große Teile des afrikanischen Kontinents unter ihre Kontrolle zu bringen. Diese Konkurrenz war einerseits ein Auslöser für die Kolonialpolitik des Deutschen Reiches und andererseits auch eine permanente Herausforderung, die die Notwendigkeit zu diplomatischen Verhandlungen und gelegentlichen Kooperationen mit den anderen Kolonialmächten mit sich brachte.

Der direkte Wettbewerb zwischen den Kolonialmächten – insbesondere zwischen Deutschland, Großbritannien, Frankreich, Belgien und Portugal – wurde oftmals auf diplomatischer Ebene, aber auch durch militärische Präsenz und die Demonstration von Macht ausgetragen. Deutschland trat spät in das koloniale Rennen ein, was dazu führte, dass die Verhandlungen über die Grenzen und den Einflussbereich seiner Kolonien häufig mit anderen Mächten ausgehandelt werden mussten. Ein markantes Beispiel dafür ist die Berliner Konferenz von 1884/85, die unter der Leitung des deutschen Reichskanzlers Otto von Bismarck stattfand. Auf dieser Konferenz versuchten die europäischen Staaten, ihre kolonialen Ansprüche zu koordinieren und Regelungen für die friedliche Aufteilung Afrikas zu schaffen. Deutschland konnte durch geschickte Diplomatie auf der Konferenz seine Interessen in Afrika sichern, insbesondere die Gebiete, die später zu den Kolonien Deutsch-Ostafrika, Deutsch-Südwestafrika, Kamerun und Togoland wurden.

Trotz der Konkurrenzsituation gab es auch Beispiele für Kooperationen zwischen den Kolonialmächten, die aus pragmatischen Gründen notwendig waren. Diese Zusammenarbeit erfolgte vor allem bei Infrastrukturprojekten und bei der Bekämpfung von Krankheiten. In bestimmten Regionen arbeiteten Deutschland und Großbritannien etwa gemeinsam daran, Eisenbahnlinien zu bauen, die die Kolonialgebiete miteinander verbanden. Solche Projekte wurden oft als sinnvoll erachtet, um den wirtschaftlichen Nutzen zu maximieren und gleichzeitig die Verwaltung der Kolonien zu erleichtern. Die "Central African Railway" war beispielsweise ein gemeinsames Vorhaben, das den Austausch von Rohstoffen und Waren über Kolonialgrenzen hinweg ermöglichte. Der wirtschaftliche Vorteil stand hierbei im Vordergrund, und die kolonialen Machtverhältnisse wurden zeitweilig zugunsten gemeinsamer Gewinne zurückgestellt.

Ein weiteres Feld der Kooperation lag in der Bekämpfung von Krankheiten, die sowohl die europäische als auch die einheimische Bevölkerung betrafen. Tropische Krankheiten wie Malaria und die Schlafkrankheit stellten eine große Bedrohung für die Gesundheit der Kolonialbeamten und Soldaten dar, was den reibungslosen Betrieb der kolonialen Verwaltungsstrukturen gefährdete. Die deutschen Kolonialbehörden arbeiteten deshalb mit anderen Kolonialmächten zusammen, um Forschungseinrichtungen zu etablieren, die sich der Erforschung und Bekämpfung dieser Krankheiten widmeten. Diese Zusammenarbeit erstreckte sich auch auf den Austausch von medizinischem Wissen und die Koordination von Gesundheitsmaßnahmen. Solche Kooperationen zeigten, dass der Erhalt der kolonialen Ordnung und die wirtschaftliche Ausbeutung der Kolonien über nationalen Rivalitäten standen, wenn es um die Aufrechterhaltung der kolonialen Infrastruktur ging.

Der Wettbewerb um Einfluss und Kontrolle war jedoch nicht immer friedlich. Oftmals kam es zu Konflikten zwischen den Kolonialmächten, insbesondere wenn es um die Abgrenzung der kolonialen Einflussgebiete ging. Diese Konflikte wurden nicht selten durch militärische Demonstrationen entschieden, und die Kolonialmächte versuchten, ihre Macht durch militärische Stützpunkte und die Verlegung von Truppen zu untermauern. In Deutsch-Ostafrika etwa war das Bestreben Großbritanniens, Einfluss in der Region zu sichern, eine ständige Bedrohung für die deutschen Interessen. Solche Spannungen führten in einigen Fällen zu lokalen militärischen Auseinandersetzungen oder zur Notwendigkeit intensiver diplomatischer Verhandlungen, um die Situation zu entschärfen. Es war ein Balanceakt zwischen der Durchsetzung nationaler Interessen und der Vermeidung von groß angelegten Konflikten, die die europäischen Mächte auf dem afrikanischen Kontinent gegeneinander aufgebracht hätten.

Neben diesen Spannungen gab es auch ein Maß an stillschweigender Übereinkunft zwischen den Kolonialmächten, die darauf abzielte, die kolonialen Bevölkerungen in Unterordnung zu halten. Diese Kooperationsform zeigte sich beispielsweise in gemeinsamen Überwachungs- und Unterdrückungsmaßnahmen gegen Widerstandsbewegungen in den Kolonien. Die Kolonialmächte tauschten Informationen über Aufstände und potenzielle Gefahren für ihre Herrschaft aus und koordinierten ihre militärischen Aktionen, um Revolten im Keim zu ersticken. Diese Zusammenarbeit sollte verhindern, dass Widerstandsbewegungen in einer Kolonie auf andere übersprangen und sich über mehrere Kolonialgebiete ausbreiteten. In der Praxis bedeutete dies eine noch stärkere Unterdrückung der indigenen Bevölkerungen und eine gemeinsame Anstrengung, jede Form des Widerstands gegen die koloniale Herrschaft zu zerschlagen.

Der Wettbewerb und die Kooperation der Kolonialmächte waren somit zentrale Elemente der deutschen Kolonialpolitik. Auf der einen Seite stand der erbitterte Kampf um Territorien, Einfluss und wirtschaftliche Ressourcen, auf der anderen Seite die pragmatische Einsicht, dass bestimmte Herausforderungen – wie der Ausbau der Infrastruktur oder die Bekämpfung von Seuchen – gemeinsam besser bewältigt werden konnten. Diese duale Strategie spiegelt die Ambivalenz der kolonialen Beziehungen wider, die von einem ständigen Wechselspiel zwischen Rivalität und Zweckbündnissen geprägt war.

Zusammenfassend zeigt sich, dass der Wettbewerb und die Kooperation mit anderen Kolonialmächten sowohl die Grenzen als auch die Möglichkeiten der deutschen Kolonialpolitik bestimmten. Während der nationale Ehrgeiz und die Suche nach wirtschaftlichem Gewinn zu intensiven Rivalitäten führten, zwang die Realität der kolonialen Verwaltung die Mächte auch immer wieder zur Zusammenarbeit. Diese Dynamik trug dazu bei, die koloniale Herrschaft über die unterworfenen Bevölkerungen zu festigen und die wirtschaftlichen Interessen der beteiligten Nationen zu maximieren – jedoch stets auf Kosten der lokalen Bevölkerungen, die die Folgen dieser kolonialen Politik zu tragen hatten.

Die wirtschaftlichen Motivationen der deutschen Kolonialpolitik waren somit ein wesentlicher Treiber für die Expansion und Verwaltung der deutschen Überseegebiete. Diese wirtschaftlichen Aktivitäten hatten jedoch auch oft tiefgreifende soziale und ökologische Konsequenzen, die die kolonisierten Regionen nachhaltig prägten und bis heute Gegenstand historischer Untersuchungen und Debatten sind.

7. KULTURELLER AUSTAUSCH UND KONFLIKTE

Der kulturelle Austausch zwischen dem Deutschen Reich und seinen Kolonien war ein vielschichtiger Prozess, der von einer komplexen Mischung aus Kooperation, Konflikten und kultureller Durchdringung geprägt war. Im späten 19. und frühen 20. Jahrhundert, während der Hochphase des deutschen Kolonialreiches, entstanden enge Verbindungen zwischen dem Mutterland und den kolonisierten Gebieten in Afrika und im Pazifik. Diese Verbindungen gingen weit über den bloßen wirtschaftlichen Austausch hinaus und umfassten Aspekte des Alltagslebens, der Religion, der Bildung sowie der Kunst und Wissenschaft. Der kulturelle Austausch hatte dabei tiefgreifende Auswirkungen auf beide Seiten, sowohl auf die deutschen Kolonialherren als auch auf die einheimischen Bevölkerungen der Kolonien, und hinterließ ein ambivalentes Erbe, das bis heute in beiden Gesellschaften nachwirkt.

In den Kolonien äußerte sich der kulturelle Austausch zunächst vor allem in der Durchsetzung der deutschen Sprache, Bildungsstrukturen und gesellschaftlichen Normen. Missionare und Kolonialbeamte spielten dabei eine entscheidende Rolle, indem sie versuchten, die einheimische Bevölkerung nach deutschen Maßstäben zu "zivilisieren". Dies umfasste die Einrichtung von Schulen, in denen die Kinder der kolonialen Eliten nach einem europäischen Curriculum unterrichtet wurden, das stark von christlichen und nationalistischen Werten durchdrungen war. Das Ziel war es, eine lokale Elite zu schaffen, die mit der deutschen Sprache und Kultur vertraut war und im Sinne der Kolonialmacht handeln konnte. Diese Erziehung führte jedoch nicht nur zur Vermittlung von Wissen, sondern auch zur kulturellen Entfremdung der einheimischen Bevölkerung von ihren traditionellen Werten und Lebensweisen. Gleichzeitig entwickelten sich jedoch auch

hybride Formen, in denen lokale kulturelle Elemente mit den eingeführten europäischen Einflüssen verschmolzen und eine einzigartige
synkretische[18] Kultur schufen.

Ein weiterer Aspekt des kulturellen Austauschs betraf die religiösen
und sozialen Strukturen der Kolonien. Deutsche Missionare, vor allem
protestantische und katholische, betrachteten die Missionierung als
zentrales Element der Kolonialherrschaft. Sie sahen ihre Aufgabe darin, die einheimische Bevölkerung zu konvertieren und ihr europäische
Wertvorstellungen zu vermitteln. Diese Missionierung war jedoch
nicht nur ein religiöser, sondern auch ein kultureller Prozess, der tief
in die sozialen Gefüge der Kolonien eingriff. Die Bekehrung zum Christentum ging oftmals mit dem Verbot oder der Marginalisierung traditioneller religiöser Praktiken einher, was zu erheblichen Spannungen
führte. Viele der einheimischen Kulturen reagierten jedoch nicht passiv auf diese Einflussnahme, sondern integrierten christliche Elemente in ihre eigenen Glaubenssysteme, wodurch neue religiöse Ausdrucksformen entstanden, die sowohl europäische als auch lokale
Traditionen miteinander verbanden.

Neben diesen Versuchen der kulturellen Überformung kam es auch zu
einem Austausch, der auf Gegenseitigkeit beruhte und die deutsche
Gesellschaft selbst beeinflusste. Die Kolonien wurden von deutschen
Wissenschaftlern und Entdeckern als Orte von großem Interesse
wahrgenommen, in denen sie eine vermeintlich „urtümliche" und
„natürliche" Welt vorzufinden glaubten. Expeditionsreisen, bei denen
Botaniker, Zoologen, Ethnologen und Geographen in die Kolonien
reisten, trugen dazu bei, Wissen über die Natur und Kultur der kolonisierten Gebiete zu sammeln. Diese Erkenntnisse fanden ihren Weg zurück ins Deutsche Reich und bereicherten dort die Wissenschaften,

---

18 Synkretismus bezeichnet die Synthese von Ideen oder Philosophien zu einem neuen System oder Weltbild

Museen und botanischen Gärten. Ethnographische Sammlungen, oft unter fragwürdigen Bedingungen erworben oder geraubt, wurden in deutschen Museen ausgestellt und prägten das europäische Bild von den kolonialen Völkern nachhaltig. Diese Präsentationen dienten oft dazu, die Überlegenheit der europäischen Kultur zu betonen und die koloniale Herrschaft zu rechtfertigen, gleichzeitig weckten sie jedoch auch Neugier und Interesse an den kulturellen Leistungen der Kolonisierten.

Die Kunst und Kultur der Kolonien fanden ebenfalls ihren Weg nach Deutschland und beeinflussten dort die Kunstszene des beginnenden 20. Jahrhunderts. Besonders in der Zeit des Expressionismus lässt sich ein wachsendes Interesse an der Kunst und den Ausdrucksformen der afrikanischen Völker feststellen. Deutsche Künstler wie Emil Nolde oder Ernst Ludwig Kirchner ließen sich von den Formen und Motiven inspirieren, die sie in ethnographischen Sammlungen oder auf Reisen kennengelernt hatten. Dieses Interesse an der außer-europäischen Kunst war jedoch oft von einer romantisierenden und exotisierenden Sichtweise geprägt, die die kulturellen Leistungen der kolonisierten Völker als primitiv und natürlich stilisierte, anstatt sie als gleichwertige kulturelle Ausdrucksformen zu begreifen. Gleichzeitig wurde auch die deutsche Mode von exotischen Einflüssen beeinflusst, etwa durch die Einführung neuer Stoffe, Muster und Farben, die aus den Kolonien importiert wurden.

Nicht zuletzt führte der kulturelle Austausch auch zu Konflikten und Widerstand in den Kolonien. Viele lokale Gemeinschaften lehnten die Versuche der kulturellen Assimilation ab und wehrten sich aktiv gegen die deutschen Einflüsse. Dieser Widerstand nahm viele Formen an, von der Bewahrung traditioneller Bräuche und Riten bis hin zu offenen Aufständen gegen die koloniale Unterdrückung. Solche Widerstandsbewegungen zielten oft darauf ab, die eigene kulturelle Identität zu verteidigen und die koloniale Fremdherrschaft abzuschütteln.

Ein bekanntes Beispiel dafür ist der Maji-Maji-Aufstand in Deutsch-Ostafrika, der nicht nur ein Ausdruck des Widerstands gegen die wirtschaftliche Ausbeutung, sondern auch gegen die kulturelle Entfremdung und den Zwang zur Annahme europäischer Normen und Praktiken war. Zusammenfassend lässt sich sagen, dass der kulturelle Austausch zwischen dem Deutschen Reich und seinen Kolonien ein vielschichtiger und widersprüchlicher Prozess war, der sowohl Elemente der Kooperation als auch des Konflikts umfasste. Während das Deutsche Reich versuchte, seine kulturellen Normen und Werte in den Kolonien durchzusetzen, entwickelten die einheimischen Bevölkerungen oft eigene Strategien, um mit diesen Einflüssen umzugehen und ihre kulturelle Identität zu bewahren. Dieser Austausch hinterließ auf beiden Seiten Spuren, die bis heute sichtbar sind. In Deutschland prägte er das Bild von den außer-europäischen Kulturen und führte zu einer anhaltenden Auseinandersetzung mit dem kolonialen Erbe, während in den ehemaligen Kolonien die Auswirkungen der kulturellen Einflüsse und der Widerstand dagegen bis heute Teil der nationalen Identität sind. Der kulturelle Austausch in der Kolonialzeit war daher nicht nur eine Einbahnstraße der kulturellen Überformung, sondern auch ein komplexes Geflecht aus Aneignung, Anpassung und Widerstand, das die Beziehungen zwischen Europa und den kolonialisierten Regionen nachhaltig prägte.

1. Die Einführung deutscher Bildungssysteme

In vielen deutschen Kolonien wurde das europäische Bildungssystem eingeführt, und dieser Prozess war eng mit den Zielen der Kolonialverwaltung verknüpft, eine lokale Elite von Verwaltungsbeamten und Arbeitern zu schaffen, die den kolonialen Betrieb stützen konnte. Deutsche Kolonialherren sahen in der Bildung ein Schlüsselinstrument zur Festigung ihrer Macht, indem sie die einheimische Bevölkerung mit den nötigen Kenntnissen und Fähigkeiten versahen, die für die Verwaltung und Entwicklung der Kolonien erforderlich waren – allerdings immer unter strenger Kontrolle und nach europäischen Vorstellungen. Die Einführung des Bildungssystems zielte darauf ab, sowohl loyale Unterstützer des kolonialen Regimes heranzubilden als auch eine gewisse wirtschaftliche und administrative Effizienz zu gewährleisten, die den Anforderungen der Kolonialmacht entsprach.

Die Errichtung von Schulen in den Kolonien wurde vielfach von Missionaren vorangetrieben, die nicht nur religiöse Erziehung vermittelten, sondern auch die deutsche Sprache, Mathematik und grundlegende Kenntnisse der Naturwissenschaften lehrten. Das Schulcurriculum war stark von der deutschen Kultur und den christlichen Werten geprägt, was zur Folge hatte, dass den einheimischen Schülern eine eurozentrische Weltsicht vermittelt wurde. Die Unterrichtssprache war in der Regel Deutsch, und die Kinder lernten nicht nur Lesen und Schreiben, sondern auch die vermeintliche Überlegenheit der deutschen Zivilisation gegenüber ihren eigenen Traditionen und Kulturen. Die Ausbildung war hierarchisch strukturiert, wobei nur eine kleine Anzahl von Schülern über die Grundschule hinausgehende Bildung erhielt. Diese wenigen sollten als verlängerter Arm der Kolonialverwaltung fungieren und den Willen der Kolonialherren in ihren Gemeinschaften umsetzen.

Das Bildungssystem, das in den deutschen Kolonien etabliert wurde, führte zu einer erheblichen kulturellen Entfremdung der einheimischen Bevölkerung. Viele der Schüler, die die deutschen Schulen besuchten, wurden von ihren traditionellen Gemeinschaften entfremdet, da ihnen vermittelt wurde, dass ihre eigenen kulturellen Praktiken und ihr Wissen minderwertig seien. Traditionelle Bildungsformen, die in den indigenen Gesellschaften fest verankert waren und die über Jahrhunderte hinweg das Wissen, die Werte und die kulturelle Identität übermittelt hatten, wurden abgewertet und durch ein auf europäischen Vorstellungen basierendes Bildungssystem ersetzt. Dies führte nicht nur zur Marginalisierung des lokalen Wissens, sondern auch zur Störung des sozialen Gefüges, da die neuen Bildungseinrichtungen oft nicht in der Lage waren, die sozialen und kulturellen Bedürfnisse der Gemeinschaften zu berücksichtigen.

Trotz der Versuche der Kolonialherren, eine loyale Elite zu schaffen, ließ sich die Wirkung der europäischen Bildung nicht vollständig kontrollieren. Für viele der einheimischen Schüler wurden die in den Schulen vermittelten Kenntnisse auch zu einem Mittel der Emanzipation. Einige der Kolonialschüler eigneten sich das Wissen und die Sprache der Kolonialherren an, um diese später gegen das koloniale System zu richten. Das Bildungssystem, das eigentlich dazu gedacht war, die Kontrolle über die einheimische Bevölkerung zu festigen, schuf somit auch die Grundlagen für den antikolonialen Widerstand. Viele Führer der Unabhängigkeitsbewegungen im 20. Jahrhundert hatten ihre Ausbildung in den kolonialen Schulen erhalten und nutzten das dort erlernte Wissen, um die Legitimität der kolonialen Herrschaft infrage zu stellen und für die Unabhängigkeit ihrer Länder zu kämpfen.

Neben der politischen Wirkung führte das Bildungssystem auch zu sozialen Verwerfungen innerhalb der kolonialen Gesellschaften. Die Ausbildung nach europäischen Standards schuf eine kleine Schicht von Einheimischen, die Zugang zu Bildung und damit zu besseren wirtschaftlichen Möglichkeiten hatten, während der Großteil der Bevölkerung von diesen Chancen ausgeschlossen blieb. Diese privilegierte Schicht profitierte von der Kolonialherrschaft und hatte dadurch oft ein ambivalentes Verhältnis zur eigenen kulturellen Identität. Einerseits strebten sie nach Anerkennung durch die Kolonialherren und versuchten, sich deren Lebensweise anzupassen, andererseits standen sie auch im Konflikt mit der Mehrheit ihrer eigenen Bevölkerung, die keinen Zugang zu diesen neuen Möglichkeiten hatte und an ihren traditionellen Lebensweisen festhielt. Diese gesellschaftliche Spaltung war eine direkte Folge der selektiven Bildungspolitik, die von den Kolonialherren verfolgt wurde.

Ein besonders ambivalentes Erbe der kolonialen Bildungspolitik war die Verbreitung der deutschen Sprache in den Kolonien. Die deutsche Sprache wurde zum Symbol der Bildung und des sozialen Aufstiegs, doch gleichzeitig war sie auch ein Instrument der kulturellen Unterdrückung. Viele derjenigen, die die kolonialen Schulen besuchten, sahen sich gezwungen, ihre eigene Sprache aufzugeben oder zu verbergen, um im kolonialen System bestehen zu können. Dies führte zu einem Verlust an sprachlicher Vielfalt und kultureller Identität, der auch nach dem Ende der Kolonialzeit spürbar blieb. Die ehemaligen Kolonien mussten mühsam daran arbeiten, ihre eigenen Sprachen und Bildungstraditionen wiederzubeleben und die kulturelle Entfremdung zu überwinden, die durch die Kolonialherrschaft entstanden war.

In den deutschen Kolonien war die Einführung des deutschen Bildungssystems ein tiefgreifender und widersprüchlicher Prozess. Einerseits schuf sie eine kleine Elite, die im Sinne der Kolonialverwaltung fungieren sollte, andererseits legte sie die Grundlage für den Widerstand gegen die koloniale Herrschaft. Der kulturelle und soziale Bruch, der durch die koloniale Bildungspolitik hervorgerufen wurde, hatte langfristige Auswirkungen auf die kolonialisierten Gesellschaften. Die Entfremdung von den eigenen kulturellen Wurzeln, die soziale Spaltung und die einseitige Orientierung an europäischen Werten und Normen hinterließen Spuren, die bis heute sichtbar sind. Das koloniale Bildungssystem diente primär der Sicherung der kolonialen Macht und weniger der Förderung der einheimischen Bevölkerung, und diese Tatsache bleibt ein wichtiger Aspekt des kolonialen Erbes, das es zu bewältigen gilt.[19]

19 Peter Sebald et al., Studien zur Geschichte des deutschen Kolonialismus in Afrika, Centaurus Verlagsgesellschaft 2005, ISBN 9783890859392

2. Architektonischer Einfluss in den Kolonien[20]

Die deutsche Kolonialarchitektur in Orten wie Qingdao in China und Daressalam in Tansania hinterließ markante Bauwerke, die bis heute bestehen und die historische Präsenz des Deutschen Reiches widerspiegeln. Diese Architektur ist ein bleibendes Symbol der kolonialen Bestrebungen des Kaiserreichs und steht exemplarisch für die Verschmelzung europäischer Baustile mit lokalen Einflüssen. Die gebauten Strukturen dienten nicht nur funktionalen Zwecken, wie der Verwaltung oder der militärischen Präsenz, sondern trugen auch dazu bei, den kulturellen und politischen Anspruch Deutschlands auf die besetzten Gebiete zu manifestieren. Bis heute zeugen viele dieser Gebäude von der kolonialen Vergangenheit und sind zu dauerhaften Symbolen der wechselvollen Geschichte ihrer Standorte geworden.

In Qingdao, einer Küstenstadt, die von 1898 bis 1914 unter deutscher Kontrolle stand, wurde eine Vielzahl an repräsentativen Bauten errichtet. Die Stadt diente nicht nur als Marinestützpunkt, sondern sollte auch zu einem Handelszentrum und einem Schaufenster deutscher Kultur in China werden. Hier errichteten die Deutschen Verwaltungsgebäude, Kasernen, Wohnhäuser für Kolonialbeamte und eine Vielzahl anderer Bauten, die europäische Architekturelemente wie Fachwerk, Jugendstil und wilhelminischen Historismus in sich vereinten. Ein prominentes Beispiel ist das Gebäude der Gouverneurresidenz, das durch seine Mischung aus Neorenaissance-Elementen und kolonialer Funktionalität hervorsticht. Solche Bauwerke dienten der deutschen Kolonialverwaltung nicht nur als Orte der Repräsentation,

---

20 Franz Göttlicher, Koloniale Gesellschaften und Verbände Bestände: Deutsche Kolonialgesellschaft - R 8023, Kolonialwirtschaftliches Komitee - R 8024, Deutsch-Ostafrikanische Gesellschaft - R 8124, Neu-Guinea Compagnie, Berlin - R 8133, ISBN 9783865090911, Bundesarchiv 2022

sondern trugen auch dazu bei, die deutsche Lebensweise in ein fremdes kulturelles Umfeld zu transplantieren. Gleichzeitig wurde jedoch auch die lokale Bauweise beeinflusst; chinesische Handwerker, die an diesen Projekten beteiligt waren, adaptierten Elemente der deutschen Baukunst, was zu einer einzigartigen architektonischen Symbiose führte.

In Daressalam, der Hauptstadt von Deutsch-Ostafrika, entstand ebenfalls eine markante koloniale Architektur, die bis heute das Stadtbild prägt. Die Deutschen errichteten Verwaltungsgebäude, Kirchen, Bahnhöfe und private Wohnhäuser, die alle dem Zweck dienten, die Macht und die technische Überlegenheit der Kolonialmacht zu demonstrieren. Eines der berühmtesten Bauwerke ist das Old Boma, ein Verwaltungsgebäude, das Ende des 19. Jahrhunderts erbaut wurde. Der Bau zeichnet sich durch eine interessante Mischung aus europäischen Stilelementen und der Anpassung an das tropische Klima Ostafrikas aus. So wurden breite Veranden und große Fenster integriert, um eine natürliche Belüftung zu ermöglichen. Diese Anpassungen verdeutlichen den Versuch der Kolonialherren, die deutschen Baustile an die klimatischen Gegebenheiten der Kolonien anzupassen, ohne dabei die koloniale Dominanz über das einheimische Umfeld zu verlieren.

Die deutsche Kolonialarchitektur war dabei jedoch nicht nur ein Ausdruck von Macht und Kontrolle, sondern diente auch dazu, die koloniale Verwaltung effizient zu gestalten. Verwaltungsgebäude wurden strategisch so angelegt, dass sie die Überwachung und Kontrolle der lokalen Bevölkerung erleichterten. Militärische Strukturen und Kasernen, wie sie etwa in Daressalam errichtet wurden, verdeutlichten die militärische Präsenz der Kolonialmacht und waren gleichzeitig ein ständiges Symbol der Unterdrückung. Die Errichtung von Infrastrukturen wie Eisenbahnstationen und Häfen, ebenfalls im deutschen Baustil gehalten, sollte die wirtschaftliche Ausbeutung der Kolonien erleichtern und die Rohstoffe effizienter nach Europa transportieren. Der Bau solcher Anlagen war von strategischer Bedeutung, um die kolonialen Gebiete in das weltweite Wirtschaftssystem des Kaiserreichs zu integrieren.

Die Auswirkungen der deutschen Kolonialarchitektur gingen jedoch über die Zeit der Kolonialherrschaft hinaus. Nach dem Ende der deutschen Kolonialzeit blieben viele der errichteten Bauten bestehen und wurden in den neuen politischen Kontext integriert. In Qingdao, das nach dem Ersten Weltkrieg zunächst unter japanische Kontrolle und später an China zurückgegeben wurde, blieben viele der deutschen Bauwerke erhalten und wurden teils umgenutzt. Das Stadtbild von Qingdao ist bis heute von der deutschen Kolonialarchitektur geprägt, und die Stadt hat ihren Ruf als touristisches Zentrum auch dank dieser Bauten behalten. Die ehemalige Gouverneurresidenz ist heute ein beliebtes Museum, das nicht nur die Geschichte der Kolonialzeit dokumentiert, sondern auch ein Beispiel für die Verschmelzung verschiedener kultureller Einflüsse ist.

In Daressalam blieb die koloniale Architektur ebenfalls erhalten und wird bis heute genutzt. Viele der ehemaligen Verwaltungsgebäude dienen als Regierungs- und öffentliche Einrichtungen, was die Kontinuität der kolonialen Einflüsse verdeutlicht. Gleichzeitig sind diese Bauwerke jedoch auch zum Symbol der Widerstandsfähigkeit der lokalen Bevölkerung geworden, die es geschafft hat, die kolonialen Strukturen in den Dienst des unabhängigen Staates zu stellen. Die koloniale Architektur ist dabei ein zweischneidiges Erbe: Einerseits zeugt sie von der Fremdbestimmung und Unterdrückung durch die Kolonialmacht, andererseits ist sie aber auch Teil der städtischen Identität und wird heute als kulturelles Erbe betrachtet, das Touristen anzieht und zur wirtschaftlichen Entwicklung beiträgt.

Die deutsche Kolonialarchitektur in Qingdao, Daressalam und anderen kolonialen Städten hat ein vielschichtiges Erbe hinterlassen. Die

Bauwerke sind bis heute sichtbare Zeichen der deutschen Präsenz und stehen für die Versuche des Kaiserreichs, seine kulturellen und politischen Vorstellungen in den Kolonien durchzusetzen. Die Architektur spiegelte dabei nicht nur die Machtansprüche der Kolonialmacht wider, sondern passte sich auch an lokale Gegebenheiten an und führte zu einer einzigartigen Verschmelzung von Baustilen. Dieses architektonische Erbe ist heute ein Teil der Geschichte der jeweiligen Städte und zeigt, wie tiefgreifend die koloniale Vergangenheit sowohl das städtische Erscheinungsbild als auch die kulturelle Identität dieser Orte geprägt hat.

3. Medizinische Innovationen und ihre Folgen

Deutsche Ärzte und Wissenschaftler spielten in den Kolonien des Deutschen Reiches eine bedeutende Rolle bei der Erforschung und Bekämpfung von Krankheiten, insbesondere von Tropenkrankheiten wie Malaria, Schlafkrankheit und Gelbfieber. Diese medizinischen Bemühungen wurden oft als notwendige Voraussetzung für die koloniale Expansion und wirtschaftliche Ausbeutung der Kolonien betrachtet, da Krankheiten wie Malaria sowohl für die einheimische Bevölkerung als auch für die kolonialen Besatzungen eine erhebliche Bedrohung darstellten. Deutsche Tropenmediziner und Forscher, darunter prominente Namen wie Robert Koch, unternahmen zahlreiche Expeditionen in die Kolonien, um Tropenkrankheiten zu erforschen und wirksame Behandlungsstrategien zu entwickeln.

Robert Koch, der als einer der bedeutendsten Mediziner seiner Zeit gilt, unternahm beispielsweise 1906 eine Reise nach Deutsch-Ostafrika (heute Tansania), um die Schlafkrankheit zu erforschen. Er entwickelte dabei Methoden zur Bekämpfung der Erreger und empfahl auch die systematische Bekämpfung der Tsetsefliege, die als Überträgerin der Krankheit fungierte. Auch im Kampf gegen Malaria, die in vielen Kolonien weit verbreitet war, spielte die Forschung eine zentrale Rolle. Die Einführung von Malariaprophylaxe und die Verbreitung von Chinin als Medikament waren bedeutende Innovationen, die sowohl den Europäern als auch Teilen der einheimischen Bevölkerung zugutekamen. Diese Maßnahmen waren nicht nur medizinisch motiviert, sondern auch eng verknüpft mit dem Bestreben, die Effizienz der kolonialen Verwaltung und die Produktivität der Kolonialwirtschaft zu steigern.

Neben der Malariaforschung widmeten sich die deutschen Kolonialärzte auch anderen Krankheiten, die das Leben in den Tropen prägten und die kolonialen Ambitionen bedrohten. Die Bekämpfung des Gelbfiebers war beispielsweise ein weiteres zentrales Anliegen der Kolonialmedizin. In diesem Kontext wurden umfassende Maßnahmen zur Kontrolle von Mückenpopulationen ergriffen, um die Ausbreitung der Krankheit einzudämmen. In vielen Fällen wurden auch Quarantänelager eingerichtet, um infizierte Personen zu isolieren und die Kontrolle über Krankheitsausbrüche zu behalten. Diese Maßnahmen waren häufig rigide und berücksichtigten selten die Bedürfnisse und Rechte der einheimischen Bevölkerung. Die Einführung von Gesundheitskontrollen und Zwangsmaßnahmen zur Krankheitsbekämpfung erfolgte meist im Interesse der Kolonialmacht, um die einheimische Arbeitskraft zu erhalten und die kolonialen Interessen zu schützen.

Trotz der Fortschritte und der scheinbaren Vorteile, die die koloniale Medizin mit sich brachte, war sie auch von ethischen Herausforderungen und fragwürdigen Methoden geprägt. Viele der medizinischen Experimente und Studien wurden ohne die Einwilligung der betroffenen Menschen durchgeführt. Die Einheimischen wurden häufig als Objekte der Forschung betrachtet, und es gab kaum Rücksichtnahme auf ihre Rechte oder ihre Autonomie. In einigen Fällen wurden Impfstoffe und Behandlungsmethoden getestet, die noch nicht vollständig erprobt waren, was zu schweren Nebenwirkungen und sogar Todesfällen führen konnte. Die deutschen Kolonialärzte rechtfertigten diese Praktiken oft mit der Überzeugung, dass ihre Forschung langfristig der gesamten Bevölkerung zugutekommen würde. Diese Argumentation verdeckte jedoch die Tatsache, dass die einheimische Bevölkerung häufig keinerlei Wahl hatte und unter extremen Bedingungen an den Experimenten teilnehmen musste.

Ein weiterer kritischer Aspekt der kolonialen Medizin war die Rücksichtslosigkeit, mit der Maßnahmen zur Krankheitsbekämpfung umgesetzt wurden. In Deutsch-Ostafrika wurden beispielsweise großflächige Gebiete entvölkert, um die Ausbreitung der Tsetsefliege zu verhindern. Diese Maßnahmen bedeuteten für viele Menschen den Verlust ihrer Heimat und ihrer Lebensgrundlage. Die Zwangsumsiedlungen und die Zerstörung ganzer Siedlungen zeugen von der rigorosen und oft gewaltsamen Durchsetzung der kolonialen Gesundheitsstrategien, die sich vor allem am Wohl der Kolonialherren orientierten und die Bedürfnisse der lokalen Bevölkerung ignorierten. Diese Vorgehensweise führte zu großem Leid und verstärkte das Misstrauen der einheimischen Bevölkerung gegenüber den deutschen Kolonialherren und ihren angeblich wohltätigen Absichten.

Gleichzeitig hinterließ die koloniale Medizin jedoch auch ein zwiespältiges Erbe, das sowohl positive als auch negative Aspekte umfasste. Auf der einen Seite führten die deutschen Ärzte und Wissenschaftler bedeutende medizinische Innovationen ein, die später auch in anderen Teilen der Welt Anwendung fanden und zur Entwicklung der Tropenmedizin beitrugen. Auf der anderen Seite trugen die Methoden der Kolonialmedizin zur Entfremdung und Entmündigung der einheimischen Bevölkerung bei und etablierten ein Machtverhältnis, das die kolonialen Strukturen weiter zementierte. Der Zugang zu medizinischer Versorgung wurde oft als ein Privileg dargestellt, das die Loyalität zur Kolonialmacht voraussetzte, und nicht als ein grundlegendes Recht der Menschen vor Ort.

Deutsche Ärzte und Wissenschaftler haben im kolonialen Kontext eine ambivalente Rolle gespielt. Ihre Bemühungen um die Bekämpfung von Tropenkrankheiten und die Verbesserung der medizinischen Versorgung in den Kolonien führten zu bedeutenden Fortschritten in der Medizin. Gleichzeitig wurden viele dieser Maßnahmen jedoch ohne ausreichende Rücksicht auf ethische Standards und ohne die Zustimmung der betroffenen Bevölkerung durchgeführt. Die koloniale Medizin war somit sowohl ein Instrument der Gesundheitsförderung als auch der Machtausübung, das die Hierarchien und Ungerechtigkeiten der kolonialen Ordnung widerspiegelte und bis heute als eine der problematischsten Hinterlassenschaften des deutschen Kolonialismus betrachtet wird.[21]

4. Religiöse Missionen und Konversion

Deutsche Missionare spielten eine zentrale und aktive Rolle in der religiösen Konversion und Bildung in den deutschen Kolonien. Ihre Missionen verfolgten einen doppelten Zweck: Zum einen sollten sie die christliche Lehre verbreiten und die „Heiden" bekehren, zum anderen sollten sie auch die deutschen kolonialen Werte und Normen in den Kolonien verankern. Diese doppelte Motivation führte oft zu einem tiefgreifenden Wandel der lokalen Gesellschaften, aber auch zu erheblichen Spannungen und Konflikten, da die Missionare die etablierten religiösen und kulturellen Praktiken herausforderten und mitunter aggressiv zu verdrängen suchten.

Die Missionsarbeit begann oft mit dem Aufbau von Schulen und Kirchen in den Kolonien. Missionare waren nicht nur religiöse Lehrer, sondern auch Pioniere im Bereich der Bildung. Sie errichteten Bildungsinstitutionen, in denen die einheimischen Kinder nicht nur das

21 Christoph Gradmann, Krankheit im Labor. Robert Koch und die medizinische Bakteriologie. Wallstein, Göttingen 2005, ISBN 3-89244-922-8

Christentum, sondern auch grundlegende Kenntnisse in Lesen, Schreiben, Rechnen und europäischer Geschichte erhielten. Diese Schulen dienten auch der Verbreitung der deutschen Sprache und Kultur. Der Lehrplan war stark von deutschen und christlichen Werten durchdrungen, und das Ziel war es, eine neue Generation von Einheimischen zu schaffen, die in der Lage war, die koloniale Verwaltung zu unterstützen und den Vorstellungen der Kolonialherren entsprach. Gleichzeitig führte dies jedoch auch zu einer zunehmenden Entfremdung der jungen Generation von ihren eigenen kulturellen Traditionen, da die Bildungsinhalte darauf abzielten, die vermeintliche Überlegenheit der europäischen Lebensweise zu vermitteln.

Die religiösen Missionen hatten tiefgreifende Auswirkungen auf die sozialen Strukturen in den Kolonien. Die Missionare sahen ihre Aufgabe nicht nur in der spirituellen Bekehrung, sondern auch in der Transformation der gesamten Gesellschaft im Sinne europäischer Vorstellungen von Ordnung, Disziplin und Moral. Traditionelle Glaubenspraktiken, die fest in den sozialen und kulturellen Gefügen der einheimischen Gemeinschaften verankert waren, wurden als „heidnisch" und „primitiv" abgetan. Rituale, die die spirituelle Verbindung zur Natur und zu den Ahnen herstellten, wurden von den Missionaren oftmals verboten, und ihre Anhänger wurden gezwungen, sich den christlichen Normen zu unterwerfen. Diese Herangehensweise führte zu einer tiefen kulturellen Entwurzelung und oft auch zu sozialer Zerrüttung, da die traditionellen Autoritäten und Gemeinschaftsstrukturen untergraben wurden.

Die deutsche Missionsarbeit war jedoch nicht nur ein religiöses, sondern auch ein politisches Projekt. Sie diente dazu, die koloniale Herrschaft ideologisch abzusichern und die einheimische Bevölkerung auf eine Weise zu kontrollieren, die nicht allein durch militärische Gewalt möglich gewesen wäre. Die Missionare waren oft die ersten Europäer, die in entlegene Gebiete vorstießen, und bereiteten so den Boden für die spätere militärische Eroberung und wirtschaftliche Ausbeutung. Durch ihre enge Verknüpfung mit der Kolonialverwaltung wurden sie zu einem integralen Bestandteil der kolonialen Machtstrukturen. Die Einheimischen sollten durch die Missionen nicht nur in den christlichen Glauben eingeführt, sondern auch an die europäischen Wertesysteme angepasst werden, die die Basis für die koloniale Ordnung bildeten.

Trotz der erheblichen Macht, die die Missionare über das Leben der einheimischen Bevölkerung hatten, war ihre Arbeit nicht immer erfolgreich oder unumstritten. Die Versuche, die lokalen Glaubensvorstellungen und sozialen Praktiken zu verdrängen, stießen oft auf Widerstand. Viele Gemeinschaften lehnten die Missionare ab oder nahmen nur oberflächlich die neuen Lehren an, während sie ihre traditionellen Praktiken im Verborgenen weiterführten. Diese Form des stillen Widerstands war eine Möglichkeit für die Einheimischen, ihre kulturelle Identität zu bewahren und den missionarischen Eingriffen etwas entgegenzusetzen. Es kam auch zu offenen Konflikten, wenn Missionare versuchten, tief verwurzelte Traditionen wie polygame Ehen oder bestimmte Riten zu verbieten. Diese Konflikte führten in einigen Fällen zu Gewalt und zu einer weiteren Verschärfung der Spannungen zwischen der kolonialen Autorität und der lokalen Bevölkerung.

Gleichzeitig hinterließen die Missionare jedoch auch ein ambivalentes Erbe, das nicht nur von kultureller Unterdrückung, sondern auch von gewissen Fortschritten geprägt war. In vielen Gebieten waren die Missionsstationen die ersten Orte, an denen die einheimische Bevölkerung Zugang zu einer regulären medizinischen Versorgung erhielt. Missionare brachten einfache medizinische Kenntnisse in die Kolonien und halfen bei der Bekämpfung von Krankheiten, die das Leben der Menschen erheblich beeinträchtigten. Auch die von ihnen aufgebauten Schulen stellten für viele Einheimische eine Möglichkeit dar, Zugang zu Bildung zu erhalten und sich neue Perspektiven zu erschließen. Diese Bildung führte dazu, dass einige Einheimische später selbst Führungsrollen in den antikolonialen Bewegungen übernahmen und die erworbenen Kenntnisse gegen die Kolonialherren einsetzten.

Der kulturelle und soziale Einfluss der deutschen Missionare auf die Kolonien ist daher zwiespältig. Einerseits trugen sie zur Verbreitung der deutschen Kultur und zur Festigung der kolonialen Herrschaft bei, indem sie die traditionellen Strukturen zerschlugen und die Einheimischen in europäische Normen zu integrieren versuchten. Andererseits boten sie aber auch bestimmte Vorteile wie Zugang zu Bildung und medizinischer Versorgung, die von den Einheimischen genutzt wurden, um sich langfristig selbst zu emanzipieren. Die Missionen waren somit sowohl Instrumente der kulturellen Kolonialisierung als auch Katalysatoren für soziale Veränderungen, die in den Dekolonisierungsbewegungen des 20. Jahrhunderts eine wichtige Rolle spielten.[22]

Zusammenfassend lässt sich sagen, dass die deutschen Missionare in den Kolonien eine ambivalente Rolle spielten: Sie verbreiteten das Christentum und die deutschen Werte, leisteten Bildungs- und Gesundheitsarbeit, verursachten aber auch erhebliche kulturelle Spannungen und trugen zur Entwurzelung der einheimischen Gesellschaften bei. Das Erbe dieser Missionen ist bis heute spürbar, sowohl in der anhaltenden Präsenz christlicher Gemeinschaften in vielen ehemaligen Kolonien als auch in den Konflikten und Herausforderungen, die mit der Bewahrung der traditionellen Kultur einhergehen. Die Missionare waren sowohl Teil der Unterdrückungsmechanismen des Kolonialismus als auch eine Brücke, die manchen Einheimischen ermöglichte, neue Wege zu beschreiten und sich den kolonialen Strukturen zu widersetzen.

22 David W. Kling, 2020, A History of Christian Conversion, Oxford Uni Press, ISBN 9780195320923

5. Kulturelle Aneignung und Exotisierung

Die Praxis, Objekte, Kunstwerke und sogar ganze Architekturelemente aus den Kolonien nach Deutschland zu bringen und in Museen und privaten Sammlungen zu präsentieren, war ein zentraler Bestandteil der deutschen Kolonialpolitik und ihrer kulturellen Aneignung. Diese Art des Transfers von Kulturgütern diente der Selbstinszenierung des Deutschen Reiches als fortschrittliche und überlegene Zivilisation. Die Objekte, die aus den Kolonien nach Europa gelangten, wurden oft in wissenschaftlichen Kontexten präsentiert, in denen die kolonialen Kulturen als primitive und exotische Gegenstücke zur europäischen Kultur dargestellt wurden. Museen, wie das Völkerkundemuseum in Berlin, wurden zu wichtigen Zentren der Wissensproduktion, wo die außer-europäischen Artefakte ausgestellt und in einen eurozentrischen Diskurs eingeordnet wurden. Diese Praxis trug zu einem verzerrten Bild der kolonialen Kulturen bei und reduzierte ihre Komplexität auf vereinfachte und stereotype Darstellungen, die den realen Wert und die tiefere Bedeutung der Objekte verfehlten.

Viele der Objekte, die nach Deutschland gebracht wurden, hatten in den Ursprungsgesellschaften eine immense spirituelle, kulturelle und soziale Bedeutung. Masken, religiöse Symbole, Schmuckstücke und sogar Alltagsgegenstände waren oftmals eng mit den Ritualen und Traditionen der jeweiligen Gemeinschaften verbunden. Indem diese Gegenstände aus ihrem Kontext gerissen und in europäischen Museen präsentiert wurden, verloren sie ihre ursprüngliche Bedeutung. In Europa wurden sie zu Artefakten reduziert, deren Präsentation häufig der Unterhaltung oder dem wissenschaftlichen Interesse diente, während ihre eigentliche spirituelle und kulturelle Funktion ignoriert wurde. Diese kulturelle Aneignung verstärkte nicht nur die Machtungleichgewichte zwischen den Kolonialherren und den kolonisierten Gesellschaften, sondern führte auch zu einer Entwertung der einheimischen Kulturen in der öffentlichen Wahrnehmung.

In einigen Fällen wurden nicht nur tragbare Objekte, sondern ganze Architekturteile oder sogar Monumente nach Deutschland gebracht. Beispielsweise wurden Architekturelemente aus Tempeln oder Palästen, die als beeindruckende Beispiele außer-europäischer Baukunst galten, nach Europa verschifft. Solche Eingriffe in die bauliche Substanz der Kolonien bedeuteten nicht nur den Verlust wertvoller Kulturdenkmäler, sondern stellten auch eine symbolische Zerstörung der kulturellen Identität der kolonialisierten Völker dar. Das Entfernen solcher Architekturteile war ein offensichtlicher Ausdruck der kolonialen Macht, die es sich nehmen konnte, die kulturellen Reichtümer der kolonisierten Länder zu entnehmen und als Trophäen der eigenen Überlegenheit auszustellen.[23]

Die Darstellung der kolonialen Kulturen in den Museen und Sammlungen trug wesentlich zur Konstruktion eines exotischen und vereinfachten Bildes dieser Gesellschaften bei. Die Artefakte wurden in oft dunklen, mystisch inszenierten Räumen ausgestellt, die eine Vorstellung von fremden und rätselhaften Kulturen vermitteln sollten, die weit entfernt von der europäischen Moderne lagen. Diese Darstellungen zementierten ein Bild der kolonialisierten Völker als rückständig und unzivilisiert, das die kolonialen Herrschaftsstrukturen ideologisch untermauerte. Die Museen dienten damit nicht nur der Wissensvermittlung, sondern auch der Propaganda, indem sie die Überlegenheit der europäischen Kultur betonten und die Legitimität der kolonialen Herrschaft suggerierten. Gleichzeitig verwehrte diese Art der Präsentation den Besuchern einen echten Einblick in die Komplexität und Vielfalt der Kulturen, aus denen die Objekte stammten.

23 Jens Balzer, et al., Ethik der Appropriation. Matthes & Seitz, Berlin 2022, ISBN 978-3-7518-0535-3

Nicht nur Museen, sondern auch private Sammler und Kolonialbeamte trugen zur Verbreitung der kolonialen Kulturgüter in Europa bei. Viele deutsche Kolonialbeamte, Forscher und Abenteurer sahen es als persönliches Privileg an, wertvolle Artefakte aus den Kolonien nach Deutschland zu bringen. Diese Stücke wurden oft in privaten Sammlungen gehortet oder an reiche Bürger und Institutionen verkauft. Solche Sammlungen dienten nicht nur als Statussymbole, sondern auch als Zeichen des persönlichen Beitrags zur kolonialen Mission. Auch hier wurden die Objekte jedoch aus ihrem kulturellen Kontext gerissen und ihrer eigentlichen Bedeutung beraubt, was zu einem verzerrten Verständnis der kolonialen Kulturen führte.

Die langfristigen Auswirkungen dieser Praktiken sind bis heute spürbar. Viele der Objekte, die während der Kolonialzeit nach Deutschland gebracht wurden, befinden sich noch immer in deutschen Museen und sind Teil der laufenden Debatten um Restitution und die Rückgabe kultureller Erbstücke an ihre Herkunftsländer. Die Diskussionen um die Rückgabe von Kunstwerken, die während der Kolonialzeit unter fragwürdigen Bedingungen erworben wurden, werfen ein Licht auf die problematischen Aspekte der Kolonialgeschichte und die fortwährenden Folgen der kulturellen Aneignung. Die Forderungen nach Rückgabe werden zunehmend lauter, da die betroffenen Gesellschaften ihr kulturelles Erbe zurückerhalten und die Geschichten hinter diesen Objekten aus ihrer eigenen Perspektive erzählen wollen. Dabei geht es nicht nur um materielle Güter, sondern auch um die Anerkennung der historischen Ungerechtigkeit und den Versuch, die Würde und das kulturelle Erbe der kolonisierten Gesellschaften zu würdigen.

Die Praxis der kulturellen Aneignung durch den Transfer von Objekten, Kunstwerken und Architekturelementen aus den Kolonien nach Deutschland ist ein zentrales Element der kolonialen Herrschaft und Selbstinszenierung. Diese Objekte wurden oft aus ihrem ursprünglichen Kontext gerissen und in einer Weise präsentiert, die der europäischen Überlegenheitsvorstellung entsprach und die kolonialisierten Kulturen als exotisch und primitiv darstellte. Diese Art der Darstellung verfehlte die reale Komplexität und Bedeutung der kolonialen Kulturen und trug dazu bei, Stereotype zu verfestigen, die bis heute nachwirken. Die Debatte um die Rückgabe dieser Objekte zeigt, dass die Folgen der kolonialen Aneignung auch im 21. Jahrhundert noch eine große Rolle spielen und dass der Umgang mit diesem Erbe ein wichtiger Schritt auf dem Weg zu einer gerechteren Auseinandersetzung mit der eigenen Vergangenheit ist.

6. Musik und darstellende Künste als Ausdrucksformen des Widerstands

In vielen deutschen Kolonien fanden lokale Künstler und Musiker Wege, ihre kulturellen Ausdrucksformen als Mittel des Widerstands gegen die koloniale Herrschaft zu nutzen. Traditionelle Formen der Musik, des Theaters und anderer darstellender Künste wurden zu einem entscheidenden Vehikel, um gegen die Kolonisatoren aufzubegehren und die eigene kulturelle Identität zu bewahren. Diese künstlerischen Ausdrucksformen hatten eine tiefe symbolische Bedeutung und boten den kolonialisierten Gemeinschaften die Möglichkeit, ihre kulturellen Werte zu erhalten und ihre Unabhängigkeit trotz der äußeren Herrschaft auszudrücken.

Musik war eines der zentralen Elemente im kulturellen Widerstand gegen die Kolonialherrschaft. Traditionelle Rhythmen, Instrumente und Gesänge wurden bewusst als Gegenpol zur europäischen Dominanz eingesetzt. Trommeln, deren Rhythmen als Kommunikationsmittel dienten, wurden in vielen Regionen verboten, da die Kolonialherren erkannten, dass die Trommeln eine wichtige Rolle bei der Organisation des Widerstands spielten. Doch die Verbote und Einschränkungen führten nicht zur Aufgabe der musikalischen Traditionen, sondern motivierten die Einheimischen, diese auf kreative Weise zu bewahren und weiterzuentwickeln. Musiker entwickelten Methoden, um die verbotenen Rhythmen in neue Formen zu übertragen oder die Inhalte der Lieder so anzupassen, dass sie für die Kolonialherren unverständlich blieben. Durch die Verschlüsselung der Botschaften in der Musik konnten wichtige Informationen weitergegeben und ein Gemeinschaftsgefühl gestärkt werden.

Das Theater und andere darstellende Künste spielten ebenfalls eine wichtige Rolle in der Ausdrucksweise des Widerstands. Traditionelle Theaterformen wie Maskentänze, Pantomimen und szenische Darstellungen dienten dazu, die Missstände der kolonialen Herrschaft auf kreative Weise zu thematisieren. Oft wurden in Theateraufführungen die Ungerechtigkeiten der Kolonialregierung dargestellt, wobei die Kolonialbeamten karikiert und ihre Praktiken öffentlich verspottet wurden. Diese Aufführungen fanden oft im Verborgenen statt, da sie von den Kolonialbehörden als subversiv angesehen wurden. Dennoch konnten solche Theatervorstellungen eine große Zahl von Menschen erreichen, da sie tief in der Kultur verwurzelt waren und sowohl der Unterhaltung als auch der politischen Aufklärung dienten. Das Theater diente damit als wichtiges Instrument der Mobilisierung und der Vermittlung von Widerstandsstrategien.

Ein besonders eindrucksvolles Beispiel für den kulturellen Widerstand ist die Nutzung von Mythen und traditionellen Geschichten. In vielen Kulturen der kolonialisierten Gebiete wurden Geschichten von Ahnen und legendären Helden genutzt, um den Widerstand gegen die Kolonialherren zu inspirieren. Diese Geschichten wurden sowohl in gesprochener Form als auch in Form von gesungenen Balladen weitergegeben. Die Helden der Mythen wurden als Vorbilder dargestellt, die für Gerechtigkeit kämpften und niemals aufgaben. Durch die Verbreitung solcher Geschichten wurde ein Bewusstsein für die eigene kulturelle Identität und die Notwendigkeit des Widerstands geschaffen. Die

Kolonialherren erkannten die Bedeutung solcher Geschichten und versuchten, sie zu verbieten, da sie das Potenzial hatten, die Menschen zur Revolte zu inspirieren. Doch die Geschichten überlebten oft durch das Mündliche, wurden weitergegeben und dienten als Quelle der Hoffnung und des Widerstands.

Die Rolle der Frauen in diesen kulturellen Ausdrucksformen war ebenfalls bedeutend. Frauen waren nicht nur passive Zuschauer, sondern oft aktive Trägerinnen der kulturellen Traditionen. Sie waren es, die die Lieder sangen, die Kinder in den traditionellen Mythen unterrichteten und die Theateraufführungen organisierten. Ihre Rolle als Bewahrerinnen der kulturellen Identität machte sie zu zentralen Figuren im Kampf gegen die kulturelle Entwurzelung. Frauen nutzten die Musik und das Theater, um ihre eigene Rolle in der Gesellschaft zu verteidigen und die Werte ihrer Gemeinschaft zu bewahren. Durch ihre Teilnahme am kulturellen Widerstand trugen sie dazu bei, die Gemeinschaft zu mobilisieren und die soziale Kohäsion zu stärken, die im Angesicht der kolonialen Unterdrückung besonders wichtig war.

Neben der kulturellen Bewahrung spielten diese künstlerischen Ausdrucksformen auch eine wichtige Rolle bei der politischen Mobilisierung. Musik und Theater dienten als Plattformen, auf denen Menschen zusammenkommen und gemeinsame Strategien entwickeln konnten. Die Aufführungen und Darbietungen boten die Möglichkeit, versteckte Botschaften zu verbreiten und das Bewusstsein für die Notwendigkeit des Widerstands zu schärfen. Sie schufen Räume, in denen sich die einheimische Bevölkerung ihrer kollektiven Identität bewusst wurde und sich gegen die koloniale Unterdrückung organisieren konnte. Diese Form der Mobilisierung war besonders kraftvoll, da sie auf emotionaler und kultureller Ebene ansetzte und dadurch ein starkes Zusammengehörigkeitsgefühl erzeugte.

Zusammenfassend lässt sich sagen, dass die traditionellen Formen der Musik, des Theaters und anderer künstlerischer Ausdrucksformen eine wichtige Rolle im Widerstand gegen die koloniale Herrschaft spielten. Sie dienten der Bewahrung der kulturellen Identität und schufen eine Plattform für den politischen und sozialen Widerstand. Trotz der Versuche der Kolonialherren, diese Ausdrucksformen zu unterdrücken, überlebten sie und wurden zu einem Symbol des Widerstands und der Hoffnung. Der kulturelle Widerstand war damit nicht nur ein Ausdruck der Ablehnung der kolonialen Herrschaft, sondern auch ein Beweis für die Widerstandsfähigkeit und Kreativität der kolonialisierten Gesellschaften, die ihre Identität und ihren kulturellen Reichtum trotz der kolonialen Unterdrückung bewahrten.

Beispiele für lokale Künstler und Musiker im Widerstand

1. Mzee Nyerere wa Ngoma - Mzee Nyerere war ein bekannter Trommler und Musiker aus der Region des heutigen Tansania. Er nutzte traditionelle Trommelrhythmen, um geheime Botschaften zu verbreiten und die Gemeinschaft zu mobilisieren. Nyerere führte seine Musik oft in abgelegenen Orten auf, wo die kolonialen Behörden keinen Zugriff hatten. Seine Rhythmen und Lieder dienten als Mittel, um die Entschlossenheit der Menschen zu stärken und die kulturelle Identität der Gemeinschaften zu bewahren. Durch die Verwendung von Metaphern und verschlüsselten Texten konnte er die kolonialen Autoritäten umgehen und gleichzeitig den Zusammenhalt der Gemeinschaft fördern.[24]

2. Ama Tutuwaa Asare - Ama Tutuwaa Asare war eine Künstlerin und Geschichtenerzählerin aus dem Gebiet des heutigen Ghana. Sie war bekannt für ihre dramatischen Theatervorstellungen und ihre Fähigkeit, traditionelle Mythen in lebendigen szenischen Darstellungen zum Leben zu erwecken. Asare

24 Andrea Cornwall, 2005, Readings in Gender in Africa, ISBN 9780253345172, Indiana University Press

nutzte das Theater, um die Ungerechtigkeiten der Kolonialherren zu kritisieren und gleichzeitig die Werte und Geschichten ihrer Kultur zu bewahren. Ihre Aufführungen fanden oft
heimlich statt und waren wichtige Ereignisse, bei denen die
Gemeinschaft zusammenkam, um sich ihrer kulturellen Wurzeln zu erinnern und ihren Widerstand gegen die koloniale
Herrschaft zu bestärken. Die weiblichen Figuren, die sie in
ihren Stücken darstellte, waren oft Symbolfiguren des Widerstands und der Tapferkeit, was auch dazu beitrug, die Rolle
der Frauen im Kampf gegen die Kolonialherrschaft zu stärken.

7. Sprachliche Vermischung und die Entstehung von Kreolsprachen

In den kolonialen Kontaktzonen entstanden oft neue Kreolsprachen
aus der Vermischung der deutschen Sprache mit lokalen Sprachen.
Diese Sprachen sind ein faszinierendes Beispiel für die tiefgreifenden
kulturellen Veränderungen, die durch den Kolonialismus verursacht
wurden, und sie zeugen von der anhaltenden Präsenz dieser historischen Periode in den sprachlichen Landschaften der ehemaligen Kolonien. Der Prozess der Entstehung dieser Kreolsprachen war komplex
und wurde durch die Notwendigkeit der Kommunikation zwischen
den Kolonialherren, den Siedlern und der einheimischen Bevölkerung
angetrieben. In einem Kontext, in dem Menschen mit unterschiedlichen sprachlichen Hintergründen aufeinander trafen, entstanden
neue, hybride Sprachformen, die die kolonialen Machtverhältnisse
ebenso widerspiegelten wie die kreative Anpassungsfähigkeit der lokalen Gemeinschaften.

In vielen Fällen dienten diese Kreolsprachen als Brücken zwischen den
unterschiedlichen Sprachgemeinschaften. Sie kombinierten Elemente
der deutschen Grammatik und des Wortschatzes mit den lokalen
Sprachen und schufen so eine neue, gemeinsame Kommunikations-

form. Diese Kreolsprachen waren funktional und entwickelten sich oft aus einem reinen „Pidgin", einer vereinfachten Form der Sprache, die hauptsächlich zur Bewältigung grundlegender Kommunikation genutzt wurde, zu vollwertigen Sprachen mit eigenen Regeln und einer komplexen Struktur. Sie fanden Verwendung im Handel, in der Verwaltung und in sozialen Interaktionen zwischen den verschiedenen Gruppen. So boten sie nicht nur eine praktische Lösung für die Kommunikationsprobleme der Kolonialgesellschaft, sondern waren auch ein Zeichen der Verschmelzung kultureller Einflüsse.

Die Entstehung der Kreolsprachen kann als Beispiel für den kulturellen Austausch unter Zwang gesehen werden. Für die einheimische Bevölkerung waren die deutschen Kolonialherren und ihre Sprache oft eine Quelle von Unterdrückung und Zwang. Die Notwendigkeit, die Sprache der Kolonialmacht zu erlernen, um Zugang zu wirtschaftlichen oder sozialen Vorteilen zu erhalten, führte zu einer unfreiwilligen Anpassung. Gleichzeitig aber nutzten die Menschen die Gelegenheit, ihre eigenen sprachlichen Traditionen in die neu entstehende Sprache einzubringen. Sie übernahmen nicht nur Vokabular, sondern integrierten auch eigene Ausdrücke und kulturelle Konzepte, wodurch die Kreolsprache zu einer einzigartigen Mischung aus deutscher und lokaler Kultur wurde. Diese Art der sprachlichen Anpassung kann als subtiler Akt des Widerstands verstanden werden, da sie es den lokalen Gemeinschaften ermöglichte, ihre kulturelle Identität auch unter den Bedingungen der kolonialen Unterdrückung zu bewahren.

Ein Beispiel für die Entstehung einer solchen Kreolsprache ist die in Deutsch-Südwestafrika (heute Namibia) entwickelte Sprache, in der deutsche Elemente mit den Sprachen der Nama und der Herero kombiniert wurden. Diese hybride Sprachform entstand vor allem in Kontexten, in denen deutsche Siedler und die einheimische Bevölkerung täglich miteinander interagieren mussten – sei es in den landwirtschaftlichen Betrieben, bei der Hausarbeit oder im Handel. In diesen

Kontaktzonen entwickelten sich typische sprachliche Merkmale, die eine Mischung aus vereinfachten deutschen Wörtern und grammatikalischen Strukturen der Nama- oder Herero-Sprache beinhalteten. Die resultierenden Sprachformen ermöglichten die Kommunikation, ohne dass eine der Gruppen die andere vollständig sprachlich dominierte.

Ein weiterer Aspekt der Kreolsprachen ist ihre Rolle als kulturelles Erbe. Auch nach dem Ende der deutschen Kolonialherrschaft blieben diese Sprachen in den sozialen und kulturellen Strukturen der ehemaligen Kolonien präsent. Sie sind ein ständiges Zeugnis der Kolonialzeit und ihrer tiefgreifenden Auswirkungen auf die lokalen Gesellschaften. In einigen Fällen haben diese Sprachen bis heute überlebt und werden weiterhin, wenn auch meist nur in bestimmten Regionen oder Gemeinschaften, verwendet. Sie sind Teil des kulturellen Gedächtnisses und der Identität der betroffenen Gemeinschaften, die sich trotz der Schwierigkeiten der kolonialen Vergangenheit in diesen Sprachformen wiederfinden. Die Kreolsprachen sind damit nicht nur ein Ergebnis der kolonialen Expansion, sondern auch ein Symbol der Widerstandsfähigkeit und Anpassungsfähigkeit der lokalen Kulturen.

Darüber hinaus sind die Kreolsprachen ein Beispiel für die tiefgreifenden sozialen und kulturellen Veränderungen, die der Kolonialismus in den betroffenen Gebieten verursacht hat. Sie zeigen, wie Sprache als Werkzeug der Macht eingesetzt wurde, um Kontrolle über die Kolonisierten auszuüben, und gleichzeitig, wie die Kolonisierten diese Sprache umgestalteten, um ihre eigene Realität darin widerzuspiegeln. Die Kreolsprachen waren somit sowohl ein Ergebnis der kolonialen Repression als auch ein Mittel der kreativen Anpassung und kulturellen Behauptung. Bis heute zeugen diese Sprachen von der anhaltenden Präsenz und den Nachwirkungen der Kolonialzeit in den sprachlichen Landschaften der ehemaligen Kolonien und sind ein wichtiger Teil des Erbes, das es zu bewahren gilt.

Insgesamt zeigt die Entstehung von Kreolsprachen in den kolonialen Kontaktzonen, wie tiefgreifend und vielschichtig die kulturellen und sozialen Veränderungen durch den Kolonialismus waren. Sie stehen für die Ambivalenz der kolonialen Begegnungen: Sie sind ein Symbol für die Unterdrückung und Dominanz der Kolonialherren, aber auch für die Anpassungsfähigkeit und Kreativität der kolonialisierten Gesellschaften. Das Erbe der Kreolsprachen ist damit ein eindrucksvolles Zeugnis für die widerständige Aneignung und Umgestaltung kolonialer Einflüsse, die bis heute in der sprachlichen Vielfalt vieler ehemaliger Kolonien nachhallt.

Die Geschichte des kulturellen Austauschs und der Konflikte in den deutschen Kolonien zeigt eindrucksvoll, wie kulturelle Begegnungen die beteiligten Gesellschaften tiefgreifend prägen können. In den kolonialen Kontaktzonen trafen unterschiedliche Kulturen, Traditionen und Lebensweisen aufeinander, was oft zu Veränderungen, Spannungen und teils auch zu Kooperation führte. Diese Begegnungen hatten nicht nur Einfluss auf das Leben der kolonisierten Bevölkerung, sondern veränderten auch die Art und Weise, wie Kultur, Ethik und Identität im Deutschen Reich selbst verstanden und wahrgenommen wurden.

Für die einheimischen Bevölkerungen der Kolonien brachte der kulturelle Austausch oft eine Art kulturelle Entwurzelung mit sich. Die Einführung europäischer Bildungssysteme, die Verbreitung der deutschen Sprache und die Durchsetzung westlicher Normen und Werte bedeuteten, dass traditionelle Wissenssysteme, religiöse Praktiken und soziale Strukturen in den Hintergrund gedrängt wurden. Lokale Bräuche wurden oft als rückständig oder gar als Hindernisse für den Fortschritt betrachtet. Die deutschen Kolonialherren versuchten, die kolonisierten Bevölkerungen in ein Bild der „zivilisierten" europäischen Gesellschaft zu pressen, was zu einem erheblichen Verlust der kulturellen Vielfalt führte. Gleichzeitig war es den lokalen Gemeinschaften jedoch auch möglich, europäische Elemente zu adaptieren und in ihre eigene Kultur zu integrieren, was zu hybriden Formen der kulturellen Ausdrucksweise führte.

Dieser kulturelle Austausch war jedoch keineswegs einseitig. Auch die deutschen Kolonialherren und Siedler wurden von den Kulturen der kolonialisierten Völker beeinflusst. Dies zeigte sich zum Beispiel in der Übernahme bestimmter landwirtschaftlicher Praktiken, in der Adaption lokaler Bauweisen an das Klima der Kolonien oder in der Wertschätzung bestimmter Kunstformen und Materialien, die sie in die europäische Kunst und Kultur integrierten. Diese Interaktionen veränderten die Wahrnehmung der Kolonien im Deutschen Reich und führten dazu, dass das Exotische und Fremde Einzug in die deutsche Gesellschaft hielt – sei es durch ethnografische Ausstellungen, durch die Sammlungen von Kunstobjekten aus den Kolonien oder durch die Darstellung kolonialer Szenen in der Literatur und Kunst. Die Kolonien wurden so zu einer Quelle von Faszination, aber auch von Vorurteilen und Missverständnissen, da die Darstellungen oft auf vereinfachenden Stereotypen und einer exotisierenden Sichtweise basierten.

Ein besonders bedeutsamer Aspekt des kulturellen Austauschs waren die Konflikte, die sich aus der Begegnung der unterschiedlichen Gesellschaften ergaben. Diese Konflikte waren oft unvermeidlich, da die Kolonialherren ihre eigenen Werte, Normen und Machtansprüche durchzusetzen versuchten, was auf den Widerstand der einheimischen Bevölkerung stieß. Traditionelle Autoritäten, wie Häuptlinge und spirituelle Führer, verloren ihre Machtpositionen und wurden durch die Kolonialverwaltung ersetzt oder untergeordnet. Dieser Verlust an Autonomie und die Zerstörung der gewachsenen sozialen Strukturen führten zu Unmut und Widerstand. Die einheimischen Bevölkerungen setzten ihre eigenen kulturellen Ausdrucksformen ein, um ihren Protest auszudrücken und ihre Identität zu bewahren – sei es durch Musik, Tanz, Ritualen oder durch die Verwendung ihrer Sprache in einem Kontext der Unterdrückung.

Auch im Deutschen Reich selbst führten die kolonialen Begegnungen zu einer Veränderung der kulturellen Wahrnehmung. Durch die Berichte von Missionaren, Forschern, Soldaten und Kaufleuten wurden die Kolonien präsent – nicht nur in Form von Waren und Rohstoffen, sondern auch als neue Ideen und fremde Kulturen, die das Bild von der Welt veränderten. Diese Kontakte warfen im Deutschen Reich Fragen nach der eigenen Identität und dem Verhältnis zu anderen Kulturen auf. Gleichzeitig stellte sich die Frage nach der ethischen Rechtfertigung des Kolonialismus. Die Ausbeutung und Unterdrückung anderer Völker führte auch in Deutschland zu einer Diskussion über Moral und Gerechtigkeit, insbesondere im Hinblick auf die Kolonialverbrechen und die oft brutalen Methoden, mit denen die koloniale Herrschaft durchgesetzt wurde.

Diese Reflexionen fanden auch Eingang in die deutsche Kunst und Literatur, die sich zunehmend mit den Themen der Fremdheit, der Kolonialerfahrung und der Frage der Macht auseinandersetzte. Schriftsteller wie Hermann Hesse oder Thomas Mann setzten sich in ihren Werken kritisch mit dem Kolonialismus und der Frage auseinander, was es bedeutet, eine fremde Kultur zu unterdrücken. Diese Auseinandersetzungen trugen zu einem langsamen, aber stetigen Wandel der Sichtweise auf die Kolonien und die kolonialen Völker bei. Die Begegnung mit den Kolonien wurde so zu einem Spiegel, in dem die deutsche Gesellschaft nicht nur die fremden Kulturen sah, sondern auch ihre eigenen Werte, Widersprüche und Schwächen erkennen musste.

Die Geschichte des kulturellen Austauschs und der Konflikte in den deutschen Kolonien zeigt somit, wie komplex die Wechselwirkungen zwischen Kolonisatoren und Kolonisierten waren. Sie verdeutlicht, dass kulturelle Begegnungen nicht nur zur Unterdrückung und Assimilation führten, sondern auch neue, hybride Formen des kulturellen Ausdrucks hervorbrachten. Diese Ereignisse prägten das Leben der kolonisierten Völker nachhaltig, aber auch die kulturelle Wahrnehmung und Identität im Deutschen Reich selbst. Sie warfen Fragen auf, die bis heute relevant sind: Fragen nach Macht, Gerechtigkeit, Identität und dem Respekt vor kultureller Vielfalt im globalen Kontext. Dieses Erbe des Kolonialismus beeinflusst noch immer die kulturellen und gesellschaftlichen Diskurse in Deutschland und den ehemaligen Kolonien, und es erinnert uns daran, dass kulturelle Begegnungen sowohl zerstörerisch als auch bereichernd sein können, je nachdem, wie sie gestaltet werden.

8. DIE ROLLE DER MISSIONARE UND FORSCHER

Die deutschen Missionare und Forscher spielten eine zentrale Rolle in den Kolonien des Deutschen Reiches. Sie waren nicht nur Werkzeuge der kolonialen Machtausweitung, sondern trugen auch entscheidend zum kulturellen Austausch bei, prägten die wissenschaftliche Erforschung der außer-europäischen Regionen und beeinflussten die Entwicklung der christlichen Missionierung in den Überseegebieten. Ihre vielfältigen Aktivitäten hatten weitreichende Auswirkungen auf die lokale Bevölkerung und trugen zur Formung der Kolonialpolitik bei, die sich in dieser Zeit herauskristallisierte und weiterentwickelte.

Die Missionare, oft von christlichen Missionsgesellschaften wie der Rheinischen Missionsgesellschaft oder der Berliner Mission entsandt, sahen ihre Aufgabe in der Bekehrung der „Heiden" und der Verbreitung christlicher Werte. Ihre Präsenz in den Kolonien trug wesentlich zur kulturellen Transformation der einheimischen Bevölkerung bei. Sie errichteten Kirchen, Schulen und Krankenhäuser und versuchten, ihre religiösen Vorstellungen in die traditionellen Gesellschaften zu integrieren. Oft wurden Schulen und Bildungsinstitutionen als Wege genutzt, um die Kinder der einheimischen Bevölkerung nicht nur im christlichen Glauben, sondern auch in der deutschen Sprache und Kultur zu unterrichten. Diese Bildungseinrichtungen waren ein zweischneidiges Schwert: Einerseits ermöglichten sie den Zugang zu grundlegenden Bildungsressourcen, andererseits führten sie zu einer zunehmenden Entfremdung von den eigenen Traditionen und kulturellen Wurzeln.

Die deutschen Missionare hatten oft eine ambivalente Stellung innerhalb der Kolonialgesellschaften. Einerseits wurden sie von der Kolonialverwaltung als hilfreiche Vermittler zwischen der einheimischen Bevölkerung und den deutschen Autoritäten gesehen. Sie kannten die lokalen Sprachen und Kulturen und konnten die Interessen der Kolonialverwaltung durchsetzen, indem sie Einfluss auf die Bevölkerung ausübten. Andererseits gerieten sie jedoch auch immer wieder in Konflikt mit den Kolonialbeamten, da ihre Ziele nicht immer deckungsgleich waren. Während die Missionare eine „Zivilisierung" der Einheimischen durch die Verbreitung des Christentums anstrebten, verfolgte die Kolonialverwaltung oft rein ökonomische und machtpolitische Interessen. Dies führte mitunter zu Spannungen, da die Missionare auch Kritik an der oft brutalen Behandlung der Einheimischen durch die Kolonialverwaltung äußerten und sich für den Schutz der einheimischen Bevölkerung einsetzten.

Neben ihrer missionarischen Tätigkeit waren deutsche Forscher ebenfalls zentrale Akteure in den Kolonien. Naturwissenschaftler, Ethnologen und Geographen wie Carl Peters, Hermann Wissmann oder Franz Stuhlmann reisten in die Kolonialgebiete, um diese zu erkunden und zu kartieren. Sie sammelten umfangreiche Informationen über die Flora, Fauna und Geographie der besetzten Gebiete, aber auch über die kulturellen und sozialen Strukturen der einheimischen Bevölkerung. Diese wissenschaftlichen Unternehmungen hatten oft einen doppelten Zweck: Sie dienten einerseits der Erweiterung des Wissens über die Kolonien und andererseits der Legitimierung der kolonialen Herrschaft. Indem sie die Kolonien als wissenschaftlich interessante und potenziell wirtschaftlich nutzbare Gebiete darstellten, trugen die Forscher dazu bei, die koloniale Expansion vor der öffentlichen Meinung in Deutschland zu rechtfertigen.

Die Forschungstätigkeiten der deutschen Wissenschaftler in den Kolonien hatten aber auch eine problematische Seite. Oft waren die Expeditionen von einem eurozentrischen Blickwinkel geprägt, der die einheimischen Kulturen als primitiv und unterentwickelt betrachtete. Die gesammelten Artefakte, Pflanzen, Tiere und auch menschliche „Proben" wurden nach Europa gebracht und in Museen und wissenschaftlichen Sammlungen ausgestellt. Diese Praxis der Aneignung und Ausstellung trug dazu bei, ein exotisches und oft verzerrtes Bild der Kolonien zu erzeugen, das in der deutschen Öffentlichkeit vorherrschte. Die einheimischen Kulturen wurden als Objekte der Forschung betrachtet, deren Wert hauptsächlich in ihrer Nützlichkeit für die wissenschaftliche Gemeinschaft lag, ohne die tiefere kulturelle Bedeutung der Artefakte und Traditionen anzuerkennen.

Die missionarischen und wissenschaftlichen Bemühungen hatten tiefgreifende Auswirkungen auf die Entwicklung der Kolonialpolitik. Die Missionare trugen dazu bei, die Herrschaft des Deutschen Reiches in den Kolonien zu festigen, indem sie eine Art kulturelle Integration forcierten, die der Kolonialverwaltung zugutekam. Gleichzeitig waren sie jedoch auch Akteure, die auf die Missstände der Kolonialverwaltung hinwiesen und gelegentlich Reformen anmahnten, insbesondere wenn es um den Schutz der einheimischen Bevölkerung ging. Ihre Rolle war daher komplex: Sie waren sowohl Teil des kolonialen Systems als auch kritische Stimmen innerhalb desselben. Ihre Berichte und Briefe an die Missionsgesellschaften in Europa trugen dazu bei, ein Bewusstsein für die oft brutalen Realitäten der Kolonialherrschaft zu schaffen.

Die deutschen Forscher hingegen prägten die Kolonialpolitik durch ihre wissenschaftlichen Entdeckungen und Berichte, die das Wissen über die kolonialen Gebiete erweiterten und den wirtschaftlichen Nutzen der Kolonien unterstrichen. Ihre Arbeiten trugen dazu bei, das Bild der Kolonien als Rohstofflieferanten und wirtschaftliche Ressource zu verfestigen. Die wissenschaftlichen Erkenntnisse über die natürlichen Ressourcen, die klimatischen Bedingungen und die geographischen Gegebenheiten der Kolonien spielten eine wichtige Rolle bei der Planung und Umsetzung von Infrastrukturprojekten, wie etwa dem Bau von Eisenbahnen oder Plantagen, die dem wirtschaftlichen Interesse des Deutschen Reiches dienten.

Die deutschen Missionare und Forscher haben eine zentrale Rolle in den Kolonien und den kulturellen Austausch gespielt, sowie die Entwicklung der Kolonialpolitik maßgeblich beeinflusst. Ihre Aktivitäten führten zu tiefgreifenden Veränderungen in den kolonialisierten Gesellschaften und trugen dazu bei, die deutsche Kolonialherrschaft zu legitimieren und zu festigen. Gleichzeitig waren sie aber auch Akteure, die die komplexen Wechselwirkungen zwischen den Kolonialherren und der einheimischen Bevölkerung verdeutlichten und die Widersprüche des kolonialen Projekts aufzeigten. Ihr Erbe ist bis heute spürbar und zeigt die Ambivalenz der kolonialen Begegnungen – als Mischung aus Unterdrückung, kulturellem Austausch und wissenschaftlicher Erforschung.

1. Carl Peters und die Gründung Deutsch-Ostafrikas[25]

Carl Peters, ein umstrittener Forscher und Kolonialist, war eine der zentralen Figuren in der Gründung der Kolonie Deutsch-Ostafrika, die das heutige Tansania, Burundi und Ruanda umfasst. Seine Methoden und Handlungen waren von Anfang an von erheblicher Brutalität und Skrupellosigkeit geprägt und hinterließen ein umstrittenes Erbe, das nicht nur die Region prägte, sondern auch die kolonialen Ambitionen des Deutschen Reiches nachhaltig beeinflusste. Peters' Vorgehen war gekennzeichnet durch eine Mischung aus politischen Ambitionen, wirtschaftlichen Interessen und rücksichtsloser Gewaltausübung, die dazu beitrug, die koloniale Herrschaft in der Region zu etablieren, jedoch auch einen langen Schatten auf das koloniale Projekt warf.

Carl Peters begann seine kolonialen Unternehmungen im späten 19. Jahrhundert, als das Deutsche Reich im internationalen Wettlauf um koloniale Besitztümer mit anderen europäischen Mächten konkurrier-

---

25 Karin Bruns: Peters, Carl. In: Neue Deutsche Biographie (NDB). Band 20, Duncker & Humblot, Berlin 2001, ISBN 3-428-00201-6, S. 239 f.

te. Angetrieben von einer imperialistischen Vision und einem tiefen Glauben an die Überlegenheit der deutschen Kultur, reiste Peters 1884 an die ostafrikanische Küste. Dort begann er, Verträge mit lokalen Häuptlingen abzuschließen, um große Landstriche für das Deutsche Reich zu sichern. Diese sogenannten "Schutzverträge" waren jedoch meist das Resultat von Manipulation, Betrug und teils auch offener Gewaltandrohung. Die Häuptlinge, die diese Verträge unterzeichneten, verstanden oft weder den Inhalt noch die langfristigen Folgen dieser Vereinbarungen, die ihre politische Unabhängigkeit massiv einschränkten und letztlich zur Übernahme durch die deutschen Kolonialherren führten.

Abbildung 5: Deutsch-Ostafrika©OpenStreetMap, Open Database License (ODbL) 1.0, Änderungen vorgenommen durch den Autor

Peters war für seine rücksichtslose Haltung bekannt und zögerte nicht, Gewalt einzusetzen, um seine Ziele zu erreichen. Viele der Verträge, die er abschloss, wurden durch Androhung oder Anwendung physischer Gewalt erzwungen. Dies schuf eine Atmosphäre der Angst und des Misstrauens in den betroffenen Regionen, und die lokale Bevölkerung sah sich gezwungen, den Forderungen der deutschen Kolonialisten nachzugeben, um schlimmere Repressionen zu vermeiden. Peters' Methoden waren nicht nur moralisch fragwürdig, sondern auch politisch explosiv: Seine brutale Vorgehensweise trug entscheidend dazu bei, dass sich in den darauffolgenden Jahren der Widerstand gegen die deutsche Kolonialherrschaft intensivierte. Die Aufstände, die im Anschluss an seine Verträge und die nachfolgende koloniale Unterdrückung ausbrachen, waren ein direktes Resultat der Gewalt und der Unzufriedenheit, die seine Herrschaftsmethoden erzeugten.

Einer der bekanntesten Konflikte, der mit Peters' Aktionen in Verbindung steht, war der sogenannte Abushiri-Aufstand von 1888 bis 1889. Die lokale Bevölkerung Ostafrikas erhob sich gegen die zunehmende Einflussnahme und Unterdrückung durch die deutschen Kolonialisten. Die brutalen Methoden von Peters und anderen Kolonialbeamten hatten zu einer breiten Ablehnung der deutschen Herrschaft geführt, und die einheimischen Gemeinden organisierten sich, um gegen die Kolonialverwaltung Widerstand zu leisten. Obwohl der Aufstand letztlich von der deutschen Schutztruppe niedergeschlagen wurde, verdeutlichte er doch die Instabilität und die tiefen Spannungen, die durch Peters' Vorgehen geschaffen worden waren. Die Rebellion zeigte, dass die lokale Bevölkerung nicht bereit war, die koloniale Unterdrückung widerspruchslos hinzunehmen, und stellte die Nachhaltigkeit der von Peters errichteten Strukturen infrage.

Auch im Deutschen Reich selbst wurde Peters zunehmend kritisch betrachtet. Seine Skrupellosigkeit und seine Neigung, Gewalt als Mittel zur Durchsetzung seiner Ziele einzusetzen, brachten ihm zwar unter einigen Anhängern den Ruf eines entschlossenen Kolonialpioniers ein, stießen jedoch auch auf breite Ablehnung. Der Spitzname "Hänker von Ostafrika", den Peters trug, verweist auf seine Brutalität und die Grausamkeiten, die er während seiner Zeit in Ostafrika verübte. Er wurde 1891 als Reichskommissar für Deutsch-Ostafrika abgesetzt, nachdem seine Misshandlungen gegenüber Einheimischen, darunter die grausame Bestrafung einer Geliebten wegen eines angeblichen Treuebruchs, in Deutschland bekannt geworden waren. Diese Vorfälle führten zu einem offiziellen Untersuchungsausschuss, der seine Verfehlungen aufdeckte und zu seiner Entlassung führte.

Trotz seiner Absetzung und der kontroversen Ereignisse um seine Person blieb Carl Peters eine Schüsselfigur in der frühen deutschen Kolonialgeschichte. In bestimmten Kreisen, besonders unter den Kolonialbefürwortern und Nationalisten, wurde Peters noch lange als Held verehrt. Seine Vision von einem deutschen Kolonialreich und sein angeblich unerschütterlicher Einsatz für die kolonialen Interessen des Reiches wurden von diesen Gruppen hochgehalten, und seine Methoden wurden als notwendige Härte in einer vermeintlich "wilden" und "unzivilisierten" Region gerechtfertigt. Diese Glorifizierung Peters' trug dazu bei, dass die deutsche Kolonialpolitik in den folgenden Jahren eine zunehmend aggressive und rücksichtslose Richtung einschlug, die die Lebensbedingungen für die einheimische Bevölkerung weiter verschlechterte.

Die Nachwirkungen von Peters' Wirken in Deutsch-Ostafrika sind bis heute spürbar. Seine Methoden der Unterdrückung und der Landnahme hinterließen tiefe Spuren in der Gesellschaft der Region, die bis heute an den Folgen der kolonialen Ausbeutung und der willkürlichen Grenzziehungen leidet. Die Konflikte, die Peters durch seine rücksichtslose Politik schürte, setzten sich in den folgenden Jahrzehnten fort und trugen zu einer Kultur der Gewalt und des Misstrauens bei, die die Region auch nach dem Ende der deutschen Kolonialherrschaft prägte. Die Geschichte von Carl Peters ist daher nicht nur die Geschichte eines Mannes, sondern auch ein Symbol für die Gewalt und die Ungerechtigkeit des gesamten kolonialen Projekts, das sowohl in Afrika als auch im Deutschen Reich seine Spuren hinterlassen hat.

2. Die Forschungsreisen von Georg Schweinfurth

Georg Schweinfurth, ein deutscher Botaniker und Afrikaforscher, unternahm in den 1870er Jahren bedeutende Expeditionen ins Herz Afrikas, die nicht nur die wissenschaftliche Gemeinschaft seiner Zeit bereicherten, sondern auch das europäische Verständnis des afrikanischen Kontinents nachhaltig veränderten. Seine Reisen, die ihn tief in bisher weitgehend unerforschte Regionen Zentralafrikas führten, waren geprägt von einer beeindruckenden Mischung aus botanischer Forschung, ethnologischer Dokumentation und geographischer Erkundung. Schweinfurths Leistungen wurden zu einem wertvollen Beitrag zur damaligen Wissenschaft, und seine detaillierten Berichte und Sammlungen hatten tiefgreifende Auswirkungen auf die europäische Wahrnehmung von Afrika.

Schweinfurths erste große Expedition begann 1868 und führte ihn in das Gebiet des heutigen Sudan und darüber hinaus in die zentralafrikanische Region. Eine seiner bekanntesten Reisen führte ihn den Flusslauf des Bahr el Ghazal hinauf bis in die Region des oberen Nil. Während dieser Reise widmete sich Schweinfurth nicht nur der Erforschung der Flora, sondern auch der Kartierung der Gebiete, durch die er reiste. Er verfasste dabei umfassende Berichte über das Terrain, die Vegetation, das Klima und die ethnischen Gruppen, denen er begegnete. Seine botanischen Entdeckungen waren außerordentlich: Er fand und klassifizierte zahlreiche unbekannte Pflanzenarten, darunter mehrere Orchideenarten, die bis dahin der Wissenschaft unbekannt gewesen waren. Diese Entdeckungen wurden in den botanischen Gärten und wissenschaftlichen Institutionen Europas bewundert und trugen erheblich zum Wissen über die Pflanzenwelt Zentralafrikas bei.

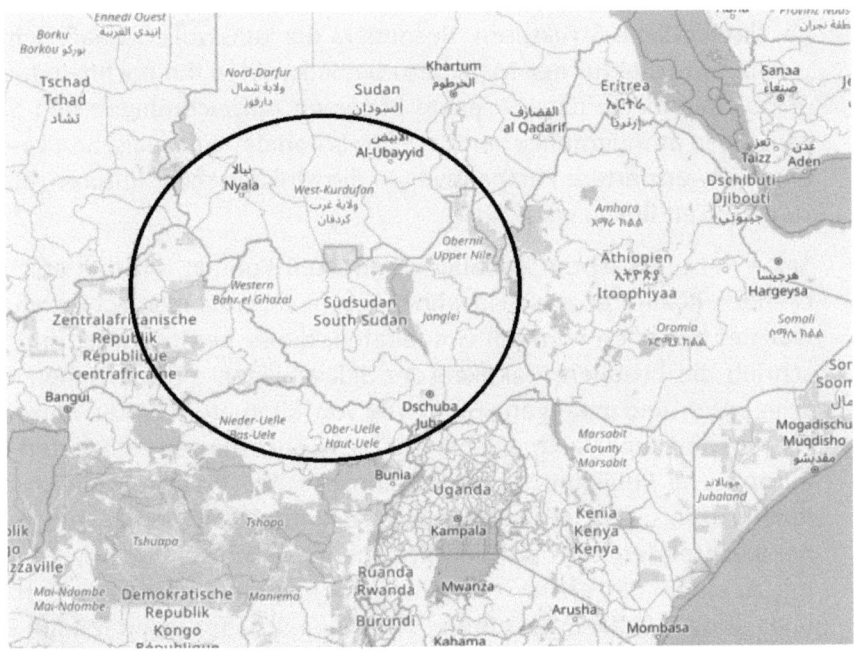

Abbildung 6: Sudan©OpenStreetMap, Open Database License (ODbL) 1.0, Änderungen vorgenommen durch den Autor

Doch Schweinfurths Bedeutung ging weit über die Botanik hinaus. Er war einer der ersten europäischen Forscher, der eingehende Studien über die ethnischen Gruppen der Region anstellte, darunter die Azande und die Mangbetu. Er dokumentierte ihre Lebensweisen, sozialen Strukturen und kulturellen Praktiken in einer Zeit, in der das Wissen über Zentralafrika in Europa noch weitgehend von Stereotypen und Unwissenheit geprägt war. Schweinfurths Beschreibungen zeichneten sich durch einen für die damalige Zeit ungewöhnlichen Grad an Respekt und Empathie aus. Er beschrieb die kulturellen Errungenschaften der Menschen, denen er begegnete, und betonte deren handwerkliche Fertigkeiten, künstlerische Ausdrucksformen und komplexe gesellschaftliche Strukturen. Besonders die kunstvollen Haartrachten und die Architektur der Mangbetu beeindruckten ihn nachhaltig, und er dokumentierte diese Aspekte in seinen Aufzeichnungen und Skizzen. Diese ethnographischen Berichte boten den europäischen Lesern eine differenziertere Perspektive auf die afrikanischen Kulturen, als es zu jener Zeit üblich war.

Seine Reisen brachten ihn auch in direkten Kontakt mit den erschreckenden Realitäten des Sklavenhandels in Zentralafrika. Schweinfurth war tief betroffen von den Gräueltaten, die er beobachtete, und beschrieb die brutalen Praktiken der Sklavenjäger, die Menschen verschleppten und zwangen, Hunderte von Kilometern unter entsetzlichen Bedingungen zu marschieren. Diese Berichte sensibilisierten das europäische Publikum für die unmenschlichen Praktiken, die in den innerafrikanischen Handelsnetzwerken stattfanden, und trugen zu einer wachsenden Kritik am Sklavenhandel bei. Schweinfurth wurde damit zu einem der ersten europäischen Forscher, der aus erster Hand über diese Praktiken berichtete, und seine Schilderungen fanden Eingang in die abolitionistische Bewegung Europas, die sich für die Abschaffung des Sklavenhandels stark machte.

Schweinfurth dokumentierte seine Erfahrungen in seinem Hauptwerk "Im Herzen von Afrika", das 1874 veröffentlicht wurde und weite Verbreitung fand. In diesem Buch kombinierte er wissenschaftliche Beobachtungen mit persönlichen Erlebnissen und ethnologischen Beschreibungen, wodurch er ein lebendiges Bild der von ihm bereisten Regionen zeichnete. Das Werk wurde nicht nur zu einem wichtigen Dokument der afrikanischen Erforschung, sondern auch zu einem Bestseller, der das europäische Publikum fesselte und dessen Bild von Afrika nachhaltig beeinflusste. Die detaillierten Illustrationen und Karten, die Schweinfurth in sein Werk einfließen ließ, machten seine Forschungsergebnisse greifbarer und trugen dazu bei, Afrika als einen vielfältigen Kontinent mit eigenen kulturellen und natürlichen Reichtümern darzustellen.

Schweinfurths wissenschaftliche Leistung wurde in seiner Zeit hoch geschätzt. Er wurde Mitglied zahlreicher wissenschaftlicher Gesellschaften und erhielt Ehrungen von botanischen und geographischen Institutionen in ganz Europa. Seine botanischen Sammlungen, die Tausende von Exemplaren umfassten, wurden zu einer wichtigen Grundlage für die botanische Forschung und sind bis heute in verschiedenen Herbarien und botanischen Gärten erhalten. Seine Arbeit hat nicht nur dazu beigetragen, das Wissen über die afrikanische Flora zu erweitern, sondern auch das Bewusstsein für die Vielfalt und den Wert der Pflanzenwelt Afrikas zu schärfen.

Trotz seiner beeindruckenden Leistungen als Botaniker und Ethnologe muss jedoch auch die koloniale Dimension seiner Expeditionen kritisch betrachtet werden. Wie viele seiner Zeitgenossen reiste Schweinfurth in einer Zeit, in der Europa Afrika als einen Kontinent betrachtete, den es zu "erforschen" und zu "erschließen" galt. Seine Reisen dienten nicht nur wissenschaftlichen Zwecken, sondern auch dem kolonialen Interesse, das Wissen über potenzielle Rohstoffquellen und Handelsrouten zu erweitern. Auch wenn Schweinfurth nicht aktiv an kolonialen Eroberungen beteiligt war, so trugen seine Entdeckungen und Berichte doch dazu bei, das Interesse europäischer Mächte an der Region zu wecken und die koloniale Expansion zu legitimieren. Sein Werk steht somit auch exemplarisch für die Ambivalenz der europäischen Forschung in kolonialen Kontexten: einerseits geprägt von wissenschaftlicher Neugier und dem Wunsch nach Wissen, andererseits eingebettet in die kolonialen Machtstrukturen, die die Erforschung oft erst ermöglichten.[26]

Georg Schweinfurth hat als Botaniker und Afrikaforscher einen bedeutenden Beitrag zur wissenschaftlichen Erforschung Zentralafrikas geleistet. Seine Entdeckungen und Berichte erweiterten das europäische Wissen über die Pflanzenwelt und die ethnischen Gruppen der Region erheblich. Seine Expeditionen waren geprägt von einem Bemühen um genaue Dokumentation und Respekt gegenüber den Kulturen, die er erforschte, wenn auch seine Arbeit letztlich auch Teil des kolonialen Projekts war. Schweinfurths Erbe ist ein Beispiel für die komplexen Wechselwirkungen zwischen Wissenschaft, Kultur und Kolonialpolitik im 19. Jahrhundert – ein Erbe, das bis heute sowohl wegen seiner wissenschaftlichen Verdienste als auch aufgrund seiner Verstrickung in koloniale Strukturen kritisch betrachtet werden muss.

3. Missionarische Arbeit der Herrnhuter Brüdergemeine[27]

Die Herrnhuter Brüdergemeine, eine der ersten protestantischen Missionsgesellschaften, die in den deutschen Kolonien aktiv wurde, spielte eine bedeutende Rolle in der Entwicklung von Bildung und Gesundheitswesen in den Überseegebieten des Deutschen Reiches. Die Missionsgesellschaft, die ihren Ursprung im sächsischen Herrnhut hatte und von Nikolaus Ludwig von Zinzendorf im 18. Jahrhundert gegründet wurde, trug zu einer neuen Dimension des kulturellen Austauschs und der Veränderung in den kolonialen Gebieten bei. Ihr Einsatz für die indigenen Bevölkerungen, der sich insbesondere in den Bereichen

---

26 Manfred Kurz: Der Afrikaforscher Georg August Schweinfurth (1836–1925). Zum Gedenken an seinen 150. Geburtstag. In: Kraichgau. Bd. 10 (1987), S. 125–131

27 Dietrich Meyer: Zinzendorf und die Herrnhuter Brüdergemeine. 1700–2000. Vandenhoeck & Ruprecht, Göttingen 2009, ISBN 978-3-525-01390-8

der Bildung und der medizinischen Versorgung zeigte, brachte viele der ersten Schulen und Krankenhäuser in die entlegenen Regionen der deutschen Kolonien und markierte somit einen wichtigen Meilenstein in der kolonialen Infrastruktur.

Die Missionsarbeit der Herrnhuter war eng verbunden mit der Idee der Verbesserung der Lebensbedingungen der indigenen Bevölkerung, aber sie war auch ein Instrument der religiösen Bekehrung und der kulturellen Integration in die Vorstellungen und Werte der europäischen Kolonialherren. Die Brüdergemeine bemühte sich, die indigene Bevölkerung nicht nur zum christlichen Glauben zu bekehren, sondern sie auch zu unterrichten und zu bilden. Zu diesem Zweck errichteten die Missionare zahlreiche Schulen, in denen neben dem Lesen, Schreiben und Rechnen auch christliche Moral und Werte vermittelt wurden. Diese Bildungsangebote sollten die Menschen auf ein Leben in einer von europäischen Normen geprägten Gesellschaft vorbereiten. Die Unterrichtsmethoden waren dabei für die damalige Zeit verhältnismäßig fortschrittlich und setzten oft auf eine ganzheitliche Ausbildung, die sowohl die intellektuellen Fähigkeiten als auch praktische Fertigkeiten der Schüler förderte.

Trotz der positiven Aspekte der Bildungsarbeit der Herrnhuter muss auch die kritische Seite dieser Missionstätigkeit beleuchtet werden. Die Schulen dienten nämlich auch dazu, die indigene Bevölkerung in das koloniale System zu integrieren und sie für niedere Tätigkeiten im Dienste der Kolonialverwaltung auszubilden. Die Lehrpläne waren darauf ausgerichtet, eine Elite zu schaffen, die als Mittler zwischen den Kolonialherren und der einheimischen Bevölkerung dienen konnte, und dabei gleichzeitig die bestehende soziale Hierarchie aufrechtzuerhalten. Während einige Schüler durch diese Ausbildung tatsächlich neue Möglichkeiten und Chancen erhielten, bedeutete sie für viele andere eine zunehmende Entfremdung von ihren eigenen kulturellen Wurzeln und Traditionen, da die europäischen Werte und Normen als den einheimischen überlegen dargestellt wurden.

Neben der Bildung spielte die medizinische Versorgung eine zentrale Rolle in der Arbeit der Herrnhuter Missionare. In vielen Kolonien waren die von den Herrnhutern errichteten Krankenhäuser und medizinischen Stationen die ersten Einrichtungen dieser Art, die der einheimischen Bevölkerung Zugang zu westlicher Medizin verschafften. Die Missionare und die mit ihnen arbeitenden Ärzte setzten sich dafür ein, Krankheiten wie Malaria, Schlafkrankheit und andere tropische Infektionen zu bekämpfen, die in den Kolonien weit verbreitet waren. Sie verabreichten Medikamente, führten Impfungen durch und boten grundlegende medizinische Behandlungen an, die für viele Menschen in den kolonialen Gebieten erstmals eine Verbesserung der gesundheitlichen Versorgung bedeuteten.

Die Etablierung medizinischer Einrichtungen war jedoch auch mit Herausforderungen verbunden. Die Missionare standen vor der schwierigen Aufgabe, das Vertrauen der lokalen Bevölkerung zu gewinnen, die der westlichen Medizin oft skeptisch gegenüberstand. Traditionelle Heilmethoden und das Wissen der lokalen Heiler wurden häufig von den Missionaren abgelehnt oder als minderwertig betrachtet. Dies führte nicht selten zu Konflikten zwischen den Missionaren und der einheimischen Bevölkerung, die sich in ihrer traditionellen Heilkunst und ihren spirituellen Praktiken missachtet fühlten. In einigen Fällen gelang es den Missionaren jedoch, lokale Heilmethoden in ihre Arbeit zu integrieren und so eine Brücke zwischen der westlichen und der einheimischen Medizin zu schlagen. Dieser Ansatz trug dazu bei, das Vertrauen der Bevölkerung zu gewinnen und die Akzeptanz der Missionare zu erhöhen.

Ein weiteres wichtiges Element der Arbeit der Herrnhuter Brüdergemeine war ihr Engagement für soziale Projekte und die Förderung von Handwerkskunst und landwirtschaftlichen Fertigkeiten. Die Missionare richteten Werkstätten ein, in denen die Einheimischen handwerkliche Fertigkeiten wie Schmieden, Tischlern oder das Weben erlernen konnten. Diese Werkstätten dienten nicht nur dazu, den Menschen eine berufliche Perspektive zu bieten, sondern waren auch Teil der umfassenderen Strategie der Missionare, die Lebensweise der indigenen Bevölkerung nach europäischem Vorbild zu transformieren. Die landwirtschaftlichen Projekte der Herrnhuter zielten darauf ab, moderne Anbaumethoden zu vermitteln und die Produktivität der lokalen Landwirtschaft zu steigern. Dabei wurde jedoch häufig nicht berücksichtigt, dass die einheimischen Methoden oft gut an die klimatischen Bedingungen und ökologischen Gegebenheiten angepasst waren. Die Einführung neuer Methoden und Nutzpflanzen führte deshalb nicht immer zum erhofften Erfolg und stieß mitunter auf Widerstand.

Die Arbeit der Herrnhuter Brüdergemeine in den deutschen Kolonien hatte tiefgreifende Auswirkungen auf die Entwicklung der kolonialen Gesellschaften. Sie trugen zur Etablierung von Bildungs- und Gesundheitseinrichtungen bei, die für viele Menschen eine Verbesserung der Lebensbedingungen bedeuteten. Gleichzeitig waren sie aber auch Teil des kolonialen Projekts, das darauf abzielte, die einheimischen Bevölkerungen zu kontrollieren und ihre Lebensweise an die europäischen Normen anzupassen. Ihre Bildungs- und Gesundheitsprojekte waren Instrumente sowohl der Hilfe als auch der Kontrolle, und ihre Arbeit trug zur Festigung der kolonialen Strukturen bei, indem sie die kulturelle und soziale Hegemonie der Kolonialherren unterstützten. Zusammenfassend lässt sich sagen, dass die Herrnhuter Brüdergemeine eine der ersten protestantischen Missionsgesellschaften war, die in den deutschen Kolonien aktiv wurden, und dass sie eine bedeutende Rolle in der Entwicklung von Bildung und Gesundheitswesen spielte. Ihre Missionstätigkeit brachte wichtige Fortschritte in die Kolonien, war jedoch auch von einer tiefen Ambivalenz geprägt: Sie bemühten sich um das Wohl der einheimischen Bevölkerung, waren aber zugleich Werkzeuge der kulturellen Transformation und der kolonialen Herrschaft. Das Erbe ihrer Arbeit ist daher komplex und zeigt die Vielschichtigkeit der kolonialen Begegnungen – als Mischung aus Hilfe, Kontrolle und kulturellem Wandel.

4. Die Kaiser-Wilhelm-Spitze Expedition

Die Kaiser-Wilhelm-Spitze-Expedition in Neuguinea im Jahr 1912 war eine der bedeutendsten Unternehmungen der deutschen Kolonialgeschichte und ein Meilenstein in der Erforschung der bislang kaum erschlossenen Regionen des Pazifiks. Neuguinea, als eine der größten und unzugänglichsten Inseln der Welt, bot in dieser Zeit eine nahezu unbekannte Welt voller Geheimnisse und unberührter Natur. Die deutschen Kolonialbehörden hatten ein starkes Interesse daran, mehr über die Ressourcen und das geographische Potenzial der Region zu erfahren. Die Expedition zur Kaiser-Wilhelm-Spitze, dem höchsten Gipfel der Insel, stellte sowohl wissenschaftlich als auch symbolisch eine wichtige Mission dar: Sie sollte die deutschen Bestrebungen zur Erschließung der Kolonie Deutsch-Neuguinea untermauern und den deutschen Einfluss in der Region sichtbar machen.

Unter der Leitung des deutschen Geographen und Botanikers Wilhelm Filchner startete die Expedition im Frühjahr 1912 mit dem Ziel, den Gipfel der Kaiser-Wilhelm-Spitze, heute bekannt als Puncak Mandala, zu erklimmen und eine wissenschaftliche Bestandsaufnahme der Flora, Fauna und Geologie der Region durchzuführen. Die Kaiser-Wilhelm-Spitze war zu jener Zeit noch weitgehend unerforscht, und ihre Bezwingung versprach nicht nur wissenschaftliche Erkenntnisse, sondern auch Prestige für das Deutsche Reich. Die Expedition wurde sowohl von der Kolonialverwaltung als auch von verschiedenen wissenschaftlichen Institutionen unterstützt, darunter das Berliner Museum für Naturkunde, das großes Interesse an den zu erwartenden botanischen und zoologischen Funden hatte.

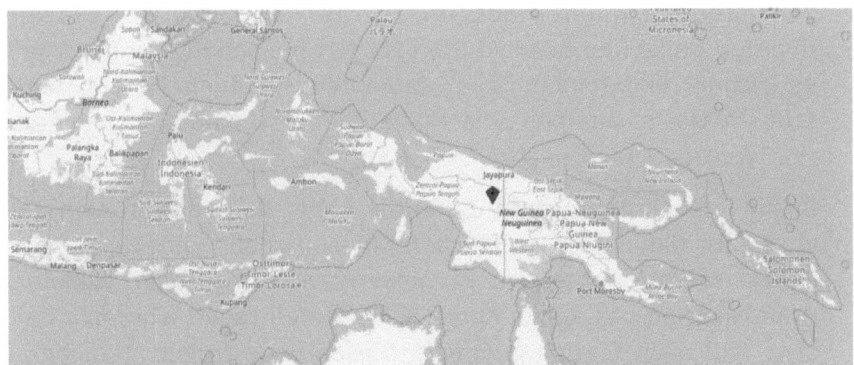

Abbildung 7: Puncak Mandala, vormals: Kaiser-Wilhelm-Spitze
©OpenStreetMap, Open Database License (ODbL) 1.0

Die Vorbereitungen für die Expedition waren umfangreich. Neuguinea galt als besonders herausfordernd aufgrund seines tropischen Klimas, der dichten Regenwälder und des schwierigen Terrains. Die Expeditionsgruppe bestand aus einer Mischung von deutschen Wissenschaftlern, Trägern aus den benachbarten Kolonien und einheimischen Führern, die mit den Gegebenheiten der Insel vertraut waren. Die Zusammenarbeit mit den indigenen Bevölkerungsgruppen war ein entscheidender Faktor für das Gelingen der Expedition, da sie über wichtiges Wissen über die natürlichen Bedingungen und die Nutzung der Ressourcen verfügten, das den deutschen Forschern fehlte.

Der Aufstieg zur Kaiser-Wilhelm-Spitze erwies sich als extrem beschwerlich. Die dichten Regenwälder Neuguineas stellten eine erhebliche Herausforderung dar: Mücken, Blutegel und die hohe Luftfeuchtigkeit setzten der Gruppe ebenso zu wie die unwegsamen Pfade und die steilen Hänge, die immer wieder zurückgeschnitten werden mussten, um einen Weg zu bahnen. Die Expedition war gekennzeichnet von ständigen Auseinandersetzungen mit der Natur. Krankheiten wie Malaria und Erschöpfung durch die schweren klimatischen Bedingungen forderten ihren Tribut, und einige Teilnehmer der Expedition mussten umkehren oder wurden vor Ort behandelt. Dennoch gelang es Filchner und seinem Team, bedeutende botanische und zoologische Proben zu sammeln, die später in Deutschland eingehend analysiert wurden.

Besonders wertvoll waren die entdeckten Pflanzenarten, von denen viele bis dahin der westlichen Wissenschaft unbekannt waren. Schweinwerfer, Farne und Orchideen von einzigartiger Vielfalt und Anpassung an das alpine Klima der höheren Lagen wurden katalogisiert und nach Europa gebracht. Diese Funde trugen dazu bei, das Verständnis der Wissenschaft von der Flora der tropischen Hochgebirge zu erweitern. Auch die Tierwelt der Region überraschte die Forscher. Sie entdeckten neue Insektenarten sowie einige einzigartige Vögel, darunter Papageien und Paradiesvögel, die in der Abgeschiedenheit des Gebirges lebten. Diese Entdeckungen verdeutlichten die immense Biodiversität Neuguineas und machten einmal mehr deutlich, wie wenig der europäischen Wissenschaft über diesen Teil der Welt bekannt war.

Die Kaiser-Wilhelm-Spitze selbst, die bis zu diesem Zeitpunkt als einer der höchsten Gipfel des gesamten pazifischen Raums galt, wurde von Filchner und seinem Team nach großen Anstrengungen erreicht. Der Erfolg der Besteigung war nicht nur ein wissenschaftlicher Triumph, sondern hatte auch symbolischen Charakter. Es sollte zeigen, dass das Deutsche Reich in der Lage war, auch die unzugänglichsten Gebiete seiner Kolonien zu erschließen und seinen Einfluss über die Grenzen der Zivilisation hinaus auszuweiten. Die symbolische Bedeutung des Aufstiegs wurde im Deutschen Reich entsprechend gefeiert, und Filchner wurde als Held empfangen, der das deutsche Prestige in der Welt der Erkundung und Entdeckung gestärkt hatte.

Doch die Expedition hatte nicht nur positive Auswirkungen. Die Anwesenheit der deutschen Forscher führte auch zu erheblichen Spannungen mit der lokalen Bevölkerung. Die indigenen Gruppen Neuguineas waren oftmals skeptisch gegenüber den fremden Eindringlingen, deren Motive und Methoden ihnen suspekt waren. Es kam wiederholt zu Konflikten, insbesondere dann, wenn die Expedition auf landwirtschaftliche Flächen oder heilige Orte stieß, die von den lokalen Gemeinschaften als tabu betrachtet wurden. Die deutschen Expeditionsteilnehmer hatten oft Schwierigkeiten, die kulturellen und sozialen Normen der indigenen Bevölkerung zu respektieren, was zu Missverständnissen und Konflikten führte. Diese Spannungen sind ein Beispiel dafür, wie die kolonialen Bestrebungen der Europäer, die von wissenschaftlichem Ehrgeiz und nationalem Stolz getrieben wurden, oft auf Kosten der lokalen Kulturen und Gemeinschaften gingen.

Die Ergebnisse der Kaiser-Wilhelm-Spitze-Expedition wurden nach der Rückkehr von Wilhelm Filchner ausführlich dokumentiert und der Öffentlichkeit präsentiert. Seine Berichte fanden großes Interesse in der wissenschaftlichen Gemeinschaft und trugen dazu bei, das Wissen über die Region Neuguinea erheblich zu erweitern. Die mitgebrachten botanischen und zoologischen Exemplare wurden in Museen und Forschungseinrichtungen in Deutschland ausgestellt und untersuchten. Auch die geographischen Erkenntnisse über das Gebirge und die umliegenden Regionen flossen in neue Karten ein und verbesserten das Verständnis der Geographie Neuguineas.

Wilhelm Filchner (1877–1957) war ein deutscher Polarforscher, Offizier und Geograph, der durch seine Expeditionen in die Antarktis und nach Zentralasien bekannt wurde. Geboren am 13. September 1877 in München, entwickelte Filchner früh eine Faszination für die Ferne und die wissenschaftliche Erkundung entlegener Gebiete. Er absolvierte zunächst eine militärische Ausbildung und trat in die bayerische Armee ein, verfolgte jedoch parallel dazu seine wissenschaftlichen Interessen. Schon 1900 führte er seine erste Expedition nach Russland und Zentralasien durch, wo er die geographischen und klimatischen Bedingungen erforschte. Sein Name ist vor allem mit der „Deutschen Südpolar-Expedition" von 1911–1912 verbunden, die er leitete. Das Ziel der Expedition war, die Antarktis zu erforschen und eine Durchquerung des Kontinents vorzubereiten. Auf dieser Expedition entdeckte er das Filchner-Ronne-Schelfeis im Weddellmeer, eine der größten Eisbarrieren der Antarktis. Diese Entdeckung stellte einen wichtigen Meilenstein in der Polarforschung dar und machte Filchner international bekannt, obwohl die eigentliche Durchquerung des Kontinents aufgrund widriger Bedingungen nicht zustande kam. Nach dem Ersten Weltkrieg wandte sich Filchner zunehmend Zentralasien zu und führte in den 1920er und 1930er Jahren mehrere Expeditionen durch, insbesondere nach Tibet und Nepal, wo er die geomagnetischen und klimatischen Verhältnisse untersuchte. Filchner war ein Mann von unermüdlichem Forscherdrang und wissenschaftlicher Neugier, der trotz vieler Rückschläge und Herausforderungen stets seine Vision verfolgte, die Grenzen des Wissens zu erweitern. Seine Entdeckungen und wissenschaftlichen Publikationen, darunter auch sein Werk über die Antarktis-Expedition, bleiben wertvolle Quellen der geographischen und klimatologischen Forschung. Wilhelm Filchner starb am 7. Mai 1957 und wird bis heute als Pionier der Polarforschung und bedeutender deutscher Geograph gewürdigt.

Die Kaiser-Wilhelm-Spitze-Expedition von 1912 war ein bedeutendes Ereignis in der deutschen Kolonialgeschichte. Sie markierte einen wichtigen wissenschaftlichen Erfolg und trug zur Erweiterung des Wissens über eine der unzugänglichsten Regionen der Welt bei. Gleichzeitig verdeutlichte sie aber auch die Problematik der kolonialen Forschungsexpeditionen, die oft wenig Rücksicht auf die Bedürfnisse und Rechte der lokalen Bevölkerung nahmen. Die Expedition steht exemplarisch für die Ambivalenz der kolonialen Wissenschaft – als Quelle sowohl von Wissen und Fortschritt als auch von Konflikten und kultureller Unterdrückung.

5. Die ethno-musikologischen Studien von Erich Moritz von Hornbostel

Erich Moritz von Hornbostel war einer der bedeutendsten Pioniere der Ethnomusikologie und prägte das noch junge Forschungsgebiet der Musikethnologie wie kaum ein anderer. Seine umfassenden Forschungen und Aufnahmen der Musiktraditionen aus den Kolonien trugen dazu bei, die Klänge und kulturellen Ausdrucksformen außerhalb Europas einem breiten Publikum im Westen bekannt zu machen. Hornbostels Arbeit stellte nicht nur einen wissenschaftlichen Meilenstein dar, sondern beeinflusste auch die westliche Musikwissenschaft und trug wesentlich dazu bei, das Verständnis für die Bedeutung und Vielfalt der Musik verschiedener Kulturen zu erweitern.

Erich Moritz von Hornbostel wurde 1877 in Wien geboren und wuchs in einem Umfeld auf, das von Musik und Wissenschaft geprägt war. Er studierte an der Universität Wien Naturwissenschaften und Philosophie, wandte sich jedoch bald der Musikwissenschaft zu, da ihn insbesondere die kulturellen Ausdrucksformen außerhalb des europäischen Mainstreams faszinierten. Zusammen mit Carl Stumpf, einem Psychologen und Pionier der Akustikforschung, gründete Hornbostel das Berliner Phonogramm-Archiv, das weltweit erste seiner Art. Das Archiv wurde zu einem zentralen Ort für die Sammlung und Erforschung traditioneller Musikaufnahmen, die sowohl aus den deutschen Kolonien als auch aus anderen Teilen der Welt stammten.

In einer Zeit, in der Europa seine koloniale Expansion vorantrieb und die meisten Wissenschaftler außerhalb Europas ansässige Kulturen als primitiv betrachteten, verfolgte Hornbostel einen anderen Ansatz. Er betrachtete Musik als universelle Sprache der Menschheit und versuchte, die kulturelle Vielfalt durch die Musik zu verstehen und zu dokumentieren. Dabei sah er Musik nicht nur als Ausdruck der Kunst, sondern auch als eine Tätigkeit, die tief in sozialen, religiösen und alltäglichen Kontexten verwurzelt ist. Diese Herangehensweise war zu

jener Zeit revolutionär, denn sie stellte die Musiktraditionen der außer-europäischen Völker nicht als minderwertig dar, sondern bemühte sich, deren eigene kulturelle Logik und Bedeutung zu erkennen.

Hornbostel reiste selbst nicht in die Kolonien, sondern arbeitete eng
mit Forschern und Missionaren zusammen, die in den Kolonien Aufnahmen traditioneller Musik machten. Diese Aufnahmen wurden mit
den damals neuesten technischen Mitteln auf Wachsplatten gemacht
und nach Berlin geschickt, wo sie im Phonogramm-Archiv katalogisiert und analysiert wurden. Die aufgenommenen Klänge umfassten
eine breite Palette musikalischer Ausdrucksformen: Gesänge, Trommelrhythmen, Flöten und andere traditionelle Instrumente, die für
die Kulturen der jeweiligen Regionen von Bedeutung waren. Besonders interessant waren für Hornbostel jene musikalischen Phänome-
ne, die keine Entsprechung in der westlichen Musiktradition hatten,
wie zum Beispiel bestimmte rhythmische Strukturen oder Tonsyste-
me, die für europäische Ohren ungewohnt klangen.

Hornbostels bahnbrechende Analysen konzentrierten sich auf die Kategorisierung der verschiedenen Musikstile und Instrumente sowie
auf die Untersuchung der musikalischen Systeme, die den außer-europäischen Traditionen zugrunde lagen. Zusammen mit seinem Kollegen Curt Sachs entwickelte er das Hornbostel-Sachs-System, eine der
ersten Klassifikationen für Musikinstrumente, das Instrumente weltweit nach ihrer Spielweise und der Art der Tonerzeugung kategorisier-
te. Diese Klassifikation wird bis heute verwendet und bildet die
Grundlage für das moderne Verständnis der Vielfalt und Verbreitung
von Musikinstrumenten rund um den Globus. Dieses System ermöglichte es der Musikwissenschaft, eine strukturierte Herangehensweise
an die Untersuchung außer-europäischer Instrumente zu entwickeln,
und legte damit den Grundstein für die systematische Forschung in
der Ethnomusikologie.

Ein zentrales Anliegen von Hornbostels Arbeit war es, die Verschiedenheit der musikalischen Ausdrucksweisen zu dokumentieren und dadurch aufzuzeigen, dass jede Kultur ihre eigenen, wertvollen Beiträge zur menschlichen Musiktradition leistet. Seine Aufnahmen und Analysen veränderten die europäische Wahrnehmung außer-europäischer Musik, die bis dahin oft als chaotisch und unstrukturiert abgetan worden war. Durch seine akribische Analyse der aufgenommenen Musik zeigte Hornbostel, dass auch die Musik sogenannter "primitiver" Völker hochkomplexe Strukturen aufweist, die den westlichen Vorstellungen von Harmonie und Rhythmus ebenbürtig sind. Diese Erkenntnis trug nicht nur dazu bei, Vorurteile abzubauen, sondern führte auch zu einem gesteigerten Interesse an außer-europäischen Musikkulturen in der westlichen Musikwissenschaft und Kunst.

Ein wichtiger Aspekt der Arbeit Hornbostels war auch die Vermittlung der von ihm gesammelten Musik an ein breites Publikum. Die Aufnahmen aus dem Phonogramm-Archiv wurden bei Vorträgen und Ausstellungen in Europa präsentiert und erreichten damit nicht nur ein akademisches Publikum, sondern auch die allgemeine Öffentlichkeit. Diese Präsentationen trugen zur Popularität der außer-europäischen Musik in Europa bei und beeinflussten insbesondere die Komponisten der damaligen Avantgarde. Musiker wie Igor Strawinsky und Béla Bartók ließen sich von den ungewohnten Rhythmen und Klangfarben inspirieren und integrierten Elemente daraus in ihre eigenen Werke. Auf diese Weise hatte Hornbostels Arbeit nicht nur eine wissenschaftliche, sondern auch eine kulturelle Wirkung, die weit über den akademischen Bereich hinausging und die europäische Musiklandschaft nachhaltig prägte.

Trotz seiner Errungenschaften muss Hornbostels Werk auch im Kontext der kolonialen Verhältnisse betrachtet werden, unter denen es entstand. Seine Arbeit war eng mit der kolonialen Expansion des Deutschen Reiches verknüpft, und viele der von ihm analysierten Aufnahmen stammten aus Kolonien, deren Bewohner oft gegen ihren Willen Teil des kolonialen Systems waren. Die Aufnahme der Musik war daher nicht immer ein freiwilliger Akt der indigenen Bevölkerung, sondern erfolgte häufig unter dem Druck der kolonialen Autoritäten. Auch wenn Hornbostel selbst in seinen Analysen eine wertschätzende Haltung gegenüber den musikalischen Traditionen zeigte, bleibt die Problematik bestehen, dass die Musikaufnahmen in einem kolonialen Kontext entstanden sind, der von Machtungleichgewichten und Ausbeutung geprägt war.

Hornbostels Lebenswerk hinterließ ein vielschichtiges Erbe: Einerseits schuf er durch seine Aufnahmen und Analysen eine Basis für die moderne Ethnomusikologie und trug dazu bei, die kulturelle Vielfalt der Welt durch die Musik sichtbar zu machen. Andererseits sind seine Arbeiten auch ein Beispiel für die enge Verknüpfung von Wissenschaft und Kolonialismus im 19. und frühen 20. Jahrhundert. Seine Forschungsergebnisse sind bis heute von unschätzbarem Wert für die Musikwissenschaft, doch sie erinnern uns auch daran, wie wissenschaftliche Neugier oft Hand in Hand ging mit kolonialen Machtansprüchen. Dennoch bleibt Erich Moritz von Hornbostel ein zentraler Akteur in der Geschichte der Musikforschung, dessen Arbeit das Verständnis der globalen Musikkulturen auf eine neue Ebene hob und bis heute in der Ethnomusikologie nachwirkt.

6. Die Togo-Expedition und die Schlafkrankheit

Deutsche Forscher, darunter der Mediziner Robert Koch, widmeten sich zu Beginn des 20. Jahrhunderts der Erforschung der Schlafkrankheit in der deutschen Kolonie Togo. Diese Erkrankung, die durch den Parasiten Trypanosoma brucei verursacht wird und von der Tsetsefliege übertragen wird, stellte eine erhebliche Bedrohung für die Bevölkerung der Region dar und wurde zu einem zentralen Anliegen der kolonialen Gesundheitsbehörden. Robert Koch, der bereits durch seine Entdeckungen im Bereich der Bakteriologie weltweiten Ruhm erlangt hatte, wurde vom Deutschen Reich entsandt, um die Krankheit zu untersuchen und mögliche Heilmethoden zu entwickeln. Seine Arbeit in Togo führte zu bedeutenden Fortschritten in der medizinischen Forschung, war jedoch auch von ethischen Kontroversen geprägt, die bis heute diskutiert werden.

Die Schlafkrankheit, auch als Afrikanische Trypanosomiasis bekannt, verursachte in weiten Teilen Afrikas, insbesondere in den tropischen und subtropischen Gebieten, verheerende Epidemien. Die Erkrankung äußerte sich zunächst durch Symptome wie Fieber, Kopfschmerzen und Gelenkschmerzen, die später zu neurologischen Störungen und einem Koma – dem namensgebenden „Schlaf" – führen konnten. Ohne Behandlung verlief die Krankheit tödlich. Für das Deutsche Reich, das daran interessiert war, die wirtschaftliche Ausbeutung seiner Kolonie zu maximieren, war die Bekämpfung der Schlafkrankheit nicht nur eine Frage der medizinischen Versorgung, sondern auch eine wirtschaftliche Notwendigkeit, da die Krankheit die Arbeitskraft der lokalen Bevölkerung stark beeinträchtigte.

Robert Koch, der 1906 nach Togo reiste, widmete sich mit seiner Forschungsgruppe der Untersuchung der Krankheit und ihrer Verbreitungswege. Dabei nutzte er die damals modernsten Methoden der Bakteriologie, um den Parasiten zu isolieren und den Lebenszyklus zu verstehen. Kochs Forschungsarbeit bestand zum großen Teil in der Durchführung von Feldstudien, die ihn in abgelegene Gebiete der Kolonie führten, in denen die Schlafkrankheit besonders stark verbreitet war. Er untersuchte infizierte Personen, analysierte deren Blutproben und sammelte Tsetsefliegen, um die Übertragungsmechanismen der Krankheit zu verstehen. Seine Forschungen führten letztlich zur Entwicklung von Behandlungsmethoden, die den Einsatz von Arsphenamin und Atoxyl beinhalteten – Substanzen, die als Medikamente gegen den Parasiten eingesetzt wurden.

Diese Behandlungsansätze, die Koch entwickelte, retteten zweifellos viele Menschenleben und stellten einen großen Fortschritt in der Bekämpfung der Krankheit dar. Atoxyl, das auf Arsen basierte, erwies sich als wirksam gegen den Parasiten, war jedoch auch hochgiftig und verursachte oft schwere Nebenwirkungen wie Blindheit und andere toxische Schädigungen. Die Verabreichung von Atoxyl war eine der ersten systematischen Chemotherapien in der Geschichte der Medizin und zeigte, dass es möglich war, tropische Krankheiten durch gezielte medikamentöse Behandlung zu bekämpfen. Die Ergebnisse seiner Forschung flossen in die weitere Entwicklung von Heilmitteln gegen die Schlafkrankheit ein und bildeten die Grundlage für spätere, weniger toxische Medikamente.

Allerdings waren die Methoden, die Robert Koch und sein Team anwendeten, aus heutiger Sicht hochproblematisch und ethisch fragwürdig. Die Tests an der lokalen Bevölkerung erfolgten oft ohne deren vollständiges Einverständnis oder ohne ausreichende Aufklärung über die Risiken und Nebenwirkungen der Behandlung. In der Praxis bedeutete dies, dass viele Menschen unfreiwillig zu Versuchspersonen wurden, die die toxischen Auswirkungen der Medikamente am eigenen Leib erfahren mussten. Zudem war die Art und Weise, wie die Tests durchgeführt wurden, oft von der kolonialen Haltung der Überlegenheit der Europäer geprägt, die die Interessen und die Würde der indigenen Bevölkerung missachtete. Die kolonialen Strukturen, in denen Koch und seine Kollegen arbeiteten, schufen ein Umfeld, in dem die lokale Bevölkerung keine Möglichkeit hatte, sich den Untersuchungen oder Behandlungen zu entziehen.

Die Ergebnisse von Kochs Forschungen wurden in Deutschland als große Erfolge gefeiert, und er erhielt zahlreiche Auszeichnungen für seine Arbeiten zur Bekämpfung der Schlafkrankheit. Seine Forschungen trugen dazu bei, das Wissen über tropische Krankheiten erheblich zu erweitern und neue Behandlungsansätze zu entwickeln. Sie hatten jedoch auch tiefgreifende Auswirkungen auf die lokale Bevölkerung in Togo, die nicht immer positiv waren. Viele Menschen litten unter den Nebenwirkungen der verabreichten Medikamente, und die Art und Weise, wie die kolonialen Autoritäten die Bevölkerung für ihre medizinischen Experimente nutzten, hinterließ tiefe Wunden im Verhältnis zwischen den Kolonialherren und den kolonisierten Gemeinschaften.

Die Arbeit Robert Kochs in Togo ist daher ein ambivalentes Kapitel in der Geschichte der Medizin: Einerseits steht sie für wichtige wissenschaftliche Fortschritte und den Versuch, einer verheerenden Krankheit entgegenzutreten, andererseits zeigt sie auch die problematischen Verflechtungen von Kolonialismus und Wissenschaft auf. Die kolonialen Machtverhältnisse ermöglichten es den Forschern, Experimente durchzuführen, die ohne die Zustimmung der betroffenen Bevölkerung stattfanden und die oft schwere gesundheitliche Konsequenzen für die Testpersonen hatten. Die Ethik der medizinischen Forschung in kolonialen Kontexten ist bis heute ein Thema, das intensiv diskutiert wird und das zeigt, wie Wissenschaft und Kolonialismus in einer Weise miteinander verflochten waren, die noch lange nachwirkt.

Die Erforschung der Schlafkrankheit in Togo durch Robert Koch und andere deutsche Wissenschaftler war einer der ersten großen Versuche, tropische Krankheiten systematisch zu bekämpfen. Die daraus resultierenden medizinischen Fortschritte retteten zweifellos zahlreiche Menschenleben und trugen zur Entwicklung moderner Behandlungsmethoden bei. Doch die Umstände, unter denen diese Forschungen stattfanden, sind ein mahnendes Beispiel dafür, wie wissenschaftliche Neugier und koloniale Machtansprüche oft Hand in Hand gingen, ohne die Interessen und Rechte der betroffenen Bevölkerung ausreichend zu berücksichtigen. Dieses Kapitel der Medizingeschichte erinnert uns daran, dass wissenschaftlicher Fortschritt immer auch ethische Verantwortung erfordert und dass die Lektionen der Vergangen-

heit eine wichtige Rolle bei der Gestaltung künftiger Forschungsprak-
tiken spielen sollten.[28]

7. Theologische Kontroversen und synkretistische Bewegungen

Die Bemühungen der christlichen Missionare, das Christentum in den
deutschen Kolonien zu verbreiten, führten zu tiefgreifenden theologischen Kontroversen und kulturellen Veränderungen, die die religiösen
Landschaften der betroffenen Regionen nachhaltig prägten. In vielen
dieser Kolonien, die sich in Afrika, Asien und dem Pazifikraum befanden, stießen die Missionare auf komplexe traditionelle Glaubenssysteme, die tief in der Kultur und den sozialen Strukturen der lokalen
Bevölkerungen verwurzelt waren. Diese religiösen Traditionen beinhalteten Ahnenverehrung, Naturgottheiten, spirituelle Heilungsprakti-
ken und eine Vielzahl ritueller Bräuche, die eng mit dem täglichen Leben verknüpft waren. Der Versuch der Missionare, das Christentum in
diese Kontexte zu integrieren, führte zwangsläufig zu Spannungen,
Missverständnissen und neuen, hybriden Formen des Glaubens.

Die Missionsarbeit war grundsätzlich von der Vorstellung geprägt,
dass das Christentum den traditionellen Glaubensformen überlegen
sei und dass die Bekehrung der Einheimischen nicht nur deren Seelen
retten, sondern sie auch moralisch und kulturell "zivilisieren" sollte.
Diese Sichtweise spiegelte die kolonialen Machtverhältnisse wider, in
denen die europäischen Kolonialherren ihre Religion, Kultur und Werte als Norm betrachteten und versuchten, diese in den Kolonien zu
verbreiten. Missionare errichteten Kirchen, Schulen und Gesundheits-
zentren, um die lokale Bevölkerung nicht nur religiös zu beeinflussen,
sondern auch eine umfassende kulturelle Transformation herbeizu-

---

28 Hiroyuki Isobe, 2009, Verlag Lit, Medizin und Kolonialgesellschaft die Bekämpfung der Schlafkrankheit in den deutschen "Schutzgebieten" vor
dem Ersten Weltkrieg, ISBN 9783825816032

führen. Gleichzeitig stießen sie jedoch auf tief verwurzelte religiöse Überzeugungen und Traditionen, die nicht einfach verdrängt werden konnten. Diese Situation führte oft zu theologischen Kontroversen darüber, wie das Christentum in diesen Kontexten verstanden und praktiziert werden sollte.

In vielen Fällen wehrten sich die lokalen Gemeinschaften nicht direkt gegen die Einführung des Christentums, sondern fanden Wege, die neuen Glaubensinhalte mit ihren eigenen religiösen Traditionen zu verbinden. Diese Synthese führte zur Entstehung synkretistischer Bewegungen, die Elemente des Christentums, wie etwa die Lehren von Jesus, Rituale und Sakramente, mit traditionellen Glaubenssystemen verschmolzen. Ein bekanntes Beispiel dafür ist die Verehrung Jesu als einer von mehreren spirituellen Vermittlern oder Heiligen, die neben den Ahnen verehrt wurden. In diesen synkretistischen Glaubensformen wurden christliche Symbole und Gebete in rituelle Praktiken integriert, die schon lange vor der Ankunft der Europäer existierten.

Diese synkretistischen Bewegungen spiegelten das Bestreben der lokalen Bevölkerung wider, die eigene kulturelle Identität zu bewahren und gleichzeitig auf die neuen, von den Missionaren eingeführten religiösen Ideen zu reagieren. Anstatt das Christentum unverändert zu übernehmen, wurde es adaptiert und in den eigenen kulturellen Kontext eingebettet. In manchen Regionen entstanden eigene christlich geprägte Glaubensgemeinschaften, die von einheimischen Geistlichen geleitet wurden und bewusst Elemente der traditionellen Religionen beibehielten, um die Akzeptanz der neuen Lehren innerhalb der Gemeinschaft zu erhöhen. Diese Bewegungen wurden oft von charismatischen Führern geleitet, die behaupteten, besondere Visionen oder Eingebungen von Gott oder den Ahnen empfangen zu haben und die damit das Christentum auf eine Art interpretierten, die den Bedürfnissen der lokalen Bevölkerung entsprach.

Solche synkretistischen Bewegungen führten jedoch nicht selten zu Konflikten mit den Missionaren und den kolonialen Autoritäten, die in diesen Entwicklungen eine Bedrohung für die Reinheit des christlichen Glaubens und die Kontrolle über die koloniale Gesellschaft sahen. Die Missionare betrachteten die Vermischung des Christentums mit traditionellen Elementen als Häresie und als Hindernis für die wahre Bekehrung der Einheimischen. Auch die kolonialen Verwaltungen, die die Missionsarbeit oft unterstützten, sahen in diesen Bewegungen eine potenzielle Gefahr für die koloniale Ordnung, da sie den Einfluss der Europäer untergruben und zur Stärkung des kulturellen Selbstbewusstseins der einheimischen Bevölkerung beitrugen.

Dennoch entwickelten sich einige dieser Bewegungen zu wichtigen sozialen und kulturellen Faktoren, die in den kolonialen und postkolonialen Gesellschaften eine bedeutende Rolle spielten. Sie boten den einheimischen Gemeinschaften eine Möglichkeit, sich mit den tiefgreifenden sozialen und kulturellen Veränderungen auseinanderzusetzen, die die Kolonialherrschaft mit sich brachte, und ihre eigene Identität in einem sich rapide verändernden Umfeld zu bewahren. Durch die Integration von Elementen des Christentums konnten diese Bewegungen auch die Vorteile der Missionsarbeit, wie etwa den Zugang zu Bildung und medizinischer Versorgung, nutzen, ohne ihre eigenen religiösen Traditionen vollständig aufzugeben.

Ein Beispiel für die Entstehung solcher synkretistischer Bewegungen findet sich in den afrikanischen Kolonien des Deutschen Reiches, insbesondere in Deutsch-Ostafrika (heutiges Tansania). Hier entstand Anfang des 20. Jahrhunderts die sogenannte Maji-Maji-Bewegung, die sich zunächst als religiöse Bewegung formierte und sich später zu einem Aufstand gegen die deutsche Kolonialherrschaft entwickelte. Die Bewegung kombinierte traditionelle spirituelle Elemente mit christlichen Motiven, um die Bevölkerung gegen die Kolonialmacht zu mobilisieren. Wasser („Maji" auf Swahili), das als heilig und schützend galt, wurde zum Symbol des Widerstands, und christliche Vorstellungen von Erlösung und Gerechtigkeit wurden mit einheimischen Glaubensinhalten verknüpft, um die Widerstandskraft der Gemeinschaft zu stärken.[29]

Die Geschichte der Missionsarbeit und der daraus entstandenen synkretistischen Bewegungen in den deutschen Kolonien zeigt, wie kulturelle Begegnungen und religiöse Transformationen oft weit komplexer und dynamischer waren, als es die europäischen Missionare oder die kolonialen Autoritäten erwarteten. Sie verdeutlicht auch, dass Religion nicht einfach als ein Instrument der kolonialen Unterwerfung betrachtet werden kann, sondern auch als eine Ressource für die kolonisierten Bevölkerungen diente, um neue Wege des Ausdrucks, des Widerstands und der Identitätsbildung zu finden. Synkretistische Bewegungen sind ein eindrucksvolles Beispiel dafür, wie Menschen in kolonialen Kontexten kreativ mit den ihnen auferlegten Bedingungen umgingen und aus der Vermischung unterschiedlicher Traditionen neue Formen des Glaubens und der Gemeinschaft schufen, die bis heute in vielen Regionen Bestand haben.

8. Anthropologische Studien und menschliche Zoos

Einige deutsche Forscher, darunter der Anthropologe Felix von Luschan, führten im späten 19. und frühen 20. Jahrhundert anthropologische Studien in den deutschen Kolonien durch, die auch die Sammlung von Schädeln und anderen menschlichen Überresten umfassten. Diese Praktiken spiegelten nicht nur das wissenschaftliche Interesse jener Zeit wider, sondern standen auch in engem Zusammenhang mit den damals verbreiteten rassistischen Theorien, die versuchten, die Überlegenheit der europäischen Völker wissenschaftlich zu untermauern. Die Forschungen von Felix von Luschan und seinen

---

29 Jigal Beez, 2005, Ch. Links Verlag, Der Maji-Maji-Krieg in Deutsch-Ostafrika 1905-1907, ISBN 9783861533580

Kollegen dienten nicht zuletzt dazu, die verschiedenen Völker der Kolonien zu kategorisieren und zu klassifizieren, wobei die physischen Merkmale als Grundlage für solche pseudowissenschaftlichen Einteilungen verwendet wurden.

Felix von Luschan, ein Arzt und Ethnologe, war eine zentrale Figur in diesem Bereich der Forschung. Er arbeitete am Berliner Museum für Völkerkunde und sammelte eine große Anzahl an menschlichen Überresten aus verschiedenen Kolonien, darunter Tansania, Namibia und Papua-Neuguinea. Diese Sammlungen waren Teil einer größeren Bewegung innerhalb der Ethnologie und Anthropologie, die versuchte, die "Rassen" der Welt durch die Analyse von physischen Merkmalen zu differenzieren. Von Luschan und andere Forscher verwendeten Schädelmessungen und andere Methoden, um die angeblichen Unterschiede zwischen verschiedenen Bevölkerungsgruppen wissenschaftlich zu belegen. Diese Praktiken waren typisch für eine Zeit, in der die Wissenschaft im Dienste imperialer Interessen stand und zur Legitimation kolonialer Herrschaft genutzt wurde.

Die Sammlung und Untersuchung menschlicher Überreste war eng mit der Vorstellung verbunden, dass die physische Anatomie eines Menschen direkte Rückschlüsse auf seine geistigen Fähigkeiten und seinen kulturellen Entwicklungsstand zulassen würde. Diese Idee, die in der damaligen Wissenschaft weit verbreitet war, lieferte eine Grundlage für die Klassifizierung von Menschen in "höher-" und "niederrangige" Rassen und trug wesentlich zur Verstärkung rassistischer Vorurteile bei. Schädel, die von den Grabstätten indigener Bevölkerungen entnommen wurden, landeten in deutschen Museen, wo sie in langen Reihen nebeneinander aufgestellt und vermessen wurden, um ihre "wissenschaftlichen" Eigenschaften zu dokumentieren. Diese Praxis verfehlte jedoch vollkommen die kulturelle und spirituelle Bedeutung, die diesen Überresten in ihren Ursprungsgesellschaften beigemessen wurde.

Solche Studien und die von ihnen propagierten Theorien trugen dazu bei, rassistische Ideologien zu untermauern, die weitreichende Konsequenzen für das Verhältnis zwischen den Kolonialherren und den kolonisierten Bevölkerungen hatten. Die Vorstellung, dass die physischen Merkmale einer Bevölkerung ihre Intelligenz oder ihr zivilisatorisches Potenzial bestimmten, rechtfertigte die Unterwerfung, Ausbeutung und oftmals entmenschlichende Behandlung der einheimischen Bevölkerung. Die gesammelten Schädel und anderen Überreste wurden nicht nur für wissenschaftliche Untersuchungen verwendet, sondern auch in Ausstellungen gezeigt, die das europäische Publikum von der vermeintlichen "Primitivität" der kolonisierten Völker überzeugen sollten.

Ein besonders verstörendes Beispiel für die Konsequenzen dieser rassistischen Wissenschaft war die Praxis der sogenannten "menschlichen Zoos", die im späten 19. und frühen 20. Jahrhundert in Europa, darunter auch in Deutschland, populär wurden. In diesen Ausstellungen wurden Menschen aus den Kolonien, oft in traditionellen Kleidern und in nachgebauten "authentischen" Umgebungen, zur Schau gestellt. Die Besucher konnten so die angebliche "Exotik" der kolonialen Untertanen bestaunen. Diese Ausstellungen waren keineswegs nur eine Unterhaltung für die breite Öffentlichkeit, sondern hatten auch einen pseudo-wissenschaftlichen Charakter, der die Hierarchisierung der Menschenrassen unterstützte. Die Darstellungen der "primitiven" Lebensweisen sollten die angebliche Überlegenheit der europäischen Zivilisation verdeutlichen und die Legitimität der kolonialen Mission betonen.

Die Sammlung menschlicher Überreste und die Ausstellung lebender Menschen in Zoos veranschaulichen die Entmenschlichung, die im Kontext der kolonialen Wissenschaft stattfand. Die indigene Bevölkerung wurde nicht als gleichwertige Partner gesehen, sondern als Objekte wissenschaftlichen Interesses und als Ausstellungsstücke behandelt. Diese Praktiken hatten verheerende Auswirkungen auf die betroffenen Gemeinschaften: Sie wurden ihrer kulturellen Schätze beraubt, ihrer Toten entzogen, und ihre kulturellen Traditionen wurden durch die rassistische Darstellung ihrer Lebensweise verzerrt und entwertet. Die "wissenschaftliche" Untersuchung und Kategorisierung der einheimischen Bevölkerung war daher nicht nur eine vermeintlich neutrale Forschung, sondern trug aktiv zur Rechtfertigung und Aufrechterhaltung kolonialer Ungleichheit bei.

Felix von Luschan selbst war sich der problematischen Aspekte dieser Sammlungen zumindest in Ansätzen bewusst. In späteren Schriften betonte er, dass die Vielfalt der menschlichen Kulturen anerkannt und gewürdigt werden müsse. Er wandte sich gegen die schärfsten Auswüchse des Rassismus, die insbesondere im 20. Jahrhundert zunehmend an Bedeutung gewannen. Dennoch bleiben seine Arbeiten und die Arbeiten seiner Zeitgenossen ein Beispiel für die Verquickung von Wissenschaft und Macht, die typisch für das Zeitalter des Kolonialismus war.

Die wissenschaftlichen Praktiken, die im Rahmen der deutschen Kolonialherrschaft angewandt wurden, hinterlassen bis heute Spuren. Viele der Schädel und anderen menschlichen Überreste befinden sich noch immer in deutschen Museen und Archiven, und die Frage der Restitution dieser Objekte ist nach wie vor ein kontroverses Thema. Für viele der betroffenen Gemeinschaften sind die Rückgabe der sterblichen Überreste und die Anerkennung des Unrechts, das ihnen widerfahren ist, entscheidende Schritte, um die Wunden der kolonialen Vergangenheit zu heilen.

Zusammenfassend lässt sich sagen, dass die anthropologischen Studien deutscher Forscher wie Felix von Luschan einen tiefen Einblick in die Denkweisen und Wissenschaftspraktiken der Kolonialzeit geben. Sie verdeutlichen, wie wissenschaftliches Interesse und koloniale Machtansprüche ineinandergreifen und wie vermeintlich objektive

Forschung dazu benutzt wurde, rassistische Ideologien zu stützen und die koloniale Herrschaft zu legitimieren. Die daraus resultierenden Praktiken der Sammlung und Ausstellung menschlicher Überreste sind ein dunkles Kapitel der Wissenschaftsgeschichte, das bis heute nachwirkt und eine kritische Auseinandersetzung erfordert.

9. Die Rolle der Frauen in der Missionierung

Deutsche Missionarsfrauen spielten in den deutschen Kolonien eine bedeutende, jedoch oft übersehene Rolle, die weit über die klassischen Vorstellungen ihrer Aufgaben als Ehefrauen hinausging. In der deutschen Kolonialgeschichte wurden sie zumeist als Begleiterinnen ihrer Ehemänner dargestellt, die diese auf ihren Missionsreisen in ferne Länder begleiteten und ihnen den Rücken freihielten. Doch ihre Aufgaben umfassten weit mehr als die bloße Pflege des Haushalts oder die Kindererziehung. Missionarsfrauen waren Akteurinnen in einem Netzwerk von Bildungs- und Gesundheitsinstitutionen, die für die koloniale Gesellschaft und für die Verbreitung des Christentums von entscheidender Bedeutung waren. Ihre Arbeit trug wesentlich zur Infrastruktur der Missionsstationen und zur Verankerung der kolonialen Ideologie bei.

Die Missionsgesellschaften sahen es als essenziell an, dass Missionare von ihren Ehefrauen begleitet wurden, da man glaubte, dass die Familienstruktur der Missionare als Vorbild für die einheimische Bevölkerung dienen sollte. Die Missionarsfrauen sollten durch ihr Verhalten und ihre Aufgaben den „kulturellen Fortschritt" verkörpern, den die Europäer in die Kolonien bringen wollten. Dadurch hatten sie jedoch nicht nur eine repräsentative Funktion, sondern wurden auch aktiv in die Missionsarbeit eingebunden. In der Praxis bedeutete dies, dass viele Missionarsfrauen Schulen und medizinische Einrichtungen leiteten und damit eine wichtige Rolle in der Bildungs- und Gesundheitspolitik der Kolonien einnahmen.

Beiträge der Missionarsfrauen

Soziale Strukturen
Sie halfen, soziale und kulturelle Strukturen innerhalb der kolonialen Gesellschaft zu formen.

Bildung
Missionarsfrauen spielten eine Schlüsselrolle bei der Einführung von Bildungssystemen in den Kolonien.

Gesundheitsversorgung
Sie trugen zur Etablierung von Gesundheitsdiensten und medizinischer Versorgung bei.

Abbildung 8: Rolle der Missionarsfrauen Quelle: Eigene Darstellung, © Ralf Schönert

Im Bildungssektor waren Missionarsfrauen oft die treibenden Kräfte hinter der Gründung und Führung von Mädchenschulen. Während ihre Ehemänner sich häufig auf die religiöse Bekehrung und die Leitung von Jungen- und Männerschulen konzentrierten, wurden die Mädchen und Frauen zumeist von den Missionarsfrauen unterrichtet. Diese Bildungseinrichtungen hatten das Ziel, den einheimischen Mädchen Grundkenntnisse in Lesen, Schreiben und Religion zu vermitteln, aber auch hauswirtschaftliche Fähigkeiten zu lehren, die für die europäische Vorstellung von „kultivierten" Frauen essentiell waren. Der Unterricht der Missionarsfrauen zielte nicht nur darauf ab, christliche Werte zu vermitteln, sondern auch die Vorstellungen von europäischen Geschlechterrollen und familiären Strukturen in die lokale Gesellschaft zu integrieren.

170

Dabei wurde der Unterricht der Mädchen und Frauen als ein zentrales Mittel der sogenannten „zivilisatorischen Mission" betrachtet. Die Ausbildung von Mädchen in den Missionsschulen sollte sicherstellen, dass diese als zukünftige Mütter ihre christlichen und kolonialen Werte an die nächste Generation weitergeben konnten. Auf diese Weise trugen die Missionarsfrauen indirekt zur kulturellen Transformation der einheimischen Gesellschaften bei. Die Missionsschulen waren Orte, an denen nicht nur Bildung, sondern auch koloniale Normen und Verhaltensweisen vermittelt wurden. Die Mädchen lernten, westliche Kleidung zu tragen, europäische Hygieneregeln zu beachten und eine christlich geprägte Vorstellung von Familie und Ehe zu übernehmen. Diese Form der Bildungsarbeit diente damit auch dazu, die koloniale Herrschaft zu stabilisieren, indem sie die sozialen Strukturen der Kolonien im Sinne der Europäer umformte.

Auch im medizinischen Bereich spielten die Missionarsfrauen eine entscheidende Rolle. Sie leiteten oft Krankenstationen oder kleine Kliniken, in denen sie grundlegende medizinische Versorgung für die lokale Bevölkerung anboten. Diese Einrichtungen waren häufig die einzigen Orte, an denen Einheimische überhaupt eine medizinische Behandlung erhielten. Die Missionarsfrauen waren in der Regel keine ausgebildeten Ärztinnen, sondern hatten häufig nur eine grundlegende medizinische Ausbildung, die sie in den Missionsgesellschaften oder von ihren Ehemännern erhalten hatten. Dennoch waren sie für viele Menschen die erste und oft einzige Anlaufstelle bei gesundheitlichen Problemen. Sie behandelten Wunden, betreuten Geburten und versuchten, Krankheiten wie Malaria oder Tuberkulose zu lindern.

Die medizinische Arbeit der Missionarsfrauen hatte sowohl positive als auch problematische Seiten. Einerseits ermöglichten sie vielen Menschen den Zugang zu einer rudimentären Gesundheitsversorgung, der ihnen ansonsten verwehrt geblieben wäre. Andererseits war auch die medizinische Versorgung von der kolonialen Ideologie durchdrungen. Die Behandlungsmethoden und Gesundheitspraktiken, die die Missionarsfrauen vermittelten, standen oft im Gegensatz zu den traditionellen Heilmethoden der lokalen Bevölkerung, die von den Missionaren als „primitiv" und „rückständig" abgewertet wurden. Auch die medizinischen Einrichtungen dienten somit nicht nur der Gesundheitsversorgung, sondern waren zugleich Werkzeuge der kulturellen Beeinflussung und der Verdrängung lokaler Traditionen.

Diese Rollen verschafften den Missionarsfrauen eine besondere Stellung innerhalb der kolonialen Gesellschaft. Im Gegensatz zu den meisten anderen europäischen Frauen, die in die Kolonien kamen – oftmals als Ehefrauen von Kolonialbeamten oder Militärs – waren die Missionarsfrauen aktiv in das öffentliche Leben eingebunden. Sie standen in direktem Kontakt mit der einheimischen Bevölkerung und hatten dadurch eine viel größere Wirkungsmöglichkeit als andere europäische Frauen. Diese besondere Stellung brachte jedoch auch eine große Verantwortung mit sich, denn ihre Arbeit beeinflusste das Leben der Einheimischen in vielfältiger Weise – sowohl positiv als auch negativ.

Die Arbeit der Missionarsfrauen war nicht frei von Widersprüchen. Einerseits engagierten sie sich für das Wohl der einheimischen Bevölkerung, vermittelten Bildung und leisteten medizinische Hilfe. Andererseits waren sie Teil eines kolonialen Systems, das darauf abzielte, die kulturelle und soziale Struktur der Kolonien zu verändern und an europäische Normen anzupassen. Viele Missionarsfrauen glaubten aufrichtig daran, dass sie durch ihre Arbeit einen positiven Beitrag leisteten. Doch ihre Bemühungen trugen auch zur Verdrängung lokaler Traditionen und zur Durchsetzung kolonialer Machtverhältnisse bei. Ihre Arbeit war daher immer auch von der kolonialen Ideologie geprägt, die die europäische Kultur als überlegen betrachtete und versuchte, diese in den Kolonien zu etablieren.

Zusammenfassend lässt sich sagen, dass deutsche Missionarsfrauen eine oft übersehene, aber entscheidende Rolle in den deutschen Kolonien spielten. Sie waren weit mehr als nur Begleiterinnen ihrer Männer; sie waren Lehrerinnen, Pflegerinnen und Vermittlerinnen von Kultur, die aktiv an der Umgestaltung der kolonialen Gesellschaft mitwirkten. Ihre Arbeit trug dazu bei, das Christentum und die europäischen Werte in den Kolonien zu verbreiten, war aber auch Teil der Mechanismen, die die koloniale Herrschaft stabilisierten und die einheimischen Kulturen veränderten. Die Geschichte der Missionarsfrauen zeigt die Ambivalenz der kolonialen Missionsarbeit: Sie war geprägt von aufrichtigem Engagement und dem Willen, zu helfen, zugleich aber auch von einer kolonialen Haltung, die die einheimische Bevölkerung als zu "zivilisieren" betrachtete und ihre eigenen kulturellen Normen als überlegen ansah.[30]

Missionarsfrauen, die eine wichtige Rolle in den Kolonien spielten:

1. **Marie Merian Schultze (1876–1945)** Marie Merian Schultze war eine bedeutende deutsche Missionarsfrau, die in Deutsch-Südwestafrika (heutiges Namibia) tätig war. Sie arbeitete eng mit der Rheinischen Missionsgesellschaft zusammen und engagierte sich stark im Bildungsbereich. Sie leitete eine Mädchenschule, in der sie lokale Mädchen in Grundkenntnissen wie Lesen, Schreiben, Religion und Haushaltsführung unterrichtete. Schultze setzte sich besonders für die Ausbildung von Mädchen ein, um deren Rolle innerhalb der Gesellschaft zu stärken und ihnen ein eigenständigeres Leben zu ermöglichen. Ihre Arbeit trug entscheidend zur kulturellen Transformation bei, doch sie war auch Teil des kolonialen Projekts, das versuchte, europäische Werte in die lokalen Strukturen zu implementieren.

30 Dagmar Konrad, 2013, Waxmann Verlag, Missionsbräute – Pietistinnen des 19. Jahrhunderts in der Basler Mission, ISBN 9783830979043

2. **Elisabeth von Bunsen (1860–1930)** Elisabeth von Bunsen wirkte als Missionarsfrau in Deutsch-Ostafrika (heutiges Tansania). Zusammen mit ihrem Ehemann leitete sie eine Missionsstation und eine kleine Klinik. Ihr Engagement lag im Gesundheitsbereich, wo sie sich für die medizinische Versorgung der einheimischen Bevölkerung einsetzte. Trotz ihrer fehlenden formalen medizinischen Ausbildung leistete von Bunsen wertvolle Unterstützung bei der Bekämpfung von Malaria und anderen verbreiteten Krankheiten. Sie führte Gesundheitskurse für lokale Frauen durch und war für viele die erste Ansprechpartnerin bei gesundheitlichen Problemen. Ihre Arbeit half zwar vielen Menschen, war jedoch auch von der kolonialen Überzeugung geprägt, dass europäische Medizin den traditionellen Heilmethoden überlegen sei.

3. **Anna Hinderer (1827–1870)** Anna Hinderer war eine deutsche Missionarsfrau, die zusammen mit ihrem britischen Ehemann im heutigen Nigeria tätig war. Sie spielte eine entscheidende Rolle in der Verwaltung der Missionsstation in Ibadan und war besonders für die Betreuung von verwaisten Kindern zuständig. Sie gründete eine Schule, in der sie sowohl religiöse als auch praktische Inhalte vermittelte, um die Kinder auf ein christlich geprägtes Leben vorzubereiten. Hinderers Engagement für die Bildung und Pflege der Kinder führte zu einer engen Bindung zwischen ihr und der lokalen Gemeinschaft, auch wenn ihr Handeln stets im Rahmen der kolonialen Missionierung stand.

4. **Friederike Horstmann (1865–1943)** Friederike Horstmann arbeitete im Rahmen der Berliner Missionsgesellschaft in der Südsee, insbesondere auf Samoa. Sie übernahm die Leitung einer Schule für einheimische Mädchen, in der sie sowohl Grundkenntnisse als auch hauswirtschaftliche Fertigkeiten

vermittelte. Ihr Ziel war es, die jungen Frauen so zu erziehen, dass sie als christliche Ehefrauen und Mütter in der Gesellschaft fungieren konnten. Gleichzeitig setzte sie sich für die Vermittlung von Hygienestandards ein, die die Lebensbedingungen vor Ort verbessern sollten. Ihr Engagement hatte jedoch auch zur Folge, dass traditionelle Rollenbilder und kulturelle Praktiken durch europäische Normen ersetzt wurden.

5. **Emma Riedel (1878–1941)** Emma Riedel war im heutigen Papua-Neuguinea tätig, wo sie zusammen mit ihrem Ehemann für die Neuendettelsauer Mission arbeitete. Sie gründete eine Mädchenschule, in der sie christliche Bildung und praktische Fähigkeiten vermittelte, insbesondere im Bereich der Textilherstellung. Riedel war eine der wenigen Frauen, die auch die lokale Sprache erlernten, was ihr half, engeren Kontakt zur einheimischen Bevölkerung aufzubauen. Sie setzte sich stark für die Verbesserung der Lebensbedingungen der Frauen ein, versuchte aber auch, sie an die europäischen Geschlechterrollen anzupassen. Ihre Arbeit war geprägt von der Überzeugung, dass die christlichen Werte den lokalen Traditionen überlegen seien, was sowohl positiven Einfluss als auch kulturelle Konflikte nach sich zog.

10. Der Einfluss auf lokale Kunst und Handwerk

Missionare und Forscher beeinflussten in den deutschen Kolonien nicht nur das alltägliche Leben, sondern nahmen auch erheblichen Einfluss auf die lokale Kunst und das traditionelle Handwerk. Dieser Einfluss zeigte sich in der Einführung neuer Techniken, Materialien und sogar in der Reorganisation der Arbeitsweise von Kunsthandwerkern. Die Auswirkungen dieser Veränderungen waren vielschichtig und hatten sowohl positive als auch negative Folgen für die traditionellen Künste der kolonisierten Völker. Während neue Möglichkeiten zur Weiterentwicklung und Kommerzialisierung entstanden, wurden zugleich auch viele gewachsene Praktiken und kulturelle Bedeutungen verdrängt oder verfälscht.

Eine der zentralen Veränderungen war die Einführung europäischer Materialien und Werkzeuge. Missionare brachten oft industrielle Produkte wie Metalle, Stoffe und Farben in die Kolonien, die den lokalen Handwerkern bisher unbekannt waren. Diese neuen Materialien eröffneten den einheimischen Kunsthandwerkern neue gestalterische Möglichkeiten und halfen ihnen dabei, ihre Arbeiten für europäische Märkte ansprechender zu gestalten. Die Einführung von Metallwerkzeugen erleichterte zudem viele Arbeitsschritte und führte zu einer größeren Produktivität. Viele traditionelle Werkzeuge wurden nach und nach durch effizientere europäische ersetzt, wodurch die Produktivität des Handwerks erheblich gesteigert werden konnte.

Gleichzeitig führte die neue Marktorientierung jedoch auch zu einer Kommerzialisierung der Kunst. Unter dem Einfluss europäischer Missionare und Kolonialverwalter wurden traditionelle Kunstwerke und Handwerksprodukte zunehmend für den Export hergestellt, oft mit einem Fokus auf den Geschmack und die Nachfrage der Europäer. Dies hatte zur Folge, dass viele Kunsthandwerker begannen, ihre Arbeiten den Erwartungen des europäischen Marktes anzupassen, wodurch die ursprüngliche kulturelle und rituelle Bedeutung ihrer Werke in den Hintergrund trat. Anstatt Objekte herzustellen, die für den eigenen kulturellen Kontext von Bedeutung waren – etwa Masken für rituelle Zeremonien oder religiöse Figuren – produzierten viele Kunsthandwerker nun Gegenstände, die primär als Souvenirs oder Dekorationsobjekte für europäische Käufer dienten.

Missionare, die das Christentum verbreiten wollten, spielten ebenfalls eine bedeutende Rolle bei der Veränderung der künstlerischen Praktiken. Sie betrachteten viele der traditionellen Kunstformen, insbesondere solche mit religiösem oder spirituellem Hintergrund, als Ausdrucksformen eines heidnischen Glaubens, den es zu überwinden galt. Masken, Skulpturen und rituelle Gegenstände, die in Zeremonien verwendet wurden, galten als Symbole des „Aberglaubens" und wurden teilweise zerstört oder zumindest aus dem alltäglichen Gebrauch verdrängt. In manchen Fällen wurden Kunsthandwerker sogar gezwungen, ihre traditionellen Fertigkeiten aufzugeben oder diese im Sinne der Missionare umzugestalten, was zu einem Verlust von Wissen und Kultur führte. Kunstwerke, die zuvor tiefe spirituelle Bedeutungen hatten, wurden ihrer symbolischen Kraft beraubt und auf rein ästhetische oder funktionale Merkmale reduziert.

Auf der anderen Seite boten Missionare und Forscher in einigen Fällen auch Ausbildungsmöglichkeiten für einheimische Handwerker, die ihnen ermöglichten, neue Techniken zu erlernen und sich in der künstlerischen Produktion weiterzuentwickeln. Mancherorts wurden Handwerksschulen gegründet, in denen lokale Künstler mit europäischen Maltechniken, Tischlereiverfahren und anderen handwerklichen Fertigkeiten vertraut gemacht wurden. Diese Ausbildung führte nicht selten dazu, dass die Kunsthandwerker eine Synthese aus traditionellen und neuen Stilen entwickelten, die zwar neue gestalterische Möglichkeiten eröffnete, aber auch die Gefahr barg, die authentischen Formen und Inhalte der eigenen Kultur zu verwässern. Die hybride Kunst, die dabei entstand, spiegelte oft sowohl die kreative Anpassungsfähigkeit der einheimischen Künstler als auch die kulturelle Dominanz der Kolonialherren wider.

Die Ambivalenz der Einflüsse von Missionaren und Forschern auf die lokale Kunst und das Handwerk zeigt sich auch in der Veränderung des sozialen Status der Kunsthandwerker. In vielen traditionellen Gesellschaften hatten Künstler und Handwerker eine besondere Rolle inne, da ihre Arbeiten eng mit religiösen und kulturellen Praktiken verbunden waren. Durch die Verlagerung hin zu einer Marktorientierung und die Anpassung an europäische Geschmäcker verlor das Kunsthandwerk jedoch vielfach seine ursprüngliche gesellschaftliche

Bedeutung. An die Stelle der hochangesehenen Position in der Gemeinschaft trat oft die Rolle eines einfachen Produzenten für den kolonialen Markt.

Insgesamt hatte der Einfluss der Missionare und Forscher auf die lokale Kunst und das Handwerk sowohl konstruktive als auch destruktive Aspekte. Einerseits führten die neuen Techniken und Materialien zu einer Erweiterung der gestalterischen Möglichkeiten und boten vielen Kunsthandwerkern die Chance, ihre Produkte auf einem neuen Markt zu verkaufen und damit ihren Lebensunterhalt zu sichern. Andererseits trugen die Einmischung und die Veränderung der traditionellen künstlerischen Ausdrucksformen durch die Missionare auch zu einem Verlust an kultureller Authentizität und Bedeutung bei. Die Kunst wurde zunehmend zu einem Instrument der kolonialen Einflussnahme, das dazu diente, die überlegene Stellung der Europäer zu demonstrieren und die einheimische Kultur zu transformieren. Die Geschichte dieses kulturellen Austauschs zeigt, wie tiefgreifend die koloniale Herrschaft in die sozialen und kulturellen Strukturen der Kolonien eingriff und wie ambivalent die Folgen dieser Eingriffe für die betroffenen Gemeinschaften waren.

Diese Ereignisse zeigen, wie tiefgreifend und vielfältig die Einflüsse der deutschen Missionare und Forscher in den Kolonien waren. Ihr Erbe ist komplex und wird bis heute in den ehemaligen Kolonien und in Deutschland selbst diskutiert und reevaluiert.

9. KOLONIALVERWALTUNG UND RECHTSPRECHUNG

Die deutsche Kolonialverwaltung und Rechtsprechung bildeten das zentrale Rückgrat der kolonialen Ordnung und waren von entscheidender Bedeutung für die Aufrechterhaltung der deutschen Herrschaft in Übersee. Die kolonialen Strukturen waren dabei eine Mischung aus direkter Kontrolle und einer gewissen Anpassung an lokale Gegebenheiten, die dazu dienen sollten, die Effizienz und Stabilität der Kolonialverwaltung zu gewährleisten. Dieses hybride System hatte tiefgreifende Auswirkungen auf die kolonisierten Gesellschaften, deren traditionelle Machtstrukturen und Rechtssysteme oft vollständig transformiert oder marginalisiert wurden.

Die Kolonialverwaltung des Deutschen Reiches war hierarchisch organisiert, wobei die oberste Verwaltungsebene durch den Gouverneur repräsentiert wurde, der direkt vom Kaiser ernannt wurde. Der Gouverneur hatte weitreichende Vollmachten und war das oberste Entscheidungsgremium in allen Fragen der Verwaltung und Rechtsprechung. Unterstützt wurde er durch eine Reihe von Beamten und Administratoren, die oft aus Deutschland stammten und mit der Durchsetzung der kolonialen Interessen betraut waren. In vielen Kolonien wurden jedoch auch lokale Akteure in die Verwaltung einbezogen, wobei diese meist auf niedrige Posten beschränkt blieben, die keine echten Entscheidungsbefugnisse mit sich brachten. Diese indirekte Verwaltung sollte den Anschein erwecken, dass die lokalen Traditionen berücksichtigt wurden, diente jedoch in erster Linie dazu, die Kontrolle effizienter und kostengünstiger zu gestalten.

Im Bereich der Rechtsprechung wurde in den deutschen Kolonien ein zweigleisiges Rechtssystem etabliert, das europäische und einheimische Rechtstraditionen miteinander verknüpfte. Für die europäischen

Siedler und die koloniale Elite galt das deutsche Reichsrecht, das weitgehend unverändert auf die kolonialen Verhältnisse übertragen wurde. Für die einheimische Bevölkerung hingegen wurden sogenannte "Gewohnheitsrechte" geschaffen, die auf den traditionellen Rechtssystemen basierten, jedoch von der Kolonialverwaltung kodifiziert und angepasst wurden, um mit den kolonialen Zielen im Einklang zu stehen. Dieses System zielte darauf ab, die bestehenden sozialen und rechtlichen Strukturen zu nutzen, um die Kontrolle über die koloniale Bevölkerung zu erleichtern, führte jedoch häufig zur Verzerrung und Manipulation der traditionellen Normen.

Die koloniale Rechtsprechung war dabei vor allem ein Instrument der Kontrolle und Unterdrückung. Es wurden Gesetze eingeführt, die die Bewegungsfreiheit der einheimischen Bevölkerung einschränkten, die Landnutzung regulierten und die Steuererhebung ermöglichten. Besonders bedeutend war das sogenannte "Hüttensteuergesetz", das die einheimische Bevölkerung zwang, Steuern in Form von Geld oder Naturalleistungen zu entrichten. Diese Steuern sollten nicht nur zur Finanzierung der Kolonialverwaltung beitragen, sondern dienten auch als Mittel, um die Einheimischen zur Lohnarbeit auf den Plantagen oder im Infrastrukturbereich zu zwingen. Wer nicht in der Lage war, die Steuern zu bezahlen, wurde oft zu Zwangsarbeit verurteilt, was die wirtschaftliche Ausbeutung der Kolonien weiter intensivierte.

Ein weiteres Beispiel für die Instrumentalisierung der Rechtsprechung war die sogenannte "Eingeborenenjustiz", die speziell für die kolonisierten Bevölkerungen eingerichtet wurde. Diese Gerichte wurden oft von deutschen Verwaltungsbeamten geführt, die weder eine juristische Ausbildung hatten noch mit den kulturellen Gegebenheiten der lokalen Bevölkerung vertraut waren. Die Rechtsprechung war daher häufig willkürlich und diente vor allem der Aufrechterhaltung der öffentlichen Ordnung und der Sicherung der kolonialen Interessen. Strafen wie Prügelstrafen, Zwangsarbeit oder sogar Hinrichtungen wurden verhängt, um Widerstand im Keim zu ersticken und die Überlegenheit der Kolonialmacht zu demonstrieren. Die Einheimischen hatten kaum eine Chance auf faire Verfahren oder Rechtsbeistand, was zu einer tiefen Ungerechtigkeit und Verunsicherung führte.

Neben der rechtlichen Repression war auch die administrative Kontrolle ein wichtiger Pfeiler der kolonialen Herrschaft. Die Einführung von Registrierungssystemen, Ausweispflichten und Arbeitsverträgen zielte darauf ab, die Bevölkerung zu überwachen und ihre Bewegungen zu kontrollieren. Die Kolonialverwaltung führte detaillierte Bevölkerungsstatistiken und verteilte sogenannte "Arbeitskarten", die erforderlich waren, um Zugang zu bestimmten Tätigkeiten oder Regionen zu erhalten. Dieses administrativ-bürokratische System diente dazu, die kolonialen Ressourcen optimal zu nutzen, indem es sicherstellte, dass Arbeitskräfte für die Plantagenwirtschaft, den Bergbau und den Bau von Infrastruktureinrichtungen wie Eisenbahnen und Straßen zur Verfügung standen.

Die tiefgreifenden Auswirkungen dieser administrativen und rechtlichen Strukturen auf die kolonisierten Gesellschaften sind nicht zu unterschätzen. Die traditionellen Herrschaftsstrukturen wurden oft geschwächt oder vollständig aufgelöst, da die Kolonialverwaltung die Macht der lokalen Eliten entweder untergrub oder sie zu bloßen Erfüllungsgehilfen der Kolonialmacht degradierte. Die traditionellen Rechtssysteme, die oft auf Konsens, Mediation und Gemeinschaftssinn basierten, wurden durch ein rigides, europäisch geprägtes Rechtssystem ersetzt, das die Bedürfnisse und Interessen der kolonialen Wirtschaft in den Vordergrund stellte. Diese rechtlichen Veränderungen hatten zur Folge, dass viele traditionelle Konfliktlösungsmechanismen zerstört wurden, was zu sozialen Spannungen und Verwerfungen führte.

Insgesamt zeigt die deutsche Kolonialverwaltung und Rechtsprechung, wie tiefgreifend die kolonialen Strukturen in das Leben der kolonisierten Bevölkerung eingriffen. Sie war nicht nur ein Mittel zur politischen und wirtschaftlichen Kontrolle, sondern auch ein Instrument zur kulturellen Transformation, das die bestehenden sozialen Ordnungen und Normen radikal veränderte. Die Mischung aus direkter Kontrolle und selektiver Anpassung an lokale Gegebenheiten diente dazu, die koloniale Herrschaft zu festigen, indem sie die Bevölkerung in Abhängigkeit hielt und gleichzeitig den Anschein einer gewissen Rücksichtnahme auf lokale Traditionen erweckte. Die langfristigen Folgen dieser Herrschaft sind in den ehemaligen Kolonien bis heute spürbar und zeigen sich in den fortbestehenden sozialen Ungleichheiten, den geschwächten traditionellen Institutionen und dem Misstrauen gegenüber staatlichen Strukturen, das in vielen postkolonialen Gesellschaften tief verwurzelt ist.

1. Die Einrichtung des "Reichskolonialamts"

Im Jahr 1907 wurde das Reichskolonialamt in Berlin gegründet, mit dem ausdrücklichen Ziel, die Verwaltung der deutschen Kolonien zu zentralisieren und die Kontrolle über die Überseegebiete effizienter und einheitlicher zu gestalten. Diese neu geschaffene Behörde spielte eine entscheidende Rolle in der Formulierung der kolonialen Politik und sorgte für eine standardisierte Verwaltungspraxis, die in allen deutschen Kolonien Gültigkeit hatte. Die Gründung des Reichskolonialamts stellte einen bedeutenden Schritt hin zu einer strafferen Verwaltung und einer stärkeren Durchsetzung der Interessen des Kaiserreichs in Afrika, der Pazifikregion und anderen Teilen der Welt dar.

Zuvor lag die Verantwortung für die Kolonien bei verschiedenen Stellen, was oft zu einer inkonsistenten Verwaltungspraxis führte und die Umsetzung kolonialer Interessen erschwerte. Mit der Gründung des Reichskolonialamts sollte diese Fragmentierung beendet werden, indem die Verwaltung der Kolonien in einer zentralen Institution zusammengefasst wurde, die direkt dem Reichskanzler unterstellt war. Damit hatte das Reichskolonialamt eine machtvolle Stellung inne, die ihm ermöglichte, koloniale Strategien zu entwickeln und die administrative Praxis zu vereinheitlichen. Das Ziel war nicht nur die Verbesserung der Effizienz, sondern auch die Festigung der kolonialen Kontrolle und die Erhöhung der Rentabilität der Kolonien.

Die Leitung des Reichskolonialamts übernahmen eine Reihe wichtiger Protagonisten, die die koloniale Politik maßgeblich beeinflussten:

1. **Bernhard Dernburg (1865–1934)**: Bernhard Dernburg war der erste Leiter des Reichskolonialamts, nachdem es 1907 gegründet wurde. Er war zuvor erfolgreicher Bankier und Wirtschaftspolitiker, was ihn zu einer Schlüsselperson für die Verwaltung der Kolonien machte. Dernburg verfolgte eine pragmatische Politik, die darauf abzielte, die Kolonien wirtschaftlich rentabel zu machen. Er setzte sich für eine Modernisierung der Infrastruktur und die Förderung von Exportkulturen ein, um die wirtschaftliche Entwicklung der Kolonien zu intensivieren. Dernburgs Ansatz war oft paternalistisch, wobei er die Kolonialherrschaft als zivilisatorische Mission verstand, die sowohl wirtschaftliche als auch kulturelle Aspekte umfasste.

2. **Wilhelm Solf (1862–1936)**: Wilhelm Solf war ab 1911 Leiter des Reichskolonialamts und brachte eine diplomatischere Herangehensweise in die koloniale Verwaltung ein. Zuvor war er Gouverneur von Deutsch-Samoa gewesen, wo er eine relativ gemäßigte und kooperative Politik verfolgte. Solf war bestrebt, die Spannungen in den Kolonien zu minimieren und die einheimische Bevölkerung stärker in die Verwaltung einzubeziehen, allerdings nur in untergeordneter Weise. Er sah die Notwendigkeit, die Brutalität der Kolonialverwaltung zu reduzieren, um eine stabilere Herrschaft zu gewährleisten.

Trotz seiner Bemühungen blieb auch Solfs Politik von der grundlegenden Annahme der europäischen Überlegenheit geprägt.

3. **Heinrich Schnee (1871–1941)**: Heinrich Schnee folgte Wilhelm Solf als Leiter des Reichskolonialamts und war zuvor Gouverneur von Deutsch-Ostafrika. Schnee setzte auf eine strenge Durchsetzung der kolonialen Ordnung und verteidigte vehement die deutschen Kolonialinteressen. Er war ein überzeugter Befürworter der deutschen Kolonialherrschaft und lehnte jegliche Kritik am kolonialen System ab. Während des Ersten Weltkriegs war Schnee verantwortlich für die Organisation der Verteidigung von Deutsch-Ostafrika gegen die alliierten Streitkräfte, was ihn in den Augen der Kolonialbefürworter zu einer wichtigen Figur machte. Nach dem Krieg setzte er sich aktiv gegen die Abtretung der deutschen Kolonien ein, die im Vertrag von Versailles beschlossen wurde.

Ein wichtiger Aufgabenbereich des Reichskolonialamts bestand in der Schaffung und Durchsetzung von Verordnungen, die die wirtschaftliche Nutzung der Kolonien optimieren sollten. Dazu gehörte unter anderem die Regelung des Arbeitskräfteeinsatzes, die Landvergabe an deutsche Siedler und die Steuerpolitik. Besonders bedeutsam war die Rolle des Reichskolonialamts bei der Durchsetzung von Zwangsarbeitsverordnungen, die die einheimische Bevölkerung zur Arbeit auf Plantagen oder beim Infrastrukturausbau verpflichteten. Diese Verordnungen wurden von Berlin aus geplant und in den Kolonien umgesetzt, was zu einer direkten Verbindung zwischen den administrativen Entscheidungen in der Hauptstadt und den konkreten Lebensumständen der kolonisierten Menschen führte.

Ein weiteres zentrales Anliegen des Reichskolonialamts war die infrastrukturelle Entwicklung der Kolonien, um die wirtschaftliche Nutzung zu erleichtern. Dies betraf vor allem den Bau von Eisenbahnen, Straßen und Häfen, die den Abtransport von Rohstoffen und landwirtschaftlichen Produkten ermöglichen sollten. Die Behörde überwachte die Planung und Finanzierung dieser Projekte und sorgte dafür, dass sie mit den Interessen der deutschen Wirtschaft abgestimmt waren. Die Anbindung der Kolonien an den Weltmarkt wurde als Schlüssel zur wirtschaftlichen Rentabilität betrachtet, weshalb das Reichskolonialamt großen Wert auf die Verbesserung der Transport- und Kommunikationsinfrastruktur legte. Diese Projekte wurden oft unter enormem Einsatz von Zwangsarbeit realisiert, wobei die Interessen der einheimischen Bevölkerung in den Hintergrund traten.

Auch die rechtliche Strukturierung der Kolonien fiel in den Aufgabenbereich des Reichskolonialamts. Durch die zentralisierte Behörde konnten neue Gesetzesvorgaben erlassen werden, die einheitlich in allen Kolonien zur Anwendung kamen. Dies betraf unter anderem das sogenannte "Eingeborenenrecht", das spezifisch für die indigene Bevölkerung geschaffen wurde und auf die Kontrolle und Disziplinierung der Einheimischen abzielte. Während für europäische Siedler das deutsche Zivilrecht angewandt wurde, galten für die indigene Bevölkerung Sondergesetze, die vor allem darauf abzielten, Widerstand zu unterbinden und die wirtschaftliche Ausbeutung zu erleichtern. Diese rechtliche Diskriminierung war ein zentraler Pfeiler der kolonialen Herrschaft, und das Reichskolonialamt war der Hauptakteur bei der Formulierung und Durchsetzung dieser Regelungen.

Neben den wirtschaftlichen und rechtlichen Aspekten war das Reichskolonialamt auch in kulturellen Fragen aktiv. Es organisierte die Ausbildung von Kolonialbeamten und Missionaren, die für den Einsatz in den Kolonien vorbereitet wurden. Diese Ausbildung zielte nicht nur auf praktische Verwaltungskenntnisse ab, sondern vermittelte auch die ideologischen Grundlagen der Kolonialpolitik. Die Beamten sollten die europäische Zivilisation und Kultur in die Kolonien tragen und die einheimische Bevölkerung entsprechend den Vorstellungen des Kaiserreichs "zivilisieren". Diese Form der kulturellen Beeinflussung war ein wesentlicher Bestandteil der kolonialen Politik, da sie darauf abzielte, die europäische Dominanz auch auf der Ebene der kulturellen Werte zu etablieren und so die Grundlage für eine langfristige Kontrolle zu legen.

Die zentrale Rolle des Reichskolonialamts in der Formulierung und Durchsetzung der kolonialen Politik machte es zu einer der wichtigsten Institutionen der deutschen Kolonialzeit. Es war die Schaltstelle, an der alle Fäden der Kolonialverwaltung zusammenliefen, und sorgte dafür, dass die deutschen Interessen in den Überseegebieten effektiv und einheitlich verfolgt wurden. Die zentralisierte Struktur erlaubte es, schnell auf Widerstände und Aufstände in den Kolonien zu reagieren, indem sofort Maßnahmen ergriffen werden konnten, um die koloniale Ordnung wiederherzustellen. Dabei wurde oft rücksichtslos vorgegangen, um die Autorität der Kolonialmacht zu wahren und die wirtschaftlichen Interessen Deutschlands nicht zu gefährden.[31]

Die Geschichte des Reichskolonialamts zeigt, wie die Zentralisierung der Verwaltung dazu beitrug, die koloniale Herrschaft zu stabilisieren und die Kontrolle über die Kolonien zu verstärken. Die standardisierte Verwaltungspraxis ermöglichte eine einheitliche Umsetzung der kolonialen Interessen und sorgte dafür, dass die politischen, wirtschaftlichen und kulturellen Ziele des Deutschen Reiches in den Kolonien konsequent durchgesetzt wurden. Die tiefgreifenden Auswirkungen dieser Politik auf die kolonisierten Gesellschaften sind bis heute spürbar und verdeutlichen, wie umfassend und nachhaltig die administrativen Strukturen des Kolonialismus in das Leben der betroffenen Bevölkerungen eingegriffen haben.

31 Bundesarchiv, 2003, Reichskolonialamt Bestand R 1001, Teil 2, Original aus: University of Michigan

2. Das "Eingeborenenrecht"

In den deutschen Kolonien wurde ein spezielles Rechtssystem für die einheimische Bevölkerung eingeführt, das als „Eingeborenenrecht" bekannt war. Dieses System sollte die Kontrolle über die kolonisierten Gesellschaften sichern und gleichzeitig eine Anpassung an lokale Gegebenheiten suggerieren. In Wirklichkeit handelte es sich um eine bewusst konstruierte Mischung aus traditionellen Rechtsnormen der jeweiligen Regionen und eingeführten Elementen des deutschen Rechts. Diese Hybridstruktur verfolgte das Ziel, die Akzeptanz der Kolonialherrschaft zu steigern und die Durchsetzung kolonialer Interessen zu erleichtern, ohne große Widerstände hervorzurufen.

Privilegierung europäischer Normen

In der Praxis bevorzugte das Eingeborenenrecht europäische Werte und Rechtsvorstellungen, was zu erheblichen Ungerechtigkeiten führte. Die Kolonialherren hatten ein starkes Interesse daran, ihre Vorstellungen von Recht und Ordnung durchzusetzen, um wirtschaftliche und politische Interessen zu sichern. Indigene Rechtssysteme, die häufig auf Konsensfindung und informellen Konfliktlösungen basierten, wurden als rückständig betrachtet und durch die hierarchischen Strukturen des deutschen Rechts verdrängt. Dies untergrub nicht nur die kulturellen Identitäten der einheimischen Bevölkerungen, sondern entmachtete auch viele traditionelle Autoritäten.

Parallele Rechtssysteme

Das zweigleisige Rechtssystem der deutschen Kolonialherrschaft sorgte dafür, dass die einheimische Bevölkerung und die europäischen Siedler unterschiedlichen Rechtsprechungen unterworfen waren. Für europäische Siedler galten das deutsche Zivil- und Strafrecht, während die indigene Bevölkerung durch das Eingeborenenrecht verwaltet wurde. Diese Parallelstruktur hatte zur Folge, dass die Einheimischen oft einem willkürlichen und diskriminierenden Rechtssystem ausgesetzt waren, das wenig Rücksicht auf ihre sozialen und kulturellen Realitäten nahm. Verfahren unter dem Eingeborenenrecht wurden meist von deutschen Verwaltungsbeamten geleitet, die weder juristische Kenntnisse noch kulturelles Verständnis für die betroffenen Gesellschaften besaßen. Strafen wie Zwangsarbeit, Körperstrafen oder Enteignungen wurden häufig ohne rechtliche Grundlage verhängt.

Wirtschaftliche Interessen und soziale Auswirkungen

Ein weiteres zentrales Merkmal des Eingeborenenrechts war seine enge Verzahnung mit den wirtschaftlichen Interessen der Kolonialverwaltung. Viele Gesetze wurden speziell entworfen, um die Verfügbarkeit von Arbeitskräften sicherzustellen. Die Einführung von sogenannten „Hüttensteuern", die in Form von Geld oder Naturalleistungen entrichtet werden mussten, zwang viele Einheimische in die Lohnarbeit. Diese Praxis machte die lokale Bevölkerung zunehmend von der kolonialen Wirtschaft abhängig und zerstörte traditionell subsistenzorientierte Lebensweisen.

Rolle der traditionellen Autoritäten

Die Kolonialverwaltung versuchte häufig, lokale Häuptlinge und Stammesführer als verlängerten Arm der kolonialen Macht einzusetzen. Diese Autoritäten wurden angewiesen, die von der Kolonialverwaltung erlassenen Verordnungen durchzusetzen und als Vermittler zwischen der einheimischen Bevölkerung und den Kolonialherren zu agieren. Doch diese Strategie hatte tiefgreifende Folgen: Viele traditionelle Autoritäten verloren ihre Legitimität in den Augen ihrer Gemeinschaften, da sie als Kollaborateure der Kolonialmacht wahrgenommen wurden. Gleichzeitig blieb ihre Macht stark eingeschränkt und war an die Vorgaben der deutschen Verwaltung gebunden.

Langfristige Folgen

Die Einführung des Eingeborenenrechts hatte tiefgreifende soziale Auswirkungen auf die kolonisierten Gesellschaften. Traditionelle Rechtssysteme, die auf Konsens, sozialen Bindungen und der Wiederherstellung des gesellschaftlichen Gleichgewichts basierten, wurden durch ein fremdes, hierarchisches und repressives System ersetzt. Dies zerstörte nicht nur die Mechanismen der Konfliktbewältigung, sondern untergrub auch das Vertrauen in die Gerechtigkeit und die Legitimität der Rechtsprechung. Die Brüche in den sozialen Strukturen trugen zu anhaltenden Spannungen und Unsicherheiten bei, die in vielen postkolonialen Gesellschaften bis heute spürbar sind.

Die koloniale Rechtsprechung im Rahmen des Eingeborenenrechts war weit mehr als ein Verwaltungsinstrument. Sie diente als Mittel zur Durchsetzung kolonialer Machtverhältnisse und zur Aufrechterhaltung sozialer Hierarchien, die den Europäern eine privilegierte Stellung sicherten. Die damit verbundenen Ungerechtigkeiten und Diskriminierungen prägten das Leben der kolonisierten Bevölkerungen nachhaltig und führten zu einer tiefen Entfremdung von den eigenen kulturellen Wurzeln. Bis heute spiegeln sich die Auswirkungen dieser Rechtssysteme in sozialen Ungleichheiten, dem Misstrauen gegenüber staatlichen Institutionen und den Schwierigkeiten wider, gerechte Rechtssysteme aufzubauen, die den Bedürfnissen der gesamten Bevölkerung gerecht werden.[32]

---

32 Arthur J. Knoll, Hermann J. Hiery, 2010, The German Colonial Experience Select Documents on German Rule in Africa, China, and the Pacific 1884-1914, ISBN 9780761850960, S. 520 ff.

3. Die "Schutztruppe"

Die Schutztruppe war eine militärische Einheit, die eine zentrale Rolle bei der Sicherung und Aufrechterhaltung der deutschen Herrschaft in den Kolonien spielte. Sie wurde nicht nur zur militärischen Verteidigung der kolonialen Besitzungen gegen externe Bedrohungen eingesetzt, sondern war auch maßgeblich an der Unterdrückung interner Widerstände beteiligt. Die Schutztruppe war somit ein Instrument zur Aufrechterhaltung der kolonialen Ordnung, das militärische und polizeiliche Aufgaben miteinander verband. Diese Doppelrolle führte zu einer tiefgehenden Verschmelzung von militärischer und ziviler Macht, die weitreichende Auswirkungen auf das Leben der kolonisierten Bevölkerungen hatte.

Gegründet wurde die Schutztruppe in den 1880er Jahren, als das Deutsche Reich begann, systematisch Kolonien in Afrika und der Pazifikregion zu erwerben. Ursprünglich bestand die Schutztruppe vor allem aus deutschen Soldaten, doch schon bald wurden auch lokale Söldner, sogenannte Askari, rekrutiert, um die Truppen zu verstärken. Diese einheimischen Soldaten spielten eine entscheidende Rolle, da sie nicht nur mit den geografischen und klimatischen Gegebenheiten vertraut waren, sondern auch wichtige Kenntnisse über lokale Gemeinschaften besaßen. Die Schutztruppe war in den verschiedenen Kolonien unterschiedlich organisiert, doch ihr Ziel war stets dasselbe: die Sicherung der deutschen Herrschaft und die Durchsetzung der kolonialen Interessen, sei es durch die Bekämpfung von Aufständen, die Sicherung der kolonialen Grenzen oder die Erzwingung von Ordnung und Disziplin.

Die Aufgaben der Schutztruppe gingen jedoch weit über die militärische Sicherung hinaus. Oft fungierten ihre Angehörigen auch als Ordnungshüter, Richter und Verwaltungsbeamte. Diese Verschmelzung von militärischen und zivilen Funktionen führte dazu, dass die Schutztruppe de facto zur wichtigsten Institution der kolonialen Machtaus-

190

übung wurde. Sie war verantwortlich für die Durchsetzung von Steuern und Zwangsarbeitsverordnungen, die Bekämpfung von Widerstandsbewegungen und die Sicherstellung des reibungslosen Ablaufs der wirtschaftlichen Ausbeutung der Kolonien. Durch ihre polizeilichen Aufgaben wurde die Schutztruppe zu einer allgegenwärtigen Macht im Alltag der kolonisierten Bevölkerung, die nicht nur als militärische Bedrohung, sondern auch als Symbol der kolonialen Unterdrückung wahrgenommen wurde.

Ein besonders bekanntes Beispiel für die Rolle der Schutztruppe war ihre Beteiligung an der Niederschlagung des Herero- und Nama-Aufstandes in Deutsch-Südwestafrika (dem heutigen Namibia) zwischen 1904 und 1908. Der brutale Einsatz der Schutztruppe führte zu massiven Verlusten unter den Herero und Nama und mündete in eine der ersten Völkermordaktionen des 20. Jahrhunderts. General Lothar von Trotha, der das Kommando über die Schutztruppe führte, erließ seinen berüchtigten "Vernichtungsbefehl", der darauf abzielte, die Herero vollständig zu eliminieren, sollte sie sich nicht ergeben. Die Schutztruppe setzte gezielt Mittel wie Belagerung, Vertreibung in die Wüste und das Vorenthalten von Wasserquellen ein, was zur massenhaften Tötung der Herero führte. Dieser Einsatz zeigte die ganze Härte und die entgrenzte Gewalt, mit der die Schutztruppe vorging, und verdeutlichte, dass ihre Rolle weit über die reine Sicherung der Kolonien hinausging, hin zu einer systematischen Vernichtung von Widerstand.

Auch in Deutsch-Ostafrika war die Schutztruppe entscheidend für die Durchsetzung der deutschen Herrschaft. Während des Maji-Maji-Aufstands von 1905 bis 1907, einem der größten antikolonialen Aufstände in Afrika, war die Schutztruppe maßgeblich an der brutalen Niederschlagung beteiligt. Die Schutztruppenführer reagierten mit äußerster Härte auf die Rebellion, indem sie die lokale Bevölkerung terrorisierten, Ernten zerstörten und Dörfer niederbrannten. Ziel war es, die Aufständischen nicht nur militärisch zu besiegen, sondern auch die wirtschaftlichen Grundlagen der Rebellion zu zerstören, um sicherzustellen, dass zukünftiger Widerstand unmöglich würde. Dabei kamen Hunderttausende Menschen ums Leben, und die Region wurde in weiten Teilen verwüstet.

Die Integration der polizeilichen Aufgaben in die militärische Struktur der Schutztruppe hatte tiefgreifende Auswirkungen auf die koloniale Gesellschaft. Die klare Trennung zwischen ziviler Verwaltung und militärischer Gewalt, die in europäischen Gesellschaften angestrebt wurde, existierte in den Kolonien kaum. Stattdessen herrschte ein Zustand, in dem die Schutztruppe mit weitreichenden Befugnissen ausgestattet war, um die koloniale Ordnung aufrechtzuerhalten. Die Rechte der kolonisierten Bevölkerung wurden dabei vollständig missachtet, und selbst geringste Verstöße gegen die koloniale Ordnung konnten drakonische Strafen nach sich ziehen. Diese Form der Rechtsprechung diente nicht nur dazu, die Kontrolle aufrechtzuerhalten, sondern sollte die kolonisierten Gemeinschaften durch eine ständige Drohung von Gewalt und Repression gefügig machen.

Auch im Bereich der Infrastruktur und Wirtschaft hatte die Schutztruppe eine wichtige Rolle. Sie wurde nicht nur zur Bekämpfung von Aufständen eingesetzt, sondern war auch für den Schutz von Infrastrukturprojekten wie dem Bau von Eisenbahnen und Straßen verantwortlich. Diese Projekte waren zentral für die wirtschaftliche Ausbeutung der Kolonien, da sie den Abtransport von Rohstoffen und landwirtschaftlichen Produkten erleichterten. Die Schutztruppe begleitete diese Projekte oft, um sicherzustellen, dass es zu keinen Verzögerungen durch lokale Widerstände kam. Die Sicherung dieser Infrastrukturen war ein weiteres Beispiel für die enge Verzahnung von militärischer und wirtschaftlicher Machtausübung im kolonialen Kontext.

Die Präsenz der Schutztruppe beeinflusste nicht nur die politische und wirtschaftliche, sondern auch die soziale Struktur der Kolonien. Die Schutztruppe war Ausdruck einer autoritären und rassistischen

Kolonialpolitik, die auf der Annahme der Überlegenheit der europäischen Zivilisation basierte. Ihre Anwesenheit symbolisierte die unbedingte Herrschaft der Kolonialmacht und die Unterwerfung der einheimischen Bevölkerung. Diese Unterdrückung durch die Schutztruppe führte zu tiefen sozialen Verwerfungen, die sich bis in die Zeit nach der kolonialen Herrschaft auswirkten. Die Gewalt, die durch die Schutztruppe ausgeübt wurde, zerstörte nicht nur das Leben zahlreicher Menschen, sondern auch die traditionellen sozialen Strukturen und das Vertrauen in staatliche Institutionen.

Die Schutztruppe war weit mehr als eine einfache militärische Einheit. Sie war das zentrale Machtinstrument zur Aufrechterhaltung der deutschen Kolonialherrschaft, das militärische, polizeiliche und verwaltungstechnische Funktionen in sich vereinte. Durch diese multifunktionale Rolle prägte sie das Leben der kolonisierten Bevölkerung auf vielfältige Weise und hinterließ ein Erbe der Gewalt und Unterdrückung, das bis heute in den ehemaligen Kolonien spürbar ist. Die Schutztruppe symbolisierte die Brutalität und Rücksichtslosigkeit der kolonialen Herrschaft und war ein wesentliches Element der kolonialen Infrastruktur, die die wirtschaftliche Ausbeutung, politische Kontrolle und soziale Unterdrückung der Kolonien sicherstellte.

4. Die Einrichtung von "Reservaten" in Südwestafrika

In Deutsch-Südwestafrika, dem heutigen Namibia, errichtete die deutsche Kolonialverwaltung sogenannte Reservate, um die indigene Bevölkerung systematisch zu kontrollieren und zu segregieren. Diese Reservate waren ein zentraler Bestandteil der kolonialen Politik, die darauf abzielte, die Bevölkerung zu enteignen und die besten landwirtschaftlichen Gebiete für deutsche Siedler zu reservieren. Die Reservate wurden oft in Regionen eingerichtet, die für die landwirtschaftliche Nutzung kaum geeignet waren, was dazu führte, dass die

Lebensbedingungen für die einheimische Bevölkerung erheblich verschlechtert wurden.

Die Enteignung der indigenen Gemeinschaften und ihre Zwangsansiedlung in Reservaten war eine der weitreichendsten und folgenreichsten Maßnahmen der deutschen Kolonialverwaltung. Die besten Weide- und Ackerflächen wurden den deutschen Siedlern überlassen, während die einheimischen Gemeinschaften auf karge und oft von Dürre betroffene Gebiete beschränkt wurden. Diese Gebiete boten nicht genug Ressourcen, um eine ausreichende Nahrungsmittelproduktion sicherzustellen, was zu einer weitreichenden Verarmung der betroffenen Bevölkerung führte. Die Folge war eine zunehmende Abhängigkeit von Lohnarbeit auf den Farmen und Plantagen der deutschen Siedler, da die einheimische Bevölkerung keine andere Möglichkeit hatte, ihren Lebensunterhalt zu sichern.

Die Einrichtung der Reservate verfolgte nicht nur ökonomische Ziele, sondern war auch ein wichtiges Instrument zur sozialen und politischen Kontrolle der indigenen Bevölkerung. Durch die Zwangsansiedlung in abgeschlossenen Gebieten wurde die Bewegungsfreiheit der Menschen stark eingeschränkt, was es ihnen nahezu unmöglich machte, ihren traditionellen Lebensweisen nachzugehen. Viehhaltung, die für viele Gemeinschaften eine zentrale Rolle spielte, wurde aufgrund der geringen Flächen und der schlechten Weidebedingungen drastisch eingeschränkt. Dadurch wurden auch soziale Strukturen, die auf Viehbesitz und verwandtschaftlichen Netzwerken basierten, nachhaltig zerstört.

Ein weiteres Problem der Reservate war die fehlende Infrastruktur. Die deutschen Kolonialherren investierten bewusst nicht in die Entwicklung dieser Gebiete, da ihr Hauptinteresse darin lag, die Ressourcen der Kolonie für die eigenen Zwecke zu nutzen. Es gab kaum Zugang zu sauberem Trinkwasser, keine medizinische Versorgung und nur sehr eingeschränkte Bildungsmöglichkeiten. Die Reservate waren somit nicht nur wirtschaftlich benachteiligt, sondern auch in Bezug auf die grundlegende Daseinsvorsorge weitgehend vernachlässigt. Dies trug dazu bei, dass die Lebensqualität der einheimischen Bevölkerung erheblich schlechter war als die der deutschen Siedler, die von der kolonialen Infrastrukturentwicklung profitierten.

Die Reservate dienten zudem der Spaltung der indigenen Bevölkerung. Indem verschiedene Gemeinschaften auf eng begrenztem Raum zusammengepfercht wurden, kam es oft zu Konflikten um die wenigen vorhandenen Ressourcen. Diese Strategie der "Teile und Herrsche"-Politik trug dazu bei, den Zusammenhalt der einheimischen Bevölkerung zu schwächen und Widerstandsbewegungen gegen die Kolonialherren zu verhindern. Gleichzeitig wurde die indigenen Führer, die innerhalb der Reservate eine gewisse formale Autorität behielten, zu Werkzeugen der Kolonialverwaltung degradiert. Sie mussten im Auftrag der Kolonialherren die Anweisungen durchsetzen und wurden so in den Augen ihrer Gemeinschaften zunehmend als Verräter betrachtet.

Die Lebensbedingungen in den Reservaten waren von chronischer Unterernährung, Krankheiten und Armut geprägt. Die fehlenden Möglichkeiten, Landwirtschaft in ausreichendem Umfang zu betreiben, führten dazu, dass viele Menschen gezwungen waren, sich als billige Arbeitskräfte auf den Farmen und in den Minen der deutschen Siedler zu verdingen. Die Zwangsumsiedlungen und die damit einhergehende Zerstörung der traditionellen Lebensweisen hatten tiefgreifende Auswirkungen auf die sozialen Strukturen der betroffenen Gemeinschaften. Familiäre Bindungen wurden geschwächt, da viele Männer weite Strecken zur Arbeit zurücklegen mussten und ihre Familien zurückließen. Dies führte zu einer Fragmentierung der Gesellschaft, die bis in die heutige Zeit nachwirkt.

Die Errichtung der Reservate war somit ein zentrales Element der deutschen Kolonialpolitik in Deutsch-Südwestafrika, das sowohl der wirtschaftlichen Ausbeutung als auch der politischen Kontrolle der einheimischen Bevölkerung diente. Die daraus resultierenden sozialen, wirtschaftlichen und kulturellen Verwerfungen prägten die Region nachhaltig und schufen die Grundlage für viele der Probleme, mit denen Namibia bis heute konfrontiert ist. Die Erinnerung an die Reservate und die damit verbundenen Ungerechtigkeiten ist ein wichtiger Bestandteil des kollektiven Gedächtnisses der namibischen Gesellschaft und steht symbolisch für die Unterdrückung und Enteignung durch die deutschen Kolonialherren.

5. Die "Völkerschauen"

Die Völkerschauen, bei denen Menschen aus den Kolonien in zoologischen Gärten, Jahrmärkten und auf Weltausstellungen in Deutschland ausgestellt wurden, sind ein schockierendes Kapitel der kolonialen Geschichte. Sie dienten als Mittel der kolonialen Propaganda und sollten die angebliche Überlegenheit der deutschen Kultur und Zivilisation demonstrieren. Diese Veranstaltungen zielten darauf ab, die kolonialen Unternehmungen als notwendige und legitime Zivilisierungsmission darzustellen, indem sie die einheimischen Bevölkerungen der Kolonien als "primitiv" und "exotisch" präsentierten. Dabei wurden Menschen ihrer Würde beraubt und zu Objekten degradiert, die das Publikum bestaunen konnte − nicht unähnlich den Tieren, die in denselben zoologischen Gärten ausgestellt waren.

Die Völkerschauen fanden im späten 19. und frühen 20. Jahrhundert große Beachtung und lockten ein breites Publikum an. Sie wurden organisiert von Schaustellern wie Carl Hagenbeck, einem der bekanntesten Tierhändler und Zirkusdirektoren seiner Zeit, der das Konzept entwickelte, neben Tieren auch Menschen auszustellen. Diese Menschen wurden oft unter Zwang oder durch Versprechungen von Wohlstand nach Europa gebracht, um dort in abgezäunten Arealen oder eigens errichteten Dörfern ihre angeblich authentische Lebensweise vorzuführen. Sie mussten traditionelle Kleidung tragen, ihre kulturellen Bräuche zur Schau stellen und teilweise sogar als Teil inszenierter Szenarien auftreten, die vermeintliche Stammesrituale oder alltägliche Handlungen darstellten.

Die Darstellungen in den Völkerschauen folgten einer klaren kolonialen Logik: Sie sollten die Besucher von der kulturellen Unterlegenheit der gezeigten Menschen und damit von der Legitimität der kolonialen Herrschaft überzeugen. Die Menschen aus den Kolonien wurden bewusst als "fremdartig" und "primitiv" inszeniert, um das Gefühl der Überlegenheit beim europäischen Publikum zu verstärken. Diese Inszenierungen spiegelten und verstärkten die damals weit verbreiteten rassistischen Ideologien, die die koloniale Expansion rechtfertigten und die Idee einer zivilisatorischen Mission untermauerten. Die Völkerschauen präsentierten die Kolonisierten nicht als Individuen mit komplexen Kulturen und eigenen Rechten, sondern als Objekte, die der wissenschaftlichen Erforschung oder dem voyeuristischen Vergnügen dienten.

Viele der Menschen, die an den Völkerschauen teilnahmen, litten unter den Bedingungen ihrer Zurschaustellung. Sie waren oft in engen, unzureichend ausgestatteten Unterkünften untergebracht und wurden gezwungen, sich den Erwartungen des Publikums anzupassen. Dies führte nicht selten zu gesundheitlichen Problemen, da das Klima und die Lebensbedingungen in Europa stark von denen ihrer Heimat abwichen. Hinzu kamen die psychischen Belastungen durch die permanente Entwürdigung und die Tatsache, dass sie wie Objekte oder exotische Tiere behandelt wurden. Es gab zahlreiche Berichte über Erkrankungen und sogar Todesfälle unter den Teilnehmern dieser Schauen, doch diese wurden von den Veranstaltern oft vertuscht oder verharmlost.

Die Völkerschauen trugen maßgeblich dazu bei, koloniale und rassistische Vorstellungen in der breiten Öffentlichkeit zu verankern. Sie prägten das Bild der Kolonisierten als Menschen, die der europäischen Führung bedürften, um sich zu entwickeln. Dabei wurde die kulturelle Vielfalt der gezeigten Bevölkerungen auf stereotype Darstellungen reduziert, die keinerlei Raum für die Anerkennung der echten Leistungen oder der historischen Komplexität dieser Gesellschaften ließen. Die Besucher sollten die vermeintliche Notwendigkeit der kolonialen Zivilisierungsmission verstehen und unterstützen. Die Veranstaltungen sollten vermitteln, dass die koloniale Herrschaft nicht nur im wirtschaftlichen Interesse des Deutschen Reiches lag, sondern auch im Sinne der Entwicklung und des Fortschritts der Kolonien notwendig war.

Zusätzlich zu den Völkerschauen in zoologischen Gärten wurden auch auf Weltausstellungen oder großen Kolonialausstellungen Menschen aus den Kolonien zur Schau gestellt. Diese präsentierten die Kolonien als wertvolle Bestandteile des Reiches, die durch ihre Rohstoffe, ihre "exotische" Kultur und die gezeigte Unterwürfigkeit der einheimischen Bevölkerung zum Ruhm und zur wirtschaftlichen Macht Deutschlands beitrugen. Auch hier sollten die Besucher die Bedeutung und den Nutzen der Kolonien begreifen – die Schau der "anderen" Kulturen diente als Bestätigung für die Überlegenheit der eigenen Zivilisation.

Die Praxis der Völkerschauen hatte auch Auswirkungen auf die wissenschaftliche Wahrnehmung und die akademische Welt. Anthropologen und Ethnologen nutzten die Gelegenheit, die "ausgestellten" Menschen zu studieren, was zu einer vermeintlichen Bestätigung rassistischer Theorien führte. Die vermeintlich wissenschaftlichen Erkenntnisse, die aus diesen Beobachtungen gewonnen wurden, verfestigten die rassistische Ideologie der Zeit und trugen dazu bei, die Hierarchisierung der Menschheit weiter zu verankern. Die Völkerschauen dienten somit nicht nur der Unterhaltung der Massen, sondern auch der Legitimation einer wissenschaftlich verbrämten rassistischen Weltanschauung, die die Grundlage für die kolonialen Herrschaftsverhältnisse bildete.

Die Völkerschauen endeten nicht mit dem Zusammenbruch des deutschen Kolonialreichs nach dem Ersten Weltkrieg. Noch bis weit in die 1930er Jahre hinein gab es solche Ausstellungen, die weiterhin ein breites Publikum anlockten. Die darin propagierten Vorstellungen über die Unterlegenheit der kolonialen Bevölkerungen und die Legitimität der kolonialen Herrschaft blieben tief im gesellschaftlichen Bewusstsein verankert. Erst nach dem Zweiten Weltkrieg, als die Kolonialherrschaft weltweit zunehmend infrage gestellt wurde, verschwanden die Völkerschauen allmählich aus dem öffentlichen Raum.

Die Geschichte der Völkerschauen ist ein mahnendes Beispiel für die systematische Entmenschlichung und Instrumentalisierung von Menschen im Namen der kolonialen Ideologie. Sie zeigt, wie tief verwurzelt die rassistischen Vorstellungen in der Gesellschaft waren und wie sie durch spektakuläre Inszenierungen weiterverbreitet wurden. Die Nachwirkungen dieser Praxis sind bis heute spürbar, sei es in der Form von Vorurteilen gegenüber bestimmten Bevölkerungsgruppen oder in der bis heute unzureichenden Aufarbeitung der kolonialen Vergangenheit. Es bleibt eine Aufgabe der heutigen Gesellschaft, diese dunklen Kapitel der Geschichte kritisch zu reflektieren und die Erinnerung an die Opfer der kolonialen Unterdrückung lebendig zu halten.

6. Landreformen und Enteignungen

In den deutschen Kolonien führte die Kolonialverwaltung zahlreiche Landreformen durch, die weitreichende Auswirkungen auf die lokale Bevölkerung hatten. Diese Landreformen, die oft zur massiven Enteignung der indigenen Bevölkerung führten, dienten in erster Linie der Sicherung wirtschaftlicher Interessen des Deutschen Reiches und der Schaffung von Siedlungsflächen für deutsche Kolonisten. Die Enteignungen und die anschließende Neuzuteilung des Landes veränderten die sozialen und ökonomischen Strukturen der betroffenen Gebiete nachhaltig und verschärften die Ungleichheiten zwischen den Kolonialherren und den einheimischen Gemeinschaften.

Die deutsche Kolonialverwaltung rechtfertigte die Landreformen oft mit dem Argument, dass die "unkultivierten" oder "ungenutzten" Flächen einer produktiven Nutzung zugeführt werden sollten. Diese Sichtweise ignorierte jedoch bewusst die traditionellen Nutzungsrechte und die komplexen sozialen Beziehungen, die mit dem Land verbunden waren. In vielen indigenen Gesellschaften gab es kein Konzept von individuellem Landbesitz im Sinne des europäischen Rechts. Stattdessen wurde das Land kollektiv genutzt, und der Zugang zu Ressourcen war durch traditionelle Rechte und Verhandlungen geregelt. Durch die kolonialen Landreformen wurden diese traditionellen Systeme jedoch weitgehend zerstört, was zu erheblicher sozialer Instabilität führte.

Die Enteignungen betrafen meist die fruchtbarsten und am besten zugänglichen Landstriche, die den deutschen Siedlern zur Verfügung gestellt wurden, um dort Plantagen oder landwirtschaftliche Großbetriebe zu errichten. Diese neuen Siedlungsgebiete wurden mit erheblichem Aufwand infrastrukturell erschlossen, um den wirtschaftlichen Erfolg der Kolonien zu sichern. Die indigene Bevölkerung hingegen wurde auf weniger fruchtbare, abgelegene Flächen abgedrängt, die kaum genug Ressourcen boten, um eine ausreichende landwirtschaftliche Produktion sicherzustellen. Dies führte zu einer zunehmenden Verarmung der lokalen Gemeinschaften, die nun nicht nur den Verlust ihres Landes, sondern auch den Verlust ihrer wirtschaftlichen Unabhängigkeit hinnehmen mussten.

Besonders verheerend war die Situation in Kolonien wie Deutsch-Südwestafrika (dem heutigen Namibia), wo die Landreformen eine systematische Enteignung der Herero- und Nama-Gemeinschaften beinhalteten. Diese Bevölkerungsgruppen wurden nicht nur ihres Landes beraubt, sondern auch gezwungen, als billige Arbeitskräfte für die deutschen Siedler zu arbeiten. Die sozialen Folgen dieser Maßnahmen waren katastrophal: Die Herero und Nama verloren nicht nur ihre wirtschaftlichen Grundlagen, sondern auch einen zentralen Teil ihrer kulturellen Identität, die eng mit dem Land verbunden war. Der Verlust des Zugangs zu Wasserstellen und Weideflächen führte darüber hinaus zu Hungersnöten und Krankheiten, die viele Menschen das Leben kosteten.

Auch in Deutsch-Ostafrika (heute Tansania, Ruanda und Burundi) war das Muster ähnlich. Hier wurden fruchtbare Gebiete den deutschen Siedlern übertragen, während die indigene Bevölkerung gezwungen war, auf schlechteres Land auszuweichen oder als Zwangsarbeiter auf den Plantagen zu arbeiten. Besonders der Anbau von Cash Crops wie Baumwolle, Sisal und Kaffee wurde durch die kolonialen Landreformen gefördert. Diese landwirtschaftlichen Monokulturen dienten ausschließlich dem Export und damit den wirtschaftlichen Interessen des Deutschen Reiches, während die Ernährungssicherheit der einheimischen Bevölkerung stark beeinträchtigt wurde. Die Kolonialherren zwangen die Einheimischen, auf den neu angelegten Plantagen zu arbeiten, um die koloniale Wirtschaft zu unterstützen, was zu einer Abhängigkeit von Lohnarbeit und zu sozialen Verwerfungen führte.

Die Landreformen waren zudem eng mit der Idee einer "zivilisatorischen Mission" verbunden, die von den deutschen Kolonialherren propagiert wurde. Sie glaubten, dass die einheimische Bevölkerung durch die europäische Landwirtschaftstechniken und den Aufbau von Plantagen "zivilisiert" werden könnte. In Wirklichkeit handelte es sich jedoch um eine brutale Form der Landnahme, die die einheimische

Wirtschaftsstruktur zerstörte und die Bevölkerung in ein abhängiges Verhältnis drängte. Diese paternalistische Haltung der Kolonialherren vernachlässigte die Tatsache, dass viele indigene Gemeinschaften hochentwickelte landwirtschaftliche Techniken und ein tiefes Wissen über die ökologischen Bedingungen ihrer Region hatten.

Die Folgen der kolonialen Landreformen waren langanhaltend und reichen bis in die Gegenwart. In vielen der ehemaligen deutschen Kolonien bestehen die durch die koloniale Landpolitik verursachten Ungleichheiten bis heute fort. Die Frage der Landverteilung ist in Ländern wie Namibia weiterhin ein zentraler Konfliktpunkt, da die besten landwirtschaftlichen Flächen immer noch in den Händen weniger Großgrundbesitzer sind, die häufig Nachfahren der einstigen Kolonialherren oder europäische Siedler sind. Die indigene Bevölkerung hingegen kämpft nach wie vor um den Zugang zu fruchtbarem Land und um die Wiedererlangung ihrer wirtschaftlichen und kulturellen Rechte. Landreformen dienten dazu, die wirtschaftlichen Interessen des Deutschen Reiches zu sichern, indem sie den Zugang zu fruchtbarem Land zugunsten der deutschen Siedler und der kolonialen Wirtschaft umverteilten. Die einheimische Bevölkerung wurde ihrer wirtschaftlichen Grundlage beraubt und in ein System der Abhängigkeit und Unterdrückung gezwungen, das tiefgreifende Auswirkungen auf ihre sozialen Strukturen und ihre kulturelle Identität hatte. Die Nachwirkungen dieser Politik sind bis heute spürbar und machen eine kritische Auseinandersetzung mit der kolonialen Vergangenheit und ihren Folgen dringend erforderlich.

7. Die Einführung der Kopfsteuer

Um die kolonialen Ausgaben zu finanzieren, führte die deutsche Kolonialverwaltung in vielen ihrer Kolonien eine sogenannte Kopfsteuer ein. Diese Kopfsteuer war eine pauschale Abgabe, die alle erwachsenen, erwerbsfähigen Männer aus der einheimischen Bevölkerung zahlen mussten. Die Steuer wurde nicht in Naturalien oder Dienstleistungen, sondern in Geld gefordert, was für viele Menschen eine neue und enorme Herausforderung darstellte. Die Kopfsteuer hatte weitreichende Auswirkungen auf die sozialen und wirtschaftlichen Strukturen der kolonialisierten Gesellschaften und war ein zentrales Instrument, um die koloniale Herrschaft zu stabilisieren und die wirtschaftliche Ausbeutung der Kolonien zu sichern.

Ein wichtiger Protagonist bei der Einführung der Kopfsteuer war Bernhard Dernburg (1865-1937), der als Staatssekretär des Reichskolonialamtes maßgeblich an der Formulierung und Umsetzung der deutschen Kolonialpolitik beteiligt war. Dernburgs Hauptziel war es, die Kolonien wirtschaftlich rentabel zu machen, und die Einführung der Kopfsteuer war Teil seiner Bemühungen, die Kolonialausgaben durch die Nutzung lokaler Ressourcen und Arbeitskräfte zu decken. Dernburg sah die Kopfsteuer nicht nur als Einnahmequelle, sondern auch als Mittel zur Disziplinierung der einheimischen Bevölkerung und zur Einbindung in das koloniale Wirtschaftssystem. Sein Einfluss auf die Kolonialpolitik war enorm, und seine Maßnahmen trugen wesentlich zur Intensivierung der wirtschaftlichen Ausbeutung und politischen Kontrolle in den deutschen Kolonien bei.

Bernhard Dernburg (1865-1937) war ein bedeutender deutscher Politiker, Bankier und Kolonialadministrator, dessen Einfluss insbesondere in der deutschen Kolonialpolitik des frühen 20. Jahrhunderts spürbar wurde. Dernburg wurde am 17. Juli 1865 in Darmstadt geboren und wuchs in einem wohlhabenden Umfeld auf. Nach einem Studium der Rechtswissenschaften begann er seine Karriere im Finanzsektor, wo er sich schnell als kompetenter Banker und Finanzexperte einen Namen machte. Diese Erfahrung im Bankwesen, unter anderem bei der Deutschen Bank, verschaffte ihm das nötige wirtschaftliche und organisatorische Know-how, das später in seiner politischen Laufbahn von großer Bedeutung werden sollte. 1906 wurde Dernburg zum Staatssekretär des Reichskolonialamts ernannt, einer

Position, die in etwa einem heutigen Ministerposten gleichkam. In dieser Funktion versuchte er, die deutsche Kolonialverwaltung zu reformieren und effizienter zu gestalten. Sein Ziel war es, die Kolonien wirtschaftlich rentabel zu machen und den Einfluss Deutschlands in Übersee zu stärken. Dabei setzte er sich auch für eine gewisse Modernisierung der Kolonialverwaltung ein und suchte den Dialog mit den einheimischen Bevölkerungen. Dennoch blieb Dernburgs Politik von den kolonialen Machtstrukturen und den Unterdrückungsmechanismen der Zeit geprägt. Neben seinen Bemühungen im Kolonialwesen war Dernburg auch in der Innenpolitik aktiv. Während des Ersten Weltkriegs beteiligte er sich als Mitglied der Nationalliberalen Partei an der politischen Gestaltung des Kaiserreichs. Nach dem Ende des Krieges und dem Zusammenbruch der Monarchie setzte er sich für die Stabilisierung der jungen Weimarer Republik ein und engagierte sich in verschiedenen liberalen und wirtschaftsnahen Organisationen. In der Weimarer Republik spielte Dernburg als Politiker der Deutschen Demokratischen Partei (DDP) eine Rolle, indem er sich für wirtschaftliche Reformen und die Versöhnung zwischen den verfeindeten politischen Lagern einsetzte. Seine wirtschaftliche Expertise, verbunden mit einem tiefen Verständnis für internationale Beziehungen, machten ihn zu einer der wichtigen liberalen Stimmen jener Zeit. Trotz seiner Bemühungen, die wirtschaftliche und soziale Stabilität zu fördern, wurde seine politische Karriere durch die zunehmenden politischen Spannungen der späten 1920er Jahre eingeschränkt. Bernhard Dernburg verstarb am 14. Oktober 1937 in Berlin. Seine Lebensgeschichte spiegelt die Ambivalenzen der deutschen Kolonial- und Wirtschaftspolitik wider, die von Modernisierungsansätzen, wirtschaftlichen Ambitionen, aber auch von den Widersprüchen und moralischen Fragen der Kolonialherrschaft geprägt war.

Ein weiterer wichtiger Akteur war Heinrich Schnee (1871-1949), der Gouverneur von Deutsch-Ostafrika war und später ebenfalls als Staatssekretär des Reichskolonialamtes diente. Schnee war ein Verfechter der strikten Durchsetzung der Steuerpflicht und sah die Kopfsteuer als ein notwendiges Mittel an, um die Kosten der Kolonialverwaltung zu decken und die einheimische Bevölkerung in den Dienst der kolonialen Wirtschaft zu stellen. Unter seiner Führung wurden zahlreiche Maßnahmen zur effektiven Eintreibung der Steuer entwickelt, die oft von Zwang und Repression begleitet waren. Schnee betrachtete die Steuer nicht nur als finanzielles Instrument, sondern auch als eine Möglichkeit, die einheimische Bevölkerung unter Kontrolle zu halten und ihre Abhängigkeit von der Kolonialmacht zu verstärken.

Heinrich Schnee (1871-1949) war ein deutscher Kolonialbeamter, Politiker und später ein entschiedener Kritiker der Kolonialpolitik der Alliierten nach dem Ersten Weltkrieg. Geboren am 4. Februar 1871 in Neuhaldensleben, Preußen, entstammte Schnee einer Familie, die Wert auf Bildung und staatsbürgerliches Engagement legte. Schnee studierte Rechtswissenschaften und begann seine Karriere als Beamter im preußischen Staatsdienst, bevor er in die Kolonialverwaltung eintrat. Seine koloniale Laufbahn führte ihn zunächst nach Deutsch-Ostafrika, wo er verschiedene Verwaltungsaufgaben übernahm. 1912 wurde Heinrich Schnee zum Gouverneur von Deutsch-Ostafrika ernannt, einer der wichtigsten deutschen Kolonien in Afrika. Als Gouverneur versuchte er, die Verwaltung effizienter zu gestalten und die koloniale Wirtschaft zu stärken. Er setzte auf die Verbesserung der Infrastruktur und den Ausbau der landwirtschaftlichen Produktion, um die Kolonie profitabler zu machen. Dennoch blieb auch seine Herrschaft von den typischen Ungerechtigkeiten und Repressionen der Kolonialherrschaft geprägt.

Während des Ersten Weltkriegs sah sich Schnee mit der britischen Invasion von Deutsch-Ostafrika konfrontiert. Unter seiner Führung, zusammen mit dem militärischen Oberbefehlshaber Paul von Lettow-Vorbeck, gelang es den deutschen Truppen, einen langanhaltenden Guerillakrieg gegen die überlegenen alliierten Streitkräfte zu führen, was die Kolonie jedoch stark belastete. Nach dem Krieg verlor Deutschland seine Kolonien, darunter auch Deutsch-Ostafrika, gemäß den Bestimmungen des Vertrags von Versailles. Heinrich Schnee kehrte nach Deutschland zurück und sah sich mit der Auflösung der deutschen Kolonialherrschaft konfrontiert. Nach dem Krieg war Heinrich Schnee einer der prominentesten Kritiker des Verlusts der deutschen Kolonien. Er engagierte sich in der Deutschen Kolonialgesellschaft und setzte sich vehement für die Rückgabe der ehemaligen Kolonien an Deutschland ein. Seine Kritik am Versailler Vertrag und seine Forderung nach der Wiederherstellung der deutschen kolonialen Macht machten ihn zu einer bekannten Figur in der Weimarer Republik. 1924 veröffentlichte er sein Buch "Die koloniale Schuldlüge", in dem er versuchte, die deutsche Kolonialherrschaft zu rechtfertigen und die alliierte Kritik als ungerechtfertigt darzustellen. Heinrich Schnee blieb bis in die 1930er Jahre eine zentrale Figur in der kolonialrevisionistischen Bewegung. Nach der Machtübernahme der Nationalsozialisten zog er sich zunehmend aus der Öffentlichkeit zurück, da er der NS-Ideologie distanziert gegenüberstand. Heinrich Schnee verstarb am 23. Juni 1949 in Berlin. Seine Karriere und sein Engagement reflektieren die Kontroversen und Konflikte, die mit der deutschen Kolonialgeschichte verbunden waren, sowie den Wandel von einem Kolonialbeamten zu einem kolonialen Revisionisten, der das verlorene Kolonialreich verteidigte.

Das Hauptziel der Kopfsteuer war es, Einnahmen für die Kolonialverwaltung zu generieren, um die Kosten der Kolonialinfrastruktur, der Verwaltung und der militärischen Präsenz zu decken. Gleichzeitig hatte die Steuer jedoch eine wichtige politische Funktion: Sie zwang die einheimische Bevölkerung, sich in das koloniale Wirtschaftssystem zu integrieren, indem sie Lohnarbeit annehmen musste, um die geforderte Steuer zu begleichen. Da die meisten Kolonisierten keine Geldwirtschaft kannten und ihre Existenzgrundlage traditionell auf Subsistenzwirtschaft beruhte, waren sie gezwungen, Arbeit bei den kolonialen Siedlern, auf Plantagen oder in Minen zu suchen, um das notwendige Geld zu verdienen.

Die Einführung der Kopfsteuer hatte tiefgreifende Konsequenzen für die soziale Struktur der kolonialen Gesellschaften. Viele Männer mussten ihre Dörfer verlassen, um in oft weit entfernten Gebieten Arbeit zu finden. Diese Arbeitsmigration führte zur Zerstörung traditioneller sozialer Netze und beeinträchtigte das familiäre Leben erheblich. Frauen und ältere Menschen waren nun oft allein dafür verantwortlich, die Felder zu bestellen und für den Haushalt zu sorgen, was zu einer erheblichen Mehrbelastung führte und die ohnehin kargen Lebensbedingungen weiter verschlechterte. Die Kolonialverwaltung förderte bewusst diese Arbeitsmigration, um sicherzustellen, dass ausreichend Arbeitskräfte für die kolonialen Wirtschaftsunternehmen zur Verfügung standen.

Zudem wurde die Kopfsteuer in einer Höhe festgesetzt, die bewusst sicherstellen sollte, dass die Einheimischen gezwungen waren, regelmäßige und längerfristige Arbeitsverhältnisse einzugehen. Es reichte nicht aus, nur gelegentlich für einen kurzen Zeitraum zu arbeiten, um die Steuerlast zu begleichen. Vielmehr zwang die Steuer viele Menschen in eine dauerhafte Abhängigkeit von Lohnarbeit, was die koloniale Wirtschaft ankurbelte und die große Nachfrage nach billigen Arbeitskräften befriedigte. Diese erzwungene Integration in das koloniale Wirtschaftssystem war ein zentrales Mittel, um die wirtschaftlichen Interessen der Kolonialmacht zu sichern.

Die Kopfsteuer war zudem ein Instrument der Disziplinierung und Kontrolle. Wer die Steuer nicht bezahlen konnte, wurde häufig mit harten Strafen belegt. Dazu gehörten Zwangsarbeit, die Konfiszierung von Eigentum oder gar Körperstrafen. Diese Sanktionen sorgten dafür, dass die Steuerpflichtigen sich der kolonialen Autorität beugten und keinerlei Widerstand leisteten. Durch die Kopfsteuer wurde die einheimische Bevölkerung also nicht nur wirtschaftlich ausgebeutet, sondern auch politisch unterdrückt und in ihrer Bewegungsfreiheit stark eingeschränkt.

Auch die Art und Weise, wie die Steuer erhoben wurde, war häufig mit Schikanen und Korruption verbunden. Die kolonialen Steuerbeamten nutzten ihre Machtstellung aus, um die ohnehin schon ausgebeutete Bevölkerung weiter zu drangsalieren. Oft wurden Steuern unrechtmäßig erhöht oder zusätzliche Gebühren verlangt, was die ohnehin angespannte Lage der Einheimischen weiter verschärfte. Die Willkür der Steuerbeamten führte zu einer tiefen Verbitterung gegenüber der Kolonialverwaltung und trug zur Entstehung von Widerstandsbewegungen bei.

Die Kopfsteuer war ein zentraler Bestandteil des kolonialen Herrschaftssystems, das auf wirtschaftlicher Ausbeutung und politischer Unterdrückung beruhte. Die finanziellen Belastungen und die damit einhergehende erzwungene Lohnarbeit veränderten die traditionellen Lebensweisen der indigenen Bevölkerung nachhaltig und führten zu einer tiefen sozialen Ungleichheit zwischen den Kolonialherren und den Kolonisierten. Bis heute sind die Folgen dieser Politik in vielen ehemaligen Kolonien spürbar, sei es in der Form von sozialen und wirtschaftlichen Ungleichheiten oder in der anhaltenden Abhängigkeit von bestimmten Wirtschaftszweigen. Die Einführung der Kopfsteuer zeigt exemplarisch, wie koloniale Machtstrukturen sowohl wirtschaftlich als auch sozial tief in das Leben der einheimischen Bevölkerung eingriffen und dabei nachhaltige Schäden hinterließen.[33]

8. Das Hagenbeck-Dekret

Carl Hagenbeck, ein prominenter Tierhändler und Veranstalter von sogenannten Völkerschauen, erhielt im späten 19. Jahrhundert das Monopol für den Import von "exotischen" Tieren und Menschen aus den deutschen Kolonien, bekannt als das Hagenbeck-Dekret. Dieses Dekret, das von der deutschen Regierung erlassen wurde, verdeutlicht auf eindringliche Weise die enge Verflechtung von kommerziellen Interessen und der kolonialen Politik. Es zeigt, wie wirtschaftliche Akteure wie Hagenbeck nicht nur von der kolonialen Expansion profitierten, sondern auch aktiv zur Verbreitung kolonialer Ideologien beitrugen und damit die rassistischen und ausbeuterischen Strukturen

---

33 Karl Theodor von Ehebeck, 1908, Finanzwissenschaft. Deutschland: A. Deichert Nachf. (G. Böhme)

der Kolonialherrschaft zementierten. Carl Hagenbeck war einer der berühmtesten Tierhändler und Schausteller seiner Zeit. Er revolutionierte das Konzept des Zoologischen Gartens, indem er offene Gehege schuf, die ohne die traditionellen Gitter auskamen, und bemühte sich darum, die Tiere in einer möglichst naturnahen Umgebung zu präsentieren. Diese vermeintliche Innovation in der Darstellung von Tieren verschleierte jedoch die tiefere Problematik seiner Arbeit, die von der Zurschaustellung und Ausbeutung lebender Wesen geprägt war. Neben seiner Arbeit als Tierhändler wurde Hagenbeck auch durch seine Völkerschauen bekannt, bei denen er Menschen aus verschiedenen Teilen der Welt – insbesondere aus den deutschen Kolonien – in Deutschland ausstellte. Diese Völkerschauen dienten nicht nur der Unterhaltung, sondern sollten das Publikum von der „Exotik" und vermeintlichen „Primitivität" der außereuropäischen Bevölkerungen überzeugen und stützten damit die koloniale Ideologie der Überlegenheit der europäischen Zivilisation. Diese Veranstaltungen zielten darauf ab, das rassistische Weltbild des Publikums zu bestätigen und die koloniale Expansion als zivilisatorische Mission zu legitimieren.

Das Hagenbeck-Dekret verlieh Carl Hagenbeck das exklusive Recht, Tiere und Menschen aus den deutschen Kolonien nach Deutschland zu bringen. Diese staatliche Unterstützung machte Hagenbeck zum zentralen Akteur im Handel mit exotischen Spezies und der Organisation von Völkerschauen. Die Monopolisierung dieses Handels ermöglichte es Hagenbeck, immense Gewinne zu erzielen, da es keinen Wettbewerb gab und die Nachfrage nach "exotischen" Ausstellungen in Europa zu jener Zeit groß war. Das Dekret zeigt auch, wie sehr der deutsche Staat daran interessiert war, die Kolonien wirtschaftlich auszubeuten und gleichzeitig die koloniale Propaganda durch die Präsentation von "Fremden" zu fördern. Die staatliche Unterstützung von Hagenbecks Geschäft verdeutlicht die skrupellose Bereitschaft der Kolonialverwaltung, wirtschaftliche Profite auf Kosten der Würde und Freiheit von Menschen zu erzielen.

Die enge Zusammenarbeit zwischen Hagenbeck und der deutschen Kolonialverwaltung zeigt, wie kommerzielle Interessen und koloniale Ambitionen Hand in Hand gingen. Die Kolonialbehörden profitierten davon, dass Hagenbeck die "Exotik" der Kolonien in die Metropole brachte und damit das Interesse der Bevölkerung an den kolonialen Unternehmungen förderte. Die Kolonien wurden durch Hagenbecks Schauen als Orte voller Wildnis, außergewöhnlicher Tiere und scheinbar "primitiver" Menschen dargestellt, die der Führung und Zivilisierung durch die Europäer bedurften. Diese Darstellung diente der Legitimation der kolonialen Herrschaft und prägte das Bild der Kolonien in der breiten Öffentlichkeit nachhaltig. Die Tatsache, dass Menschen wie Ausstellungsobjekte behandelt wurden, verdeutlicht die rassistische und entmenschlichende Ideologie, die diesen Veranstaltungen zugrunde lag.

Die Menschen, die in diesen Völkerschauen ausgestellt wurden, kamen aus verschiedenen Regionen der deutschen Kolonien, wie etwa Deutsch-Südwestafrika, Kamerun oder Deutsch-Ostafrika. Oft wurden sie unter falschen Versprechungen nach Deutschland gelockt oder gar gewaltsam verschleppt. In den Völkerschauen mussten sie ihre traditionellen Kleider tragen, tanzen und andere kulturelle Praktiken zur Schau stellen, um den Erwartungen des Publikums zu entsprechen. Sie waren dabei ständig den Blicken der Zuschauer ausgesetzt und wurden wie Tiere in Käfigen behandelt, ohne jede Rücksicht auf ihre Würde und ihre Rechte als Menschen. Die Teilnahme an diesen Schauen war für viele der betroffenen Menschen traumatisch und hatte schwerwiegende Folgen für ihr weiteres Leben. Diese Art der Behandlung unterstrich die brutale Missachtung der Menschlichkeit und die Instrumentalisierung von Menschenleben zur Unterhaltung und wirtschaftlichen Bereicherung.

Auch die Tiere, die Hagenbeck aus den Kolonien importierte, wurden zu Symbolen der kolonialen Expansion. Sie dienten als vermeintlicher

Beweis für die Überlegenheit der Europäer, die in der Lage waren, diese wilden Kreaturen zu fangen und zu bändigen. Die Präsentation der Tiere in den neuartigen Gehegen, die Hagenbeck entwickelte, sollte die Macht der europäischen Zivilisation über die Natur und das "Wilde" veranschaulichen. Auch hier zeigt sich die tiefe Verflechtung von Wissenschaft, Unterhaltung und kolonialer Ideologie: Hagenbeck verstand es, Tiere und Menschen gleichermaßen als "Objekte" zu nutzen, um das Interesse des Publikums zu wecken und dabei gleichzeitig die kolonialen Vorstellungen zu verstärken. Die Tiere waren ebenso wie die Menschen Opfer einer tief verankerten kolonialen Denkweise, die Leben als Ware betrachtete und die Ausbeutung dieser Leben für wirtschaftliche und ideologische Zwecke rechtfertigte.

Das Hagenbeck-Dekret war ein Schlüsselinstrument, um diese Praxis zu institutionalisieren und zu kommerzialisieren. Es schuf eine rechtliche Grundlage, die die koloniale Ausbeutung von Menschen und Tieren zu einem zentralen Bestandteil der Unterhaltungsindustrie in Deutschland machte. Die Ausstellungen trugen wesentlich dazu bei, die Kolonialpolitik des Kaiserreichs populär zu machen und die öffentliche Unterstützung für die Kolonialprojekte zu sichern. Das Dekret zeigt somit auch, wie eng wirtschaftliche Interessen und die Verbreitung kolonialer Ideologien miteinander verbunden waren. Dabei wurde die systematische Entrechtung und Erniedrigung von Menschen nicht nur toleriert, sondern aktiv gefördert, um koloniale Interessen durchzusetzen und zu legitimieren.

Die Folgen dieser Schauen und der damit verbundenen Propaganda sind bis heute spürbar. Die Darstellung außereuropäischer Kulturen als "primitiv" und "exotisch" prägte die Wahrnehmung der Bevölkerung in Deutschland und anderen europäischen Ländern nachhaltig. Die rassistischen Vorurteile, die durch solche Ausstellungen verbreitet und verstärkt wurden, haben die Beziehungen zwischen Europa und den ehemaligen Kolonien bis weit ins 20. Jahrhundert und darüber hinaus negativ beeinflusst. Die Praxis, Menschen wie Objekte zu behandeln, verweist auf die tief verankerten rassistischen Einstellungen, die die Kolonialzeit prägten und die in vielen Bereichen der Gesellschaft auch heute noch nicht vollständig überwunden sind.

Kerninhalte des Hagenbeck-Dekrets[34]

Das Dekret sah verschiedene Maßnahmen vor, darunter:

1. Genehmigungspflicht: Jede Völkerschau musste von den zuständigen Behörden genehmigt werden. Die Antragsteller mussten detaillierte Informationen über die Herkunft, Anzahl und Identität der zur Schau gestellten Personen bereitstellen.

2. Gesundheitliche Versorgung: Es war sicherzustellen, dass die zur Schau gestellten Menschen eine angemessene medizinische Versorgung erhielten. Dazu gehörte auch die Verpflichtung, regelmäßige Gesundheitschecks durchzuführen.

3. Wohn- und Lebensbedingungen: Die Lebensbedingungen, in denen die "ausgestellten" Menschen während der Schau lebten, mussten den Standards der damaligen Zeit entsprechen, insbesondere was Hygiene und Unterkunft betraf.

4. Überwachung und Kontrolle: Die Polizei hatte das Recht, die Völkerschauen unangekündigt zu inspizieren, um sicherzustellen, dass die Bestimmungen eingehalten wurden.

Das Hagenbeck-Dekret kann als ein Versuch angesehen werden, die Würde der Menschen, die in diesen Schauen präsentiert wurden, zumindest rudimentär zu schützen. Trotz dieser Maßnahmen wurde das Grundprinzip der Völkerschauen – die Zurschaustellung von Menschen als „exotische Attraktionen" – von vielen als tief problematisch

---

34 Hagenbeck, C. (1938). Carl Hagenbeck erzählt: Von Tieren und Menschen. (n.p.): Rohrbacher.

betrachtet und im Kontext der heutigen Menschenrechte verurteilt. Die Kritik an solchen Schauen nahm in der ersten Hälfte des 20. Jahrhunderts weiter zu, und mit dem Beginn des Zweiten Weltkriegs verschwanden die meisten dieser Veranstaltungen in Europa.

Carl Hagenbeck war somit nicht nur ein Unternehmer, sondern auch ein Akteur, der maßgeblich zur Verbreitung kolonialer Ideologien beitrug. Das Hagenbeck-Dekret machte ihn zu einer Schaltstelle zwischen kolonialer Politik, wirtschaftlicher Ausbeutung und populärer Unterhaltung. Es zeigt, wie die deutsche Kolonialverwaltung und die kommerziellen Interessen einzelner Akteure zusammenwirkten, um die kolonialen Unternehmungen zu legitimieren und zu finanzieren. Die Vermarktung von Menschen und Tieren aus den Kolonien war dabei ein zentrales Element, um die Öffentlichkeit für das koloniale Projekt zu gewinnen und die Idee der überlegenen europäischen Zivilisation zu verbreiten. Der Umgang mit Menschen und Tieren als Handelsware ist ein dunkles Kapitel der deutschen Geschichte, dessen Nachwirkungen bis heute aufzuarbeiten sind.[35]

9. Die Errichtung von Missionsschulen

Die Missionsschulen, die in den deutschen Kolonien oft in enger Zusammenarbeit mit der Kolonialverwaltung betrieben wurden, spielten eine bedeutende Rolle in der Erziehung und gezielten Indoktrination der einheimischen Jugend. Diese Schulen waren mehr als nur Bildungseinrichtungen; sie waren Werkzeuge der kulturellen Beeinflussung und Unterwerfung, die darauf abzielten, die kolonialen Interessen zu stärken und die einheimische Bevölkerung in das koloniale System zu integrieren. Die europäischen Missionare, die die Schulen leiteten, sahen es als ihre Aufgabe an, den indigenen Gemeinschaften

35 Haug von Kuenheim, Carl Hagenbeck. Ellert & Richter, Hamburg 2007, ISBN 978-3-8319-0182-1

die "Zivilisation" zu bringen, was in der Praxis oft bedeutete, die bestehenden sozialen und kulturellen Strukturen zu untergraben und durch die Werte der Kolonialherren zu ersetzen.

In den Missionsschulen wurde den Kindern und Jugendlichen ein strikt eurozentrisches Weltbild vermittelt. Die Schullehrpläne beinhalteten vor allem die Vermittlung der deutschen Sprache, der christlichen Religion sowie europäischer Geschichte und Geographie. Ziel war es, die einheimische Jugend zu "kultivieren" und ihnen beizubringen, dass die europäische Kultur der eigenen überlegen sei. Traditionelle Bräuche und Wissenssysteme wurden dabei entweder als primitiv abgewertet oder ganz ignoriert. Stattdessen wurde den Schülern beigebracht, sich an europäischen Werten wie Fleiß, Gehorsam und christlicher Moral zu orientieren. Die Missionsschulen standen damit an vorderster Front eines kulturellen Angriffs, der darauf abzielte, die bestehenden sozialen und kulturellen Strukturen in den Kolonien zu destabilisieren und die Kontrolle der Kolonialmacht zu festigen.

Die Zusammenarbeit zwischen den Missionaren und der Kolonialverwaltung war eng. Die Missionare wurden von der Verwaltung nicht nur geduldet, sondern oft aktiv gefördert, weil ihre Arbeit als verlängerte Hand der kolonialen Herrschaft betrachtet wurde. Die Kolonialregierung erkannte, dass die Missionsschulen dazu beitragen konnten, die einheimische Bevölkerung zu befrieden, indem sie eine Generation von Einheimischen heranzog, die die europäische Vorherrschaft akzeptierten und in das koloniale System eingebunden waren. Diese sogenannte "Erziehung zur Loyalität" beinhaltete auch die Ausbildung von einheimischen Verwaltungshelfern, die in niederen Positionen innerhalb der Kolonialverwaltung oder als Lehrer, Dolmetscher und Hilfskräfte arbeiten sollten. So wurden die Missionare zu einem zentralen Bindeglied zwischen den kolonialen Machthabern und der einheimischen Bevölkerung, und die Missionsschulen zu Stützpunkten der kolonialen Herrschaft.

Neben der Vermittlung von europäischen Werten und Wissen wurde in den Missionsschulen auch die religiöse Erziehung stark betont. Die Bekehrung zum Christentum galt als eines der wichtigsten Ziele der Missionsarbeit, und die Schüler wurden täglich mit religiösen Ritualen und Unterweisungen konfrontiert. Der Glaube an die christliche Religion sollte die Basis für ein moralisch "richtiges" Leben sein, und die traditionelle spirituelle Welt der Einheimischen wurde als heidnisch und minderwertig dargestellt. Diese religiöse Indoktrination diente nicht nur der Verbreitung des Christentums, sondern auch der Entmachtung der traditionellen Führungspersönlichkeiten und der spirituellen Autoritäten in den indigenen Gemeinschaften, die bisher eine zentrale Rolle in der sozialen Ordnung gespielt hatten.

Die Missionsschulen hatten langfristig weitreichende Folgen für die kulturellen Landschaften in den Kolonien. Die einheimische Jugend, die in diesen Schulen erzogen wurde, verlor oft die Verbindung zu ihrer eigenen Kultur und den traditionellen Wissensformen. Die Vermittlung von europäischen Werten und die Abwertung der eigenen kulturellen Identität führten zu einer Entfremdung von den eigenen Wurzeln. Viele der ehemaligen Schüler kehrten in ihre Gemeinschaften zurück, ohne sich mit den traditionellen sozialen Strukturen und Bräuchen identifizieren zu können oder zu wollen. Dies führte zu Spannungen innerhalb der Gemeinschaften und trug dazu bei, die sozialen Bindungen zu schwächen und die Spaltung zwischen den Generationen zu verstärken.

Ein weiteres Ergebnis der Missionsschulen war die Schaffung einer kleinen Elite von Einheimischen, die europäische Bildung genossen hatten und nun als Vermittler zwischen den Kolonialherren und der übrigen einheimischen Bevölkerung fungierten. Diese Elite war oft zwiegespalten zwischen der Loyalität gegenüber den Kolonialherren, die ihnen Bildung und eine gewisse gesellschaftliche Stellung ermöglicht hatten, und der Verbundenheit mit ihrem eigenen Volk, das unter der kolonialen Unterdrückung litt. Die Missionsschulen schufen somit nicht nur eine Bildungskluft, sondern auch eine politische Spaltung, die die koloniale Herrschaft über die einheimische Bevölkerung erleichterte.

Die Erziehung in den Missionsschulen sollte die indigenen Gemeinschaften an die europäische Lebensweise anpassen und sie gleichzeitig auf untergeordnete Positionen innerhalb der kolonialen Gesellschaft vorbereiten. Die systematische Abwertung der eigenen Kultur und die erzwungene Anpassung an europäische Normen wirkten tief in das Selbstbewusstsein vieler Generationen hinein. Die europäische Bildung in den Missionsschulen wurde oft als eine Chance für sozialen Aufstieg dargestellt, doch in Wirklichkeit blieb der Zugang zu echten Machtpositionen den meisten Einheimischen verwehrt. Die Bildungsangebote waren bewusst so begrenzt, dass die Einheimischen zwar für einfache Verwaltungsaufgaben qualifiziert wurden, jedoch niemals die Chance hatten, die kolonialen Machthaber herauszufordern oder gar zu ersetzen.

Die Missionsschulen in den deutschen Kolonien waren ein zentraler Bestandteil der kolonialen Unterdrückungs- und Assimilationspolitik waren. Sie vermittelten nicht nur europäische Werte und Wissen, sondern dienten auch dazu, die einheimische Jugend von ihren eigenen kulturellen Wurzeln zu entfremden und sie in das koloniale System einzubinden. Die langfristigen Auswirkungen dieser Bildungsstrategie sind bis heute spürbar und zeigen sich in den sozialen und kulturellen Spannungen, die in vielen ehemals kolonialisierten Gesellschaften bestehen. Die Missionsschulen waren ein Instrument der Macht, das dazu beitrug, die koloniale Ordnung zu stabilisieren und die Vorherrschaft der Europäer zu legitimieren, indem sie die kulturelle Identität der einheimischen Bevölkerung systematisch untergruben.

10. Die juristische Strukturierung der Sklavenarbeit

Obwohl offiziell gegen die Sklaverei, etablierte die deutsche Verwaltung Systeme, die einer Sklavenarbeit sehr ähnlich waren, insbesondere durch die Zwangsarbeit in Projekten wie dem Eisenbahnbau und auf Plantagen. Diese Praxis der Zwangsarbeit war eine der brutalsten und repressivsten Methoden, die koloniale Kontrolle zu etablieren und die wirtschaftlichen Interessen des Deutschen Reiches in den Kolonien durchzusetzen. Die koloniale Verwaltung war sich der moralischen und politischen Sensibilität des Begriffs „Sklaverei" bewusst und vermied daher offiziell jede direkte Bezugnahme darauf. Doch hinter dieser Rhetorik der „Zivilisierung" und der vermeintlichen „Befreiung" der einheimischen Bevölkerung verbargen sich ausbeuterische und menschenverachtende Systeme, die in ihrer Grausamkeit der Sklaverei in nichts nachstanden.

Ein besonders bezeichnendes Beispiel für diese Praxis war die Nutzung von Zwangsarbeit beim Bau von Eisenbahnstrecken, wie etwa der Zentralbahn in Deutsch-Ostafrika. Der Eisenbahnbau wurde von der Kolonialverwaltung als Symbol des Fortschritts und der Zivilisation dargestellt, doch die Realität für die tausenden von Menschen, die unter Zwang daran arbeiten mussten, sah völlig anders aus. Die Arbeiter wurden oft gewaltsam rekrutiert, entweder durch direkte physische Gewalt oder durch die Androhung von Strafen, wenn sie sich weigerten, sich für den Eisenbahnbau zur Verfügung zu stellen. Sie mussten unter extrem schwierigen Bedingungen arbeiten, ohne ausreichende Nahrung, medizinische Versorgung oder Pausen. Die Arbeitszeiten waren lang, und die körperliche Belastung war enorm, besonders in den unwegsamen, heißen und oft von Krankheiten geplagten Regionen, durch die die Trassen geführt wurden. Viele Arbeiter starben an Erschöpfung, Hunger oder an Krankheiten, die sich durch die schlechten Bedingungen rasch ausbreiteten.

Auch auf den Plantagen in den deutschen Kolonien, besonders in Deutsch-Südwestafrika und Kamerun, wurden ähnliche Zwangsarbeitssysteme etabliert. Die Plantagenwirtschaft war auf eine ständige Versorgung mit billigen Arbeitskräften angewiesen, um die Rentabilität der Produktion von Exportgütern wie Kaffee, Kautschuk und Baumwolle sicherzustellen. Die Einheimischen wurden gezwungen, auf diesen Plantagen unter harten Bedingungen zu arbeiten, oft weit entfernt von ihren Heimatdörfern. Die Zwangsarbeit führte zur Entwurzelung vieler Familien und zur Zerstörung traditioneller sozialer Strukturen. Die Arbeiter wurden streng überwacht und häufig körperlich bestraft, wenn sie die vorgegebenen Arbeitsnormen nicht erfüllten. Diese Praktiken standen im krassen Widerspruch zu der offiziellen Position der deutschen Verwaltung, die vorgab, die Lebensbedingungen der kolonisierten Völker verbessern zu wollen.

Ein weiteres Mittel der Zwangsarbeit war die Kopfsteuer, die als finanzielle Verpflichtung gegenüber der Kolonialregierung erhoben wurde. Da die meisten Einheimischen in einer Subsistenzwirtschaft lebten und keine monetären Ressourcen hatten, sahen sie sich gezwungen, auf den Plantagen oder bei anderen kolonialen Projekten zu arbeiten, um das nötige Geld für die Steuer aufzubringen. Diese finanzielle Abhängigkeit von der Kolonialmacht trieb viele Menschen in Arbeitsverhältnisse, die nur wenig von den Bedingungen der klassischen Sklaverei unterschieden werden konnten. Die Einheimischen hatten kaum eine Wahl und wurden dazu gezwungen, ihre Arbeitskraft unter Bedingungen zu verkaufen, die weder freiwillig noch fair waren.

Die koloniale Verwaltung nutzte zudem lokale Machtstrukturen aus, um die Zwangsarbeit zu organisieren. Traditionelle Anführer wurden oft unter Druck gesetzt oder bestochen, um ihre eigenen Leute zur Arbeit zu schicken. Dies führte zu tiefem Misstrauen innerhalb der Gemeinschaften und untergrub die traditionelle Autorität der lokalen Führungspersonen. Viele dieser Anführer befanden sich in einem Dilemma: Einerseits wollten sie ihre Gemeinschaften schützen, andererseits standen sie unter dem Druck der Kolonialmacht, die von ihnen verlangte, Arbeitskräfte bereitzustellen. Diese Praxis der erzwungenen Kooperation machte die einheimischen Machtstrukturen zu einem Teil des kolonialen Unterdrückungsapparats und zerstörte das Vertrauen innerhalb der Gemeinschaften nachhaltig.

Die Zwangsarbeit in den deutschen Kolonien war auch Teil einer größeren Strategie, die wirtschaftliche Produktion in den Kolonien zu maximieren und die Kolonien profitabel zu machen. Die deutsche Kolonialverwaltung verfolgte eine rigorose Politik der wirtschaftlichen Ausbeutung, bei der die Interessen der einheimischen Bevölkerung vollkommen ignoriert wurden. Die Arbeitsbedingungen waren dermaßen schlecht, dass die Sterblichkeitsrate unter den Arbeitern extrem hoch war. Diese systematische Missachtung der Menschenrechte führte zu Protesten und Widerständen, die von der Kolonialverwaltung jedoch gewaltsam unterdrückt wurden.

Die Folgen dieser Zwangsarbeitssysteme waren verheerend und hinterließen tiefe Narben in den kolonialen Gesellschaften. Die Zerstörung sozialer Strukturen, die Traumatisierung der betroffenen Menschen und die massive Ausbeutung ihrer Arbeitskraft führten zu einem tiefen Gefühl der Ungerechtigkeit, das bis heute in den ehemaligen Kolonien spürbar ist. Die deutsche Kolonialverwaltung versuchte, die Zwangsarbeit als notwendiges Übel darzustellen, das dem Aufbau von Infrastruktur und der Entwicklung der Kolonien diene. Doch in Wirklichkeit diente sie nur der wirtschaftlichen Bereicherung der Kolonialherren und der Durchsetzung ihrer Herrschaft.

Zusammenfassend lässt sich sagen, dass die deutschen Kolonien zwar offiziell die Sklaverei ablehnten, jedoch Systeme etablierten, die der Sklavenarbeit sehr nahe kamen. Durch Zwangsarbeit auf Plantagen, beim Bau von Infrastruktur und durch die Erhebung von Kopfsteuern wurde die einheimische Bevölkerung systematisch ausgebeutet und ihrer Freiheit beraubt. Diese Praktiken zeigen die Brutalität und Heuchelei der deutschen Kolonialpolitik, die einerseits vorgab, Zivilisation und Fortschritt zu bringen, andererseits jedoch auf der systematischen Unterdrückung und Ausbeutung der kolonialisierten Völker basierte. Die langfristigen sozialen, wirtschaftlichen und psychologischen Folgen dieser Politik sind bis heute in vielen Regionen spürbar und werfen ein dunkles Licht auf das Erbe der deutschen Kolonialzeit.

11. Die Gründung von Gesundheitssystemen

Die deutschen Kolonialverwalter richteten Gesundheitssysteme in den Kolonien ein, die eine ambivalente Mischung aus Fürsorge und Kontrolle darstellten. Diese Systeme waren in erster Linie dazu gedacht, die Gesundheit der europäischen Siedler und der kolonialen Verwaltung sicherzustellen, doch sie boten auch begrenzte medizinische Dienste und Impfprogramme für die einheimische Bevölkerung an. Diese vermeintlichen Gesundheitsmaßnahmen verfolgten jedoch nicht allein das Ziel, das Wohlergehen der Kolonisierten zu fördern; vielmehr waren sie eng mit den Zielen der kolonialen Herrschaft und der Kontrolle der einheimischen Bevölkerung verknüpft.

Das Gesundheitssystem, das die deutschen Kolonialverwalter etablierten, konzentrierte sich primär auf die Errichtung von Krankenstationen und Ambulanzen in den Kolonialzentren, die vor allem den Bedürfnissen der europäischen Siedler und des Militärs dienten. Diese Einrichtungen waren mit europäischen Ärzten und Pflegekräften besetzt, die dafür sorgen sollten, dass die Kolonialbeamten und Soldaten, die oft in einem für sie fremden und als feindlich empfundenen Klima lebten, gesund blieben und arbeitsfähig waren. Die koloniale Infrastruktur stützte sich stark auf die Gesundheit und Effizienz der europäischen Besatzungskräfte, weshalb die medizinische Versorgung dieser Gruppe eine hohe Priorität hatte. Die Gesundheitsversorgung der einheimischen Bevölkerung spielte hingegen eine untergeordnete Rolle und war oft nur eine Mittel zum Zweck, nämlich die Aufrechterhaltung der Arbeitskraft der Kolonisierten sicherzustellen.

Ein zentrales Element der kolonialen Gesundheitspolitik war die Einführung von Impfprogrammen, die vor allem darauf abzielten, Epidemien zu verhindern, die nicht nur die einheimische Bevölkerung, sondern auch die europäischen Siedler hätten gefährden können. Krankheiten wie Pocken, Malaria und Schlafkrankheit waren in vielen Teilen der Kolonien weit verbreitet, und die Kolonialverwaltung sah in der Bekämpfung dieser Krankheiten eine Notwendigkeit, um die Stabilität der kolonialen Ordnung zu gewährleisten. Impfkampagnen wurden oft unter Zwang durchgeführt, wobei die einheimische Bevölkerung kaum eine Wahl hatte, ob sie sich impfen lassen wollte oder nicht. Dies führte nicht selten zu Misstrauen und Widerstand gegen die kolonialen Gesundheitsmaßnahmen, da viele Einheimische die Beweggründe der Kolonialherren hinterfragten und die Impfungen als einen weiteren Versuch betrachteten, ihre Freiheit einzuschränken.

Die Gesundheitsversorgung für die einheimische Bevölkerung beschränkte sich in vielen Fällen auf rudimentäre medizinische Dienstleistungen, die meist nur in der Nähe von Plantagen, Minen oder anderen wirtschaftlich wichtigen Einrichtungen angeboten wurden. Diese Maßnahmen dienten in erster Linie dazu, die Arbeitsfähigkeit der einheimischen Arbeiter sicherzustellen, die für die koloniale Wirtschaft unerlässlich waren. Die medizinische Versorgung war dabei oft mangelhaft, und die kolonialen Gesundheitsdienste sahen die Einheimischen weniger als Patienten, die Hilfe benötigten, sondern eher als "Ressourcen", deren Gesundheit erhalten werden musste, um ihre Arbeitskraft zu sichern. Viele der Medikamente und Behandlungen, die den Einheimischen verabreicht wurden, waren veraltet oder minderwertig, und oft mangelte es an angemessener Nachsorge.

Die medizinischen Dienste der deutschen Kolonialverwalter waren daher eng mit der ökonomischen Ausbeutung der Kolonien verknüpft. Es ging nicht darum, das Wohlergehen der indigenen Bevölkerung zu verbessern, sondern vielmehr darum, die koloniale Produktion zu maximieren und die Effizienz der Kolonialwirtschaft zu gewährleisten. Die Gesundheitsmaßnahmen wurden als Mittel der Kontrolle eingesetzt, um sicherzustellen, dass die einheimische Bevölkerung arbeitsfähig blieb und keine Krankheiten die kolonialen Projekte gefährdeten. Diese Form der medizinischen Versorgung war daher zutiefst paternalistisch und spiegelte die rassistische Grundhaltung der Kolonialherren wider, die die einheimische Bevölkerung als minderwertig betrachteten und ihnen das Recht auf eine umfassende Gesundheitsversorgung absprachen.

Zusätzlich zu den Impfprogrammen und den rudimentären medizinischen Diensten versuchten die Kolonialverwalter auch, die einheimische Bevölkerung durch Hygieneverordnungen und Gesundheitsvorschriften zu kontrollieren. Diese Vorschriften wurden oft ohne Rücksicht auf die bestehenden kulturellen Praktiken und Lebensgewohnheiten der Einheimischen eingeführt und zwangen ihnen europäische Vorstellungen von Hygiene und Gesundheit auf. Die Durchsetzung dieser Maßnahmen wurde von den Kolonialbehörden als Zeichen des "zivilisatorischen Fortschritts" dargestellt, doch in Wirklichkeit führten sie häufig zu Konflikten und Missverständnissen, da sie die traditionellen Lebensweisen der einheimischen Gemeinschaften ignorierten und diese als rückständig abwerteten.

Die Ambivalenz der kolonialen Gesundheitsversorgung zeigt sich besonders deutlich in der Art und Weise, wie die deutschen Kolonialverwalter einerseits behaupteten, die Lebensbedingungen der einheimischen Bevölkerung verbessern zu wollen, während sie andererseits die Gesundheitsmaßnahmen dazu nutzten, ihre Macht zu festigen und die Kolonisierten besser zu kontrollieren. Die Gesundheitsinfrastruktur wurde in erster Linie dort aufgebaut, wo sie den größten Nutzen für die kolonialen Interessen versprach – in der Nähe von wirtschaftlichen Zentren und dort, wo die Gesundheit der einheimischen Arbeitskräfte direkt mit der Effizienz der kolonialen Projekte verbunden war. Die ländlichen Gebiete, in denen die Mehrheit der Bevölkerung lebte, blieben hingegen oft ohne jegliche medizinische Versorgung.

Insgesamt lässt sich sagen, dass die von den deutschen Kolonialverwaltern eingerichteten Gesundheitssysteme in den Kolonien ein zweischneidiges Schwert waren. Einerseits trugen sie dazu bei, Epidemien einzudämmen und die allgemeine Gesundheitslage in einigen Bereichen zu verbessern, andererseits dienten sie vor allem der Sicherung der kolonialen Kontrolle und der wirtschaftlichen Ausbeutung der einheimischen Bevölkerung. Die Vermischung von Fürsorge und Kontrolle, die diese Gesundheitssysteme prägte, führte dazu, dass die einheimische Bevölkerung ihnen mit Misstrauen begegnete und die vermeintliche Fürsorge als weiteren Ausdruck der kolonialen Unterdrückung empfand. Die Auswirkungen dieser ambivalenten Gesundheitsversorgung sind bis heute in vielen ehemals kolonialisierten Regionen spürbar und werfen ein Licht auf die komplexe und oft widersprüchliche Beziehung zwischen kolonialer Macht und den kolonialisierten Gesellschaften.

Alle diese Ereignisse zeigen die Vielschichtigkeit der deutschen Kolonialverwaltung und Rechtsprechung, die tiefgreifende und oft widersprüchliche Auswirkungen auf die kolonisierten Gesellschaften hatte. Sie reflektieren die Spannungen zwischen Ausbeutung und Entwicklung, Unterdrückung und Modernisierung, die die deutsche koloniale Unternehmung kennzeichneten.

10. WIDERSTAND UND AUFSTÄNDE GEGEN DIE KOLONIALVERWALTUNG

Die Geschichte der deutschen Kolonien ist nicht nur eine Geschichte der Verwaltung und der Ausbeutung, sondern auch eine Geschichte des Widerstands, der Aufstände und der tiefen Entschlossenheit der kolonisierten Völker, ihre Freiheit und ihre Identität zu bewahren. Während die deutschen Kolonialherren versuchten, ihre Herrschaft durch Verwaltungsstrukturen, Infrastrukturprojekte und Zwangsarbeit zu etablieren, regte sich von Beginn an Widerstand bei der einheimischen Bevölkerung. Dieser Widerstand nahm viele Formen an: von offenen, bewaffneten Aufständen bis hin zu passiven Widerstandsformen wie der Weigerung zur Zusammenarbeit oder der Bewahrung der eigenen kulturellen Praktiken.

Die Bewegungen gegen die deutsche Kolonialherrschaft waren oft von außerordentlichem Mut und gleichzeitig von großer Tragik geprägt. Der Widerstand der einheimischen Bevölkerung wurde nicht nur durch den Wunsch nach Freiheit motiviert, sondern auch durch die Notwendigkeit, sich gegen die brutalen Bedingungen zu wehren, die ihnen aufgezwungen wurden. Die deutschen Kolonialverwalter nutzten oft rücksichtslose Mittel, um ihre Macht zu sichern: Landenteignungen, Zwangsarbeit und die systematische Unterdrückung lokaler Traditionen und Autoritäten waren Teil des kolonialen Alltags. Diese repressive Politik führte zu großer Unzufriedenheit und entfachte den Widerstand, der sich in unterschiedlichster Weise äußerte.

Ein besonders tragisches Beispiel für diesen Widerstand ist der Herero- und Nama-Aufstand in Deutsch-Südwestafrika, dem heutigen Namibia, zwischen 1904 und 1908. Die Herero und Nama erhoben sich gegen die Kolonialherren, nachdem ihr Land enteignet und ihre Lebensgrundlagen zerstört worden waren. Der Aufstand wurde von der deutschen Kolonialmacht mit einer unvorstellbaren Brutalität niedergeschlagen und führte zu einem der ersten Völkermorde des 20. Jahrhunderts. Tausende Menschen verloren ihr Leben, viele wurden in die Wüste getrieben, wo sie verdursteten, oder in Konzentrationslagern festgehalten, wo die Sterblichkeitsrate enorm hoch war. Trotz dieser grausamen Repression bleibt der Aufstand ein kraftvolles Symbol für den Mut und die Entschlossenheit der einheimischen Bevölkerung, sich der Unterdrückung zu widersetzen.

Auch in Deutsch-Ostafrika (heute Tansania) kam es zu einem bedeutenden Widerstand, der in den Maji-Maji-Aufstand von 1905 bis 1907 mündete. Getragen von einer breiten Koalition verschiedener Ethnien und inspiriert von der Hoffnung, durch magische Praktiken gegen die kolonialen Kugeln immun zu sein, erhoben sich die Menschen gegen die Kolonialherrschaft, um sich gegen die Zwangsarbeit auf Baumwollplantagen und die drückende Steuerlast zur Wehr zu setzen. Der Aufstand wurde brutal niedergeschlagen, und die Folgen waren verheerend: Viele Tausende starben, sei es durch direkte Gewalt oder infolge der daraus resultierenden Hungersnot, die die Region heimsuchte. Doch auch dieser gescheiterte Aufstand zeigte, wie tief die Ablehnung der deutschen Kolonialherrschaft in der einheimischen Bevölkerung verwurzelt war.

Neben diesen großen Aufständen gab es zahlreiche kleinere und weniger bekannte Formen des Widerstands, die jedoch nicht minder bedeutend waren. Lokale Gemeinschaften widersetzten sich der Kolonialherrschaft, indem sie versuchten, ihre Bräuche und Traditionen im Verborgenen weiter zu pflegen, indem sie den Anweisungen der Kolonialherren passiv Widerstand leisteten oder durch die bewusste Sabotage kolonialer Projekte. Diese alltäglichen Akte der Auflehnung waren oft nicht spektakulär, zeugen jedoch von einem tief verwurzelten Willen zur Selbstbestimmung und von der Ablehnung der kolonialen Fremdherrschaft.

Die Geschichte der deutschen Kolonien ist daher nicht nur eine Geschichte der Gewalt, der Ausbeutung und der kolonialen Verwaltung, sondern auch eine Geschichte des unermüdlichen Widerstands der kolonisierten Völker. Dieser Widerstand, in all seinen Formen, ist ein eindrucksvolles Zeugnis für die unerschütterliche Sehnsucht der Menschen nach Freiheit und Gerechtigkeit. Die Geschichten von Mut und Tragik, die in diesen Bewegungen liegen, sind nicht nur von historischer Bedeutung, sondern auch eine Mahnung für die heutige Zeit — sie erinnern uns daran, dass menschlicher Freiheitsdrang und das Streben nach Würde selbst unter den schwierigsten Bedingungen nicht gebrochen werden können.

1. Der Abushiri-Aufstand in Ostafrika (1888-1889)

Der Abushiri-Aufstand in Ostafrika (1888-1889) war eine bedeutende Erhebung, die das koloniale Engagement der Europäer in der ostafrikanischen Region auf die Probe stellte. Dieser Aufstand markierte den Beginn einer intensiven Auseinandersetzung zwischen den indigenen Völkern Ostafrikas und den europäischen Kolonialmächten, die von ihrem kolonialen Bestreben, ihre Einflusssphären in Afrika auszubauen, angetrieben wurden. Um die Ursachen, den Verlauf und die Folgen des Abushiri-Aufstands zu verstehen, muss man das komplexe Zusammenspiel von politischer, wirtschaftlicher und sozialer Dynamik untersuchen, das im späten 19. Jahrhundert zur Eskalation in Ostafrika führte.

Im späten 19. Jahrhundert stand Ostafrika im Mittelpunkt europäischer imperialer Ambitionen. Nachdem die Europäer in den früheren Jahren den Großteil des afrikanischen Kontinents erkundet hatten, stieg das Interesse an einer systematischen Kolonisierung der Region. Die Berliner Konferenz von 1884 bis 1885 war ein Schlüsselmoment, der die Aufteilung Afrikas durch die europäischen Mächte formal legitimierte. Deutschland war relativ spät in den Wettlauf um Afrika eingetreten, doch der Drang, ein Kolonialreich zu errichten, hatte in den Jahren zuvor stark zugenommen. Mit der Gründung der Deutsch-Ostafrikanischen Gesellschaft (DOAG) erhielt Deutschland ein Instrument, mit dem es die Kontrolle über die ostafrikanische Region, einschließlich des heutigen Tansania, ausüben konnte.

Die Deutsch-Ostafrikanische Gesellschaft hatte mit einem komplexen Umfeld von politischer und sozialer Struktur zu tun. Das ostafrikanische Küstengebiet war durch jahrhundertelange Handelsbeziehungen zwischen Arabern, Swahili und afrikanischen Bevölkerungsgruppen geprägt worden. Der Sklaven- und Elfenbeinhandel blühte unter arabischen Händlern und die Wirtschaft der Region war stark von diesen Netzwerken abhängig. Die Kontrolle über die Küstenregion war für die arabischen Händler und Swahili-Fürsten von großer Bedeutung, da diese Küstenstädte den Handel zwischen dem Inland und internationalen Märkten regulierten. Auch das Sultanat von Sansibar spielte eine bedeutende Rolle als Handelszentrum und war lange Zeit eng mit der Küstenwirtschaft Ostafrikas verbunden.

Als die Deutsch-Ostafrikanische Gesellschaft begann, das Festland zu übernehmen und die Hoheit über die Region auszuüben, gerieten die bestehenden Machtstrukturen und wirtschaftlichen Interessen der Küstenhändler in Gefahr. Die DOAG versuchte, ihre Kontrolle durch die Einführung von Steuererhebungen, Vorschriften und der Einsetzung von Beamten zu festigen. Diese Maßnahmen wurden jedoch schnell als Bedrohung wahrgenommen. Die Küstenbevölkerung, insbesondere die arabischen Händler und die Swahili-Elite, sahen ihre Handelsmonopole und ihre kulturelle Integrität bedroht. Zudem waren die Versuche der deutschen Kolonialisten, die traditionellen Strukturen zu untergraben, ein direkter Angriff auf die Macht der lokalen Fürsten.

In dieser Situation trat Abushiri ibn Salim al-Harthi als eine zentrale Figur des Widerstands auf. Abushiri, ein arabischer Händler und einflussreicher Führer in der Region, hatte großen Einfluss auf die Küstenbevölkerung und war gut vernetzt in den arabischen und swahilianischen Handelsstrukturen. Er nutzte diese Verbindungen, um eine breite Widerstandsbewegung zu organisieren, die von verschiedenen Bevölkerungsgruppen unterstützt wurde – von arabischen Händlern bis zu afrikanischen Landbevölkerungen, die von den kolonialen Steuerforderungen und der Einmischung der Deutschen in ihre Lebensweise betroffen waren.

Der Aufstand begann 1888, als Abushiri und seine Anhänger offen gegen die deutsche Präsenz rebellierten. Die Rebellen griffen deutsche Stationen und Beamte an und zwangen die Deutsch-Ostafrikanische Gesellschaft, sich von vielen ihrer Stützpunkte zurückzuziehen. Der Aufstand breitete sich rasch entlang der Küste aus, und die Kontrolle der Deutschen über das Gebiet begann zu wanken. Besonders verheerend für die Deutschen war die Tatsache, dass der Aufstand auch Unterstützung im Landesinneren fand, was die Mobilisierung von Truppen und die Sicherung von Nachschublinien erheblich erschwerte.

Abushiri ibn Salim al-Harthi (ca. 1840 – 15. Dezember 1889) war ein bedeutender arabischstämmiger Händler und Plantagenbesitzer an der ostafrikanischen Küste, im heutigen Tansania. Er ist vor allem als Anführer des Abushiri-Aufstands (1888–1889) bekannt, bei dem er gemeinsam mit lokalen arabischen und afrikanischen Gemeinschaften gegen die kolonialen Bestrebungen der Deutsch-Ostafrikanischen Gesellschaft kämpfte. Abushiri wurde um 1840 geboren. Sein Vater war Araber omanischer Abstammung, seine Mutter gehörte zum Volk der Oromo. Er etablierte sich als wohlhabender Händler und Plantagenbesitzer in der Region um Pangani, wo er insbesondere im Sklaven- und Elfenbeinhandel tätig war. Seine wirtschaftlichen Interessen gerieten in Konflikt mit den kolonialen Ambitionen der Deutschen, die ab 1884 begannen, Einfluss in Ostafrika zu gewinnen. Im

April 1888 pachtete die Deutsch-Ostafrikanische Gesellschaft einen Küstenstreifen vom Sultan von Sansibar. Die Versuche der Gesellschaft, die Kontrolle über die Küstenstädte zu übernehmen, stießen auf heftigen Widerstand der lokalen arabischen Elite und der einheimischen Bevölkerung, die um ihre Handelsinteressen fürchteten. Im August 1888 brach in Pangani ein Aufstand aus, der sich schnell entlang der Küste ausbreitete. Abushiri übernahm die Führung des Aufstands im nördlichen Küstengebiet zwischen dem britischen Einflussbereich und Daressalam. Seine Truppen konnten mehrere Küstenstädte einnehmen und die deutschen Vertreter vertreiben oder töten. Abushiri wurde schließlich von einem afrikanischen Gegner gefangen genommen und am 15. Dezember 1889 in Pangani öffentlich gehängt. Abushiri bleibt in der Geschichte als Symbol des Widerstands gegen die koloniale Unterdrückung in Ostafrika.

In Berlin sah man sich gezwungen zu handeln, um die Autorität der jungen Kolonie wiederherzustellen. Das deutsche Reich konnte es sich nicht leisten, seine Glaubwürdigkeit als Kolonialmacht zu verlieren, zumal das Prestige und die nationale Ehre eine große Rolle bei der kolonialen Expansion spielten. Daher entschied sich das deutsche Kaiserreich, militärische Verstärkung nach Ostafrika zu schicken. Angeführt wurde diese Expedition von Hermann von Wissmann, der als erfahrener Afrikaforscher und Militär eine Schlüsselfigur bei der Niederschlagung des Aufstands wurde. Wissmanns Herangehensweise zeichnete sich durch eine rücksichtslose militärische Strategie aus, die sowohl auf die Einschüchterung der Aufständischen als auch auf die Spaltung ihrer Allianz abzielte.

Um den Aufstand niederzuschlagen, rekrutierte Wissmann sogenannte "Askaris", afrikanische Soldaten, die von deutschen Offizieren ausgebildet und geführt wurden. Diese Truppen wurden zur entscheidenden Kraft im Kampf gegen die Aufständischen. Wissmann nutzte eine Kombination aus militärischen Aktionen und diplomatischen Maßnahmen, um den Widerstand zu brechen. Während er mit brutalen Methoden vorging, um die Aufständischen militärisch zu besiegen, versuchte er gleichzeitig, loyale lokale Fürsten auf seine Seite zu ziehen, indem er ihnen Schutz und Vorteile versprach, wenn sie sich von Abushiri abwandten.

Hermann von Wissmann (1853–1905) war ein deutscher Afrikaforscher, Offizier und Kolonialpolitiker. Er diente zunächst in der preußischen Armee, bevor er ab 1880 mehrere Expeditionen in Zentralafrika leitete, wo er Teile des heutigen Kongos und Tansanias erkundete. Wissmann erlangte Bekanntheit durch seine Durchquerung Afrikas von West nach Ost und seine Unterstützung der belgischen Kolonialbestrebungen im Kongo. Ab 1889 wurde Wissmann von der deutschen Regierung zum Reichskommissar für Deutsch-Ostafrika ernannt, um den Abushiri-Aufstand niederzuschlagen. Mit einem von ihm rekrutierten Söldnerheer aus afrikanischen Askari-Soldaten und deutschen Offizieren gelang ihm die Niederschlagung des Widerstands an der Küste Ostafrikas. Wissmanns brutales Vorgehen festigte die deutsche Kolonialherrschaft in der Region und führte zur Übernahme der Kontrolle durch das Deutsche Reich. Nach seinem Engagement in Ostafrika widmete sich Wissmann dem weiteren Aufbau der kolonialen Verwaltung und unternahm Expeditionen zur Erkundung des Territoriums. Er zog sich 1896 aus dem aktiven Dienst zurück und verfasste Berichte über seine Reisen. Wissmann starb 1905 an den Folgen eines Unfalls. Sein Name bleibt eng mit der kolonialen Expansion und den militärischen Unterdrückungsmaßnahmen in Deutsch-Ostafrika verbunden.

Der Verlauf des Aufstands war von großen Verlusten und heftigen Auseinandersetzungen geprägt. Die Aufständischen waren zwar zahlenmäßig stark und verfügten über eine gute Kenntnis des Geländes, doch gegen die moderne Ausrüstung und die militärische Organisation der deutschen Truppen waren sie letztlich unterlegen. Wissmann gelang es, wichtige Stützpunkte der Aufständischen einzunehmen und die Rebellion schrittweise zurückzudrängen. Eine entscheidende Rolle spielte auch die Unterstützung durch das Deutsche Reich, das bereit war, erhebliche Ressourcen in die Niederschlagung des Aufstands zu investieren.

Im Dezember 1889 wurde Abushiri gefangen genommen und später öffentlich hingerichtet, um ein Exempel zu statuieren und weitere Widerstandsbewegungen zu unterdrücken. Mit seinem Tod endete der Abushiri-Aufstand offiziell, und die deutsche Kolonialherrschaft in Ostafrika wurde erneut etabliert, wenn auch um den Preis großer Ressentiments und der Verfestigung eines tiefen Misstrauens gegenüber der kolonialen Verwaltung. Die brutale Niederschlagung des Aufstands hinterließ tiefe Wunden in der Küstenbevölkerung und trug zur weiteren Entfremdung zwischen den Kolonialherren und der einheimischen Bevölkerung bei.

Die Folgen des Abushiri-Aufstands waren vielfältig. Zum einen demonstrierte der Aufstand die Grenzen der Kontrolle, die die Europäer über ihre Kolonien ausüben konnten, insbesondere in Gebieten mit komplexen sozialen und politischen Strukturen. Der Aufstand zeigte, dass der Widerstand gegen die Kolonialherrschaft nicht nur möglich war, sondern auch eine ernsthafte Bedrohung für die europäischen Ambitionen darstellen konnte. Zum anderen hatte der Aufstand auch Auswirkungen auf die deutsche Kolonialpolitik. Berlin erkannte, dass die Methode der indirekten Kontrolle über Handelsgesellschaften wie die Deutsch-Ostafrikanische Gesellschaft nicht ausreichte, um eine effektive Verwaltung zu gewährleisten. Infolgedessen wurde die Kolonie Deutsch-Ostafrika nach dem Aufstand verstaatlicht, und die direkte Kontrolle über die Region wurde von der Reichsregierung übernommen.

Ein weiterer bedeutender Aspekt der Nachwirkungen des Aufstands war die Veränderung der Beziehungen zwischen den verschiedenen Bevölkerungsgruppen in Ostafrika. Die Niederschlagung des Aufstands schwächte die arabische und Swahili-Elite erheblich, die zuvor eine dominierende Rolle in der Küstenregion gespielt hatte. Ihre wirtschaftliche und politische Macht wurde systematisch von den Deutschen beschnitten, und die Kontrolle über den Handel ging zunehmend in die Hände der Kolonialverwaltung über. Gleichzeitig versuchten die Deutschen, die Loyalität der afrikanischen Bevölkerung durch eine Politik der Spaltung und Herrschaft zu gewinnen, was jedoch auf lange Sicht nur begrenzten Erfolg hatte und zu weiterem Widerstand führte.

Der Abushiri-Aufstand war auch ein prägendes Ereignis für die deutsche Öffentlichkeit und die Wahrnehmung der kolonialen Bestrebungen des Deutschen Reiches. Die Berichte über den Aufstand und die militärischen Aktionen fanden ihren Weg in die deutschen Zeitungen und trugen dazu bei, das Bild des Kolonialismus als eine glorreiche und notwendige Mission zu festigen. Gleichzeitig wurden jedoch auch die Kosten und Schwierigkeiten der Kolonialverwaltung offensichtlich, was zu einer differenzierten Debatte über den Nutzen und die Rechtfertigung der deutschen Kolonialpolitik führte. In der deutschen Politik führte der Aufstand zu einer Verstärkung der administrativen und militärischen Kontrolle über die Kolonien und einer zunehmenden Militarisierung der Kolonialverwaltung.

In der ostafrikanischen Geschichtsschreibung wird der Abushiri-Aufstand oft als ein Symbol des Widerstands gegen die Kolonialherrschaft gesehen. Abushiri ibn Salim al-Harthi wurde zu einer wichtigen Figur des antikolonialen Widerstands, und sein Name bleibt in der regionalen Erinnerung lebendig. Der Aufstand war einer der ersten großen Versuche, die europäische Kolonialherrschaft aktiv zu bekämpfen, und inspirierte spätere Bewegungen und Aufstände gegen die Kolonialmächte in Ostafrika. In vielerlei Hinsicht kann der Abushiri-Aufstand als Vorbote der antikolonialen Befreiungsbewegungen des 20. Jahrhunderts betrachtet werden, die schließlich zur Unabhängigkeit der afrikanischen Länder führten.

Darüber hinaus hatte der Abushiri-Aufstand auch eine tiefgreifende Bedeutung für die sozialen und wirtschaftlichen Strukturen Ostafrikas. Die Kolonialverwaltung nutzte die Gelegenheit, um die Kontrolle über Land und Ressourcen zu verstärken, was zu einer Umstrukturierung der landwirtschaftlichen Produktion führte. Viele der traditionellen Wirtschaftsstrukturen wurden zerstört oder stark verändert, um den Anforderungen der kolonialen Wirtschaft zu entsprechen. Der Anbau von Exportgütern wie Kaffee und Baumwolle wurde gefördert, während die Selbstversorgung der lokalen Bevölkerung oft vernachlässigt wurde. Diese wirtschaftliche Neuausrichtung hatte langfristige Auswirkungen auf die Lebensgrundlagen der einheimischen Bevölkerung und trug zur Verarmung vieler Gemeinschaften bei.

Auch die sozialen Auswirkungen des Aufstands waren erheblich. Die brutale Niederschlagung des Widerstands und die darauffolgende Kolonialherrschaft führten zu einer tiefen Entfremdung zwischen der kolonialen Verwaltung und der einheimischen Bevölkerung. Die deutsche Herrschaft war geprägt von einer Politik der Unterdrückung und der systematischen Ausgrenzung der einheimischen Eliten von jeglicher Form der politischen Partizipation. Die autoritäre Verwaltung und die Diskriminierung führten dazu, dass sich ein großes Misstrauen gegenüber den Kolonialherren entwickelte, das auch nach dem Ende des deutschen Kolonialregimes bestehen blieb. Der Aufstand verdeutlichte die tiefen Spannungen, die durch die kolonialen Eingriffe in das bestehende Machtgefüge verursacht wurden, und die Bereitschaft der einheimischen Bevölkerung, ihre Freiheit und ihre Lebensweise gegen die äußere Bedrohung zu verteidigen. Auch wenn der Aufstand letztlich scheiterte, bleibt er ein wichtiges Symbol des antikolonialen Widerstands und ein Schlüsselmoment in der Geschichte der ostafrikanischen Befreiungsbewegungen.[36]

36 Bergenthum, H. (2004), et al., Geschichtswissenschaft in Kenia in der zweiten Hälfte des 20. Jahrhunderts: Herausforderungen, Vielfalt, Grenzen. Deutschland: Lit Verlag, ISBN 9783825881023, S. 280 ff.

2. Der Aufstand der Herero und Nama (1904-1908)

Der Aufstand der Herero und Nama (1904-1908) in Deutsch-Südwest-afrika, dem heutigen Namibia, ist einer der bekanntesten Widerstände gegen die deutsche Kolonialherrschaft. Diese Rebellion markierte einen der dunkelsten Momente in der Geschichte des deutschen Kolonialismus, der in einem brutalen Genozid endete. Doch oft sind es nicht nur die großen Ereignisse, sondern gerade auch die weniger bekannten Details, die den Mut und die Entschlossenheit der Widerstandskämpfer verdeutlichen. Der Aufstand war nicht nur eine direkte Antwort auf die Landenteignungen und die systematische Unterdrückung durch die deutschen Kolonialherren, sondern auch ein Beispiel für den Einfallsreichtum und die Vielschichtigkeit der einheimischen Kriegsführung.

Ein Aspekt, der oft in den Hintergrund tritt, ist die Rolle der Frauen im Widerstand der Herero und Nama. Frauen spielten eine wichtige, wenn auch in der Geschichtsschreibung oft übergangene Rolle in der Kriegsführung und im Überleben der Gemeinschaften während des Aufstands. Sie waren nicht nur passive Opfer der Gewalt, sondern oft aktive Teilnehmerinnen am Widerstand. Frauen versorgten die Kämpfer an der Front, transportierten Lebensmittel und Waffen und leisteten medizinische Hilfe für die Verwundeten. Einige von ihnen übernahmen sogar die Leitung von Kampfgruppen oder agierten als Späherinnen, um Informationen über die Bewegungen der deutschen Truppen zu sammeln. Diese vielfältigen Rollen machten die Frauen zu einem unverzichtbaren Teil des Widerstands gegen die koloniale Unterdrückung.

Die Herero und Nama setzten zudem Guerillataktiken ein, um den besser ausgerüsteten deutschen Truppen entgegenzutreten. Diese Taktiken waren in der unwegsamen Landschaft von Deutsch-Südwest-afrika von entscheidender Bedeutung. Die Kämpfer nutzten ihre detaillierte Kenntnis des Terrains, um die deutschen Soldaten in Fallen zu locken, ihre Nachschublinien zu unterbrechen und durch plötzliche Angriffe Verwirrung zu stiften. Die Guerillataktiken der Herero und Nama waren nicht nur Ausdruck ihrer militärischen Findigkeit, sondern auch ein Zeichen für ihre Entschlossenheit, die koloniale Besatzungsmacht zu bekämpfen, auch wenn sie zahlenmäßig und waffentechnisch weit unterlegen waren. Diese Form des Widerstands stellte die deutschen Truppen vor große Herausforderungen und zwang sie, ihre militärische Strategie immer wieder anzupassen.

Trotz ihrer Bemühungen waren die Herero und Nama letztlich nicht in der Lage, der massiven militärischen Übermacht der Deutschen standzuhalten. Die deutsche Kolonialverwaltung, unter der Führung von General Lothar von Trotha, reagierte mit unvorstellbarer Brutalität. Von Trotha gab den berüchtigten "Vernichtungsbefehl" heraus, der darauf abzielte, die Herero als Volk systematisch auszurotten. Diejenigen, die den direkten Kämpfen entkommen konnten, wurden in die wasserlose Omaheke-Wüste getrieben, wo viele verdursteten. Andere wurden in Konzentrationslager gebracht, wo sie unter katastrophalen Bedingungen Zwangsarbeit verrichten mussten und die Sterblichkeitsrate extrem hoch war. Dieser Genozid an den Herero und Nama ist ein Mahnmal für die Grausamkeit des Kolonialismus und ein dunkles Kapitel der deutschen Geschichte. Trotz der Niederlage hinterließ der Aufstand der Herero und Nama ein kraftvolles Vermächtnis. Er zeugt vom Mut derjenigen, die bereit waren, ihr Leben für die Freiheit zu riskieren, und von der tiefen Ablehnung der kolonialen Unterdrückung durch die einheimische Bevölkerung. Die Guerillataktiken und die aktive Rolle der Frauen im Widerstand sind wichtige Aspekte dieser Geschichte, die zeigen, dass der Widerstand gegen die Kolonialherrschaft nicht nur von militärischer Tapferkeit, sondern auch von einem tiefen Gemeinschaftsgeist und einem ungebrochenen Willen zur Selbstbestimmung geprägt war. Diese Geschichte sollte uns daran erinnern, dass die kolonialisierten Völker nicht bloße Opfer waren, sondern aktive Akteure, die trotz widrigster Umstände ihren Widerstand aufrechterhielten und für ihre Rechte kämpften.

3. Die Witbooi-Rebellion

Hendrik Witbooi, ein bedeutender Anführer der Nama, spielte eine zentrale Rolle im Widerstand gegen die deutsche Kolonialherrschaft in Deutsch-Südwestafrika. Witbooi, der von seinen Anhängern als charismatischer und visionärer Führer verehrt wurde, initialisierte mehrere Angriffe gegen deutsche Stellungen und leistete damit entschlossenen Widerstand gegen die kolonialen Besatzer. Sein Ziel war es, die Vormachtstellung der deutschen Kolonialtruppen zu brechen und die Freiheit für sein Volk zu bewahren. Dabei bediente sich Witbooi der Guerillataktik, die für die Nama aufgrund ihrer Mobilität und ihrer tiefen Kenntnis des schwierigen Terrains ideal geeignet war. Die Nama kämpften aus dem Hinterhalt, nutzten Überraschungsangriffe und bewegten sich schnell durch die Wüstenlandschaften, was den deutschen Truppen immer wieder erhebliche Schwierigkeiten bereitete.

Witbooi war nicht nur ein militärischer Führer, sondern auch ein kluger Diplomat, der die politischen und militärischen Entwicklungen seiner Zeit genau verstand. Zunächst war seine Haltung gegenüber der Kolonialmacht eindeutig: Er weigerte sich, die deutsche Vorherrschaft anzuerkennen, und kämpfte mutig gegen die koloniale Expansion. Doch nach mehreren Jahren erbitterten Widerstands und unter dem Druck der überwältigenden deutschen Streitkräfte sah sich Witbooi gezwungen, seine Strategie zu überdenken. Die Verluste seines Volkes und die zunehmend aussichtslose militärische Situation zwangen ihn schließlich, 1894 einen Friedensvertrag mit den Deutschen zu schließen. Diese Entscheidung war keineswegs ein Ausdruck von Kapitulation, sondern vielmehr eine strategische Anpassung an die Realität, um das Überleben seines Volkes zu sichern und die fortschreitende Zerstörung zu verhindern.

In den Jahren nach dem Friedensschluss entwickelte sich Hendrik Witbooi zu einem wichtigen Verbündeten der deutschen Kolonialverwaltung. Er erkannte, dass ein Bündnis mit den Deutschen möglicherweise eine Möglichkeit bot, zumindest einen Teil der Interessen seines Volkes zu schützen. In dieser neuen Rolle unterstützte er die Kolonialmacht in ihren militärischen Auseinandersetzungen mit anderen aufständischen Gruppen in Deutsch-Südwestafrika. So kämpfte Witbooi an der Seite der Deutschen gegen andere indigene Gemeinschaften, die sich ebenfalls gegen die koloniale Herrschaft erhoben hatten, darunter die Herero. Diese Zusammenarbeit war jedoch von Ambivalenz geprägt: Witbooi selbst blieb misstrauisch gegenüber den Deutschen, und viele seiner Leute sahen die Allianz als einen schmerzhaften, aber notwendigen Schritt, um die Verluste zu minimieren und das Überleben der Nama zu sichern.

Hendrik Witboois Weg vom entschlossenen Widerstandskämpfer zum Verbündeten der deutschen Kolonialmacht wirft ein Schlaglicht auf die komplexen Realitäten des kolonialen Widerstands. Es verdeutlicht die schwierigen Entscheidungen, die indigene Führer angesichts der brutalen kolonialen Machtverhältnisse treffen mussten, um ihr Volk zu schützen. Witbooi blieb trotz der Allianz mit den Deutschen stets der Vision eines unabhängigen Nama-Landes verpflichtet und nutzte jede Gelegenheit, um für die Interessen seines Volkes zu kämpfen. Im Jahr 1904, als der große Aufstand der Herero und Nama gegen die deutsche Herrschaft ausbrach, kehrte Witbooi erneut zu seiner ursprünglichen Rolle als Widerstandskämpfer zurück und führte seine Leute in den Kampf gegen die Kolonialmacht. Er starb 1905 im Gefecht, doch sein Vermächtnis als ein führender Kopf des antikolonialen Widerstands und als Symbol für die Sehnsucht nach Freiheit lebt bis heute fort.

Hendrik Witbooi (ca. 1830–1905) war einer der bedeutendsten Anführer der Nama in Südwestafrika, dem heutigen Namibia. Er stammte aus einer Familie, die bereits über Generationen hinweg Führungsrollen innehatte, und wuchs in einer Zeit auf, in der europäische Kolonialmächte zunehmend das südliche Afrika unter ihre Kontrolle brachten. Witbooi war als Kaptein der Nama nicht nur ein militärischer Anführer, sondern auch ein politischer Stratege, der versuchte, sein Volk gegen die Bedrohung durch deutsche Kolonialherren zu schützen. Ab 1893 führte Hendrik Witbooi die Nama in den Widerstand gegen die deutsche Kolonialmacht, wobei er diplomatisches Geschick und militärische Taktik kombinierte. Er gilt als einer der ersten afrikanischen Führer, der sich aktiv der Kolonialisierung entgegenstellte. Der Widerstand endete 1904 in einem umfassenden Aufstand gegen die deutschen Truppen, der auch Teil des späteren Herero- und Namaqua-Aufstands wurde. Witbooi starb 1905 in einer Schlacht gegen die Kolonialtruppen. Heute gilt er als Symbol des Widerstands gegen Unterdrückung und als Held des namibischen Unabhängigkeitskampfes. Sein Bild ist auf namibischen Banknoten abgebildet und seine Bedeutung bleibt in der namibischen Geschichte tief verankert.

Hendrik Witboois Leben und seine Entscheidungen zeigen, wie komplex die kolonialen Machtverhältnisse und die Möglichkeiten des Widerstands waren. Er war ein Anführer, der die Balance zwischen kompromisslosem Kampf und notwendiger Anpassung suchte, ein Mann, der sein Volk in einer Zeit unvorstellbarer Herausforderungen führte. Seine Geschichte ist ein Beispiel für den Mut, die Weisheit und die Tragik derjenigen, die gegen die Kolonialmächte kämpften, und ein starkes Zeugnis für den Widerstandswillen der kolonisierten Völker, die sich trotz der übermächtigen Kräfte nicht bereit waren, ihre Freiheit kampflos aufzugeben.

4. Der Aufstand in Samoa (1899)

Der Aufstand in Samoa im Jahr 1899 war ein entscheidendes Kapitel in der Geschichte der samoanischen Inseln, geprägt von Widerstand, politischem Ehrgeiz und den komplexen Interessen kolonialer Mächte. Im Zentrum dieses Konflikts stand Mata'afa Iosefo, ein bedeutender samoanischer Häuptling, der die samoanischen Kräfte gegen die deutschen Kolonialherren führte. Sein Widerstand war eine Reaktion auf den Versuch Deutschlands, die politische Kontrolle über die Inselgruppe zu festigen und damit die Souveränität der einheimischen Bevölkerung zu untergraben.

Mata'afa Iosefo (ca. 1832–1912) war einer der prominentesten Häuptlinge Samoas und spielte eine zentrale Rolle in den Konflikten des späten 19. Jahrhunderts, die als die Samoa-Kriege bekannt wurden. Als Führer der Mata'afa-Fraktion war er maßgeblich am Widerstand gegen die kolonialen Einflussversuche der Deutschen, Briten und Amerikaner beteiligt. Er setzte sich für die Unabhängigkeit Samoas ein und wurde zu einem Symbol der nationalen Einheit und des Widerstands gegen die ausländische Einmischung. 1888 führte Mata'afa Iosefo erfolgreich eine Rebellion gegen die von den Deutschen unterstützte Regierung an und erlangte dadurch großes Ansehen unter den samoanischen Clans. Er wurde 1898 kurzzeitig zum König von Samoa erklärt, doch die Spannungen zwischen den Kolonialmächten führten zur Aufteilung Samoas im Jahr 1899. Mata'afa Iosefo blieb eine bedeutende Figur in der samoanischen Politik und versuchte weiterhin, den Frieden zwischen den rivalisierenden samoanischen Fraktionen zu wahren. Mata'afa Iosefo gilt bis heute als nationaler Held Samoas und wird für seinen Mut, seine Führungsqualitäten und seine Bemühungen um die Erhaltung der samoanischen Kultur und Unabhängigkeit verehrt.

Mata'afa Iosefo war nicht nur ein charismatischer Anführer, sondern auch ein geschickter Stratege, der sowohl die einheimische Kultur als auch die komplexe politische Situation im Südpazifik verstand. Nachdem Deutschland Ende des 19. Jahrhunderts zunehmend versuchte, seine koloniale Kontrolle über Samoa auszuweiten, sah sich Mata'afa gezwungen, Widerstand zu leisten. Diese Versuche zur Machtausweitung waren Teil eines größeren imperialen Wettstreits zwischen Deutschland, den USA und Großbritannien, die alle Anspruch auf die strategisch bedeutenden Inseln erhoben. Deutschland wollte durch eine stärkere Präsenz auf Samoa seine wirtschaftlichen Interessen sichern und seine Position im Pazifik ausbauen. Mata'afa Iosefo erkannte jedoch, dass dies auf Kosten der samoanischen Selbstbestimmung geschehen würde, und rief seine Anhänger zum Widerstand auf.

Der Aufstand begann im Kontext einer bereits angespannten politischen Lage. Mata'afa Iosefo, der von vielen Samoanern als legitimer Anführer angesehen wurde, lehnte die Versuche der Deutschen ab, ihre Marionette auf dem samoanischen Thron zu installieren. Anstelle einer von den Kolonialmächten kontrollierten Regierung forderte Mata'afa eine selbstbestimmte Führung durch die traditionellen samoanischen Häuptlinge. Dies führte zu einer Reihe von bewaffneten Konflikten, in denen die samoanischen Kämpfer unter Mata'afas Führung den deutschen Truppen erbittert Widerstand leisteten. Die Kämpfe waren geprägt von einer asymmetrischen Kriegsführung, bei der Mata'afa und seine Männer versuchten, die zahlenmäßig und waffentechnisch überlegenen deutschen Truppen durch Guerillataktiken zu schwächen.

Die militärischen Auseinandersetzungen auf Samoa im Jahr 1899 waren von wechselndem Erfolg gekennzeichnet. Obwohl die deutschen Truppen mit moderneren Waffen ausgestattet waren, gelang es den samoanischen Widerstandskämpfern immer wieder, den Vormarsch der Kolonialherren zu verlangsamen und bedeutende Nadelstiche gegen die Besatzer zu setzen. Dabei profitierte Mata'afa von seiner tiefen Kenntnis des Terrains und seiner Fähigkeit, die Unterstützung der lokalen Bevölkerung zu mobilisieren. Die samoanische Bevölkerung unterstützte den Widerstand auf vielfältige Weise: durch die Versorgung der Kämpfer mit Nahrungsmitteln, die Bereitstellung von Informationen über die Bewegungen der deutschen Truppen und durch das Festhalten an traditionellen Formen der Gemeinschaft, die die moralische Basis des Widerstands stärkten.

Der Aufstand wurde jedoch nicht nur auf dem Schlachtfeld geführt. Mata'afa Iosefo bemühte sich auch um diplomatische Lösungen, indem er versuchte, die Aufmerksamkeit der internationalen Gemeinschaft auf die samoanische Sache zu lenken. Er hoffte, dass der Druck der anderen Kolonialmächte – insbesondere Großbritanniens und der Vereinigten Staaten – dazu beitragen könnte, die deutsche Expansion zu begrenzen und die Souveränität Samoas zu bewahren. Diese Hoffnung erwies sich jedoch als trügerisch, da die europäischen Mächte und die USA letztlich mehr an ihren eigenen geopolitischen Interessen als am Schicksal der samoanischen Bevölkerung interessiert waren.

Die Situation in Samoa eskalierte, als die Spannungen zwischen den drei Großmächten ihren Höhepunkt erreichten. Letztlich führte die Rivalität zwischen Deutschland, den USA und Großbritannien zur sogenannten Dreimächtekonvention im Jahr 1899, bei der die Inselgruppe unter den drei Mächten aufgeteilt wurde. Diese Konvention beendete den offenen Konflikt, führte jedoch zur endgültigen Aufteilung der Inseln und zum Verlust der samoanischen Unabhängigkeit. Die westlichen Inseln wurden unter deutsche Kontrolle gestellt, während die östlichen Inseln – das heutige Amerikanisch-Samoa – an die USA fielen. Für Mata'afa Iosefo und die samoanischen Kämpfer bedeutete dies eine bittere Niederlage, da ihr Ziel, die Unabhängigkeit Samoas zu bewahren, letztlich nicht erreicht wurde.

Trotz der Niederlage bleibt Mata'afa Iosefo eine zentrale Figur in der Geschichte Samoas und ein Symbol für den Widerstand gegen koloniale Unterdrückung. Sein Mut und seine Entschlossenheit, die Interessen seines Volkes zu verteidigen, haben ihn zu einem Nationalhelden gemacht, dessen Vermächtnis bis heute in Samoa präsent ist.

Der Aufstand von 1899 ist ein eindrucksvolles Beispiel für die Tragik der kolonialen Geschichte: Der Widerstand gegen die kolonialen Mächte war mutig und inspirierend, doch die übermächtigen geopolitischen Interessen der Großmächte führten letztlich zur Unterwerfung der einheimischen Bevölkerung. Die Geschichte des samoanischen Widerstands zeigt die Komplexität und die Ungerechtigkeit der kolonialen Machtausdehnung und erinnert uns daran, dass die kolonialisierten Völker nicht passiv waren, sondern aktiv um ihre Souveränität kämpften, selbst wenn die Chancen gegen sie standen.

5. Die Sing-Sing Rebellion in Neuguinea (1899)[37]

Der Sing-Sing, ein traditioneller Ritualtanz der einheimischen Bevölkerung von Papua-Neuguinea, entwickelte sich zu einem wichtigen Ausdruck des Widerstands gegen die deutsche Kolonialherrschaft. Diese kulturelle Praxis, tief verwurzelt in der Gemeinschaft und der spirituellen Welt der indigenen Völker, wurde von den deutschen Kolonialherren als potenzielle Bedrohung ihrer Autorität angesehen. Die Kolonialverwaltung versuchte daher, den Sing-Sing zu unterdrücken, da sie in dieser Zusammenkunft eine Quelle des Aufruhrs und der Herausforderung gegen die koloniale Ordnung sah.

Der Sing-Sing war jedoch weit mehr als nur ein Tanz. Er war eine komplexe soziale und kulturelle Veranstaltung, die die Identität und den Zusammenhalt der Gemeinschaft stärkte. Im Rahmen des Sing-Sing kamen die Menschen zusammen, um ihre kulturellen Geschichten durch Tanz, Musik und Gesänge zu erzählen und zu bewahren. Diese Geschichten vermittelten nicht nur die Mythen und Legenden der Gemeinschaft, sondern auch Werte wie Mut, Zusammenhalt und Widerstandsfähigkeit. Die Versuche der Kolonialverwaltung, diese kulturel-

---

37 Ferdinand Heinrich Grautoff, 2022, "1906" - Der Zusammenbruch der alten Welt, Tschechien: DigiCat

len Praktiken zu unterdrücken, trafen daher auf heftigen Widerstand, denn der Sing-Sing war ein Symbol der Eigenständigkeit und des kulturellen Erbes der Menschen, das sie nicht bereit waren aufzugeben.

Die deutschen Kolonialherren, die eine vollständige Kontrolle über das soziale und kulturelle Leben der kolonisierten Bevölkerung anstrebten, versuchten, den Sing-Sing zu verbieten oder zumindest stark zu reglementieren. Sie sahen in diesen Ritualen eine Gefahr für die koloniale Ordnung, da solche Versammlungen große Gruppen von Menschen zusammenbrachten, die potenziell subversive Ideen austauschen konnten. Die Kolonialbehörden beäugten jede Form der selbstbestimmten Versammlung mit großem Misstrauen, da sie die Macht der Gemeinschaft fürchteten und die Möglichkeit sahen, dass diese kulturellen Zusammenkünfte als Plattform für politische Organisation genutzt werden könnten.

Doch anstatt die Praxis des Sing-Sing aufzugeben, reagierte die einheimische Bevölkerung auf die Repression mit Kreativität und Beharrlichkeit. Der Tanz entwickelte sich weiter und wurde zu einem subversiven Werkzeug des Widerstands. Während die offensichtlichen Aspekte des Sing-Sing – Tanz und Musik – beibehalten wurden, veränderte sich die symbolische Bedeutung des Rituals zunehmend. Der Sing-Sing wurde zu einer versteckten Demonstration des kulturellen Stolzes und der Ablehnung der kolonialen Unterdrückung. Viele der Lieder und tänzerischen Darstellungen begannen, subtile Botschaften des Widerstands zu enthalten, die von den deutschen Kolonialherren nicht immer verstanden wurden, aber innerhalb der Gemeinschaft eine klare Aussage hatten.

Diese Art des kulturellen Widerstands war besonders effektiv, da sie auf einer Ebene stattfand, die den Kolonialherren weitgehend verschlossen blieb. Die tiefere Bedeutung der Gesänge, die symbolischen Gesten im Tanz – all dies waren Ausdrucksformen, die in ihrer ganzen Tragweite nur den Mitgliedern der Gemeinschaft zugänglich waren.

So konnten die Einheimischen ihre Identität und ihren Widerstand aufrechterhalten, ohne offen in den Konflikt mit den Kolonialbehörden zu treten. Der Sing-Sing war ein Mittel, um das kulturelle Gedächtnis der Gemeinschaft lebendig zu halten und die nötige Resilienz gegen die kulturelle Dominanz der Kolonialmacht zu bewahren.

Die Unterdrückung des Sing-Sing durch die Deutschen war auch ein Versuch, die einheimische Spiritualität zu brechen, da der Tanz in engem Zusammenhang mit rituellen und religiösen Vorstellungen stand. Der Sing-Sing war nicht nur ein Fest, sondern auch ein spiritueller Akt, der die Verbindung der Menschen zu ihren Vorfahren und zur Natur ausdrückte. Diese spirituelle Dimension verlieh dem Sing-Sing eine besondere Bedeutung im Kontext des Widerstands. Indem die Menschen den Sing-Sing trotz der kolonialen Verbote weiter praktizierten, schufen sie einen Raum der spirituellen Unabhängigkeit, der sich der kolonialen Einflussnahme entzog.

Trotz der Bemühungen der Kolonialherren gelang es ihnen nicht, den Sing-Sing vollständig zu unterdrücken. Der Tanz überlebte nicht nur die koloniale Repression, sondern entwickelte sich zu einem Symbol des anhaltenden Widerstands gegen jegliche Form der Fremdherrschaft. Noch heute ist der Sing-Sing ein fester Bestandteil der kulturellen Identität in Papua-Neuguinea, ein lebendiges Zeugnis des kulturellen Widerstands gegen die deutsche Kolonialherrschaft. Er steht für die Beharrlichkeit der einheimischen Völker, ihre Kultur und Traditionen gegen äußeren Druck zu bewahren, und erinnert daran, dass kulturelle Ausdrucksformen eine wichtige Waffe im Kampf gegen Unterdrückung und Fremdherrschaft sein können.

6. Die Silsilah-Bewegung auf den Karolinen (1910-1911)

Die Silsilah-Bewegung auf den Karolinen, die in den Jahren 1910 bis 1911 ihren Höhepunkt erreichte, war ein bemerkenswertes Beispiel für den Widerstand der indigenen Bevölkerung gegen die deutsche Kolonialherrschaft in der Südsee. Diese Bewegung, die nach einer lokalen spirituellen Praxis benannt wurde, verband religiösen Glauben mit dem Streben nach Freiheit und der Ablehnung der kolonialen Unterdrückung. Die Karolinen, eine Inselgruppe im westlichen Pazifik, waren damals Teil des deutschen Kolonialreiches, und die kolonialen Autoritäten hatten das soziale und kulturelle Leben der einheimischen Bevölkerung stark eingeschränkt. Die Silsilah-Bewegung war eine Antwort auf diese Einschränkungen und zielte darauf ab, die kulturelle und spirituelle Identität der Menschen zu bewahren und die Kontrolle der deutschen Kolonialverwaltung zurückzudrängen.

Der Begriff "Silsilah" bezieht sich auf eine spirituelle Praxis, die tief in den traditionellen Glaubenssystemen der Karolinen verwurzelt war. Diese Praxis umfasste Elemente der Ahnenverehrung, Naturverbundenheit und des kollektiven spirituellen Ausdrucks, die für das kulturelle Leben der Inselbewohner von zentraler Bedeutung waren. Die Kolonialbehörden betrachteten diese spirituellen Rituale als unvereinbar mit ihrer Vorstellung von "zivilisatorischem Fortschritt" und versuchten daher, sie zu unterdrücken. Die Silsilah-Bewegung war jedoch nicht nur ein religiöses Phänomen, sondern entwickelte sich rasch zu einer breiteren sozialen Bewegung, die auch politische Elemente beinhaltete und zu einem wichtigen Ausdruck des Widerstands gegen die Kolonialmacht wurde.

Die Bewegung fand ihre Wurzeln in der tiefen Unzufriedenheit der einheimischen Bevölkerung mit der deutschen Kolonialverwaltung, die versucht hatte, das gesellschaftliche Leben zu kontrollieren, indem sie die traditionelle soziale Struktur der Inselbewohner untergrub und europäische Normen durchsetzte. Die deutschen Kolonialherren erzwangen Reformen, die die lokalen Herrschaftsverhältnisse destabilisierten, Landenteignungen durchführten und die Menschen zu Zwangsarbeit verpflichteten. Die Silsilah-Bewegung entstand als Reaktion auf diese systematische Unterdrückung und die erzwungene kulturelle Anpassung. Sie verband die religiösen Überzeugungen der Inselbewohner mit dem Wunsch, sich der kolonialen Herrschaft zu widersetzen und ihre eigene kulturelle Identität zu bewahren.

Die Führer der Silsilah-Bewegung, die oft aus den Reihen der spirituellen Elite der Karolinen stammten, begannen, ihre religiöse Autorität zu nutzen, um die Menschen zum Widerstand zu mobilisieren. Sie interpretierten die koloniale Unterdrückung als einen spirituellen Angriff auf die Gemeinschaft und riefen die Menschen dazu auf, sich diesem Angriff zu widersetzen. Durch Rituale und religiöse Zeremonien, die im Geheimen abgehalten wurden, versuchten die Anhänger der Silsilah-Bewegung, die spirituelle Stärke der Gemeinschaft zu erneuern und die Unterstützung der Ahnen zu erbitten. Diese Rituale dienten nicht nur der spirituellen Erneuerung, sondern waren auch ein Akt der offenen Rebellion gegen die deutschen Versuche, die kulturellen Praktiken der Inselbewohner zu unterdrücken.

Die Bewegung breitete sich rasch über die Inseln der Karolinen aus, und die deutschen Kolonialbehörden betrachteten sie bald als eine ernsthafte Bedrohung für ihre Autorität. Die Kombination aus religiösem Eifer und politischem Widerstand war besonders gefährlich für die Kolonialherren, da sie das Potenzial hatte, die ansonsten oft fragmentierten Inselgemeinschaften zu vereinen. Die Anhänger der Silsilah-Bewegung begannen, sich gegen die kolonialen Vorschriften zu widersetzen, indem sie die Arbeitspflichten verweigerten, Abgaben nicht zahlten und die kolonialen Beamten offen herausforderten. Diese Akte des zivilen Ungehorsams waren Ausdruck ihrer Entschlossenheit, ihre Lebensweise zu verteidigen und die von den Kolonialherren auferlegten Zwänge abzulehnen.

Die Reaktion der deutschen Kolonialverwaltung auf die Silsilah-Bewegung war erwartungsgemäß repressiv. Die Kolonialbehörden entsandten Truppen auf die Inseln, um die Bewegung niederzuschlagen und die Führer zu verhaften. Viele der spirituellen Anführer der Bewegung wurden gefangen genommen und inhaftiert, einige von ihnen wurden nach Deutsch-Neuguinea deportiert, um ihre Führungsrolle in der Bewegung zu schwächen. Die koloniale Repression hatte jedoch nicht den gewünschten Erfolg, die Bewegung vollständig zu zerschlagen. Vielmehr führte sie dazu, dass der Widerstand der Bevölkerung zunehmend unterdrückt und ins Verborgene gedrängt wurde, was die Entschlossenheit der Inselbewohner nur weiter stärkte.

Die Silsilah-Bewegung endete offiziell im Jahr 1911, doch ihre Auswirkungen waren noch lange zu spüren. Sie hinterließ ein starkes Erbe des Widerstands gegen koloniale Unterdrückung und wurde zu einem Symbol für die Beharrlichkeit der karolinischen Kultur inmitten der kolonialen Repression. Die Kombination aus spirituellem Glauben und politischem Widerstand machte die Silsilah-Bewegung zu einem einzigartigen Phänomen in der Geschichte der kolonialen Widerstandsbewegungen im Pazifik. Sie zeigt, wie tief verwurzelte kulturelle und spirituelle Überzeugungen eine Bevölkerung motivieren können, gegen eine mächtige Kolonialmacht aufzustehen, und wie Religion und Politik in der kolonialen Welt oft untrennbar miteinander verbunden waren.[38]

Die Geschichte der Silsilah-Bewegung verdeutlicht die Widerstandskraft der karolinischen Gesellschaft und die Bedeutung des kulturellen Erbes als Quelle der Stärke und des Zusammenhalts in Zeiten der Unterdrückung. Sie erinnert uns daran, dass koloniale Herrschaft nicht nur eine Frage militärischer Macht war, sondern auch ein Kampf um kulturelle Vorherrschaft, in dem die indigenen Völker trotz aller

---

38 Die Katholischen Missionen,(1997), Deutschland: (n.p.), Band 116, Ausgabe 4-6, Unitversity of California

Widrigkeiten um ihre Identität und ihre spirituellen Wurzeln kämpften.

7. Der Aufstand von Kamerun (1891-1894)

In Kamerun, einer der bedeutendsten deutschen Kolonien in Afrika, leisteten verschiedene lokale Gruppen energischen Widerstand gegen die Kolonialisierung durch das Deutsche Reich. Dieser Widerstand war insbesondere eine Reaktion auf die von den Kolonialherren eingeführten Zwangsmaßnahmen, darunter die Zwangsarbeit und die Enteignung von Land. Der Widerstand der einheimischen Bevölkerung war ein komplexes Zusammenspiel von offenen Aufständen, zähem zivilem Ungehorsam und heimlicher Sabotage – allesamt Versuche, sich gegen die koloniale Herrschaft zu behaupten und die eigenen sozialen, wirtschaftlichen und kulturellen Strukturen zu bewahren.[39]

Die von den deutschen Kolonialbehörden eingeführte Zwangsarbeit bedeutete für viele Kameruner eine drastische Verschlechterung ihrer Lebensbedingungen. Männer wurden oft gewaltsam rekrutiert, um in den Plantagen, beim Bau von Eisenbahnen oder bei anderen Infrastrukturprojekten zu arbeiten, die der wirtschaftlichen Ausbeutung des Landes durch die Deutschen dienten. Diese Arbeit war meist von unmenschlichen Bedingungen gekennzeichnet: lange Arbeitszeiten, unzureichende Nahrung und keinerlei Entlohnung führten dazu, dass Zwangsarbeit für viele zur Todesfalle wurde. Für die lokale Bevölkerung bedeutete die Zwangsarbeit nicht nur den Verlust ihrer Freiheit, sondern auch die Zerstörung ihrer traditionellen Lebensweise, da sie von ihren Familien und Gemeinden getrennt wurden.

39 Florian Hoffmann, (2007), Okkupation und Militärverwaltung in Kamerun: Etablierung und Institutionalisierung des kolonialen Gewaltmonopols 1891-1914, Deutschland: Cuvillier Verlag, ISBN 9783867274739

Neben der Zwangsarbeit war die Enteignung von Land eine der tiefgreifendsten Formen der Unterdrückung durch die Kolonialmacht. Die deutschen Kolonialherren beschlagnahmten riesige Flächen fruchtbaren Landes, um Plantagen für den Anbau von exportorientierten Nutzpflanzen wie Kakao, Kaffee und Baumwolle zu errichten. Diese Enteignungen zwangen die lokale Bevölkerung dazu, ihre Heimat und ihre Lebensgrundlage zu verlassen und auf weniger fruchtbares Land auszuweichen. Die Vertreibung von ihrem Land bedeutete nicht nur den Verlust der wirtschaftlichen Existenz, sondern auch den Verlust eines wichtigen Teils der kulturellen Identität der betroffenen Gemeinschaften, da das Land in der lokalen Tradition eine zentrale Rolle spielte.

Der Widerstand gegen die deutschen Kolonialherren nahm verschiedene Formen an. Zu den bekanntesten gehört der Aufstand der Duala, einer einflussreichen ethnischen Gruppe im küstennahen Kamerun. Die Duala, die enge Handelsbeziehungen mit europäischen Händlern gepflegt hatten und eine strategisch wichtige Position innehatten, widersetzten sich den Versuchen der deutschen Kolonialregierung, ihre Handelsprivilegien und ihre Autonomie zu beschneiden. Ihr Widerstand zeigte sich unter anderem in Protestbriefen an die deutsche Regierung, aber auch in der Verweigerung der Zusammenarbeit mit den Kolonialbehörden. Auch die Bakoko und die Bakweri organisierten sich gegen die Kolonialpolitik, vor allem gegen die Enteignung ihrer Ländereien und die daraus resultierende wirtschaftliche Marginalisierung.

Eine weitere bedeutsame Widerstandsbewegung entstand im Norden Kameruns unter der Führung der Fulbe. Diese nomadisch geprägte Gemeinschaft, die lange Zeit über ihre eigenen politischen Strukturen verfügte, lehnte sich gegen die deutsche Fremdherrschaft auf, die ihre traditionellen Lebensweisen und Herrschaftssysteme bedrohte. Die Fulbe organisierten eine Reihe von bewaffneten Aufständen, bei denen sie ihre Kenntnisse des Geländes nutzten, um die deutschen Truppen immer wieder in Hinterhalte zu locken. Diese Guerillataktiken machten es den deutschen Kolonialherren schwer, die Kontrolle über die Region dauerhaft zu sichern, und führten zu einer Verlängerung des Konflikts.

Auch ziviler Ungehorsam war eine wichtige Form des Widerstands in Kamerun. Viele Gemeinschaften verweigerten die Zahlung von Steuern oder die Abgabe von Lebensmitteln an die Kolonialbehörden, obwohl solche Maßnahmen oft mit harten Strafen belegt wurden. Frauen spielten ebenfalls eine bedeutende Rolle im Widerstand gegen die deutsche Kolonialherrschaft. Sie organisierten Proteste gegen die Zwangsarbeit ihrer Männer und Söhne und fanden Mittel und Wege, um die kargen Ressourcen ihrer Familien vor den Kolonialherren zu schützen. Ihre Rolle im Widerstand wurde oft nicht dokumentiert, war jedoch essenziell für den Fortbestand der Gemeinschaften.

8. Die Taveta-Rebellion in Ostafrika (1896)

Die Taveta-Rebellion in Ostafrika (1896) war ein eindrucksvolles Beispiel für den entschlossenen Widerstand der lokalen Bevölkerung gegen die Kolonialherrschaft. Die Taveta, ein Volk, das in der Grenzregion zwischen dem heutigen Kenia und Tansania lebt, standen den deutschen Kolonialherren gegenüber, die begannen, ihr Land zu besetzen und die einheimischen Strukturen zu zerstören. Der deutsche Anspruch auf die Kontrolle über dieses Gebiet, das strategisch an den Handelswegen zwischen der Küste und dem Binnenland lag, brachte die Taveta in eine prekäre Lage. Die Kolonialherren versuchten, das fruchtbare Land zu kontrollieren, um es für die wirtschaftlichen Interessen des Deutschen Reiches nutzbar zu machen. Dies führte zu massiven Enteignungen und zur Vertreibung der Taveta von ihrem angestammten Land.

Die Taveta wehrten sich gegen die Enteignung und die Bedrohung ihrer Lebensgrundlage. Sie lehnten es ab, ihre angestammten Gebiete kampflos zu verlassen, und entschieden sich, der kolonialen Macht mit entschlossenem Widerstand zu begegnen. Die Rebellion war eine Reaktion auf die systematischen Versuche der Deutschen, die Kontrolle über das Land und die Ressourcen der Region zu übernehmen. Die Taveta verstanden, dass die deutsche Kolonialherrschaft nicht nur ihre politische Autonomie bedrohte, sondern auch ihre kulturelle und wirtschaftliche Existenz zerstören würde. Für die Taveta war das Land mehr als nur eine wirtschaftliche Ressource – es war ein wesentlicher Teil ihrer kulturellen Identität und ihres spirituellen Lebens, und der Verlust des Landes wäre gleichbedeutend mit dem Verlust ihrer Gemeinschaft und ihrer Traditionen.

Die Rebellion der Taveta begann mit gezielten Angriffen auf deutsche Patrouillen und Infrastruktur. Sie setzten Guerillataktiken ein, um die koloniale Infrastruktur zu sabotieren und die Kommunikationswege der Deutschen zu stören. Diese Form des Widerstands war besonders effektiv, da die Taveta ihre genaue Kenntnis des Terrains nutzten, um den kolonialen Truppen aus dem Hinterhalt zuzusetzen und ihnen empfindliche Verluste zuzufügen. Sie organisierten Überfälle auf deutsche Versorgungslinien und griffen Einrichtungen an, die für die Kontrolle des Gebietes von Bedeutung waren. Diese Aktionen zwangen die deutschen Kolonialbehörden dazu, ihre Truppen ständig zu verstärken und Ressourcen zur Sicherung der Region zu binden.

Doch der deutsche militärische Apparat war den Taveta zahlenmäßig und waffentechnisch weit überlegen. Die Kolonialherren reagierten mit harter Repression auf die Rebellion. Die deutschen Truppen setzten rücksichtslose Gewalt ein, um den Widerstand der Taveta zu brechen, und es kam zu brutalen Vergeltungsmaßnahmen gegen die lokale Bevölkerung. Ganze Dörfer wurden niedergebrannt, und viele Taveta wurden entweder getötet oder in die Flucht getrieben. Dennoch gelang es den Taveta, über Monate hinweg Widerstand zu leisten und den Deutschen deutlich zu machen, dass ihre Herrschaft nicht unwidersprochen bleiben würde.

Die Taveta-Rebellion endete schließlich mit einer Niederlage der Aufständischen, aber sie hinterließ ein kraftvolles Vermächtnis. Die Entschlossenheit der Taveta, ihr Land und ihre Lebensweise zu verteidigen, wurde zu einem Symbol für den Widerstand gegen die koloniale Fremdherrschaft in Ostafrika. Ihre Rebellion zeigte, dass die kolonialen Bestrebungen der Europäer, die Kontrolle über Afrika zu erlangen, immer auf den Widerstand der lokalen Bevölkerung stießen. Sie zeigten, dass es trotz der scheinbaren Übermacht der Kolonialmächte immer Menschen gab, die bereit waren, für ihre Freiheit und ihre Gemeinschaft zu kämpfen.[40]

Heute wird die Taveta-Rebellion in der Geschichtsschreibung oft als ein früher Ausdruck des afrikanischen Widerstands gegen den Kolonialismus gewürdigt. Sie steht für die Frühphase des antikolonialen Widerstands, der später im 20. Jahrhundert in vielen Teilen Afrikas zu breiten Unabhängigkeitsbewegungen führen sollte. Die Taveta, deren Gemeinschaft durch die deutschen Repressalien schwer getroffen wurde, konnten ihre kulturelle Identität bewahren und leisteten damit auch einen Beitrag zur Bewahrung der regionalen Traditionen. Ihre Geschichte erinnert daran, dass Widerstand gegen Unterdrückung und Enteignung, selbst wenn er scheinbar erfolglos bleibt, eine wichtige Grundlage für das kollektive Gedächtnis und die Identität einer Gesellschaft bildet.

40 Graf von Wickenburg, (1899), Wanderungen in Ost-Afrika, Österreich: Gerold Verlag, aus Online-Archiv der Michigang State University, abgerufen am 22.2.2023

9. Der Aufstand der Kwanyama in Südwestafrika (1917)

Der Aufstand der Kwanyama in Südwestafrika im Jahr 1917 markierte ein weiteres Kapitel im langanhaltenden Widerstand gegen die koloniale Herrschaft. Auch nach den verheerenden Herero- und Nama-Aufständen (1904–1908), die von der deutschen Kolonialmacht brutal niedergeschlagen worden waren, zeigte sich, dass die Unterdrückung der einheimischen Bevölkerung nicht ohne Widerspruch hingenommen wurde. Die Kwanyama, ein Zweig der Ovambo, lebten in der Region, die heute Teile des nördlichen Namibia und des südlichen Angola umfasst. Ihr Widerstand richtete sich insbesondere gegen die zunehmende Rekrutierung von Arbeitskräften, die ihre Lebensweise und Autonomie bedrohte.

Nach den Herero- und Nama-Aufständen hatte die deutsche Kolonialverwaltung ihre militärische Überlegenheit demonstriert und die Kontrolle über die Kolonie durch wirtschaftliche Ausbeutung und Zwangsarbeit weiter ausgebaut. Die Kwanyama, die eine weitgehend autarke und gut organisierte Gemeinschaft bildeten, sollten Männer als billige Arbeitskräfte stellen, vor allem für die aufstrebenden Minen und Plantagen im Süden des heutigen Namibias. Diese Rekrutierungen, oft unter Zwang, griffen tief in das Leben der Kwanyama ein. Sie wurden aus ihrer traditionellen Umgebung gerissen, ihre sozialen Strukturen geschwächt und ihre kulturelle Identität bedroht. Für die Kwanyama war dies ein direkter Angriff auf ihre Freiheit und Lebensgrundlage.

Der Widerstand wurde von Mandume ya Ndemufayo, dem charismatischen Anführer der Kwanyama, angeführt. Mandume weigerte sich, die Forderungen der Kolonialherren zu akzeptieren, und forderte seine Gemeinschaft auf, sich gegen die Rekrutierungen zu wehren. Sein Ziel war nicht nur die Ablehnung der Zwangsarbeit, sondern die Verteidigung der kulturellen und sozialen Integrität der Kwanyama. Er rief die Gemeinschaft zur Einheit und zum Schutz ihrer Lebensweise auf.

Der Aufstand entwickelte sich zu einem bewaffneten Konflikt, bei dem die Kwanyama Guerillataktiken einsetzten, um gegen die Kolonialmächte vorzugehen. Sie nutzten ihr Wissen über das unwegsame Terrain, um Patrouillen zu umgehen und Überraschungsangriffe durchzuführen. Trotz der zahlenmäßigen und technologischen Überlegenheit der Kolonialmächte gelang es den Kwanyama, empfindliche Verluste zuzufügen und ihren Widerstandswillen unter Beweis zu stellen.

Die Kolonialherren reagierten mit brutaler Härte. Wie bereits während der Herero- und Nama-Aufstände setzten die deutschen Kolonialbehörden auf Einschüchterung und extreme Gewalt. Mandume ya Ndemufayo wurde zum Symbol des Widerstands und damit zur Hauptzielscheibe der Kolonialtruppen. Nach dem Verlust der Kolonie an Südafrika infolge des Ersten Weltkriegs führte das südafrikanische Militär die Repressionen fort. Im Jahr 1917 kam es zur entscheidenden Schlacht, bei der Mandume ya Ndemufayo und viele seiner Anhänger getötet wurden. Sein Tod bedeutete das Ende des organisierten Widerstands der Kwanyama, doch die Erinnerung an ihren Kampf blieb ungebrochen.

Der Aufstand der Kwanyama war weit mehr als ein weiterer Versuch, die koloniale Herrschaft zu brechen. Er zeigte die tiefe Verwurzelung des Widerstands in der Gemeinschaft und die unerschütterliche Bereitschaft, für Freiheit und Würde zu kämpfen. Für die Kwanyama war der Aufstand ein Akt des Selbstschutzes – ein Versuch, ihre Gemeinschaft und Kultur vor der Zerstörung durch die Kolonialmächte zu bewahren. Bis heute bleibt der Aufstand ein bedeutendes Kapitel der namibischen Geschichte und ein Symbol für den anhaltenden Widerstandswillen gegen Kolonialismus und Unterdrückung.[41]

41 Mandume ya Ndemufayo's memorials in Namibia and Angola. UWC, (Memento vom 15. Februar 2012 im Internet Archive) abgerufen am 30. April 2019

10. Der Widerstand in Togo (1913)

Der Widerstand in Togo im Jahr 1913 war ein bedeutender Ausdruck der Ablehnung der kolonialen Ausbeutung durch die deutsche Kolonialherrschaft. Lokale Anführer und Gemeinschaften organisierten einen bewaffneten Aufstand, um sich gegen die wirtschaftlichen Zwänge und Repressionen zu wehren, die ihre Existenz bedrohten. Seit der deutschen Inbesitznahme im Jahr 1884 hatte sich Togo zu einer Kolonie entwickelt, deren Wirtschaft allein den Interessen der Kolonialmacht diente. Dabei wurden die Ressourcen des Landes systematisch ausgebeutet und die einheimische Bevölkerung in ein abhängiges und unterdrücktes Verhältnis gezwungen.

Ein zentrales Element der deutschen Kolonialpolitik war die Förderung des Anbaus von Exportgütern wie Baumwolle und Kakao, die auf den Weltmärkten hohe Nachfrage erzielten. Dies geschah jedoch auf Kosten der lokalen Landwirtschaft: Traditionelle Methoden wurden verdrängt, Nahrungsmittelproduktion für den Eigenbedarf vernachlässigt, und viele Bauern wurden gezwungen, unter harten Bedingungen auf den Plantagen zu arbeiten. Die Ernährungssicherheit verschlechterte sich dramatisch, und die Bevölkerung sah sich mit einer immer größeren Bedrohung ihrer Lebensgrundlagen konfrontiert. Diese ausbeuterischen Praktiken führten zu wachsendem Unmut und bereiteten den Boden für den Widerstand.

Der Widerstand wurde vor allem von lokalen Anführern getragen, die nicht bereit waren, die Eingriffe der Kolonialherren in ihre Kultur und Autonomie hinzunehmen. Viele dieser Anführer entstammten den traditionellen Autoritäten ihrer Gemeinschaften und waren sich der tiefgreifenden Veränderungen bewusst, die die koloniale Wirtschaftsordnung mit sich brachte. Sie sahen sich in der Verantwortung, die Rechte und die Lebensweise ihrer Gemeinschaften zu verteidigen. Unter ihrer Führung mobilisierten sich die Menschen gegen die

Zwangsarbeit, die steigenden Steuerlasten und die allgemeinen Unterdrückungsmechanismen.

Der bewaffnete Aufstand von 1913 zeichnete sich durch gezielte Angriffe auf koloniale Einrichtungen, Plantagen und Verwaltungsgebäude aus. Die Widerstandskämpfer nutzten ihre Ortskenntnisse für Überraschungsangriffe und Hinterhalte, die den deutschen Truppen empfindliche Verluste zufügten. Obwohl die Kolonialmacht militärisch überlegen war, konnte der Widerstand in einigen Regionen die deutsche Kontrolle zeitweise schwächen. Doch die Reaktion der deutschen Kolonialverwaltung war brutal: Sie entsandte zusätzliche Truppen, setzte auf Vergeltungsmaßnahmen und ging mit äußerster Härte vor. Viele Anführer des Widerstands wurden gefangen genommen oder getötet, Dörfer wurden niedergebrannt, und die Bevölkerung litt unter massiven Repressionen.

Trotz der blutigen Niederschlagung bleibt der Widerstand von 1913 ein wichtiges Symbol für den Kampf der Togolesen um Freiheit und Selbstbestimmung. Er zeigte, dass die koloniale Ausbeutung und Unterdrückung nicht ohne Widerstand akzeptiert wurden. Der Aufstand war Ausdruck der Entschlossenheit der einheimischen Bevölkerung, ihre Rechte und ihre Lebensweise zu verteidigen, und verdeutlichte die Grenzen der kolonialen Herrschaft.

Die Ereignisse von 1913 waren zwar nicht der letzte Akt des Widerstands gegen die Kolonialmacht, doch sie markieren einen wichtigen Moment in der Geschichte Togos. Der Kampf der mutigen Anführer und Gemeinschaften, die sich den deutschen Kolonialherren entgegenstellten, ist ein Vermächtnis, das bis heute in Erinnerung bleibt. Er war Teil einer breiteren antikolonialen Bewegung, die schließlich in den Unabhängigkeitsbewegungen des 20. Jahrhunderts mündete. Dieses Erbe bleibt ein zentraler Bestandteil der togolesischen Geschichte und zeugt vom unerschütterlichen Willen, für Gerechtigkeit und Freiheit einzustehen.[42]

11. Die Mendi-Rebellion in Neuguinea (1907)

Die Mendi-Rebellion in Neuguinea im Jahr 1907 war ein markantes Beispiel des Widerstands gegen die deutsche Kolonialherrschaft, das zeigt, wie tiefgreifend und belastend die kolonialen Interventionen in die Lebensweise der indigenen Bevölkerung eingriffen. Die Mendi, eine der indigenen Gruppen in Neuguinea, sahen die deutsche Kolonisation als ernsthafte Bedrohung für ihre traditionelle Lebensweise und ihre kulturelle Autonomie. Die deutschen Kolonialherren versuchten, die Kontrolle über die Region durch die Einführung von Zwangsarbeit, durch Landenteignung und durch eine tiefgreifende Einmischung in die sozialen und politischen Strukturen der Mendi zu festigen. Diese systematischen Eingriffe führten dazu, dass die Mendi sich entschieden, aktiv Widerstand zu leisten.

Die Mendi lebten in einer stark hierarchisch organisierten Gesellschaft, in der traditionelle Herrschaftsstrukturen und soziale Rituale eine zentrale Rolle spielten. Die deutsche Kolonialverwaltung, die den Anspruch erhob, die Kontrolle über das gesamte Gebiet zu erlangen, missachtete diese bestehenden Strukturen und setzte eigene Vertreter als Autoritäten ein.

Diese politischen Eingriffe stürzten die Mendi-Gemeinschaften in eine schwere Krise, da ihre traditionellen Führungsfiguren entmachtet wurden und damit die gewohnte soziale Ordnung zerstört wurde.

---

42 Ernst Kienitz, (1941), Zeittafel zur deutschen Kolonialgeschichte. Deutschland: Fichte-Verlag/P. Wustrow, ab S.58, Online-Archive University of California, abgerufen am 2.3.2019

Diese Missachtung der bestehenden Gesellschaftsordnung war eine der Hauptursachen für den Aufstand von 1907.

Ein weiterer zentraler Punkt, der zum Widerstand der Mendi führte, war die Einführung von Zwangsarbeit. Die deutschen Kolonialherren versuchten, die indigene Bevölkerung zu Arbeitskräften für den Bau von Plantagen, Straßen und anderen Infrastrukturprojekten zu machen, die den wirtschaftlichen Interessen der Kolonialmacht dienten. Diese Art der Zwangsrekrutierung führte nicht nur zu einer starken Belastung der Gemeinschaften, sondern auch zu einer zunehmenden Ablehnung der kolonialen Autorität, da die Arbeitsbedingungen oft unmenschlich und die Bezahlung kaum existenzsichernd war. Für die Mendi bedeutete dies eine dramatische Entfremdung von ihren traditionellen wirtschaftlichen Aktivitäten, die eng mit ihrer kulturellen Identität verbunden waren.

Der Widerstand der Mendi manifestierte sich in Form von bewaffneten Angriffen auf deutsche Vertreter, Plantagen und administrative Einrichtungen. Die Mendi nutzten ihre detaillierte Kenntnis des Geländes, um die deutschen Truppen durch Guerillataktiken immer wieder zu überraschen und ihnen Verluste zuzufügen. Der Aufstand war nicht nur eine militärische Reaktion auf die Unterdrückung, sondern auch ein kultureller Kampf um das Überleben der eigenen Identität. Die Mendi sahen sich gezwungen, ihre Gemeinschaften, ihr Land und ihre Traditionen zu verteidigen, da die Kolonialisierung eine existentielle Bedrohung für ihre Art zu leben darstellte.

Die Reaktion der deutschen Kolonialverwaltung auf die Rebellion war rücksichtslos und brutal. Die Kolonialherren setzten massiv militärische Gewalt ein, um den Aufstand niederzuschlagen, und gingen dabei mit großer Grausamkeit vor. Dörfer wurden niedergebrannt, Felder verwüstet, und zahlreiche Menschen wurden getötet oder verschleppt. Die deutsche Administration versuchte, die Mendi durch diesen Terror zu unterwerfen und die Ordnung wiederherzustellen, jedoch blieb der Widerstand, auch wenn er schließlich militärisch gebrochen wurde, tief im Bewusstsein der Mendi verankert. Die brutale Niederschlagung des Aufstands hinterließ tiefe Wunden in der Gemeinschaft und zeigte die rücksichtslose Natur der deutschen Kolonialpolitik, die bereit war, jede Form des Widerstands mit Gewalt zu brechen.

Zur Zeit des Mendi-Aufstandes im Jahr 1907 stand die deutsche Kolonialverwaltung in Deutsch-Neuguinea unter der Führung von Gouverneur Albert Hahl. Albert Hahl war seit 1902 Gouverneur der Kolonie und spielte eine zentrale Rolle bei der Etablierung der deutschen Herrschaft in dieser Region. Hahl war bekannt für seine Versuche, die deutsche Kontrolle durch eine Kombination aus diplomatischen Maßnahmen, wirtschaftlicher Entwicklung und, bei Widerstand, auch durch militärische Härte zu festigen.

Obwohl er häufig als jemand beschrieben wurde, der einen weniger brutalen Ansatz zur Kolonialverwaltung bevorzugte, zeigte seine Reaktion auf die Mendi-Rebellion, dass er genauso bereit war, militärische Gewalt einzusetzen, um die Kolonialordnung aufrechtzuerhalten. Hahls Politik war oft von dem Versuch geprägt, die indigenen Gemeinschaften zu befrieden, indem er einige lokale Anführer einsetzte oder Kooperationsangebote machte. Doch die Einführung von Zwangsarbeit und die Missachtung der traditionellen Herrschaftsstrukturen führten zu großen Spannungen, die schließlich im Aufstand der Mendi mündeten.

Die harsche Niederschlagung des Aufstands durch Hahl und seine Administration zeigt, dass die koloniale Stabilität für ihn Vorrang vor den Interessen und dem Wohlergehen der einheimischen Bevölkerung hatte. Seine Doppelstrategie aus Anpassung und harter Bestrafung bei Widerstand prägt sein Vermächtnis als Gouverneur, das, wie viele andere Kolonialverwalter seiner Zeit, von Widersprüchen und Gewalt geprägt war.

Albert Hahl (1868–1945) war ein deutscher Kolonialbeamter und Gouverneur von Deutsch-Neuguinea. Er trat 1895 in den Kolonialdienst ein und wurde 1902 Gouverneur der Kolonie. Hahl war bekannt für seine „zwei Säulen"-Strategie, die sowohl militärische Gewalt als auch die Integration lokaler Autoritäten zur Festigung der deutschen Herrschaft nutzte. Unter seiner Führung wurden Infrastrukturprojekte vorangetrieben, aber auch Zwangsarbeit und Enteignungen eingeführt, was zu Unruhen wie der Mendi-Rebellion führte. Seine Amtszeit endete 1914, kurz vor dem Ausbruch des Ersten Weltkriegs, und er kehrte nach Deutschland zurück, wo er 1945 starb.

Die Mendi-Rebellion von 1907 ist ein wichtiger Teil der Geschichte des antikolonialen Widerstands in Neuguinea und verdeutlicht die Dynamiken, die zwischen den kolonialen Unterdrückern und den unterworfenen Völkern bestanden. Sie zeigt, dass die koloniale Herrschaft nicht nur ein administratives und wirtschaftliches Projekt war, sondern auch ein kultureller Angriff, der tief in das Leben und die Traditionen der einheimischen Bevölkerung eingriff. Die Rebellion der Mendi war ein verzweifelter, aber mutiger Versuch, gegen die Macht der Kolonialherren aufzustehen und das eigene kulturelle Erbe zu schützen. Auch wenn der Aufstand militärisch scheiterte, bleibt das Vermächtnis der Mendi ein Zeugnis ihres ungebrochenen Willens, ihre Identität und ihre Freiheit zu verteidigen.[43]

12. Die Mele Rebellion in Vanuatu (1910)

Die Mele-Rebellion in Vanuatu im Jahr 1910 war ein eindrucksvolles Beispiel für den Widerstand der einheimischen Bevölkerung gegen die Kolonialherrschaft, die versuchte, traditionelle Glaubenssysteme

---

43 Casper Anderson, (2017), The Government and Administration of Africa, 1880-1939 Vol 3. Vereinigtes Königreich: Taylor & Francis, ISBN: 9781351543842

und Lebensweisen zu unterdrücken. Die Mele, die auf der Insel Vanuatu (süd-westlich der Salomonen-Insel im Pazifik) lebten, sahen ihre kulturelle Identität, ihre religiösen Überzeugungen und ihre sozialen Strukturen durch das Eindringen der deutschen Missionare und Kolonialbeamten ernsthaft bedroht. Die deutschen Missionare versuchten, das Christentum in der Region zu verbreiten und dabei die traditionellen religiösen Praktiken der Mele zu unterdrücken, die als „heidnisch" und „unzivilisiert" betrachtet wurden. Diese kolonialen Eingriffe stellten eine tiefgreifende Bedrohung für die spirituelle und kulturelle Autonomie der Mele dar und führten zu wachsender Unzufriedenheit.

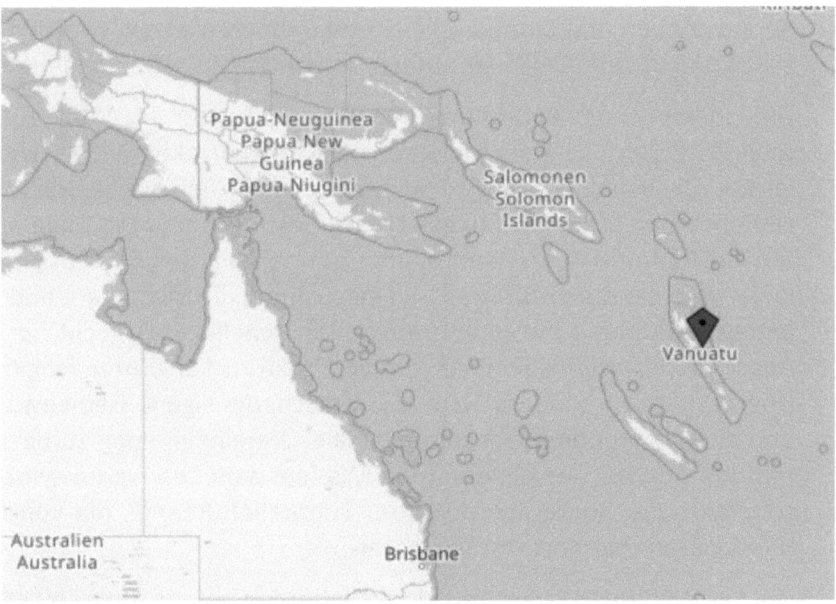

Abbildung 9: Vanuatu ©OpenStreetMap, Open Database License (ODbL) 1.0

261

Die Mele, deren Glaubenssystem eng mit ihrer Umgebung und ihren sozialen Strukturen verwoben war, sahen in den deutschen Missionaren und den kolonialen Beamten nicht nur religiöse Invasoren, sondern auch eine Bedrohung für ihre gesamten Lebensgrundlagen. Die Missionare führten rigorose Maßnahmen durch, um die traditionellen Riten und Zeremonien zu verbieten, und setzten dabei sowohl ideologische als auch physische Mittel ein, um die Mele zum Christentum zu konvertieren. Diese Maßnahmen beinhalteten die Zerstörung von heiligen Stätten, die Beschlagnahmung von Ritualgegenständen und das Verbot von Zeremonien, die tief in der kulturellen Identität der Mele verwurzelt waren. Darüber hinaus nutzten die deutschen Kolonialbeamten ihre Macht, um die einheimische Bevölkerung zu Zwangsarbeit heranzuziehen und europäische Normen durchzusetzen, was den sozialen und kulturellen Druck auf die Gemeinschaft weiter verstärkte.

Die zunehmende Bedrohung für ihre kulturelle Identität führte schließlich dazu, dass die Mele sich entschlossen, aktiv Widerstand zu leisten. Die Rebellion begann mit gezielten Angriffen auf die Missionsstationen und die Einrichtungen der Kolonialbeamten. Die Mele nutzten ihre Kenntnis des Geländes, um Überraschungsangriffe auf die Kolonialvertreter durchzuführen und versuchten, die Missionare und Beamten von ihrem Land zu vertreiben. Die Rebellion war nicht nur ein Ausdruck des Widerstands gegen die Unterdrückung ihrer religiösen Überzeugungen, sondern auch ein Versuch, die eigene Gemeinschaft und deren Autonomie vor der kolonialen Vereinnahmung zu bewahren. Die Angriffe der Mele auf die Missionsstationen waren symbolische Akte der Rückeroberung ihrer kulturellen Räume, die von den Missionaren usurpiert worden waren.

Die Reaktion der deutschen Kolonialbehörden auf die Mele-Rebellion war brutal und rücksichtslos. Die Kolonialbeamten entsandten militärische Truppen, um die Rebellion niederzuschlagen, und gingen dabei mit äußerster Härte vor. Die Repression umfasste die Verhaftung und

Inhaftierung von Anführern der Rebellion, die Zerstörung von Dörfern sowie drakonische Strafen für all jene, die des Widerstands verdächtigt wurden. Die deutschen Behörden versuchten, durch Einschüchterung und physische Gewalt die Kontrolle über die Bevölkerung wiederherzustellen und das Aufbegehren gegen ihre Autorität zu unterbinden. Diese gewaltsamen Repressalien hinterließen tiefe Wunden in der Gemeinschaft und verstärkten das Gefühl der Entfremdung und des Verlusts.

Die Mele-Rebellion von 1910 ist ein wichtiges Beispiel für den antikolonialen Widerstand in der pazifischen Region und verdeutlicht die Konflikte, die durch die koloniale Durchsetzung europäischer Normen und Religionen ausgelöst wurden. Die Mele kämpften nicht nur gegen die Einführung einer fremden Religion, sondern auch gegen die systematische Zerstörung ihrer kulturellen Identität und ihrer Lebensweise. Obwohl die Rebellion letztlich militärisch niedergeschlagen wurde, blieb der Widerstand der Mele ein starkes Symbol für die Ablehnung der kolonialen Unterdrückung. Sie erinnert daran, dass die Kolonisierung nicht nur eine Frage der politischen und wirtschaftlichen Kontrolle war, sondern auch ein tiefgreifender kultureller Angriff, der die Lebensgrundlagen und die spirituellen Überzeugungen der indigenen Bevölkerung zerstören sollte.

Die Neuendettelsauer Mission war eine der einflussreichsten protestantischen Missionsgesellschaften, die in den deutschen Kolonien tätig war. Sie wurde im 19. Jahrhundert in Deutschland gegründet und hatte das Ziel, das Christentum in verschiedenen Teilen der Welt zu verbreiten. In den deutschen Kolonien, darunter auch Vanuatu, spielte die Neuendettelsauer Mission eine zentrale Rolle bei der Missionierung der einheimischen Bevölkerung. Ihre Aktivitäten waren eng mit den kolonialen Verwaltungsstrukturen verknüpft, und sie trug maßgeblich dazu bei, europäische Normen und Werte in den kolonisierten Gebieten durchzusetzen. Dies führte oft zu erheblichen Konflikten mit den lokalen Gemeinschaften, da die Missionare bestrebt waren, traditionelle religiöse und kulturelle Praktiken zu unterdrücken und durch christliche Rituale zu ersetzen. Die Neuendettelsauer Mission arbeitete eng mit der deutschen Kolonialverwaltung zusammen, was die Missionsarbeit zu einem Instrument der kolonialen Kontrolle machte. Die strikte Durchsetzung christlicher Normen und die Abwertung der lokalen Kultur führten zu erheblichen Spannungen, die schließlich auch zur Mele-Rebellion von 1910 beitrugen.[44]

13. Der Widerstand der Kayan in Borneo (1903)

Der Widerstand der Kayan in Borneo im Jahr 1903 war ein eindrucksvolles Beispiel für den unerschütterlichen Willen der einheimischen Bevölkerung, ihre kulturelle Identität und religiöse Überzeugungen gegen die Einmischung der Kolonialmächte zu verteidigen. Die Kayan, eine indigene Gruppe auf Borneo, waren fest verwurzelt in ihren traditionellen Glaubenssystemen, die eng mit ihrer Lebensweise, ihren sozialen Strukturen und ihrer Beziehung zur Natur verbunden waren. Als die deutschen Kolonialherren begannen, ihre Herrschaft auf Borneo auszudehnen, sahen sich die Kayan mit zunehmendem Druck konfrontiert, ihre eigenen religiösen Praktiken und kulturellen Traditionen zugunsten europäischer Werte und Normen aufzugeben. Diese Einmischung traf auf entschlossenen Widerstand.

Die deutschen Kolonialbeamten versuchten, die Kontrolle über die Kayan zu erlangen, indem sie europäische Kultur und Religion durchzusetzen versuchten. Missionare, die oft Hand in Hand mit der Kolonialverwaltung arbeiteten, betrachteten die traditionellen Glaubenspraktiken der Kayan als „unzivilisiert" und „heidnisch". Sie versuchten,

---

44 Georg Pilhofer, (1961). Die Geschichte der Neuendettelsauer Mission in Neuguinea: Von den ersten Anfängen bis zum Kriegsausbruch 1914. Deutschland: Freimund-Verlag

das Christentum zu verbreiten, indem sie heilige Stätten der Kayan zerstörten, Ritualgegenstände beschlagnahmten und Zeremonien untersagten. Diese Aktionen waren nicht nur ein Angriff auf die religiöse Identität der Kayan, sondern auch eine tiefgreifende Bedrohung für ihr kulturelles Erbe und ihre soziale Stabilität.

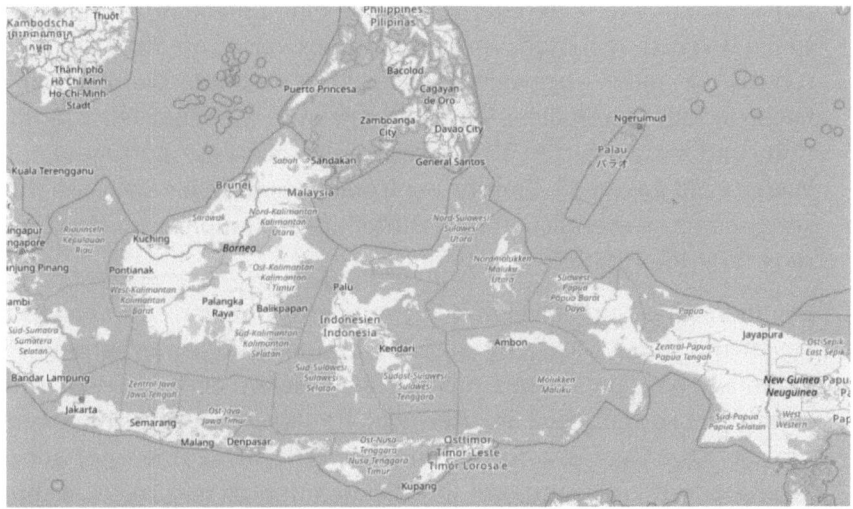

Abbildung 10: Borneo ©OpenStreetMap, Open Database License (ODbL) 1.0

Die Reaktion der Kayan auf diese Maßnahmen war eindeutig. Sie lehnten die kolonialen Forderungen, ihre kulturellen und religiösen Praktiken zu ändern, entschieden ab und sahen in den Missionaren und den Kolonialbeamten eine unmittelbare Gefahr für ihre Gemeinschaft. Der Widerstand der Kayan manifestierte sich sowohl in passiver Ablehnung als auch in aktiven Protesten. Die Kayan weigerten sich, an den Missionierungsprogrammen teilzunehmen, und verteidigten ihre heiligen Stätten gegen die Zerstörungsversuche der Kolonialherren. Es kam immer wieder zu Auseinandersetzungen, bei denen die Kayan versuchten, ihre Gebiete und ihre religiösen Traditionen zu schützen.

Ein zentrales Element des Widerstands war die Weigerung, die kulturellen Symbole der Kayan zu unterwerfen oder sie durch die von den Kolonialherren eingeführten fremden Symbole zu ersetzen. Die traditionellen Tätowierungen der Kayan, die eine tiefe kulturelle und spirituelle Bedeutung hatten, wurden beispielsweise von den Kolonialherren als „primitiv" abgewertet und sollten verboten werden. Für die Kayan jedoch waren diese Tätowierungen ein wichtiger Teil ihrer Identität, und sie weigerten sich, dieses kulturelle Erbe aufzugeben. Der Widerstand gegen die Einführung fremder kultureller Symbole wurde so zu einem wesentlichen Bestandteil ihres Kampfes um die Bewahrung ihrer Identität.

Die deutsche Kolonialverwaltung reagierte auf den Widerstand der Kayan mit einer Mischung aus Repression und „Umerziehung". Die Kolonialbehörden setzten militärische Gewalt ein, um den Widerstand zu brechen, und nutzten gleichzeitig wirtschaftliche Zwänge, um die Kayan gefügig zu machen. Viele Kayan wurden gezwungen, Zwangsarbeit zu leisten, um ihre Gemeinden zu versorgen, während andere von ihrem Land vertrieben wurden, um Platz für europäische Siedler und Plantagen zu schaffen. Diese Repressionen hinterließen tiefe Spuren in der Gemeinschaft und führten zu einer Verschärfung der Spannungen zwischen den Kayan und der Kolonialverwaltung.

Beim Widerstand der Kayan in Borneo im Jahr 1903 standen mehrere Vertreter der deutschen Kolonialverwaltung in Verantwortung, die entscheidende Rollen in der Verwaltung und bei der Niederschlagung des Widerstands spielten. Die deutsche Kolonialverwaltung in dieser Region wurde durch einen Gouverneur und mehrere Bezirksverwalter organisiert, die die politische Kontrolle im Namen des Deutschen Reiches ausübten. Auch deutsche Militärführer spielten eine zentrale Rolle bei der Niederschlagung von Widerständen.

Einige der maßgeblichen Akteure für die deutsche Kolonialverwaltung könnten Vertreter wie der damalige Gouverneur von Deutsch-Neuguinea, Albert Hahl, gewesen sein. Albert Hahl hatte einen bedeutenden Einfluss auf die Kolonialpolitik der deutschen Besitzungen in Südostasien, darunter auch in Gebieten, die heute zu Malaysia und Indonesien gehören. Hahl, der für seine „zwei Säulen"-Strategie bekannt war, versuchte einerseits, die lokale Bevölkerung durch Diplomatie zu befrieden, und griff andererseits bei Widerstand rigoros zu militärischer Gewalt.

Zusätzlich zu Hahl waren Bezirksverwalter und lokale deutsche Verwaltungsbeamte direkt an der Umsetzung der kolonialen Maßnahmen beteiligt. Sie hatten den Auftrag, den deutschen Einfluss zu sichern, indem sie lokale Aufstände niederschlugen und versuchten, die einheimische Bevölkerung zur Zusammenarbeit zu bewegen. Diese Beamten erhielten oft Unterstützung von deutschen Militärkommandanten, die für die militärische Durchsetzung der Kolonialordnung verantwortlich waren. Dabei nutzten sie die Ressourcen der sogenannten Schutztruppe, einer militärischen Einheit, die speziell für den Einsatz in den deutschen Kolonien aufgestellt worden war.

Die Namen der spezifischen Beamten und Militärführer, die beim Kayan-Widerstand eine zentrale Rolle spielten, sind leider oft nicht ausreichend dokumentiert. Dies liegt daran, dass die koloniale Geschichtsschreibung in vielen Fällen die Verantwortlichen anonymisiert hat oder die Bedeutung der einheimischen Aufstände herabgestuft wurde.

Obwohl der Widerstand der Kayan letztlich nicht erfolgreich war und die Kolonialmacht ihre Kontrolle über die Region festigen konnte, blieb der Widerstand der Kayan ein starkes Symbol für den Kampf um kulturelle Autonomie und Selbstbestimmung. Der Mut der Kayan, sich gegen die überlegene koloniale Macht zu stellen und für ihre Überzeugungen und Traditionen zu kämpfen, zeugt von ihrer tiefen Verbundenheit zu ihrer Kultur und ihrer Gemeinschaft. Der Aufstand der Kayan in Borneo verdeutlicht die tiefgreifenden Auswirkungen des Kolonialismus auf die indigenen Völker und zeigt, dass der Widerstand gegen die kulturelle und religiöse Vereinnahmung durch die Kolonialmächte weit über den physischen Kampf hinausging – er war ein Kampf um die Seele und Identität einer Gemeinschaft.

Die Geschichte des Kayan-Widerstands bleibt ein wichtiger Bestandteil der Erinnerung an die antikolonialen Bewegungen in Südostasien und stellt eine deutliche Mahnung an die brutalen und zerstörerischen Auswirkungen des Kolonialismus dar. Sie zeigt auf, wie die Kolonialherrschaft nicht nur politisch und wirtschaftlich, sondern auch kulturell und spirituell versuchte, die Kontrolle zu übernehmen und die einheimische Bevölkerung zu entmündigen. Die Kayan hingegen haben durch ihren Widerstand bewiesen, dass der Kampf um Selbstbestimmung und kulturelle Identität niemals vollständig unterdrückt werden kann.[45]

14. Der Moro-Widerstand auf den Philippinen (1910-1913)

Der Moro-Widerstand auf den Philippinen gilt heute als direkte Reaktion auf die US-amerikanische Kolonialherrschaft, doch auch die Präsenz deutscher Händler und kleinerer Kolonialkontingente trug entscheidend zu lokalen Konflikten bei. Der Einfluss deutscher Akteure wird in der Geschichte des Moro-Widerstands oft vernachlässigt, obwohl er eine bedeutende Rolle bei der Entstehung lokaler Ressentiments und Spannungen spielte.

Die deutschen Händler, die in den Süden der Philippinen vordrangen, versuchten, die wirtschaftlichen Ressourcen der Region zu kontrollie-

---

45 Jerome Rousseau, (1990), Central Borneo: Ethnic Identity and Social Life in a Stratified Society. Deutschland: Clarendon Press

ren, indem sie oft unfaire Handelsabkommen mit lokalen Herrschern erzwangen. Diese Abkommen zwangen die lokalen Fürsten dazu, bestimmte Produkte ausschließlich an die Deutschen zu liefern, was die wirtschaftliche Freiheit der Gemeinden massiv einschränkte. Die Handelsunternehmen, die nicht bereit waren, die sozialen und kulturellen Eigenheiten der Region zu respektieren, betrachteten die einheimische Bevölkerung oft als bloßes Hindernis für ihre Profite. Diese Missachtung der lokalen Gemeinschaften führte zu erheblichem Unmut unter den Moros, einer muslimischen Bevölkerungsgruppe, die stark mit ihren kulturellen Traditionen und religiösen Überzeugungen verwurzelt war.

Der Versuch, die Handelswege und die wirtschaftlichen Ressourcen der Region zu kontrollieren, ging mit einer großen Missachtung der bestehenden sozialen Strukturen und religiösen Sitten der Moro-Gemeinschaften einher. Diese respektlose Haltung verschärfte die Spannungen, die schließlich in offenen Widerstand mündeten. Die Moros, die bereits unter dem Druck der US-amerikanischen Besatzung standen, sahen in den deutschen Händlern eine zusätzliche Bedrohung für ihre Unabhängigkeit und ihre religiöse Autonomie. Sie wehrten sich entschieden gegen die wirtschaftliche Einmischung und die Versuche, ihre Handelsstrukturen zu unterwandern.

Dieser Widerstand gegen die Deutschen war gekennzeichnet durch eine Mischung aus passivem Boykott deutscher Händler und aktiven Angriffen auf deutsche Handelsniederlassungen. Die Moros organisierten Angriffe auf Handelsposten und entzogen den deutschen Händlern die lokale Unterstützung, die sie für den Handel dringend benötigten. Diese Aktionen waren nicht nur wirtschaftlich motiviert, sondern hatten auch eine starke religiöse Komponente: Die Moros sahen ihre traditionellen Werte und ihre spirituelle Autonomie bedroht. Der Widerstand war somit nicht nur ein Kampf um wirtschaftliche

Freiheit, sondern auch ein Bemühen, ihre Kultur und ihre religiösen Überzeugungen gegen die koloniale Unterdrückung zu schützen.

Die deutschen Händler, die versuchten, von der Instabilität in der Region zu profitieren, wurden zunehmend als Eindringlinge wahrgenommen, die den ohnehin schwierigen Lebensbedingungen der Moros weiteren Schaden zufügten. Die lokale Bevölkerung baute so eine doppelte Front des Widerstands auf: Gegen die amerikanische Kolonialmacht, die mit militärischer Härte vorging, und gegen die deutschen wirtschaftlichen Interessen, die ihre Unabhängigkeit bedrohten. Der Widerstand der Moros gegen die deutschen Händler verdeutlicht, wie tief wirtschaftliche Interessen mit politischen und kulturellen Aspekten verwoben waren und wie die kolonialen Interventionen die Lebensrealität der lokalen Bevölkerung veränderten.

Obwohl der Widerstand der Moros gegen die deutschen Händler weniger gut dokumentiert ist als der Kampf gegen die Amerikaner, stellt er einen wichtigen Teil der kolonialen Geschichte der Philippinen dar. Diese Episode zeigt, dass koloniale Expansion nicht nur eine Frage militärischer Eroberung war, sondern auch der wirtschaftlichen Ausbeutung und kulturellen Unterdrückung. Die deutschen Akteure trugen zur Verschärfung der Konflikte bei, indem sie die bestehenden sozialen und wirtschaftlichen Strukturen der Moro-Gemeinschaften missachteten und versuchten, ihren eigenen Vorteil daraus zu ziehen. Der Moro-Widerstand von 1910 bis 1913 verdeutlicht somit die Vielschichtigkeit der kolonialen Auseinandersetzungen und die Fähigkeit der lokalen Bevölkerung, sich gegen multiple Bedrohungen zur Wehr zu setzen – sei es gegen militärische Gewalt oder wirtschaftliche Unterdrückung.[46]

46 https://www.academia.edu/3183601/The_Moro_Problem_in_the_Philippines_Three_Perspectives?utm_source=chatgpt.com, abgerufen am 28.11.2022

Diese vielfältigen Ereignisse verdeutlichen, dass der Widerstand in den deutschen Kolonien weit mehr war als ein vereinzeltes Aufbegehren gegen die Kolonialmacht. Vielmehr nahm dieser Widerstand viele unterschiedliche Formen an, die jeweils stark in den lokalen Traditionen verwurzelt waren und von einem tief verankerten Willen zur Verteidigung der eigenen Kultur und Souveränität getragen wurden. Es waren nicht nur die politischen und militärischen Auseinandersetzungen, die den Widerstand prägten, sondern auch subtile Akte des kulturellen Beharrens, das Festhalten an religiösen Riten, an gewachsenen sozialen Strukturen und an traditionellen Formen des Zusammenlebens.

Der Widerstand gegen die deutsche Kolonialherrschaft war nicht nur eine Reaktion auf Unterdrückung und Gewalt, sondern auch ein Ausdruck des tiefen Wunsches, die eigene Identität, Lebensweise und Werte zu bewahren. Er war ein vielschichtiger Kampf um die Gemeinschaften, oft mit großen Opfern verbunden, getragen von einem unverbrüchlichen Glauben an Würde und Zukunft. Gerade in dieser Hartnäckigkeit zeigt sich die Kraft und der Mut der Menschen, die sich der Kolonialmacht widersetzten.

Das Wissen um diese verschiedenen Formen des Widerstandes ermöglicht uns heute einen differenzierten Blick auf die koloniale Vergangenheit und auf die Widerstandskämpfer, die nicht selten im Schatten der Geschichte blieben. Es zeigt uns, dass Widerstand nicht immer laut oder spektakulär sein muss, um wirkungsvoll zu sein, sondern dass er gerade in den alltäglichen Handlungen, im kulturellen Beharren und im stillen, doch entschlossenen Widerstand seinen wahren Wert findet. So wird deutlich, dass der Kampf gegen die Kolonialherrschaft in seiner Komplexität und Tiefe weit über den bloßen Wunsch nach Freiheit hinausging – es war ein Ringen um das Recht, als Volk und als Individuum in Würde bestehen zu dürfen.

Koloniale Verbrechen und Unterdrückung in den deutschen Kolonien außerhalb Afrikas

Die deutsche Kolonialpolitik wird oft in erster Linie mit den Verbrechen in Afrika, insbesondere mit dem Völkermord an den Herero und Nama in Deutsch-Südwestafrika, assoziiert. Doch auch in anderen Teilen der Welt, in Asien und im Pazifik, verfolgte das Deutsche Reich eine expansive und teils brutale Kolonialstrategie. Zwar unterschieden sich die Formen der Gewalt, doch rassistische Diskriminierung, Zwangsarbeit und gewaltsame Niederschlagung von Widerstand waren wiederkehrende Elemente der deutschen Kolonialherrschaft.

Die deutschen Kolonialherren in Samoa versuchten, die traditionelle Gesellschaftsordnung der Inselbewohner systematisch zu unterdrücken und durch eine zentralisierte Verwaltungsstruktur zu ersetzen. Dabei kam es immer wieder zu gewaltsamen Auseinandersetzungen zwischen den deutschen Truppen und der samoanischen Bevölkerung. Besonders zwischen 1904 und 1908 kam es zu massiven Repressionen, als sich die Einheimischen gegen deutsche Zwangsmaßnahmen auflehnten. Die deutsche Kolonialverwaltung reagierte mit gezielten militärischen Aktionen, bei denen nicht nur Aufstände brutal niedergeschlagen, sondern auch Dörfer systematisch zerstört wurden. Zahlreiche Anführer der samoanischen Widerstandsbewegung wurden inhaftiert oder deportiert. Die wirtschaftlichen und sozialen Strukturen der samoanischen Gesellschaft wurden nachhaltig geschädigt, da die Enteignung von Land und die Zwangsrekrutierung für Plantagenarbeit die traditionellen Lebensgrundlagen der Bevölkerung massiv beeinträchtigten. Proteste wurden brutal niedergeschlagen, Häuptlinge verhaftet und inhaftiert, und ganze Dörfer niedergebrannt.

Die deutsche Kolonialverwaltung führte zudem ein Plantagensystem ein, das die Samoaner zur Arbeit zwang. Besonders auf den Kopra-Plantagen herrschten menschenunwürdige Bedingungen, und Verstöße gegen die Arbeitsordnung wurden mit drakonischen Strafen geahndet. Dies führte zu einer massiven Verarmung der indigenen Bevölkerung und zur Zerstörung traditioneller Wirtschaftsstrukturen.

In der deutschen Kolonie Qingdao, die 1897 unter dem Vorwand der Ermordung zweier deutscher Missionare besetzt wurde, war die chinesische Bevölkerung systematischer Diskriminierung ausgesetzt. Wichtige Posten in der Verwaltung blieben den Einheimischen verwehrt, und die deutschen Besatzer führten eine rigide Rassentrennungspolitik ein. Chinesische Arbeiter waren gezwungen, für deutsche Unternehmen unter schlechten Bedingungen zu arbeiten. Besonders beim Bau der Eisenbahnlinien und Hafenanlagen wurden sie ausgebeutet. Streiks und Proteste wurden mit massiver Gewalt unterdrückt.

Ein besonders brutales Ereignis ereignete sich 1905, als hunderte chinesische Eisenbahnarbeiter gegen die miserablen Arbeitsbedingungen protestierten. Zeitgenössische Berichte, etwa aus deutschen Verwaltungsakten und chinesischen Augenzeugenberichten, dokumentieren, dass die Arbeiter unter unmenschlichen Bedingungen schuften mussten.[47] Ihre Proteste richteten sich gegen niedrige Löhne, fehlenden Arbeitsschutz und überlange Arbeitszeiten. Die deutsche Verwaltung reagierte mit Festnahmen, Schließungen von Arbeiterunterkünften und in einigen Fällen mit direkter Gewalt gegen die Streikenden. Viele chinesische Arbeiter verloren ihre Arbeit und wurden ohne Entschädigung aus der Stadt vertrieben.

Auf den Karolinen, die Deutschland 1899 von Spanien erworben hatte, wurden die einheimischen Bevölkerungsgruppen systematisch entrechtet. Land, das sie seit Generationen bewirtschaftet hatten, wurde enteignet und an europäische Plantagenbesitzer verkauft. Wer

---

47 Deutsch-national. Kolonialpolitische Aufsätze. Walther & Apolant, Berlin 1887

sich weigerte, für die deutschen Kolonialherren zu arbeiten, wurde mit Gefängnisstrafen oder Zwangsarbeit bestraft. Besonders perfide war die Praxis, traditionelle soziale Strukturen zu zerstören, indem Häuptlinge und Dorfälteste entmachtet und durch deutschfreundliche Verwaltungspersonen ersetzt wurden.[48]

Darüber hinaus wurden auf den Inseln Plantagen mit aus anderen deutschen Kolonien, insbesondere aus Deutsch-Neuguinea und den Marshallinseln, importierten Zwangsarbeitern betrieben. Diese Arbeiter lebten unter noch schlechteren Bedingungen als die einheimische Bevölkerung, oft in beengten Lagern mit unzureichender Versorgung. Die Arbeitszeiten waren extrem lang, und Verstöße gegen die Disziplin wurden mit harter körperlicher Bestrafung geahndet. Berichte aus der Zeit schildern, dass indigene Arbeiter unter Bedingungen schuften mussten, die denen der deutschen Kolonien in Afrika glichen. Besonders schlimm war die Situation auf den Phosphatmineninseln, wo die Arbeiter kaum überlebenswichtige Grundversorgung erhielten.

Obwohl die Verbrechen der deutschen Kolonialherren in Afrika gut dokumentiert sind, bleibt die Gewalt in den Kolonien Asiens und des Pazifiks oft unbeachtet. Dabei zeigen zahlreiche Berichte, dass die dortige indigene Bevölkerung ebenfalls unter rassistischer Diskriminierung, Zwangsarbeit und Repressionen litt. Der deutsche Kolonialismus war ein transnationales Projekt, das in verschiedenen Weltregionen mit unterschiedlichen Methoden durchgesetzt wurde, jedoch stets auf der Unterwerfung und Ausbeutung der lokalen Bevölkerung basierte. Eine vollständige Aufarbeitung der deutschen Kolonialverbrechen muss auch die Ereignisse in Asien und im Pazifik einbeziehen. Aktuelle Forschungen zeigen ein wachsendes Interesse an diesen As-

---

48 u.a. https://www.proveana.de/de/link/lit00000762 – abgerufen am 23.8.2022, Hermann Hiery: Deutsch-Neuguinea, in: Hermann Hiery (Hg.): Lexikon zur Überseegeschichte, Stuttgart 2015, S. 210ff.

pekten, insbesondere in Bezug auf Erinnerungskultur und postkoloniale Debatten. Historiker und Aktivisten fordern verstärkt eine breitere öffentliche Auseinandersetzung mit den Verbrechen des deutschen Kolonialismus und deren langfristigen Auswirkungen auf die betroffenen Regionen.

11. DAS ENDE DER KOLONIALÄRA UND DIE NACHWIRKUNGEN

Das Ende der Kolonialära und die Nachwirkungen in Deutschland sind oft ein Kapitel der deutschen Geschichte, das im Schatten der beiden Weltkriege steht, jedoch tiefgreifende gesellschaftliche und wirtschaftliche Auswirkungen auf das Land hatte. Die Kolonialära Deutschlands, die sich hauptsächlich zwischen den 1880er Jahren und dem Ende des Ersten Weltkriegs erstreckte, fand ihr formales Ende mit dem Vertrag von Versailles im Jahr 1919. Dieser Vertrag verpflichtete Deutschland, all seine Kolonien abzutreten, die danach als Mandatsgebiete unter der Verwaltung von Großbritannien, Frankreich, Belgien und Südafrika gestellt wurden. Doch das Ende der Kolonialherrschaft bedeutete keineswegs das Ende der kolonialen Denkweisen und der wirtschaftlichen, sozialen und politischen Nachwirkungen.

Die Rückabwicklung der deutschen Kolonien führte zu einem tiefen Gefühl der Demütigung und des Verlustes innerhalb der deutschen Gesellschaft. Die Kolonien waren nicht nur Prestigeprojekte gewesen, die den Anspruch des jungen Deutschen Reiches auf internationalen Einfluss unterstreichen sollten, sondern auch bedeutende wirtschaftliche Investitionsprojekte. Viele deutsche Industrielle hatten in Plantagen, Rohstoffabbau und Infrastruktur in den Kolonien investiert, und das Ende dieser wirtschaftlichen Verbindungen bedeutete herbe Verluste für sie. Dies trug zur wirtschaftlichen Instabilität der Weimarer Republik bei und führte zu einer tiefen kolonialen Nostalgie, die in Teilen der Bevölkerung weiterlebte. Diese Nostalgie fand ihren Ausdruck in Organisationen wie dem "Deutschen Kolonialverein", die in der Weimarer Zeit für die Wiedergewinnung der verlorenen Kolonien eintraten und die angebliche Notwendigkeit eines deutschen "Platzes an der Sonne" propagierten.

Neben der wirtschaftlichen Bedeutung hatte das Ende der Kolonialära auch kulturelle und ideologische Nachwirkungen. Während der Kolonialzeit wurden koloniale Denkmuster, wie die Überlegenheit der europäischen Zivilisation und die Notwendigkeit der "Zivilisierung" anderer Völker, tief in das Bewusstsein der deutschen Bevölkerung eingeprägt. Diese Ideologien verschwanden nicht einfach mit der Übergabe der Kolonien an die Alliierten. Vielmehr blieben sie ein fester Bestandteil der kulturellen Identität vieler Deutscher. So waren koloniale Mythen und Bilder auch in den 1920er und 1930er Jahren noch stark präsent – etwa in Schulbüchern, populärer Literatur und im deutschen Film. Besonders während des Nationalsozialismus wurden diese Mythen wiederbelebt, um die Idee des Lebensraums im Osten zu legitimieren und damit die kolonialen Bestrebungen im europäischen Kontext fortzusetzen.

Das Ende der Kolonialära beeinflusste auch die deutsche Wissenschaft und Kultur nachhaltig. Während der Kolonialzeit hatten deutsche Ethnologen, Anthropologen und Naturwissenschaftler umfangreiche Forschungen in den Kolonien durchgeführt und dabei unzählige Artefakte, Pflanzenproben und menschliche Überreste zurück nach Deutschland gebracht. Mit dem Verlust der Kolonien endeten zwar die Expeditionen, doch die Sammlungen in den Museen, wie dem Berliner Völkerkundemuseum, blieben bestehen und prägten das kulturelle Erbe Deutschlands bis in die Gegenwart. Die Auseinandersetzung mit diesen Sammlungen, ihrer kolonialen Herkunft und den ethischen Implikationen für die heutige Zeit ist ein Prozess, der erst seit einigen Jahren wirklich Fahrt aufnimmt. Insbesondere die Forderungen nach Restitution von Artefakten und die Kritik an der musealen Darstellung der Kolonialgeschichte haben zu einer verstärkten Reflexion über die koloniale Vergangenheit geführt.

Auch die Beziehungen zu den ehemaligen Kolonien sind Teil des Erbes der Kolonialära. Obwohl Deutschland nach dem Ersten Weltkrieg offiziell keine Kolonien mehr besaß, bestanden wirtschaftliche und persönliche Beziehungen zwischen ehemaligen Kolonialakteuren und den Ländern weiter. Deutsche Unternehmen, die während der Kolonialzeit in Afrika, Asien und im Pazifik aktiv waren, pflegten auch weiterhin Handelsbeziehungen und setzten ihre wirtschaftlichen Aktivitäten – wenn auch in veränderter Form – fort. Die kolonialen Netzwerke blieben somit bestehen und beeinflussten die wirtschaftliche Zusammenarbeit zwischen Deutschland und den Ländern des Globalen Südens bis heute.

Erst in den letzten Jahrzehnten begann eine öffentliche und politische Debatte über die Verantwortung Deutschlands für die Verbrechen in den Kolonien und die Verpflichtung zur Wiedergutmachung. Besonders der Völkermord an den Herero und Nama in Deutsch-Südwestafrika, dem heutigen Namibia, steht im Mittelpunkt dieser Debatten. Nach jahrzehntelangem Ringen erkannte die deutsche Regierung 2021 offiziell den Völkermord an und verpflichtete sich, symbolische Entschädigungen zu leisten und die Entwicklung in Namibia zu unterstützen. Diese Anerkennung war ein wichtiger Schritt, aber sie verdeutlicht auch, wie lang der Weg der Auseinandersetzung mit der kolonialen Vergangenheit ist.

Das Ende der deutschen Kolonialära hinterließ somit ein vielschichtiges Erbe in Deutschland. Die wirtschaftlichen Verluste, die kulturelle Nostalgie, die anhaltenden kolonialen Denkmuster und die bis heute andauernde Auseinandersetzung mit der kolonialen Verantwortung sind allesamt Elemente, die zeigen, dass die Auswirkungen der Kolonialzeit weit über das formale Ende der Kolonialherrschaft hinausreichen.

Hier sind jedoch acht weniger bekannte Ereignisse oder Entwicklungen, die mit dem Ende der deutschen Kolonialherrschaft in Zusammenhang stehen und von besonderem Interesse sind:

Der Hottentotten-Kredit (1906-1907)

Der sogenannte Hottentotten-Kredit von 1906-1907 war eine der bedeutendsten finanziellen Maßnahmen des Deutschen Reiches, um den kolonialen Aufstand der Herero und Nama in Deutsch-Südwestafrika brutal niederzuschlagen. Dieser Kredit, den das Reich von mehreren Banken aufnahm, um die enormen militärischen Kosten zu decken, beleuchtet auf eindrucksvolle Weise die gravierenden wirtschaftlichen und politischen Konsequenzen der deutschen Kolonialpolitik. Die Bezeichnung "Hottentotten-Kredit" selbst spiegelt die rassistischen Untertöne der Zeit wider, da der Begriff "Hottentotten" als abwertender Begriff für die Nama verwendet wurde. Der Kredit symbolisierte also nicht nur finanzielle Belastungen, sondern auch die tief verankerte Herabsetzung und Missachtung der afrikanischen Bevölkerung.

Die Notwendigkeit, einen solch massiven Kredit aufnehmen zu müssen, um den Widerstand gegen die deutsche Kolonialherrschaft zu unterdrücken, führte zu erheblichen innenpolitischen Spannungen im Deutschen Reich. Besonders im Reichstag entbrannten hitzige Debatten über die Legitimität und Sinnhaftigkeit der Kolonialkriege. Die SPD und Teile der Zentrumspartei waren vehement gegen die Finanzierungen, die sie als Verschwendung von Steuergeldern und als Ausdruck einer skrupellosen imperialistischen Politik ansahen. Diese Kritik wurde durch die desaströsen Berichte über die Vorgänge in Deutsch-Südwestafrika, einschließlich der extrem hohen Opferzahlen und des Einsatzes von Konzentrationslagern, weiter verstärkt. Die Folgen des Kolonialkrieges stellten auch das Bild des "glorreichen" Kolonialabenteuers zunehmend infrage.

Die finanziellen Belastungen, die durch den Hottentotten-Kredit entstanden, waren für das Deutsche Reich immens und brachten die wirtschaftliche Tragfähigkeit der kolonialen Unternehmungen ins Wanken. Der Kredit war eine deutliche Erinnerung daran, dass das Kolonialprojekt nicht nur moralisch fragwürdig, sondern auch wirtschaftlich katastrophal war. Die Verwaltung der Kolonien erwies sich als unprofitabel, und der Kredit war lediglich eine kurzfristige Lösung für ein langfristiges Problem, das das Reich nicht nachhaltig zu lösen vermochte. Tatsächlich trug die Kreditaufnahme zur wachsenden Skepsis in der Bevölkerung gegenüber den Kolonien bei. Immer mehr Deutsche stellten sich die Frage, ob die finanziellen Opfer und die ethischen Verfehlungen, die mit den Kolonialkriegen verbunden waren, gerechtfertigt seien.[49]

Der Hottentotten-Kredit war daher nicht nur ein finanzielles Instrument, sondern auch ein Symbol für die tiefgreifenden Risse in der deutschen Gesellschaft im Hinblick auf die Kolonialpolitik. Er offenbarte die Brutalität und Kosten des deutschen Kolonialprojekts und markierte eine Zäsur im Verständnis vieler Deutscher, die die kolonialen Ambitionen ihrer Regierung nun mit zunehmendem Zweifel betrachteten. Der Kredit trug letztlich dazu bei, die Illusion der Kolonien als "Goldgruben" zu zerstören und die ideologische Grundlage des deutschen Imperialismus nachhaltig zu erschüttern.

49 Fritz Klein, Studien zum deutschen Imperialismus vor 1914, (1976), Deutschland: Akademie-Verlag

Der Lüderitz-Skandal (1914)

Der sogenannte Lüderitz-Skandal von 1914 brachte posthum den berüchtigten deutschen Kolonialgründer Adolf Lüderitz in erhebliche Verruf. Lüderitz, der als einer der ersten deutschen Unternehmer Land in Südwestafrika (dem heutigen Namibia) für das Deutsche Kaiserreich erwarb, wurde nach seinem Tod als skrupelloser Akteur entlarvt, dessen Landnahmen auf klarer Täuschung und Vertragsbruch beruhten. Dabei wurde offenkundig, dass die Verträge, die er mit den lokalen afrikanischen Bevölkerungen abschloss, auf manipulativen Taktiken und falschen Darstellungen der Vereinbarungen basierten. Besonders berüchtigt ist der sogenannte "Tauschvertrag" von 1883, bei dem Lüderitz für vergleichsweise wertlose Handelswaren riesige Landflächen erwarb, ohne die Einheimischen über die tatsächlichen Dimensionen und die Bedeutung des Vertrages aufzuklären.

Die Landnahme durch Lüderitz stellte sich als eine illegitime Aneignung von Territorien heraus, bei der die Vertragsinhalte bewusst missverständlich formuliert wurden, um die Einheimischen zu täuschen. Es zeigte sich, dass die einheimischen Führer die wahre Tragweite des Vertrags - vor allem den Umfang des Landes, das an Lüderitz übertragen wurde - kaum erfassen konnten, da die Maßangaben in Meilen angegeben waren, einem für die Einheimischen unbekannten Maßsystem. Diese betrügerischen Methoden zur Landakquise offenbarten das Ausmaß der Missachtung der Rechte der indigenen Bevölkerung und verdeutlichten die extreme Ungleichheit, die zwischen den deutschen Kolonialisten und den lokalen Gemeinschaften herrschte.

Der Skandal kam erst nach dem Verlust der deutschen Kolonien infolge des Ersten Weltkrieges richtig ans Licht, als die Dokumente aus der Kolonialzeit genauer untersucht wurden. Die Enthüllungen über Lüderitz' betrügerische Praktiken lösten in Deutschland erhebliche Debatten aus, die die Rechtmäßigkeit der gesamten kolonialen Landnahme in Frage stellten. Kritische Stimmen warfen die Frage auf, ob die deutsche Herrschaft überhaupt auf legitimen Verträgen basierte oder ob sie lediglich das Resultat von Betrug und extremer Ungerechtigkeit war. Es wurde offensichtlich, dass die deutschen Besitzansprüche in Südwestafrika nicht nur auf militärischer Gewalt, sondern auch auf gezielten und systematischen Vertragsbrüchen und Täuschungen beruhten. Die Rechtfertigung der Kolonialherrschaft durch die angebliche "zivilisatorische Mission" der Europäer erhielt durch die Enthüllungen einen herben Dämpfer, da sie das wahre Gesicht der kolonialen Expansion als rücksichtslos und zutiefst ungerecht offenbarten.[50]

Der Lüderitz-Skandal zeigte letztlich exemplarisch, wie das deutsche Kolonialprojekt von Beginn an auf Ausbeutung, Rechtsbruch und einer systematischen Missachtung der lokalen Bevölkerungen basierte. Diese Enthüllungen störten nachhaltig das Bild des vermeintlich "wohlwollenden Kolonisators", das die deutsche Öffentlichkeit lange Zeit von ihren Kolonialpionieren hatte. Der Skandal wurde zur Symbolfigur für die moralische Fragwürdigkeit des gesamten deutschen Kolonialismus und trug dazu bei, die Legende einer friedlichen und legitimen Landnahme zu entlarven. Er verstärkte die wachsende Einsicht in der deutschen Bevölkerung, dass die kolonialen Ambitionen ihrer Regierung nicht nur wirtschaftlich untragbar, sondern auch moralisch bankrott waren.

50 Bundeszentrale für politische Bildung, https://www.bpb.de/themen/afrika/dossier-afrika/, abgerufen am 24.2.2022

Die Weltpolitik-Umstellung (1916)

Im Jahr 1916, mitten im Ersten Weltkrieg, begann das Deutsche Kaiserreich, seine außenpolitischen Prioritäten grundlegend zu hinterfragen. Diese Phase, die als "Weltpolitik-Umstellung" bezeichnet werden kann, spiegelte die wachsenden Zweifel innerhalb der politischen und militärischen Führung über die Zukunft der deutschen Kolonien wider. Die deutsche Kolonialpolitik, die seit den 1880er Jahren als ein Symbol nationaler Stärke und globaler Ambitionen galt, geriet zunehmend unter Druck, als die militärischen, wirtschaftlichen und strategischen Herausforderungen des Weltkriegs die Ressourcen des Kaiserreichs an ihre Grenzen brachten.

Ein zentraler Aspekt dieser Debatte war die Frage, ob das Festhalten an den bestehenden Kolonien in Afrika und im Pazifik langfristig sinnvoll sei. Innerhalb der Führungsschicht wurden alternative Strategien diskutiert, die eine Verlagerung der deutschen Weltmachtpolitik in andere Regionen, insbesondere den Nahen Osten, vorsahen. Die sogenannten Mitteleuropa- und Bagdadbahn-Projekte, die auf eine deutsche wirtschaftliche und politische Dominanz im Osmanischen Reich und dessen Nachbarregionen abzielten, wurden als potenziell gewinnbringendere Alternativen zur bisherigen Kolonialpolitik angesehen. Diese strategischen Überlegungen standen im Einklang mit der Vorstellung eines "Kontinentalimperialismus", der Europa und den Nahen Osten als zusammenhängende geopolitische Einheit betrachtete.

Der Vorschlag, die bisherigen Kolonien aufzugeben, stieß jedoch auf heftigen Widerstand. Konservative und nationalistische Kreise, darunter auch einflussreiche Industrielle und Kolonialbeamte, sahen in den Kolonien ein unverzichtbares Symbol deutscher Größe und eine notwendige Grundlage für den wirtschaftlichen und politischen Einfluss des Reiches. Sie argumentierten, dass ein Verzicht auf die Kolonien die internationale Stellung Deutschlands erheblich schwächen würde und als Eingeständnis von Schwäche gedeutet werden könnte. Diese Sichtweise war jedoch nicht unumstritten. Kritiker innerhalb der Regierung und der Militärführung verwiesen auf die enormen Kosten und die begrenzten wirtschaftlichen Erträge der Kolonien. Sie sahen in den Kolonien eher eine Belastung als einen Nutzen für das Deutsche Reich.

Die Reichstagsdebatten über die Kolonialpolitik zwischen 1914 und 1916 verdeutlichten die tiefen ideologischen und politischen Gräben in der deutschen Gesellschaft. Besonders die Sozialdemokratische Partei (SPD) kritisierte die kolonialen Bestrebungen scharf. Die Abgeordneten der SPD bezeichneten die Kolonien als wirtschaftlich unrentabel und moralisch fragwürdig. Sie verwiesen auf die hohen Kosten, die für die Verteidigung und Verwaltung der Überseegebiete aufgebracht werden mussten, während die sozialen und wirtschaftlichen Probleme der Bevölkerung in Deutschland weitgehend ungelöst blieben. Auf der anderen Seite verteidigten konservative und nationalistische Politiker vehement die Kolonialpolitik. Für sie waren die Kolonien nicht nur ein Symbol deutscher Größe, sondern auch ein zentraler Bestandteil der weltpolitischen Ambitionen des Kaiserreichs. Die Protokolle dieser Debatten offenbaren den wachsenden Widerstand gegen die Kolonialpolitik und zeigen, wie der Krieg die Prioritäten der deutschen Politik verschob. Selbst gemäßigte Kräfte begannen, die Sinnhaftigkeit der Kolonien infrage zu stellen, insbesondere angesichts der drängenden Herausforderungen an den europäischen Fronten.

Darüber hinaus zeigte die Weltpolitik-Umstellung von 1916, dass die deutsche Kolonialpolitik nie vollkommen einheitlich oder strategisch klar definiert war. Vielmehr war sie von ideologischen, wirtschaftlichen und geopolitischen Interessen durchdrungen, die oft miteinander in Konflikt standen. Die Diskussion über den Nahen Osten verdeutlichte die zunehmende Erkenntnis, dass die deutschen Kolonien angesichts der britischen und französischen Übermacht auf den Weltmeeren kaum zu verteidigen waren. Zugleich wurde deutlich, dass die Kolonialpolitik des Kaiserreichs weitgehend auf Prestige bedacht war und strategisch kaum durchdacht wurde.

Letztlich spiegelt die Weltpolitik-Umstellung von 1916 die Krise des deutschen Imperialismus wider. Die Debatten über die Zukunft der Kolonien zeigten, dass die deutsche Weltmachtpolitik nicht nur durch äußeren Druck, sondern auch durch innere Widersprüche belastet war. Der Krieg machte deutlich, dass die bisherigen kolonialen Ambitionen Deutschlands in einer globalisierten und durch starke imperialistische Konkurrenz geprägten Welt kaum nachhaltig waren. Diese Diskussionen markierten einen Wendepunkt, der die Grenzen des deutschen Imperialismus und die Fragilität seiner globalen Machtansprüche offenbarte. Obwohl konkrete Entscheidungen über die Aufgabe der Kolonien während des Krieges ausblieben, legte die Weltpolitik-Umstellung von 1916 den Grundstein für spätere Überlegungen über die Neuordnung deutscher Interessen in einer sich verändernden Welt.[51]

Deutsch-Ostafrikas unbesiegte Truppen (1918)

Die militärischen Operationen von General Paul von Lettow-Vorbeck in Deutsch-Ostafrika während des Ersten Weltkriegs gelten als eines der kontroversesten Kapitel der deutschen Kolonialgeschichte. Lettow-Vorbeck, der die sogenannte „Schutztruppe" anführte, entwickelte eine hochmobile Guerillataktik, die darauf abzielte, britische, belgi-

---

51 Klaus Hildebrand, (1970), Bethmann Hollweg, der Kanzler ohne Eigenschaften: Urteile der Geschichtsschreibung. Eine kritische Bibliographie, Deutschland, Verlag Droste

sche und portugiesische Truppen sowie deren Ressourcen in Ostafrika zu binden. Seine Truppen, bestehend aus deutschen Offizieren und afrikanischen Askari-Soldaten, operierten unter extremen Bedingungen, oft weitab von Nachschubwegen und Infrastruktur. Dennoch gelang es ihnen, bis zum Kriegsende 1918 ungeschlagen zu bleiben.

Diese strategische Hartnäckigkeit führte dazu, dass Deutsch-Ostafrika die letzte deutsche Kolonie war, die militärisch kapitulierte. Erst nach der formellen Kapitulation des Deutschen Reiches in Europa im November 1918 legten Lettow-Vorbecks Truppen ihre Waffen nieder. Dieser Umstand wurde später in der deutschen Geschichtsschreibung häufig romantisiert und als Symbol für „deutschen Heldenmut" und „unbesiegbare Truppen" verklärt. Eine differenzierte Betrachtung wirft jedoch Fragen zu den moralischen, politischen und humanitären Implikationen dieser Kampagne auf.

Paul von Lettow-Vorbeck (1870–1964) war ein deutscher General, bekannt für seine Rolle im Ersten Weltkrieg als Kommandeur der Schutztruppe in Deutsch-Ostafrika. Geboren in Saarlouis, trat er früh in die preußische Armee ein und diente in kolonialen Einsätzen, darunter in China und Deutsch-Südwestafrika. Im Ersten Weltkrieg führte Lettow-Vorbeck einen erfolgreichen Guerillakrieg gegen deutlich überlegene britische und alliierte Kräfte. Mit nur etwa 14.000 Soldaten – darunter viele afrikanische Askari – band er bis Kriegsende 1918 rund 300.000 gegnerische Truppen. Sein militärisches Geschick und die Disziplin seiner Truppe brachten ihm Respekt ein, auch von seinen Gegnern. Nach dem Krieg kehrte er nach Deutschland zurück und engagierte sich kurzzeitig politisch, unter anderem als Reichstagsabgeordneter. Lettow-Vorbeck blieb jedoch umstritten, insbesondere wegen seiner kolonialen Aktivitäten und seiner Haltung zur Weimarer Republik.

Lettow-Vorbecks Strategie hatte erhebliche Konsequenzen für die einheimische Bevölkerung in Ostafrika. Um seine Truppen zu versorgen, beschlagnahmte er wiederholt Nahrungsmittel und Ressourcen in den von ihm durchquerten Gebieten. Dies führte zu massiven Hungersnöten und Zerstörungen. Tausende Einheimische wurden gezwungen, als Träger für die Armee zu dienen, wobei viele von ihnen an Erschöpfung, Krankheiten oder Misshandlungen starben. Die humanitären Kosten dieses Feldzugs sind kaum zu beziffern, werden jedoch von Historikern als katastrophal eingestuft. Der Guerillakrieg verschärfte zudem die Instabilität und Gewalt in der Region, deren Auswirkungen weit über das Kriegsende hinaus spürbar waren.

Darüber hinaus wirft Lettow-Vorbecks Kampagne Fragen nach der Sinnhaftigkeit und den Zielen der deutschen Kriegsführung auf. Obwohl er beträchtliche feindliche Ressourcen band, war sein Feldzug strategisch letztlich bedeutungslos, da die Kontrolle über Deutsch-Ostafrika schon zu Beginn des Krieges faktisch verloren war. Die Kolonie wurde 1916 von alliierten Truppen größtenteils besetzt, und Lettow-Vorbecks Operationen fanden vor allem in entlegenen Gebieten statt, ohne realistische Aussicht auf eine Rückeroberung oder einen nachhaltigen militärischen Erfolg. Kritiker sehen in seinem Beharren auf den Fortgang des Krieges eine sinnlose Verhärtung, die vor allem die einheimische Bevölkerung schwer belastete.

Die Nachwirkung von Lettow-Vorbecks Guerillakrieg ist ebenso ambivalent. In der Weimarer Republik und während des Nationalsozialismus wurde er als Held und Symbol für die vermeintliche Stärke und Ausdauer des deutschen Militärs gefeiert. Diese ideologische Instrumentalisierung verschleierte jedoch die verheerenden Folgen seines Feldzugs und die Brutalität des Kolonialkriegs. Heute wird seine Rolle zunehmend kritisch hinterfragt, wobei insbesondere die verheerenden Auswirkungen auf die lokale Bevölkerung und die Fragwürdigkeit der deutschen Kolonialpolitik im Mittelpunkt stehen.

Der Mythos von Deutsch-Ostafrikas „unbesiegten Truppen" verdeutlicht die Problematik einer einseitigen Geschichtsbetrachtung, die militärische Erfolge über humanitäre Verluste und politische Realitäten stellt. Lettow-Vorbecks Kampagne mag als taktische Leistung beeindruckend gewesen sein, doch sie war auch ein Symbol für die Grausamkeit und Sinnlosigkeit des deutschen Kolonialismus, dessen Spuren bis heute in Ostafrika nachwirken.[52]

Die Rolle der Mandatskommission des Völkerbunds (1920er Jahre)

Nach dem Ersten Weltkrieg verloren die deutschen Kolonien ihren Status und wurden dem Völkerbund unterstellt, der ihre Verwaltung den Siegermächten übertrug. Diese Gebiete, die als sogenannte Mandatsgebiete bezeichnet wurden, sollten von den Siegermächten im Namen des Völkerbunds verwaltet werden. Beispiele dafür sind Deutsch-Südwestafrika (heute Namibia), das unter die Verwaltung Südafrikas gestellt wurde, oder Kamerun, das zwischen Frankreich und Großbritannien aufgeteilt wurde. Ein Bericht der Mandatskommission hebt hervor, wie in Deutsch-Südwestafrika die systematische Enteignung indigener Gemeinschaften fortgesetzt wurde, während in Kamerun die ausgedehnte Nutzung von Zwangsarbeit für den Kakao- und Baumwollanbau dokumentiert ist. Ziel war es, die Entwicklung dieser Gebiete hin zu einer Selbstverwaltung oder Unabhängigkeit zu fördern, wenngleich die Praxis der Mandatsverwaltung oft von den imperialistischen Interessen der Mandatsmächte überschattet wurde. Eine zentrale Rolle spielte dabei die Mandatskommission des Völkerbunds, die mit der Überwachung und Bewertung der Verwaltungspraxis in den Mandatsgebieten beauftragt war. Zu ihren Aufgaben gehörten die Prüfung der von den Mandatsmächten eingereichten Berichte, die Kontrolle der Einhaltung der Mandatsbedingungen sowie die Erarbeitung von Empfehlungen zur Verbesserung der Verwaltungspraxis. Ihre Arbeit wirft ein kritisches Licht auf die Spannungen zwischen

---

52 Ludwig Boell, (1951), Die Operationen in Ostafrika, Weltkrieg 1914-1918, Verlag Dachert, OCLC-Nummer/Eindeutiger Identifikator:10450686

den idealistischen Ansprüchen des Völkerbunds und der realpoliti-schen Praxis der Mandatsmächte.[53]

Die Mandatskommission war ein Gremium, das aus Vertretern ver-schiedener Mitgliedsstaaten bestand und regelmäßig Berichte über die Situation in den Mandatsgebieten entgegennahm und analysierte, wie etwa die Berichte über Zwangsarbeit in Kamerun oder rassisti-sche Praktiken in Deutsch-Südwestafrika. Diese Berichte mussten von den Mandatsmächten, darunter Großbritannien, Frankreich, Belgien und Südafrika, vorgelegt werden und sollten Transparenz und Re-chenschaft sicherstellen. In der Praxis war die Arbeit der Kommission jedoch von erheblichen Herausforderungen geprägt. Die Mandats-mächte kontrollierten die Informationen, die sie der Kommission zur Verfügung stellten, und versuchten oft, kritische Stimmen zu unter-drücken. So wurde in einem Bericht festgestellt, dass wichtige Daten über die wirtschaftlichen Bedingungen in Kamerun und Deutsch-Süd-westafrika nur unvollständig geliefert wurden, während Berichte über Zwangsarbeit oft absichtlich verharmlost wurden.[54] Dennoch gelang es der Kommission, in einigen Fällen schwerwiegende Missstände aufzudecken, darunter wirtschaftliche Ausbeutung, die Misshandlung der lokalen Bevölkerung und die Weigerung, politische Partizipation für die einheimischen Gesellschaften zu fördern.

Besonders aufschlussreich sind die Berichte über die Zustände in den ehemaligen deutschen Kolonien, wie etwa Deutsch-Südwestafrika (heute Namibia) und Kamerun. So dokumentierte ein Bericht aus den 1920er Jahren, dass die indigene Bevölkerung in Deutsch-Südwest-afrika systematisch ihrer Rechte beraubt wurde, während in Kamerun

53 Raoul Jacobs, 10.17875/gup2004-109, Mandat und Treuhand im Völker-recht, Universitätsverlag Göttingen

54 Susan Pedersen, The Guardians: The League of Nations and the Crisis of Empire, Oxford University Press, 2015

die ausgedehnte Nutzung von Zwangsarbeit in der Landwirtschaft die Lebensbedingungen erheblich verschlechterte. In Deutsch-Südwestafrika, das unter die Verwaltung Südafrikas gestellt wurde, dokumentierte die Mandatskommission unter anderem die Fortsetzung rassistischer Praktiken und die Ausbeutung der indigenen Bevölkerung. Südafrika betrachtete das Mandatsgebiet faktisch als eigene Kolonie und ignorierte vielfach die Auflagen des Völkerbunds. In Kamerun, das zwischen Frankreich und Großbritannien aufgeteilt wurde, kritisierte die Kommission wiederholt die wirtschaftliche Ausbeutung durch den intensiven Anbau von Exportgütern wie Kakao und Baumwolle, die auf Zwangsarbeit basierte.

Die Mandatskommission setzte sich aus Vertretern der Mitgliedsstaaten des Völkerbunds zusammen. Wichtige Mitglieder waren etwa Sir Frederick Lugard aus Großbritannien, ein bekannter Kolonialadministrator, sowie Vertreter aus Frankreich, Belgien, Japan und weiteren Nationen. Jedes Mitglied vertrat die Interessen seines Heimatlandes, was zu erheblichen Interessenkonflikten innerhalb der Kommission führte. Obwohl die Kommission formal unabhängig war, beeinflussten die großen Kolonialmächte ihre Arbeit erheblich, was die Durchsetzung der Mandatsregeln erschwerte. Gleichzeitig gab es jedoch auch Stimmen innerhalb der Kommission, die die imperialistischen Praktiken kritisch beleuchteten und Reformen anmahnten. Diese internen Spannungen prägten die Arbeit des Gremiums und trugen zu seiner begrenzten Effektivität bei.

Sir Frederick Lugard (1858–1945) war eine einflussreiche, aber kontroverse Figur in der Geschichte des britischen Kolonialismus. Geboren in Madras (heute Chennai), Indien, und in England ausgebildet, begann er seine Karriere als Offizier in der britischen Armee, bevor er sich der Kolonialverwaltung zuwandte. Lugard diente zunächst in Ostafrika und später in Westafrika, wo er seine politischen und administrativen Visionen umzusetzen begann. Als Hochkommissar von Nordnigeria (1900–1906) und später als erster Gouverneur des vereinigten Nigerias (1914–1919) propagierte er das

Modell der indirekten Herrschaft, bei dem lokale Führer unter britischer Oberaufsicht regierten. Während dieses System als effizient angesehen wurde, sicherte es zugleich die Vormachtstellung der britischen Kolonialherren und bewahrte traditionelle Machtstrukturen, die oft autoritär und ausbeuterisch waren. Kritiker werfen Lugard vor, die gesellschaftliche Fragmentierung Nigerias verstärkt zu haben, indem er bestehende ethnische und religiöse Unterschiede für koloniale Zwecke instrumentalisierte. Lugards autoritärer Führungsstil und seine Sichtweise, die Kolonialherren als kulturell und moralisch überlegen darstellte, prägten auch seine Schriften. Sein Hauptwerk, *The Dual Mandate in British Tropical Africa* (1922), rechtfertigte die koloniale Ausbeutung mit der angeblichen Pflicht, "Zivilisation" und "Entwicklung" zu bringen. Dies verschleierte jedoch die wirtschaftliche Ausbeutung und politische Unterdrückung der Kolonisierten. Obwohl Lugard von seinen Zeitgenossen für seine administrativen Fähigkeiten und seine "Vision" gefeiert wurde, wird er heute von vielen als Symbol für die Ungerechtigkeiten des Kolonialismus angesehen. Seine Politik hatte langfristige Auswirkungen auf die strukturellen und gesellschaftlichen Herausforderungen, mit denen Nigeria noch heute konfrontiert ist.

Die Berichte der Mandatskommission sorgten auch international für Aufsehen und wurden von verschiedenen Interessengruppen genutzt, um politische Forderungen zu stellen. In Deutschland, das seine Kolonien verloren hatte, wurden diese Berichte von ehemaligen Kolonialbeamten und -unternehmern aufgegriffen, um die Rückgabe der Kolonien zu fordern. Sie argumentierten, dass die Mandatsmächte ihre Verwaltungsaufgaben ebenso wenig im Sinne der Bevölkerung erfüllten, wie es Deutschland zuvor vorgeworfen worden war. Diese Forderungen blieben jedoch weitgehend erfolglos, da die internationale Gemeinschaft wenig Interesse daran zeigte, die Mandatsmächte zur Rechenschaft zu ziehen oder die Mandatsbedingungen ernsthaft zu reformieren.

Die Arbeit der Mandatskommission verdeutlicht die Widersprüche der Mandatsverwaltung, insbesondere anhand der Berichte über

Zwangsarbeit in Kamerun und die rassistischen Praktiken in Deutsch-Südwestafrika. Langfristig trugen diese Widersprüche dazu bei, das Misstrauen der lokalen Bevölkerung gegenüber kolonialen und internationalen Institutionen zu verstärken, was wiederum die politischen und sozialen Konflikte in diesen Regionen verschärfte. Auch die postkoloniale Entwicklung wurde durch die strukturelle Ungleichheit, die in der Mandatszeit gefestigt wurde, nachhaltig beeinflusst. Einerseits stellte sie einen Fortschritt dar, da sie erstmals ein internationales Kontrollinstrument über koloniale Verwaltung schuf. Andererseits offenbarten die begrenzten Befugnisse der Kommission und die mangelnde Bereitschaft der Mandatsmächte zur Zusammenarbeit die Grenzen dieses Ansatzes. Die Kritik an der Ausbeutung und Unterdrückung in den Mandatsgebieten zeigte, dass die Mandatsverwaltung in vielen Fällen eine Fortsetzung kolonialer Praktiken unter neuem Namen war. Die Ideale des Völkerbunds, wie Selbstbestimmung und Schutz der lokalen Bevölkerung, wurden oft den imperialistischen Interessen geopfert.

Die Mandatskommission des Völkerbunds ist ein Beispiel für die Ambivalenz internationaler Organisationen in der frühen Moderne: ein Versuch, globale Standards für Verwaltung und Verantwortung zu schaffen, der jedoch an den politischen Realitäten und den Machtinteressen der großen Staaten scheiterte. Ihr Vermächtnis liegt weniger in konkreten Reformen als in der Offenlegung der Mechanismen kolonialer Herrschaft und der Herausbildung einer globalen Debatte über die Legitimität kolonialer Systeme.

Das Dolchstoß-Gefühl in der Kolonialverwaltung (nach 1919)

Nach dem Verlust der deutschen Kolonien infolge des Versailler Vertrags breitete sich unter ehemaligen Kolonialbeamten und Befürwortern der deutschen Kolonialpolitik ein tiefes Gefühl des Verrats und der Erniedrigung aus. Viele empfanden den Verlust als „Schmach", da sie die Kolonien als unverzichtbaren Bestandteil der deutschen Weltmachtstellung betrachteten. Zeitgenössische Schriften, wie etwa Artikel in der nationalistischen Presse oder Berichte ehemaliger Kolonialbeamter, beschrieben die Übergabe der Kolonien an die Mandatsmächte als „nationalen Verrat" und klagten die Weimarer Regierung an, sich „ohne Widerstand den Siegermächten unterworfen" zu haben. So veröffentlichte der ehemalige Gouverneur Heinrich Schnee[55] 1920 ein vielbeachtetes Pamphlet, in dem er die kolonialen Verluste als „schmachvolle Kapitulation" bezeichnete und die Regierung als „unfähig, die nationalen Interessen zu verteidigen" kritisierte. Ähnliche Argumente fanden sich regelmäßig in der konservativen Presse, etwa in der 'Deutschen Allgemeinen Zeitung', die die Mandatsmächte beschuldigte, die deutschen Kolonien systematisch auszubeuten und die indigene Bevölkerung zu unterdrücken. Diese Darstellung verstärkte die emotionale Resonanz und wurde gezielt zur Mobilisierung von Sympathisanten genutzt. Dieses "Dolchstoß-Gefühl", das analog zu den Dolchstoßlegenden im militärischen Bereich verstanden werden kann, basierte auf der Überzeugung, die deutsche Regierung hätte die Kolonien ohne Not aufgegeben und sich damit internationalen Forderungen bedingungslos gebeugt. Die militärische Dolchstoßlegende, die während der Nachkriegszeit in konservativen Kreisen populär wurde, suggerierte, dass die deutsche Armee im Ersten Weltkrieg nicht auf dem Schlachtfeld besiegt worden sei, sondern durch Verrat von Politikern und Revolutionären im Inneren. Diese Analogie diente dazu, das Gefühl von Verlust und Verrat auch auf die kolonialen Verluste zu übertragen und die Verantwortung dafür der Weimarer Regierung zuzuschreiben. Besonders in konservativen und natio-

---

55 Heinrich Schnee, Bestand Geheimes Staatsarchiv Preußischer Kulturbesitz, VI. HA, Nl Schnee

nalistischen Kreisen wurde diese Sichtweise instrumentalisiert, um die Weimarer Republik zu delegitimieren und eine Revision der kolonialen Verluste zu fordern. Dies erfolgte durch umfangreiche Kampagnen, wie etwa öffentliche Reden prominenter Kolonialrevisionisten, die in großen Versammlungen und über Printmedien verbreitet wurden. Zudem veröffentlichten Organisationen wie der Reichskolonialbund Pamphlete und Broschüren, in denen die Kolonialverluste als Kernursache wirtschaftlicher und kultureller Probleme dargestellt wurden. Diese Propaganda erreichte auch politische Parteien, deren Vertreter die Kolonialfrage in den Reichstag trugen und damit den Druck auf die Regierung erhöhten.

Viele ehemalige Kolonialbeamte, die ihre Karriere und ihren Lebensunterhalt durch die Kolonien verloren hatten, schlossen sich nach 1919 radikalen politischen Bewegungen an, insbesondere der extremen Rechten. Sie sahen in der Revanchestrategie des Kolonialrevisionismus eine Möglichkeit, die vermeintlich "unrechtmäßig" verlorenen Kolonien zurückzugewinnen und die einstige Weltmachtstellung Deutschlands wiederherzustellen. Der Verlust der Kolonien wurde in diesen Kreisen als Teil einer umfassenden "nationalen Schmach" dargestellt, die von der Weimarer Republik zu verantworten sei. Der Begriff "nationale Schmach" wurde dabei als rhetorisches Mittel genutzt, um die emotionale Wucht des Kolonialverlustes zu verstärken. Er symbolisierte nicht nur den Verlust territorialer Macht, sondern auch die vermeintliche Demütigung Deutschlands als Weltmacht und die Unfähigkeit der Regierung, die Interessen der Nation zu wahren. Diese Wortwahl zielte darauf ab, die öffentliche Empörung zu schüren und die Weimarer Republik als Verräter an den nationalen Idealen zu stigmatisieren. Führende Kolonialrevisionisten wie Heinrich Schnee, der letzte Gouverneur von Deutsch-Ostafrika, beklagten in Reden und Schriften die "Entmündigung Deutschlands" und bezeichneten den Versailler Vertrag als "Raubfrieden". In nationalistischer Presse wurde die Kolonialfrage häufig mit Begriffen wie "Weltmachtverlust" und "kulturelle Demütigung" beschrieben, was die emotionale Resonanz in breiten Bevölkerungsschichten verstärkte.

Diese Haltung hatte erhebliche politische Auswirkungen auf die deutsche Innen- und Außenpolitik der Weimarer Republik. So führte die Organisation ehemaliger Kolonialbeamter in Verbänden wie dem "Reichskolonialbund" zu einer systematischen Verbreitung kolonialrevisionistischer Propaganda, die nicht nur die politische Diskussion, sondern auch konkrete Maßnahmen beeinflusste. Beispielsweise setzte der Reichskolonialbund Druck auf die Regierung aus, bei internationalen Konferenzen wie der Konferenz von Lausanne 1922 die Kolonialfrage auf die Tagesordnung zu setzen. Gleichzeitig fanden koloniale Forderungen Eingang in Parteiprogramme nationalistischer und konservativer Parteien, wodurch die Debatte um die Rückgewinnung der Kolonien zu einem festen Bestandteil der innenpolitischen Auseinandersetzungen wurde. Ehemalige Kolonialbeamte und ihre Unterstützer organisierten sich in verschiedenen Interessensverbänden wie dem "Reichskolonialbund", der die Forderung nach der Rückgewinnung der Kolonien in die öffentliche Debatte einbrachte. Der Reichskolonialbund verbreitete Propaganda, die die Kolonialverluste als zentrale Ursache für wirtschaftliche und politische Probleme in Deutschland darstellte. Diese Propaganda zielte darauf ab, die Öffentlichkeit für die Idee eines neuen Kolonialprojekts zu gewinnen, und beeinflusste damit auch die Außenpolitik der Weimarer Regierung.

Während die Weimarer Regierung selbst aufgrund der internationalen Machtverhältnisse kaum realistische Möglichkeiten hatte, die Kolonien zurückzufordern, hielt sie die koloniale Frage rhetorisch aufrecht, um innenpolitischen Druck zu entschärfen. In den Verhandlungen des Völkerbunds und auf internationalen Konferenzen betonte Deutschland immer wieder die "Ungerechtigkeit" des Versailler Vertrags und die vermeintlichen Missstände in den von den Mandatsmächten verwalteten ehemaligen deutschen Kolonien. Diese Argumentation zielte darauf ab, Sympathien bei der internationalen Gemeinschaft zu gewinnen und die Grundlage für spätere Rückforderungen zu legen.

Die politische Radikalisierung der ehemaligen Kolonialbeamten trug jedoch dazu bei, die Weimarer Republik weiter zu destabilisieren. Insbesondere traten sie als treibende Kräfte hinter antidemokratischen Netzwerken wie den Deutschvölkischen Verbänden oder der DNVP auf, die gezielt gegen die parlamentarische Demokratie agierten.

Abbildung 11: Zeitachse zum Verlauf kolonialrevisionistischen Denkens, Quelle: Eigene Darstellung, © Ralf Schönert

Organisationen wie der Reichskolonialbund nutzten öffentliche Kampagnen, um die Weimarer Regierung als "Verräter" an der deutschen Nation darzustellen, was in zahlreichen Reden und Publikationen dokumentiert ist. Diese Aktivitäten förderten nicht nur die Verbreitung

296

revanchistischer Ideologien, sondern auch die soziale Spaltung und die Stärkung extremistischer Parteien wie der NSDAP, die die koloniale Frage für ihre eigene Propaganda aufgriffen. Durch ihre enge Verknüpfung mit extrem rechten Netzwerken trugen sie zur Verbreitung antidemokratischer Ideologien bei und schürten gezielt Misstrauen gegenüber den staatlichen Institutionen. Ihre aktive Teilnahme an politischen Kampagnen zur Rückgewinnung der Kolonien verstärkte die gesellschaftliche Polarisierung, da diese Forderungen als Symbol für die vermeintliche Schwäche und Untätigkeit der Weimarer Regierung genutzt wurden. Gleichzeitig unterstützten sie aktiv Organisationen und Bewegungen, die die demokratische Grundordnung offen ablehnten, und beeinflussten damit den Aufstieg extremistischer Kräfte wie der NSDAP. Diese Entwicklungen trugen maßgeblich zur Erosion der politischen Stabilität in der Weimarer Republik bei. Ihre enge Verbindung zur extremen Rechten und ihre Mitwirkung an antidemokratischen Bewegungen verstärkten die Polarisierung der Gesellschaft. Besonders in der späten Phase der Republik wurden kolonialrevisionistische Argumente zunehmend von nationalsozialistischen Akteuren übernommen und in den Kontext einer umfassenderen imperialistischen Expansionsstrategie gestellt. Die kolonialen Ambitionen des NS-Regimes knüpften direkt an die Dolchstoß-Narrative und die revanchistischen Forderungen der Weimarer Zeit an, wenngleich die konkreten kolonialpolitischen Pläne der Nationalsozialisten eher marginal blieben. Dies lag daran, dass die nationalsozialistische Ideologie ihren Schwerpunkt auf eine expansive Politik in Osteuropa legte, wo der sogenannte "Lebensraum" für das deutsche Volk geschaffen werden sollte. Im Gegensatz dazu galten die ehemaligen deutschen Kolonien in Afrika und Asien als strategisch und wirtschaftlich weniger bedeutend. Zwar existierten innerhalb der NSDAP Gruppierungen wie die Kolonialpolitische Abteilung, die auf eine Rückgewinnung drängten, doch blieben diese Bestrebungen im Vergleich zu den Ostexpansionsplänen untergeordnet. Zudem mangelte es an den notwendigen Ressourcen und internationalen Bedingungen, um eine ernsthafte Kolonialpolitik umzusetzen.

Das Dolchstoß-Gefühl in der Kolonialverwaltung nach 1919 war somit nicht nur Ausdruck einer nostalgischen Verklärung des deutschen Kolonialprojekts, sondern auch ein Schlüsselfaktor für die ideologische und politische Radikalisierung der Zwischenkriegszeit. Es zeigte, wie tief die koloniale Ideologie in Teilen der deutschen Gesellschaft verwurzelt war und wie sie zur Delegitimierung der Weimarer Republik und zur Mobilisierung für revisionistische Ziele instrumentalisiert wurde. Die Folgen dieser Haltung wirkten weit über die Weimarer Zeit hinaus und prägten die Debatten um Kolonialismus und Imperialismus in Deutschland bis in die Zeit des Zweiten Weltkriegs.

Deutsches Kolonialrevisionismus-Museum (1923-1939)

Berlin, 1923: In einem unscheinbaren Gebäude wird die Vergangenheit lebendig – doch nicht, um zu mahnen, sondern um zu glorifizieren. Das sogenannte „Kolonialrevisionismus-Museum" inszenierte die deutsche Kolonialgeschichte in einem Licht, das Historiker bis heute kontrovers diskutieren. Gegründet als Propagandainstrument der deutschen Kolonialrevisionisten, war es weit mehr als nur ein Museum. Es war eine Plattform, die gezielt Emotionen schürte und nationale Narrative prägte.

Das Museum entstand in einer Zeit tiefgreifender politischer und gesellschaftlicher Verwerfungen. Nach dem Ersten Weltkrieg hatte Deutschland nicht nur Territorien, sondern auch seine Kolonien verloren. Für viele Nationalisten war dies ein unerträglicher Verlust, der mit dem Begriff der „nationalen Schande" verknüpft wurde. Das Museum griff diese Gefühle auf und verstärkte sie gezielt. Modelle der Kolonialgebiete wurden präsentiert, um die geografische Größe und Bedeutung der Kolonien eindrucksvoll vor Augen zu führen. Fotografien von vermeintlichen „Erfolgen" der deutschen Kolonialverwaltung, wie Schulgebäuden oder Straßenbauprojekten, unterstrichen die angebliche zivilisatorische Mission.

Die Botschaft war unmissverständlich: Der Verlust der Kolonien war kein Unglück, sondern eine Schande, ein historisches Unrecht, das es zu korrigieren galt. Uniformen und Waffen, die in den Ausstellungen prominent gezeigt wurden, vermittelten eine heroische, militärisch geprägte Sicht auf die Kolonialzeit. Der Reichskolonialbund bezeichnete diesen Verlust in einem zeitgenössischen Bericht als „die größte Demütigung in der Geschichte der deutschen Nation" und forderte eine „unermüdliche Anstrengung zur Wiederherstellung der Ehre durch die Rückgewinnung der Kolonien".

Kritische Perspektiven auf den Kolonialismus, wie die systematische Ausbeutung und die Verbrechen an der einheimischen Bevölkerung, blieben im Museum vollständig ausgeklammert. Während das Museum einen romantisierten Blick auf die Kolonialzeit warf, formierte sich zeitgleich Widerstand. Humanitäre Organisationen wie die Anti-Slavery Society dokumentierten die Ausbeutung indigener Gemeinschaften in kolonialen Systemen. Auch Berichte der Mandatskommission des Völkerbundes kritisierten regelmäßig die kolonialen Praktiken der europäischen Mächte. Doch diese Stimmen fanden keinen Platz in den Ausstellungsräumen des Berliner Museums.

Besonders auffällig war die Ausrichtung des Museums auf Schüler und junge Erwachsene. Führungen und Lehrmaterialien wurden speziell für diese Altersgruppen konzipiert, um die Idee einer „deutschen Mission" in der Welt zu propagieren. Mit emotional aufgeladenen Exponaten und gezielten Narrativen trug das Museum wesentlich dazu bei, kolonialromantische Vorstellungen in der Nachkriegsgeneration zu verankern.

Das Museum war eng mit kolonialpolitischen Gruppen wie dem Reichskolonialbund und der Deutschen Kolonialgesellschaft verbunden. Diese nutzten das Museum als Plattform, um ihre Forderungen nach der Rückgabe der Kolonien zu unterstützen. Regelmäßige Veranstaltungen, Vorträge und Ausstellungen dienten dazu, die öffentliche Meinung zu beeinflussen und politischen Druck auf die Regierung auszuüben.

Mit der Machtübernahme der Nationalsozialisten im Jahr 1933 gewann das Museum eine neue Bedeutung. In die Propagandamaschinerie des NS-Regimes eingebunden, verstärkte es die Darstellung der Kolonialverluste als historisches Unrecht. Doch die kolonialen Ambitionen der NSDAP blieben hinter den Expansionsplänen in Osteuropa zurück. So blieb das Museum trotz seiner propagandistischen Bedeutung eine Randerscheinung innerhalb der NS-Politik.

Mit dem Beginn des Zweiten Weltkriegs im Jahr 1939 und der Verlagerung der Prioritäten auf den Krieg wurde das Museum geschlossen. Doch seine Nachwirkungen waren spürbar. Die kolonialrevisionistische Ideologie, die es propagierte, prägte die deutsche Erinnerungskultur und trug dazu bei, den Kolonialismus in Teilen der Gesellschaft als legitime historische Epoche zu verklären. Diese Narrative beeinflussten noch lange nach dem Krieg die Debatten um Deutschlands koloniale Vergangenheit.

Das Kolonialrevisionismus-Museum ist ein eindringliches Beispiel dafür, wie Geschichte instrumentalisiert werden kann, um politische Ziele zu verfolgen. Durch eine bewusst einseitige und verzerrte Darstellung der kolonialen Vergangenheit trug es zur Verfestigung romantisierter und revisionistischer Geschichtsbilder bei. Es zeigt, wie Kulturinstitutionen in autoritären und demokratischen Kontexten gleichermaßen zu Werkzeugen politischer Propaganda werden können. Die

Auseinandersetzung mit dieser Geschichte ist auch heute zentral, um kolonialrevisionistischen Mythen entgegenzuwirken und ein differenziertes Verständnis der Vergangenheit zu fördern.[56]

Kolonialpolitik des Nationalsozialismus (1930er-1940er Jahre)[57]

Die Kolonialpolitik des Nationalsozialismus ist ein weniger erforschtes, aber dennoch aufschlussreiches Kapitel der NS-Geschichte. Ihre Untersuchung bietet wichtige Einblicke in die Kontinuität imperialistischer Ideologien in Deutschland und zeigt, wie koloniale Narrative auch unter veränderten politischen Prioritäten des Regimes weiterlebten. Dieses Thema trägt wesentlich zum Verständnis bei, wie sich die Kolonialfrage als Teil des nationalistischen Diskurses bis in die Zeit des Zweiten Weltkriegs hinein hielt. Obwohl Adolf Hitler persönlich wenig Interesse an Überseekolonien hatte und seinen politischen Fokus auf die Expansion in Osteuropa ("Lebensraum im Osten") richtete, war die Kolonialfrage im NS-Staat keineswegs obsolet. Hinter den Kulissen arbeiteten spezialisierte Institutionen und Akteure weiterhin an Plänen zur Rückgewinnung und möglichen Re-Kolonisierung der ehemaligen deutschen Kolonien.

Das Kolonialamt, das während der Weimarer Republik zentrale Aufgaben in der kolonialrevisionistischen Bewegung übernommen hatte, wurde 1936 in das NS-Reichsministerium für Volksaufklärung und Propaganda integriert. Dort spielte es eine spezifische Rolle bei der Verbreitung kolonialrevisionistischer Ideen durch die Nutzung modernster Propagandatechniken. Das Ministerium unter Joseph Goeb-

56 Joachim Nöhre, (1998), Das Selbstverständnis der Weimarer Kolonialbewegung im Spiegel ihrer Zeitschriftenliteratur, Verlag Lit., ISBN 9783825837648

57 Karsten Linne: Deutschland jenseits des Äquators? Die NS-Kolonialplanungen für Afrika. Links Verlag, Berlin 2008, ISBN 978-3-86153-500-3

bels unterstützte das Kolonialamt, indem es Ausstellungen, Publikationen und Filme förderte, die die Rückgewinnung der Kolonien als Teil der nationalsozialistischen Vision darstellten. Diese Verknüpfung diente nicht nur der ideologischen Mobilisierung, sondern auch der Schaffung eines kohärenten Narrativs, das die kolonialen Ansprüche mit der allgemeinen Expansionspolitik des NS-Regimes verband. Unter der Leitung von Franz Ritter von Epp, einem ehemaligen Kolonialoffizier und glühenden Befürworter der Kolonialpolitik, setzte das Amt seine Arbeit fort. Es sammelte Informationen über die ehemaligen deutschen Kolonien, erstellte geografische und wirtschaftliche Studien und entwickelte detaillierte Pläne für eine mögliche Rückgewinnung. Diese Bemühungen wurden von einer kleinen, aber engagierten Gruppe von Kolonialoffizieren, Wissenschaftlern und Beamten getragen, die davon überzeugt waren, dass ein zukünftiger deutscher Sieg im Zweiten Weltkrieg die Grundlage für eine Wiederaufnahme der kolonialen Expansion schaffen würde.

Franz Ritter von Epp (1868–1947) war ein deutscher Offizier, Politiker und Kolonialist. Nach einer Militärlaufbahn, die ihn u. a. in den Kolonialdienst und den Ersten Weltkrieg führte, wurde er 1928 Mitglied der NSDAP. Als überzeugter Nationalsozialist spielte er eine Schlüsselrolle bei der Gleichschaltung Bayerns nach Hitlers Machtübernahme und fungierte von 1933 bis 1945 als Reichsstatthalter in Bayern. Von Epp war ein Vertreter der völkischen Ideologie und unterstützte die antisemitische Politik des NS-Regimes, hielt sich jedoch aus direkten Machtkämpfen innerhalb der Partei heraus. Nach dem Zweiten Weltkrieg wurde er von den Alliierten verhaftet und starb 1947 in Kriegsgefangenschaft. Sein Leben steht exemplarisch für den Übergang von monarchischem Militarismus zu nationalsozialistischer Herrschaft.

Die Pläne für eine Re-Kolonisierung konzentrierten sich hauptsächlich auf die ehemaligen deutschen Kolonien in Afrika, darunter Kamerun, Togo, Deutsch-Südwestafrika (heute Namibia) und Deutsch-Ostafrika (heute Tansania). Diese Kolonien wurden nicht nur aus wirtschaftlichen Gründen als potenzielle Ressourcengebiete betrachtet, sondern auch als Prestigeobjekte, die die globale Stellung Deutschlands unterstreichen sollten. In den 1930er Jahren wurden entsprechende Studien und Berichte erstellt, die die wirtschaftlichen Potenziale dieser Gebiete detailliert analysierten. Die Wiedererrichtung deutscher Kolonien wurde zudem mit pseudowissenschaftlichen Argumenten begründet, die die angebliche Überlegenheit der deutschen Kultur und Verwaltung gegenüber anderen Kolonialmächten betonten.

Ein besonders ambitionierter Plan, bekannt als die sogenannte "Neuordnung Afrikas", sah die Aufteilung des Kontinents unter den Achsenmächten vor, wobei Deutschland die ehemaligen Kolonien zurückerhalten und neue Gebiete in Zentralafrika gewinnen sollte. Planungsunterlagen aus dieser Zeit belegen, dass Deutschland langfristig eine direkte Kontrolle über ressourcenreiche Regionen wie das heutige Angola und die Demokratische Republik Kongo anstrebte. Diese Gebiete sollten zur Rohstoffversorgung und als Basis für eine wirtschaftliche Autarkie dienen. Gleichzeitig wurden strategische Verbindungen zu Italien und Spanien angestrebt, um den Mittelmeerraum und Nordafrika zu dominieren. Diese Pläne enthielten detaillierte Karten und wirtschaftliche Analysen, die den vermeintlichen Nutzen dieser Neuordnung untermauern sollten, blieben jedoch spekulativ und wurden nie umgesetzt. Diese Pläne waren jedoch stark spekulativ und blieben weitgehend auf dem Papier.

Obwohl die kolonialen Bestrebungen im NS-Staat nie dieselbe Priorität genossen wie die Ostexpansion, spielte die Propaganda eine zentrale Rolle bei der Aufrechterhaltung des Themas in der öffentlichen Wahrnehmung. Das Kolonialrevisionismus-Museum und der Reichskolonialbund blieben aktive Plattformen, um die Kolonialfrage im Bewusstsein der Bevölkerung zu halten. So organisierte der Reichskolonialbund 1938 eine Großausstellung in Berlin, die mit Exponaten wie Landkarten, Fotografien und Filmen die vermeintliche Bedeutung der

Kolonien für die deutsche Wirtschaft und Kultur hervorhob. Begleitend dazu wurden Publikationen wie "Deutschlands verlorenes Erbe" herausgegeben, die die kolonialrevisionistischen Forderungen propagierten und eine breite öffentliche Resonanz fanden. Filme, Bücher und Ausstellungen glorifizierten die vermeintlichen Errungenschaften der deutschen Kolonialzeit und schürten Ressentiments gegen die Mandatsmächte, insbesondere Großbritannien und Frankreich. Diese Propaganda zielte darauf ab, die koloniale Vergangenheit Deutschlands als unrechtmäßig beendet darzustellen und eine moralische Rechtfertigung für eine mögliche Rückkehr zu liefern.

Der Verlauf des Zweiten Weltkriegs machte die Umsetzung dieser Pläne letztlich unmöglich. Nach den anfänglichen militärischen Erfolgen geriet Deutschland ab 1942 zunehmend in die Defensive, wodurch alle langfristigen kolonialpolitischen Ziele in den Hintergrund traten. Zudem standen die Ressourcen und Kapazitäten des NS-Regimes vollständig im Dienst der Kriegsführung in Europa. Die Ostexpansion hatte für Hitler und die NS-Führung absoluten Vorrang, da sie als zentral für die ideologischen und wirtschaftlichen Ziele des Regimes betrachtet wurde. Diese Priorisierung beruhte auf der nationalsozialistischen Vorstellung eines "Lebensraums im Osten", der Raum für die Ansiedlung "arischer" Bevölkerungsgruppen schaffen sollte. Zudem wurde Osteuropa als Schlüsselregion für die Sicherung von Ressourcen wie Nahrungsmitteln, Rohstoffen und Arbeitskräften angesehen, die für eine langfristige Autarkie des Deutschen Reiches unverzichtbar schienen. Diese ideologischen und strategischen Überlegungen machten die Ostexpansion zum Kernziel der NS-Politik, wodurch koloniale Bestrebungen in Übersee in den Hintergrund traten. Die Pläne des Kolonialamtes und verwandter Institutionen blieben daher spekulativ und konnten nie konkret umgesetzt werden.

Die kolonialen Ambitionen des NS-Regimes zeigen, wie tief die koloniale Ideologie auch nach dem Verlust der Kolonien in Deutschland verwurzelt war. Obwohl Hitler selbst keinen großen Wert auf Überseekolonien legte, nutzte das Regime die koloniale Frage als propagandistisches Instrument, um nationalistische Ressentiments zu mobilisieren und die Bevölkerung auf eine expansive Außenpolitik einzuschwören. Diese Ambitionen spiegeln die Kontinuität imperialistischer Vorstellungen in der deutschen Geschichte wider und werfen ein Licht auf die Bedeutung kolonialer Narrative für die Ideologie des NS-Staates, auch wenn sie letztlich nicht umgesetzt wurden.

Diese weniger bekannten Ereignisse zeigen, dass das Ende der deutschen Kolonialherrschaft nicht nur das Ergebnis militärischer Niederlagen und internationaler Verträge war, sondern auch von vielfältigen politischen, finanziellen und gesellschaftlichen Prozessen beeinflusst wurde, die oft übersehen werden.

12. VERGLEICH: DEUTSCHE KOLONIALPOLITIK IN AFRIKA VS. ANDERE REGIONEN

Wirtschaftliche Ausbeutung

Kulturelle Assimilation

Aggressiver Expansionismus

Strategische Diplomatie

Deutscher Kolonialismus

Britischer/Französischer Kolonialismus

Vergleich der kolonialen Strategien und Auswirkungen

Abbildung 12: Quelle: Eigene Darstellung, © Ralf Schönert

Die deutsche Kolonialpolitik war ein zentraler Bestandteil des europäischen Imperialismus, der als politische und wirtschaftliche Expansionsbewegung definiert werden kann, die das Ziel hatte, Macht und Einfluss global auszudehnen, um Ressourcen zu sichern, Handelswege zu kontrollieren und geopolitische Vorteile zu erlangen. Diese Bewegung erreichte zwischen dem späten 19. Jahrhundert und dem Beginn des Ersten Weltkriegs ihren Höhepunkt. In dieser Phase strebten die europäischen Großmächte danach, ihren Einflussbereich global auszudehnen, um wirtschaftliche Ressourcen zu sichern, geostrategische Vorteile zu erlangen und ihren Status als Weltmacht zu untermauern. Deutschland trat in dieses koloniale Wettlaufgeschehen vergleichsweise spät ein, bemühte sich jedoch innerhalb kurzer Zeit, Territorien wie Deutsch-Ostafrika (heutiges Tansania), Deutsch-Südwestafrika (heutiges Namibia), Kamerun und Togo in Afrika sowie Gebiete im Pazifik wie Deutsch-Neuguinea und Teile der Karolineninseln unter seine Kontrolle zu bringen. Dieses Streben war eng mit nationalistischen und wirtschaftlichen Interessen verknüpft, wurde jedoch auch durch die Ambitionen des Deutschen Kaiserreichs unter Wilhelm II. befeuert, eine gleichrangige Position neben den etablierten Kolonialmächten wie Großbritannien und Frankreich zu erlangen.

Ein Vergleich der deutschen Kolonialpolitik mit der anderer europäischer Großmächte wie Großbritannien, Frankreich und Belgien zeigt sowohl Parallelen als auch signifikante Unterschiede auf. Gemeinsam war ihnen der Fokus auf die wirtschaftliche Ausbeutung der Kolonien und die Demonstration militärischer und politischer Macht, während sich Deutschland durch eine direktere und oft rigide Verwaltungsstruktur abhob. Zudem unterschied sich die Intensität der Gewaltanwendung, etwa im Vergleich zu Großbritannien, das häufig auf indirekte Herrschaft setzte. Gemein war diesen Nationen die Nutzung kolonialer Gebiete als Rohstofflieferanten und Absatzmärkte sowie als Instrument zur Machtdemonstration auf internationaler Ebene. Dennoch unterschieden sich die deutschen Ansätze hinsichtlich ihrer administrativen Organisation, der wirtschaftlichen Ausbeutung und der ideologischen Rechtfertigung. Während Großbritannien beispielsweise eine Politik der indirekten Herrschaft favorisierte, die auf Kooperation mit lokalen Eliten setzte, verfolgte Deutschland oft eine direktere und autoritäre Kontrolle, die sich durch eine rigide Verwaltung und eine strenge Durchsetzung deutscher Interessen auszeichnete. Auch in der Intensität und Art der Gewaltanwendung gegenüber der indigenen Bevölkerung lassen sich Unterschiede feststellen, wie die brutale Niederschlagung des Herero- und Nama-Aufstands in Deutsch-Südwestafrika (heutiges Namibia) verdeutlicht. Dieser Aufstand, der von 1904 bis 1908 andauerte, führte zu massenhaften Tötungen, zur systematischen Verfolgung der Herero und Nama sowie zur Errichtung von Konzentrationslagern, in denen zahlreiche Menschen an Hunger, Krankheiten und Zwangsarbeit starben. Die Ereignisse gelten als eines der ersten Beispiele eines Völkermords im 20. Jahrhundert und hinterließen nachhaltige Spuren in der Bevölkerungsstruktur und Kultur der Region.

Die deutsche Kolonialpolitik wirkte nicht nur auf die betroffenen Gebiete, sondern hatte auch Rückwirkungen auf die deutsche Gesellschaft und Politik. Sie trug zur Herausbildung einer imperialistischen Ideologie bei, die eng mit dem Bild einer überlegenen deutschen Zivilisation verknüpft war. Gleichzeitig stieß sie innerhalb der deutschen Öffentlichkeit auf unterschiedliche Reaktionen, von begeisterter Unterstützung bis hin zu kritischer Ablehnung. Diese Ambivalenz unterstreicht die komplexe Verflechtung von Macht, Ideologie und wirtschaftlichen Interessen, die die deutsche Kolonialpolitik kennzeichneten. Auf der einen Seite gab es eine breite Unterstützung durch wirtschaftliche Interessengruppen und nationalistische Kreise, die in den Kolonien eine Chance sahen, den wirtschaftlichen Wohlstand und die globale Machtstellung Deutschlands zu stärken. Auf der anderen Seite äußerten humanitäre Organisationen und Teile der Sozialdemokratie scharfe Kritik, insbesondere an der brutalen Unterdrückung indigener Bevölkerungen und den hohen finanziellen Kosten der Kolonialpolitik. Diese gegensätzlichen Reaktionen verdeutlichen die vielschichtigen gesellschaftlichen Dynamiken, die den Kolonialdiskurs im Deutschen Kaiserreich prägten.

Afrika: Wirtschaftliche Ausbeutung und rücksichtslose Herrschaft

Deutschland konzentrierte sich während seiner Kolonialzeit in Afrika in erster Linie auf die wirtschaftliche Nutzung und Ausbeutung seiner Kolonien. Der koloniale Vorstoß begann im ausgehenden 19. Jahrhundert, als das Deutsche Kaiserreich sich am sogenannten "Wettlauf um Afrika" beteiligte und Gebiete wie Deutsch-Südwestafrika und Deutsch-Ostafrika beanspruchte. Ziel war es, wirtschaftliche Interessen durch Rohstoffgewinnung, landwirtschaftliche Nutzung und Handelsvorteile zu sichern, oft auf Kosten der einheimischen Bevölkerung. In Deutsch-Südwestafrika, dem heutigen Namibia, und Deutsch-Ostafrika, das die heutigen Staaten Tansania, Burundi sowie Teile von Mosambik umfasste, wurden sowohl Land als auch Ressourcen ohne Rücksicht auf die einheimische Bevölkerung ausgebeutet. [58]

Im Vergleich dazu waren die Kolonien des Britischen Empire, wie Südafrika oder Kenia, ebenfalls Schauplätze erheblicher wirtschaftlicher Ausbeutung. Allerdings zeichnete sich die britische Kolonialverwaltung durch ein ausgeklügelteres administratives System aus, das auf indirekter Herrschaft beruhte. Großbritannien setzte auf die Zusammenarbeit mit lokalen Eliten und traditionellen Herrschern, die als Mittler zwischen der Kolonialmacht und der einheimischen Bevölkerung dienten. Beispiele dafür sind etwa die britische Zusammenarbeit mit Stammesführern der Kikuyu in Kenia oder mit den Zulu-Herrschern in Südafrika, die trotz regionaler Unterschiede als Vermittler der kolonialen Interessen eingesetzt wurden. Diese Strategie ermöglichte es, die Kontrolle mit weniger militärischer Gewalt zu sichern und in einigen Fällen eine langfristigere und stabilere Kolonialverwaltung zu etablieren. Doch auch in britischen Kolonien führte die wirtschaftliche Ausbeutung zu erheblichen sozialen Spannungen und Ungleichheiten.

Frankreich verfolgte in seinen afrikanischen Kolonien, wie Algerien und weiten Teilen Westafrikas, eine andere Strategie, die als Politik der Assimilation bekannt wurde. Dieses Konzept zielte darauf ab, die kolonisierten Völker an die französische Kultur anzugleichen und sie

---

58 Hans-Ulrich Wehler, et al., (1973), Das deutsche Kaiserreich, 1871-1918. Deutschland: Vandenhoeck & Ruprecht

rhetorisch zu „Franzosen" zu machen. In der Praxis jedoch blieb diese Politik oft eine bloße Fassade. Die einheimischen Bevölkerungen wurden weiterhin systematisch ausgebeutet, und die versprochene Gleichberechtigung war selten mehr als ein propagandistisches Mittel. Dennoch unterschied sich der französische Ansatz durch den Versuch, eine kulturelle Integration vorzutäuschen, was den Kolonialismus als „zivilisatorische Mission" zu rechtfertigen suchte.

Ein besonders grausames Beispiel kolonialer Ausbeutung findet sich im Kongo, der unter der Herrschaft Belgiens, genauer gesagt unter König Leopold II., stand. Leopold regierte den Kongo persönlich als Privatbesitz, der 1885 auf der Berliner Konferenz als "Kongo-Freistaat" international anerkannt wurde. Er versprach, den Kongo im Sinne des Fortschritts und der Zivilisation zu entwickeln, richtete jedoch ein brutales System ein, das ausschließlich der Rohstoffausbeutung, insbesondere von Kautschuk, diente. Die einheimische Bevölkerung wurde zu Zwangsarbeit gezwungen, und grausame Strafen wie Amputationen oder Tötungen waren an der Tagesordnung, um die Arbeitsleistung zu erzwingen. Diese Methoden führten zu einem massiven Bevölkerungsrückgang und internationaler Empörung, die schließlich dazu beitrugen, dass der Kongo 1908 in den Besitz des belgischen Staates überging. Der Kongo wurde im späten 19. und frühen 20. Jahrhundert als Privatbesitz Leopolds verwaltet, und die Ausbeutungspolitik dort führte zu einem der dunkelsten Kapitel des Kolonialismus. Der Hauptfokus lag auf der Gewinnung von Rohstoffen wie Kautschuk, wobei eine Schreckensherrschaft etabliert wurde, die auf Gewalt, Zwangsarbeit und brutalen Repressalien basierte. Es wird geschätzt, dass diese Politik zum Tod von bis zu 10 Millionen Kongolesen führte. Die Schätzung basiert auf Berichten von Missionaren, Augenzeugen und Forschern aus der damaligen Zeit, die das Ausmaß der Zwangsarbeit, der Hungersnöte und der Gewalt dokumentierten. Diese zeitgenössischen Berichte, darunter die Arbeiten von Edmund Dene Morel und den Protesten von George Washington Williams, trugen dazu bei, die Gräuel öffentlich bekannt zu machen und die internationale Empörung zu verstärken. Unter der Bezeichnung „Kongogräuel" wurden internationale Proteste gegen diese Verbrechen laut, was letztlich dazu führte, dass der Kongo 1908 von Belgien als Kolonie übernommen wurde – allerdings ohne dass sich die Lebensbedingungen der Bevölkerung nennenswert verbesserten.

Die kolonialen Herrschaftsstrategien der europäischen Mächte in Afrika zeigen somit unterschiedliche Ansätze, die alle eines gemeinsam hatten: die rücksichtslose Ausbeutung von Ressourcen und Menschen zugunsten der Kolonialmächte, mit teils katastrophalen Folgen für die betroffenen Gesellschaften und Kulturen.

Asien und Pazifik: Strategische und wirtschaftliche Interessen

Deutschland suchte in Asien gezielt nach Wegen, seinen Einfluss auszubauen und sich im Wettbewerb der Großmächte zu behaupten. Diese Bestrebungen sind vor dem Hintergrund der kolonialen Expansion des 19. Jahrhunderts zu sehen, als europäische Nationen um Handelsvorteile und territoriale Kontrolle wetteiferten, insbesondere in strategisch wichtigen Regionen wie dem Fernen Osten. Ein zentrales Element dieser Strategie war die Einrichtung strategischer Marinebasen, wie etwa in Qingdao (Tsingtau) an der chinesischen Küste. Diese Basen dienten nicht nur der Sicherung militärischer Präsenz und der Kontrolle wichtiger Seewege, sondern auch als logistisches Zentrum für wirtschaftliche Aktivitäten, Forschungsexpeditionen und die Verbreitung deutscher Kultur in der Region. Diese Basis diente nicht nur als militärischer Stützpunkt, sondern auch als Ausgangspunkt für wirtschaftliche, wissenschaftliche und kulturelle Aktivitäten in der Region. Besonders im Bereich der Wissenschaft und Medizin setzte Deutschland auf sogenannte „Soft Power"-Strategien, indem es Forschungsprojekte und medizinische Einrichtungen unterstützte. Diese sollten nicht nur dem Fortschritt dienen, sondern auch die Beziehungen zu den lokalen Bevölkerungen stärken und Deutschlands Ruf als fortschrittliche Nation fördern. Die Aktivitäten in Asien waren somit Teil eines umfassenderen Plans, eine deutsche Präsenz im Fernen Osten zu etablieren, die sowohl militärische als auch wirtschaftliche und kulturelle Dimensionen umfasste.

Im Vergleich dazu hatten Großbritannien und Frankreich weitaus tiefgreifendere und dauerhaftere Einflüsse in Asien, die auf ihren umfangreichen Kolonialreichen basierten. Während Deutschland sich vor allem auf punktuelle Maßnahmen wie den Aufbau einzelner Stützpunkte und wissenschaftlicher Projekte konzentrierte, schufen Großbritannien und Frankreich umfassende Verwaltungsstrukturen und etablierten langfristige wirtschaftliche Netzwerke. Diese zielten nicht nur auf die Integration der Kolonien in globale Handelsströme, sondern auch auf die systematische Kontrolle über lokale Ressourcen und Arbeitskräfte. Großbritannien kontrollierte etwa Indien und Malaya, während Frankreich in Indochina präsent war. Diese Kolonialmächte etablierten komplexe Verwaltungssysteme, die oft auf die vollständige Integration der lokalen Wirtschaften in globale Handelsstrukturen abzielten. Während in einigen Regionen wirtschaftliche Entwicklungen wie der Ausbau von Infrastruktur und Bildungssystemen gefördert wurden, standen diese Maßnahmen oft im Schatten der systematischen Ausbeutung von Rohstoffen und Arbeitskraft. Der Export von Rohstoffen wie Gewürzen, Tee, Reis und Kautschuk war nicht nur wirtschaftlich entscheidend, sondern spiegelte auch die hierarchischen und oft repressiven Strukturen wider, die diese Kolonialreiche charakterisierten.

Auch in der Pazifikregion verfolgten die europäischen Mächte ähnliche Ziele. Hier konzentrierten sie sich vor allem auf die wirtschaftliche Nutzung der Inselgebiete. Deutschland übernahm unter anderem die Verwaltung von Inseln wie Samoa, wo es auf den Anbau von Cash

Crops wie Kokospalmen setzte. Die Produktion von Kopra, einem wichtigen Rohstoff für die Herstellung von Seife und anderen Produkten, wurde intensiv gefördert. Diese wirtschaftlichen Unternehmungen wurden oft mit einer autoritären Kontrolle über die lokalen Bevölkerungen und deren Lebensgrundlagen durchgesetzt. Die europäischen Mächte führten im Pazifik eine Form von Kolonialismus, die weniger auf direkte Verwaltung als auf die wirtschaftliche Ausbeutung von Ressourcen und die Etablierung von Handelsstützpunkten ausgerichtet war.

Zusammenfassend zeigt sich, dass die Aktivitäten der europäischen Mächte in Asien und der Pazifikregion durch eine Kombination von strategischem Kalkül, wirtschaftlichen Interessen und kulturellen Projekten geprägt waren. Dabei unterschieden sich die Ansätze der Mächte deutlich: Während Deutschland auf punktuelle Interventionen und den Aufbau spezifischer Stützpunkte setzte, verfolgten Großbritannien und Frankreich umfassendere und systematischere Strategien, die auf die dauerhafte Kontrolle und Integration ihrer Kolonien in globale Strukturen abzielten. Während Deutschland in Asien vor allem versuchte, durch gezielte Maßnahmen seinen Einfluss auszuweiten, waren die kolonialen Unternehmungen Großbritanniens und Frankreichs durch ihre größere räumliche und strukturelle Tiefe gekennzeichnet. Im Pazifik waren es schließlich die Rohstoffgewinnung und die landwirtschaftliche Produktion, die das Handeln der Mächte bestimmten.

Karibik: Handelsnetzwerke und strategische Positionierung

Im Vergleich zu anderen europäischen Kolonialmächten war Deutschland in der Karibik weniger präsent und beschränkte sich weitgehend auf Handelsaktivitäten und die Errichtung von Kohlenstationen. Diese zurückhaltende Rolle spiegelt die strategischen Prioritäten des Deutschen Kaiserreichs wider, das sich stärker auf Afrika, den Pazifik und Südostasien konzentrierte. In Afrika fokussierte sich Deutschland auf den Aufbau von Kolonien wie Deutsch-Ostafrika und Deutsch-Südwestafrika, die sowohl wirtschaftlich als auch territorial bedeutend waren. Im Pazifik und Südostasien setzte das Kaiserreich auf die Kontrolle strategischer Inselgruppen wie Deutsch-Neuguinea und die Marianen, um maritime Handelsrouten zu sichern und geopolitischen Einfluss in Asien auszuweiten. Diese Schwerpunkte verdeutlichen die geopolitischen Ambitionen Deutschlands, die eher auf großflächige territorialstaatliche Kontrolle als auf indirekte Handelsstrategien wie in der Karibik ausgerichtet waren. Dennoch bietet die deutsche Präsenz in der Karibik ein interessantes Beispiel für die Dynamik von Handelsnetzwerken und die geopolitischen Überlegungen einer aufstrebenden Industrienation im 19. und frühen 20. Jahrhundert.

Deutschlands Aktivitäten in der Karibik fokussierten sich vor allem auf den Handel mit Rohstoffen wie Zucker, Kaffee, Tabak und Tropenhölzern. Deutsche Handelshäuser wie die Firma Hapag-Lloyd bauten in der Region ein dichtes Netzwerk von Handelsbeziehungen auf und nutzten karibische Häfen wie Havanna auf Kuba und Port of Spain in Trinidad als zentrale Umschlagplätze für den Warenverkehr zwischen Europa, Nordamerika und Lateinamerika. Diese Handelsbeziehungen wurden häufig über Verträge mit lokalen Kolonialverwaltungen oder unabhängigen karibischen Staaten geregelt.

Ein bemerkenswerter Aspekt war die enge wirtschaftliche Verbindung zu Kuba, das für Deutschland einer der wichtigsten Lieferanten von Zucker und Tabak war. Allein im Jahr 1895 importierte Deutschland rund 200.000 Tonnen Zucker aus Kuba, was etwa 15 % seines gesamten Zuckerbedarfs deckte. Diese Handelsbeziehung verdeutlicht die wirtschaftliche Bedeutung Kubas für den deutschen Markt. Deutsche Importeure spielten eine bedeutende Rolle im Handel mit kubanischen Waren, wobei Hamburg als zentrale Drehscheibe für den karibischen Handel fungierte. Darüber hinaus profitierten deutsche Handelsinteressen von der Zusammenarbeit mit den niederländischen und britischen Kolonialverwaltungen, die Zugang zu karibischen Märkten und Infrastruktur boten.

Neben den Handelsaktivitäten spielte die Errichtung von Kohlenstationen eine strategische Rolle in der deutschen Karibikpolitik. Diese Stationen dienten als Versorgungsstützpunkte für die deutsche Handels- und Kriegsflotte und unterstrichen die Bedeutung der Region für die globale Schifffahrtsstrategie des Kaiserreichs. Ein Beispiel dafür war die Kohlenstation auf der niederländischen Insel Curaçao, die von deutschen Dampfschiffen häufig genutzt wurde. Curaçao war strategisch bedeutsam, da es an einer der Hauptschifffahrtsrouten zwischen Europa und Südamerika lag. Die gut ausgebaute Hafeninfrastruktur der Insel ermöglichte eine effiziente Versorgung der Schiffe mit Kohle, was für die damalige Dampfschifffahrt von zentraler Bedeutung war. Zudem bot die Nähe zu wichtigen Handelszentren in der Karibik und Lateinamerika einen logistischen Vorteil für deutsche Handels- und Marineoperationen.

Trotz dieser strategischen Bemühungen blieb Deutschlands Einfluss in der Karibik begrenzt. Im Gegensatz zu den umfassenden Kolonialprojekten Großbritanniens, Frankreichs und der Niederlande, die die Karibik intensiv für den Zuckerrohranbau, den Sklavenhandel und als militärische Stützpunkte nutzten, war die deutsche Präsenz kaum auf territorialen Besitz oder direkte Kontrolle ausgerichtet. Diese Zurückhaltung kann auf die späte Reichsgründung und die geopolitischen Prioritäten in anderen Regionen zurückgeführt werden. Die Gründung des Deutschen Kaiserreichs im Jahr 1871 erfolgte zu einem Zeitpunkt, als andere europäische Mächte bereits etablierte Kolonialreiche aufgebaut hatten. Diese späte Reichsgründung zwang Deutschland dazu, in einem bereits stark umkämpften kolonialen Umfeld strategische Kompromisse einzugehen und sich auf Handelsnetzwerke und indi-

rekte Einflussnahme zu konzentrieren, anstatt auf groß angelegte Kolonialprojekte wie in der Karibik.

Die Karibik war im 19. und frühen 20. Jahrhundert ein Zentrum globaler Machtpolitik, in dem Großbritannien, Frankreich, Spanien und die
Niederlande ihre kolonialen Ambitionen ausspielten. Im Gegensatz zu
diesen Mächten, die ihre Kolonien in der Region für den intensiven
Zuckerrohranbau und als strategische Militärbasen nutzten, verfolgte
Deutschland eine zurückhaltende Politik. Während britische Stützpunkte wie Jamaika und französische Besitzungen wie Martinique als
essentielle Bausteine imperialer Kontrolle dienten, betrachtete das
Deutsche Reich die Karibik primär als eine Erweiterung seiner Handelsnetzwerke.

Diese unterschiedliche Herangehensweise hatte auch wirtschaftliche
und politische Implikationen. Während Großbritannien und Frankreich umfangreiche Ressourcen in den Aufbau und die Verwaltung ihrer Kolonien investierten, minimierte Deutschland seine Risiken und
Kosten durch eine indirekte Strategie, die auf Handelsverträgen und
Kooperationen beruhte. Diese pragmatische Herangehensweise erlaubte es Deutschland, wirtschaftliche Vorteile zu erzielen, ohne in
die aufwändige und kostspielige Verwaltung von Kolonien verwickelt
zu werden.

Deutschlands begrenzte Aktivitäten in der Karibik werfen Fragen nach
den langfristigen Auswirkungen dieser Zurückhaltung auf. Einerseits
ermöglichte die Fokussierung auf Handelsnetzwerke und
Kohlenstationen eine kosteneffiziente Nutzung der Region, andererseits verpasste Deutschland die Möglichkeit, eine bedeutendere Rolle
in der geopolitischen und wirtschaftlichen Ordnung der Karibik zu
spielen. Diese Zurückhaltung könnte auch als Ausdruck einer pragmatischen Außenpolitik interpretiert werden, die sich auf wirtschaftliche
Vorteile konzentrierte, anstatt in Konkurrenz mit etablierten Kolonialmächten zu treten.

Aus heutiger Perspektive bietet die deutsche Präsenz in der Karibik ein faszinierendes Fallbeispiel für die Grenzen imperialistischer Ambitionen und die Bedeutung von Handelsnetzwerken in einer globalisierten Welt. Diese Erfahrungen hatten langfristige Auswirkungen auf die deutsche Wirtschaft und internationale Beziehungen. Die Konzentration auf Handelsnetzwerke anstelle territorialer Kontrolle prägte Deutschlands Fähigkeit, flexibel auf globale Märkte zu reagieren, und beeinflusste die Entwicklung moderner wirtschaftlicher Diplomatie. Zugleich hinterließ die Zurückhaltung in der Karibik jedoch auch eine Lücke im deutschen Einfluss, die andere Mächte wie Großbritannien und die USA nutzten, um ihre Dominanz in der Region auszubauen. Sie zeigt, wie wirtschaftliche Interessen und geopolitische Strategien miteinander verflochten sind und wie sich eine Nation auch ohne direkte territoriale Kontrolle in einer Region positionieren kann.[59]

Die kolonialen Bestrebungen der europäischen Mächte im 19. und frühen 20. Jahrhundert folgten zwar unterschiedlichen Ansätzen und Strategien, hatten jedoch ähnliche zugrunde liegende Ziele: die wirtschaftliche Ausbeutung, geopolitische Machtprojektion und kulturelle Dominanz in den kolonisierten Gebieten. Ein konkretes Beispiel ist die extensive Nutzung von Plantagenwirtschaft in der Karibik, Afrika und Asien, die den europäischen Mächten immense Profite verschaffte, während die lokale Bevölkerung oft unter Zwangsarbeit und schlechter Behandlung litt. Diese Praxis verdeutlicht, wie wirtschaftliche Interessen die kolonialen Unternehmungen prägten und systematische Ausbeutung ermöglichten. Deutschland, das vergleichsweise spät in das koloniale "Spiel" einstieg, übernahm viele Aspekte der Kolonialpraktiken seiner Nachbarn, zeichnete sich jedoch durch spezifische Ei-

59 Wolfgang Reinhard, Kleine Geschichte des Kolonialismus, zweite vollständig überarbeitete und erweiterte Auflage, Kröner, Stuttgart 2008, ISBN 978-3-520-47502-2

genheiten aus, die seine Kolonialherrschaft von der anderer Mächte unterschieden.

Nach der Reichsgründung 1871 begann Deutschland erst in den 1880er Jahren ernsthaft mit der Etablierung eines Kolonialreiches, insbesondere in Afrika und im Pazifik. Dieses späte Engagement war teilweise durch die bereits bestehende Dominanz anderer Mächte wie Großbritannien und Frankreich begrenzt, die weite Teile der Welt unter ihre Kontrolle gebracht hatten. Deutschlands Kolonialpolitik war stark von wirtschaftlichen Motiven geprägt, darunter die Erschließung von Rohstoffquellen und die Schaffung neuer Absatzmärkte. Ein prominentes Beispiel ist die Diamantenförderung in Deutsch-Südwestafrika (heute Namibia), die erhebliche Einnahmen generierte und die wirtschaftliche Bedeutung der Kolonie unterstrich. Gleichzeitig diente die Region als Markt für deutsche Industriegüter wie Maschinen und Textilien, wodurch die ökonomischen Verflechtungen weiter vertieft wurden.

Jedoch fiel die deutsche Kolonialverwaltung oft durch mangelnde Effizienz und eine übermäßige Abhängigkeit von militärischer Gewalt auf. Besonders deutlich wurde dies im Umgang mit den Herero und Nama während des Genozids in Deutsch-Südwestafrika (1904-1908), bei dem die militärische Unterdrückung durch Lothar von Trotha systematisch auf die Vernichtung der indigenen Bevölkerung abzielte. Gleichzeitig scheiterten deutsche Verwaltungsstrukturen daran, nachhaltige zivile Institutionen aufzubauen, was zu wiederkehrender Instabilität und ineffizienter Ressourcenverwaltung führte. Ein Bericht aus dieser Zeit dokumentiert die mangelnde Organisation der Infrastruktur, wodurch selbst wirtschaftliche Interessen nicht effizient verfolgt werden konnten. Besonders auffällig war dies in Deutsch-Südwestafrika (heute Namibia), wo der Genozid an den Herero und Nama (1904-1908) eine der brutalsten Episoden der deutschen Kolonialherrschaft darstellt. Diese Ereignisse unterstreichen die strategische Kurzsichtigkeit der deutschen Kolonialpolitik, die sich primär auf kurzfristige militärische Erfolge und wirtschaftliche Ausbeutung konzentrierte, ohne langfristige Verwaltungs- oder Entwicklungsstrategien zu verfolgen.

Im Gegensatz dazu zeichneten sich die Kolonialmächte Großbritannien und Frankreich durch eine größere Bandbreite an Verwaltungstaktiken aus, die je nach regionalen und geopolitischen Bedingungen angepasst wurden. Großbritannien verfolgte häufig eine indirekte Herrschaft ("Indirect Rule"), insbesondere in Indien und Teilen Afrikas, bei der lokale Eliten in die Kolonialverwaltung eingebunden wurden. Diese Strategie bot den Vorteil einer geringeren administrativen Belastung und trug dazu bei, die Kontrolle über große Territorien mit relativ wenigen Ressourcen aufrechtzuerhalten. Gleichzeitig zeigte das britische Imperium in Regionen wie Irland oder Südafrika jedoch auch ein hohes Maß an Gewalt und Repression, was die Ambivalenz seiner Kolonialherrschaft verdeutlicht.

Frankreich hingegen setzte verstärkt auf eine direkte Herrschaft ("Assimilation"), insbesondere in seinen westafrikanischen Kolonien wie Senegal. Hier wurde versucht, die französische Sprache, Kultur und Rechtsordnung zu etablieren, und ausgewählte Einheimische erhielten sogar die französische Staatsbürgerschaft, was das Ziel einer vollständigen kulturellen und politischen Integration unterstrich. Dieses Modell zielte darauf ab, die kolonisierten Gebiete kulturell und politisch stärker in die französische Republik zu integrieren. Die Assimilationspolitik führte in einigen Fällen zu einer langfristigeren kulturellen Bindung, wie sie beispielsweise in der fortgesetzten Präsenz der französischen Sprache und Kultur in vielen afrikanischen Ländern sichtbar ist. Dennoch war auch die französische Kolonialherrschaft von massiver wirtschaftlicher Ausbeutung, Zwangsarbeit und repressiven Maßnahmen geprägt, die die soziale und wirtschaftliche Struktur der Kolonien nachhaltig zerstörten.

Das Königreich Belgien, repräsentiert durch den Kongo-Freistaat (1885-1908) und später Belgisch-Kongo, steht exemplarisch für eine der brutalsten Formen der Kolonialherrschaft. Unter der direkten Kontrolle von König Leopold II. wurden im Kongo-Freistaat unzählige Verbrechen begangen, darunter systematische Zwangsarbeit, Amputationen und Massentötungen, die auf die rücksichtslose Ausbeutung der Kautschuk- und Elfenbeinressourcen abzielten. Ein bekannter Bericht des britischen Diplomaten Roger Casement aus dem Jahr 1904 dokumentiert diese Gräueltaten ausführlich und führte zu internationaler Empörung. Zeitzeugenberichte, wie die von Überlebenden, schildern die brutalen Arbeitsbedingungen und die systematische Gewalt, die Millionen Menschen das Leben kosteten. Diese Form der Kolonialverwaltung war einzigartig in ihrer Intensität und ihrem völligen Mangel an administrativer oder sozialer Verantwortung gegenüber der lokalen Bevölkerung. Die belgische Herrschaft im Kongo führte zu einer humanitären Katastrophe, deren Nachwirkungen bis heute spürbar sind.

Trotz ihrer unterschiedlichen Ansätze verfolgten alle europäischen Kolonialmächte ähnliche Ziele: die Maximierung wirtschaftlicher Gewinne, die geopolitische Kontrolle und die Durchsetzung einer kulturellen Hegemonie. Diese Ziele wurden durch eine Kombination aus wirtschaftlicher Ausbeutung, militärischer Gewalt und kultureller Dominanz erreicht. Ein konkretes Beispiel hierfür ist die Zerstörung der sozialen und wirtschaftlichen Strukturen in Deutsch-Südwestafrika (heute Namibia) nach dem Genozid an den Herero und Nama. Die militärische Repression führte nicht nur zu massiven Bevölkerungsverlusten, sondern auch zur Enteignung der einheimischen Bevölkerung zugunsten deutscher Siedler, wodurch traditionelle Lebensgrundlagen zerstört wurden. Diese Maßnahmen schufen langfristige wirtschaftliche Abhängigkeiten und soziale Ungleichheiten, die bis in die Gegenwart nachwirken. Die langfristigen Auswirkungen dieser Politik sind tiefgreifend: von der Zerstörung traditioneller sozialer Strukturen über die Schaffung wirtschaftlicher Abhängigkeiten bis hin zur politischen Instabilität, die viele ehemalige Kolonien noch heute prägt.

Vergleich der deutschen Kolonialpolitik mit britischen, französischen und niederländischen Kolonialstrategien

Ein Vergleich der deutschen Kolonialpolitik mit der britischen, französischen und niederländischen Vorgehensweise eröffnet eine differenzierte Perspektive auf Gemeinsamkeiten, Unterschiede und strukturelle Besonderheiten. Während sich die großen Kolonialmächte in ihren imperialen Ambitionen einig waren, unterschieden sich ihre Strategien in Verwaltung, Wirtschaftspolitik und Umgang mit den einheimischen Bevölkerungen erheblich.

Verwaltungsstruktur und Kontrolle

Die britische Kolonialpolitik war durch das Prinzip der indirekten Herrschaft (indirect rule) geprägt, das vor allem in Afrika angewandt wurde. Britische Kolonialbeamte arbeiteten mit lokalen Eliten zusammen, die als Vermittler zwischen der britischen Verwaltung und der indigenen Bevölkerung fungierten. Diese Strategie ermöglichte es, mit vergleichsweise geringen personellen Ressourcen große Gebiete zu kontrollieren.

Die Franzosen hingegen setzten auf das Modell der direkten Herrschaft (assimilation politique), bei dem sie versuchten, die einheimische Bevölkerung in das französische Staats- und Gesellschaftssystem zu integrieren. In der Theorie bedeutete dies, dass Kolonialuntertanen in bestimmten Fällen die französische Staatsbürgerschaft erhalten konnten. In der Praxis blieb diese Integration jedoch oft begrenzt, insbesondere außerhalb der städtischen Zentren.

Die Niederlande verfolgten in ihren Kolonien, insbesondere in Indonesien, eine wirtschaftlich motivierte Verwaltungsstrategie, die sich auf ein Netz von Handelsgesellschaften stützte. Ihre Herrschaft war oft pragmatisch und auf Kooperation mit lokalen Strukturen ausgerichtet, allerdings unter rigiden wirtschaftlichen Ausbeutungsmechanismen wie dem berüchtigten Kultursystem (Cultuurstelsel), das von der indigenen Bevölkerung hohe Abgaben in Form von Plantagenprodukten verlangte.

Die deutsche Kolonialverwaltung entwickelte sich aus einem pragmatischen Kompromiss zwischen britischen und französischen Modellen. In einigen Gebieten, wie Togo oder Kamerun, wurde das indirekte Modell erprobt, indem lokale Eliten in die Verwaltung eingebunden wurden, um Verwaltungskosten zu senken und den Widerstand der Bevölkerung zu minimieren. Gleichzeitig setzten die Deutschen in anderen Regionen, insbesondere in Deutsch-Südwestafrika und Deutsch-Ostafrika, auf eine direkte Herrschaft mit starker militärischer Kontrolle, um wirtschaftliche Interessen durchzusetzen und Aufstände konsequent zu unterdrücken. Diese Hybridstrategie führte zu uneinheitlichen Verwaltungsstrukturen, die je nach Region unterschiedliche Effizienz und Stabilität aufwiesen. Die deutschen Kolonialbehörden waren dabei oft zentralistischer organisiert als die britischen, jedoch weniger auf kulturelle Assimilation ausgerichtet als die Franzosen.

Wirtschaftliche Modelle und Ressourcennutzung

Wirtschaftlich setzten die Briten stark auf Exportwirtschaft mit liberalen Handelsstrukturen. Sie entwickelten in vielen ihrer Kolonien, insbesondere in Indien und Westafrika, marktwirtschaftliche Netzwerke, die sich langfristig auf den globalen Handel auswirkten.

Die Franzosen organisierten ihre Wirtschaft in den Kolonien wesentlich straffer, wobei monopolartige Strukturen dominierend waren. Sie förderten gezielt den Export von Rohstoffen und landwirtschaftlichen

Produkten nach Frankreich, oft zulasten der lokalen Wirtschaftsentwicklung.

Die Niederlande verfügten in Indonesien über eines der effektivsten wirtschaftlichen Systeme des 19. Jahrhunderts, allerdings auf Kosten der einheimischen Bevölkerung. Das System basierte auf der rigorosen Durchsetzung des sogenannten Kultursystems (Cultuurstelsel), das von Landwirten verlangte, einen erheblichen Teil ihrer landwirtschaftlichen Produktion – insbesondere Kaffee, Zucker und Indigo – direkt an die Kolonialverwaltung abzuführen. Dies führte zu hohen Einnahmen für die niederländische Wirtschaft und trug zur finanziellen Stabilität der Niederlande bei. Gleichzeitig wurden die einheimischen Bauern stark belastet, was in vielen Regionen zu Hungersnöten und sozialen Unruhen führte. Während das niederländische Kolonialsystem effizient Gewinne generierte, hatte es langfristig negative Auswirkungen auf die wirtschaftliche Eigenständigkeit der indonesischen Bevölkerung und verstärkte soziale Ungleichheiten.

Deutschland, als später Teilnehmer am kolonialen Wettlauf, orientierte sich wirtschaftlich stark an den britischen und niederländischen Modellen. Schwerpunkte lagen auf Plantagenwirtschaft, Infrastrukturprojekten und der Ressourcenausbeutung. Besonders auffällig war der starke Einfluss privater Handelsgesellschaften wie der Deutschen Ostafrikanischen Gesellschaft, die fast staatliche Kompetenzen besaßen.

Umgang mit der indigenen Bevölkerung und koloniale Gewalt

Der Umgang mit der einheimischen Bevölkerung variierte stark zwischen den Kolonialmächten. Die Briten setzten auf eine indirekte Kontrolle, was in manchen Regionen zu stabileren Verhältnissen führte, während die Franzosen mit ihrem Assimilationsmodell eine engere, aber oft konfliktreiche Beziehung zu den Kolonisierten pflegten.

Die Niederlande praktizierten eine rigorose wirtschaftliche Ausbeutung, wodurch die indonesische Bevölkerung in großem Maße von europäischen Strukturen abhängig wurde. Die soziale Durchdringung blieb jedoch geringer als in britischen oder französischen Kolonien.

Die deutsche Kolonialpolitik war in dieser Hinsicht besonders widersprüchlich. Einerseits gab es Versuche, stabile Verwaltungsstrukturen aufzubauen, andererseits kam es zu einigen der brutalsten Kolonialkriege dieser Epoche, insbesondere dem Herero- und Nama-Aufstand in Deutsch-Südwestafrika. Während es in Togo oder Kamerun relativ stabile Verhältnisse gab, war die deutsche Herrschaft in Ost- und Südwestafrika durch extreme Gewalt gegen Aufstände geprägt.

Die deutschen Kolonien waren im Vergleich zu den britischen, französischen und niederländischen Besitzungen weniger etabliert und bestanden nur kurze Zeit. Während die britischen Kolonialreiche bereits ab dem 17. Jahrhundert in Indien und Nordamerika Fuß fassten und das französische Kolonialreich im 18. Jahrhundert große Teile Westafrikas und Indochinas umfasste, begann die deutsche Kolonialexpansion erst in den 1880er Jahren. Nach dem Ersten Weltkrieg wurden die deutschen Kolonien gemäß den Bestimmungen des Versailler Vertrags unter Verwaltung des Völkerbundes an andere Kolonialmächte übergeben. Während britische und französische Kolonialreiche sich über Jahrhunderte entwickelten, blieb die deutsche Herrschaft eine späte und wenig konsolidierte Episode im Zeitalter des Imperialismus. Der fehlende langfristige Aufbau von Verwaltungs- und Wirtschaftssystemen führte dazu, dass die deutschen Kolonien nach dem Ersten Weltkrieg relativ problemlos auf andere Mächte übergingen.

Die deutsche Kolonialpolitik stand somit im Spannungsfeld zwischen britischer indirekter Kontrolle, französischer Assimilationspolitik und niederländischer wirtschaftlicher Ausbeutung. Ihre Besonderheit lag in der Kombination zentralistischer Verwaltung, militärischer Kontrolle und wirtschaftlicher Expansion, die jedoch nie die Dimensionen der großen Kolonialmächte erreichte. Ein tiefergehender Vergleich zeigt, dass Deutschland in vielen Bereichen von den bestehenden Kolonialmodellen abgeleitet agierte, ohne jedoch eine einheitliche oder langfristig erfolgreiche Strategie zu entwickeln.

13. KOLONIALGESCHICHTE IM DIALOG: ERINNERUNGSKULTUR UND ZEITGENÖSSISCHE DEBATTEN

Die Kultur des Erinnerns und die Aufarbeitung der deutschen Kolonialgeschichte umfassen laufende Diskussionen und Maßnahmen zur Anerkennung und Bewältigung der Hinterlassenschaften der deutschen Kolonialzeit. Vom späten 19. bis zum frühen 20. Jahrhundert etablierte Deutschland eine Reihe von Kolonien in Afrika und im Pazifik, die von Ausbeutung und schwerwiegenden Menschenrechtsverletzungen geprägt waren, darunter der Genozid an den Herero und Nama im heutigen Namibia, der als einer der ersten Genozide des 20. Jahrhunderts gilt. Diese historischen Ungerechtigkeiten haben eine zeitgenössische Auseinandersetzung in Deutschland ausgelöst, bei der der Fokus zunehmend auf die Notwendigkeit von Erinnerung, Rückgabe und Versöhnung mit betroffenen Gemeinschaften liegt.

Aktuelle Initiativen zielen darauf ab, das koloniale Erbe Deutschlands neu zu bewerten, wobei die Rückgabe kultureller Artefakte, die während der Kolonialherrschaft erworben wurden, besonders betont wird. Im März 2019 wurde ein Rahmenwerk eingeführt, das den Umgang mit diesen Artefakten regelt und auf einen kollaborativen Dialog mit den ehemaligen Kolonien sowie verbesserte Provenienzforschung abzielt. Gleichzeitig gewinnen indigene Perspektiven in kulturellen Räumen zunehmend an Sichtbarkeit. Zeitgenössische Künstler und Aktivisten fordern ein differenzierteres Verständnis kolonialer Geschichten und ihrer heutigen Auswirkungen. Diese kulturelle Verschiebung spiegelt breitere Bewegungen wider, die darauf abzielen, Identitäten zurückzugewinnen und Narrativen entgegenzuwirken, die auf kolonialer Dominanz beruhen.

Die politischen Reaktionen auf das koloniale Erbe Deutschlands sind von Spannungen geprägt, insbesondere bei Verhandlungen über Reparationen und die öffentliche Anerkennung vergangener Gräueltaten. Kritisiert wird dabei häufig die Angemessenheit staatlicher Erklärungen und der Ausschluss betroffener Gemeinschaften aus wesentlichen Diskussionen. Hinzu kommt eine Zunahme des Kolonialrevisionismus in bestimmten politischen Kreisen, die das öffentliche Verständnis der Kolonialgeschichte erschweren und Versöhnungsbemühungen behindern.

Während das öffentliche Bewusstsein und die Auseinandersetzung mit der Kolonialgeschichte weiterentwickelt werden, spielen Bildung, Medienrepräsentation und Basisaktivismus eine entscheidende Rolle. Viele Initiativen zielen darauf ab, die Öffentlichkeit über das koloniale Erbe aufzuklären und die Bedeutung kritischer historischer Perspektiven bei der Gestaltung zeitgenössischer Identitäten und sozialer Bewegungen hervorzuheben. Diese kulturelle Aufarbeitung strebt nicht nur an, die Vergangenheit zu konfrontieren, sondern auch die nationale Identität neu zu definieren, um historische Ungerechtigkeiten anzuerkennen und eine gerechtere Zukunft zu fördern.

Neubewertung des kolonialen Erbes

In den letzten Jahren hat in Deutschland ein tiefgreifender Wandel im Umgang mit dem kolonialen Erbe kultureller Sammlungen in Museen stattgefunden. Dieses gestiegene Bewusstsein für die historische Verantwortung geht einher mit einer intensiveren Auseinandersetzung mit der Herkunft und Erwerbsgeschichte zahlreicher Artefakte. Viele dieser Objekte wurden während der Kolonialzeit unter fragwürdigen Bedingungen erworben – sei es durch Zwang, Enteignung oder ungleiche Handelsbeziehungen. Die Debatte über die Rückgabe solcher Kulturgüter hat in den letzten Jahren erheblich an Dynamik gewonnen und steht im Zentrum einer breiteren gesellschaftlichen Diskussion über Gerechtigkeit, Wiedergutmachung und die Aufarbeitung kolonialer Vergangenheit.

Ein bedeutender Meilenstein in diesem Prozess war die Verabschiedung eines Rahmenpapiers durch deutsche Regierungsinstitutionen im März 2019. Dieses Dokument formuliert klare Leitlinien für den Umgang mit kolonialen Artefakten und setzt dabei auf Transparenz sowie Kooperation. Zu den zentralen Elementen des Rahmenpapiers gehören die Forderung nach einer systematischen Provenienzforschung und der Dialog mit den Herkunftsländern. Ziel ist es, die Erwerbsumstände der Objekte umfassend zu klären und auf dieser Grundlage Entscheidungen über mögliche Rückgaben zu treffen. Diese proaktive Haltung markiert einen Paradigmenwechsel im Vergleich zu früheren Jahrzehnten, in denen solche Fragen oft ignoriert oder nur zögerlich angegangen wurden.

Darüber hinaus hat der Deutsche Museumsbund eine Reihe von Richtlinien entwickelt, die den musealen Umgang mit kolonialen Kulturgütern grundlegend verbessern sollen. Diese Leitlinien betonen die Bedeutung von Partnerschaften mit den Herkunftsgemeinschaften und zielen darauf ab, deren Perspektiven stärker in die museale Arbeit einzubinden. Konkret bedeutet dies, dass Vertreter:innen aus den Herkunftsländern in die Entscheidungsprozesse eingebunden werden – sei es bei der Präsentation der Objekte, ihrer wissenschaftlichen Untersuchung oder der Entscheidung über ihre zukünftige Aufbewahrung.

Ein prominentes Beispiel für diese Entwicklungen ist der Umgang mit den Benin-Bronzen, die während eines britischen Militäreinsatzes im Jahr 1897 aus dem Königreich Benin (heutiges Nigeria) geplündert wurden. In den letzten Jahren haben mehrere deutsche Museen, darunter das Humboldt Forum in Berlin, Anündigungen über die Rückgabe dieser bedeutenden Kulturgüter gemacht. Diese Rückgaben werden als symbolische Akte der Wiedergutmachung und als Beitrag zur Heilung historischer Wunden verstanden.

Die Diskussion über den Umgang mit kolonialem Erbe ist jedoch keineswegs abgeschlossen. Sie wirft grundlegende Fragen über die Rolle von Museen in einer globalisierten Welt auf: Wie können diese Institutionen ihrer Verantwortung gerecht werden, ohne den Zugang zu wichtigen Artefakten für die öffentliche Bildung zu verlieren? Wie kann ein gerechter Ausgleich zwischen den Interessen der Herkunftsländer und der deutschen Gesellschaft gefunden werden? Solche Fragen erfordern nicht nur museologische Expertise, sondern auch einen intensiven Dialog zwischen verschiedenen kulturellen und politischen Akteuren.[60]

Kulturelle Sichtbarkeit und indigene Perspektiven

Die Sichtbarkeit indigener zeitgenössischer Künstler hat in den letzten Jahren weltweit – insbesondere jedoch in Brasilien – signifikant zugenommen. Namen wie Jaider Esbell und Denilson Baniwa stehen exemplarisch für diese Entwicklung. Ihre Werke, die tief in der indigenen Tradition verwurzelt sind, verbinden traditionelle Ausdrucksformen mit modernen künstlerischen Techniken und Themen. Dadurch gelingt es ihnen, die komplexen Herausforderungen und Hoffnungen

---

60 Quellen: Deutscher Museumsbund: Richtlinien zum Umgang mit Sammlungsgut aus kolonialen Kontexten. Veröffentlicht auf der Website des Deutschen Museumsbundes, abrufbar unter: https://www.museumsbund.de // Rahmenpapier "Umgang mit Sammlungsgut aus kolonialen Kontexten". Veröffentlicht von der Bundesregierung, abrufbar unter: https://www.bundesregierung.de // Pressemitteilungen des Humboldt Forums zu den Benin-Bronzen, abrufbar unter: https://www.humboldtforum.org

ihrer Gemeinschaften in einem globalen Kontext zu präsentieren und ein breites Publikum zu sensibilisieren.

Jaider Esbell, ein Künstler des indigenen Makuxi-Volkes, brachte mit seiner Kunst die indigene Perspektive in bedeutende internationale Ausstellungen wie die Biennale von São Paulo ein. Seine Arbeiten betonen die Verbundenheit mit der Natur, das spirituelle Erbe seines Volkes und die Dringlichkeit des Umweltschutzes. Ähnlich setzt sich Denilson Baniwa, ein Künstler des Baniwa-Volkes, in seinen Werken kritisch mit den Folgen des Kolonialismus und der fortwährenden Marginalisierung indigener Bevölkerungen auseinander. Seine oft provokanten Arbeiten kombinieren traditionelle Symbole mit modernen Medien, um aktuelle gesellschaftliche und politische Fragen zu reflektieren.

Trotz der langen Geschichte von Marginalisierung und Diskriminierung, die indigene Gemeinschaften weltweit erfahren haben, verzeichnen wir heute eine verstärkte Beteiligung indigener Künstler an renommierten globalen Kunstveranstaltungen. Diese Künstler nutzen ihre Plattformen nicht nur zur Darstellung ihrer künstlerischen Visionen, sondern auch, um die vielschichtigen Realitäten indigener Kulturen sichtbar zu machen. Ihre Arbeiten fungieren als Brücke zwischen Vergangenheit und Gegenwart, zwischen traditionellen Wissenssystemen und der modernen Welt.

Dieser Wandel spiegelt eine umfassendere Bewegung wider, die in vielen indigenen Gemeinschaften weltweit zu beobachten ist. Es handelt sich um die bewusste Wiedererlangung kultureller Identität, die sich nicht nur in der Kunst, sondern auch in der Wiederbelebung traditioneller Sprachen, Rituale und Handwerkstechniken manifestiert. Indigene Aktivisten und Intellektuelle betonen zunehmend die Bedeutung kultureller Selbstbestimmung und die Notwendigkeit, traditionelle Werte in einer sich schnell wandelnden Welt zu bewahren.

Die Arbeiten von Esbell und Baniwa zeigen, wie Kunst ein wirkungsvolles Mittel sein kann, um historische Ungerechtigkeiten aufzuzeigen und gleichzeitig positive Perspektiven für die Zukunft zu entwickeln. Ihre Erfolge sind ein Beweis für die wachsende Anerkennung indigener Stimmen auf der internationalen Bühne und für den Einfluss, den diese Stimmen auf die globale Kunstszene und darüber hinaus ausüben können.[61]

Erinnerungs- und Gedenkinitiativen

Erinnerungsaktivismus bezeichnet gezielte Bemühungen, historische Ungerechtigkeiten sichtbar zu machen und aufzuarbeiten. In Deutschland hat dieser Aktivismus in den letzten Jahren eine bedeutende Rolle dabei gespielt, die Auseinandersetzung mit der kolonialen Geschichte zu verändern. Zahlreiche Initiativen haben es sich zur Aufgabe gemacht, Orte zu identifizieren und zu kennzeichnen, die mit dem Kolonialismus und dessen weitreichenden Auswirkungen verbunden sind. Diese Projekte symbolisieren einen kollektiven Versuch, die Verbrechen der Vergangenheit zu konfrontieren und deren Anerkennung in der Gesellschaft zu verankern.

Ein bemerkenswertes Beispiel ist die Umbenennung von Straßennamen, die koloniale Persönlichkeiten ehren, sowie die Errichtung von Gedenktafeln an historischen Schauplätzen. Solche Maßnahmen stoßen jedoch nicht immer auf Zustimmung. Widerstand seitens lokaler Bevölkerungsgruppen oder Behörden zeigt, wie kontrovers der Umgang mit der eigenen Geschichte bleibt. Häufig wird argumentiert, dass solche Initiativen die lokale Identität gefährden oder wirtschaftliche Interessen beeinträchtigen könnten.

61 Quelle: Instituto Socioambiental (ISA): https://www.socioambiental.org/

Trotz dieser Hindernisse haben Organisationen wie Aktion Sühnezeichen/Friedensdienste eine zentrale Rolle übernommen. Durch Bildungsprogramme, öffentliche Diskussionsveranstaltungen und interkulturellen Austausch tragen sie maßgeblich zur Förderung des Dialogs bei. Ihre Arbeit ermöglicht es, Brücken zwischen verschiedenen gesellschaftlichen Gruppen zu schlagen und Versöhnungsbemühungen im Zusammenhang mit Deutschlands kolonialem Erbe voranzutreiben.

Die Bedeutung solcher Initiativen liegt nicht nur in der Aufarbeitung der Vergangenheit, sondern auch in ihrem Beitrag zu einer gerechteren und inklusiveren Zukunft. Die Öffentlichkeit für die Komplexität der kolonialen Geschichte zu sensibilisieren, bleibt eine herausfordernde, aber notwendige Aufgabe, um ein nachhaltiges kulturelles Gedächtnis zu schaffen.[62]

Die Debatte über Kulturaustausch versus Auslöschung

Die Diskussion über die Interaktionen zwischen kolonialen Mächten und indigenen Kulturen ist ein hochkomplexes und emotional aufgeladenes Thema, das tief in historische, soziale und kulturelle Dynamiken eingebettet ist. Dabei geht es nicht nur um die Frage, ob diese Interaktionen als ein gegenseitiger Kulturaustausch verstanden werden können, sondern auch darum, in welchem Ausmaß sie zu einer systematischen kulturellen Auslöschung geführt haben.

Historisch gesehen brachte der Kontakt zwischen europäischen Kolonialmächten und indigenen Völkern zahlreiche Prozesse mit sich, die oberflächlich betrachtet als Kulturaustausch gedeutet werden könnten. Beispiele dafür sind die Übernahme europäischer Waren, wie

62 Hans-Jochen Vogel, et al., Erinnerungsarbeit und demokratische Kultur, (1997). Deutschland: K.G. Saur, ISBN 9783598237607

Metallwerkzeuge, Waffen oder Glasperlen, durch indigene Gemeinschaften. Ebenso fand ein Transfer technologischen und landwirtschaftlichen Wissens statt, der in einigen Fällen die Lebensweise indigener Gesellschaften bereicherte.

Jedoch zeigt sich bei genauerer Betrachtung, dass diese Prozesse oft asymmetrisch verliefen und von den kolonialen Machtverhältnissen stark geprägt waren. Europäische Kolonisatoren nahmen nicht nur Einfluss auf die materiellen Aspekte indigener Kulturen, sondern setzten diese auch enormem Druck aus, ihre angestammten Lebensweisen aufzugeben. Die Unterdrückung indigener Sprachen, das Verbot spiritueller Praktiken und die Zerschlagung sozialer Strukturen sind nur einige Beispiele für die zerstörerischen Folgen des Kolonialismus. Ein markantes Beispiel hierfür ist die Zwangsassimilation indigener Kinder in Internatsschulen, wie sie in Kanada und den USA praktiziert wurde, wo ganze Generationen von ihrer kulturellen Identität entfremdet wurden.

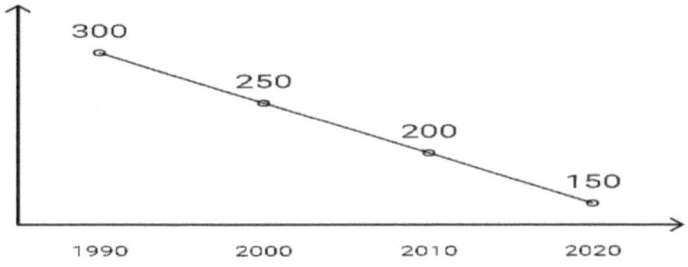

Rückgang der indigenen Sprachen über die Jahre

Abbildung 13: Datenquelle - https://www.uni-flensburg.de/kommunikation/pressemitteilungen/news/weltweit-knapp-3000-sprachen-vom-aussterben-bedroht © Ralf Schönert

Diese Prozesse führten nicht selten zur Marginalisierung und Verdrängung indigener Kulturen, was viele Wissenschaftler und Aktivisten dazu veranlasst hat, von einer kulturellen Auslöschung zu sprechen. Diese Perspektive betont, dass der sogenannte Kulturaustausch oft kein gleichberechtigter Prozess war, sondern vielmehr ein Instrument, um Macht und Kontrolle über indigene Gemeinschaften auszuüben.

Dennoch zeigt die Geschichte auch Beispiele für die Widerstandsfähigkeit und Anpassungsfähigkeit indigener Kulturen. Trotz der repressiven kolonialen Maßnahmen haben viele indigene Gemeinschaften ihre kulturellen Identitäten bewahrt oder neu definiert. Sie entwickeln kreative Strategien, um ihre Sprachen, Traditionen und spirituellen Praktiken wiederzubeleben und an die modernen Gegebenheiten anzupassen. Dieser Widerstand stellt ein Zeugnis für die anhaltende Stärke und Resilienz dieser Kulturen dar.

Die Debatte über Kulturaustausch versus kulturelle Auslöschung bleibt ein wichtiges Thema in der Geschichts- und Kulturforschung, da sie nicht nur die Vergangenheit aufarbeitet, sondern auch Fragen nach Gerechtigkeit, Anerkennung und kultureller Vielfalt in der Gegenwart aufwirft. Sie fordert uns auf, die historischen Machtverhältnisse kritisch zu reflektieren und die Stimmen indigener Völker stärker in den Vordergrund zu rücken.[63]

Institutionelle Verantwortung

Deutsche Museen befinden sich in einer zunehmend intensiven Debatte über ihre Verantwortung im Umgang mit Sammlungen, die während der Kolonialzeit angelegt wurden, wie beispielsweise die berühmte Benin-Bronzen-Sammlung im Humboldt Forum oder das Kolo-

63 Deutsche UNESCO-Kommission: „Indigene Völker und kulturelle Vielfalt", 2020, https://www.unesco.de/themen/kultur/kulturelle-vielfalt/

nialarchiv des Deutschen Historischen Museums. Diese Diskussion eröffnet nicht nur Fragen nach der Herkunft und dem Erwerb dieser Artefakte, sondern auch nach der Rolle kultureller Institutionen bei der historischen Aufarbeitung kolonialer Ungerechtigkeiten.

Ein zentraler Aspekt dieser Verantwortung liegt in der Offenlegung der Ursprünge solcher Sammlungsbestände. So setzen Programme wie das vom Deutschen Zentrum Kulturgutverluste initiierte Projekt zur Provenienzforschung konkrete Schritte um, während Museen wie das Humboldt Forum und das Rautenstrauch-Joest-Museum gezielt Kooperationen mit Herkunftsgemeinschaften eingehen, um Transparenz zu schaffen. Durch systematische Provenienzforschung wird versucht, die Herkunft der Objekte und die Umstände ihres Erwerbs transparent zu machen. Dabei wird oft deutlich, dass viele dieser Artefakte unter fragwürdigen Bedingungen, wie durch Zwang oder Ausbeutung, in den Besitz europäischer Museen gelangten. Diese Forschung bildet die Grundlage für den Dialog mit den Herkunftsländern und den betroffenen Gemeinschaften, um über die Zukunft dieser Kulturgüter zu entscheiden.

Zur Unterstützung dieser Bemühungen haben viele Museen und Institutionen spezielle Positionen geschaffen, die sich ausschließlich mit Fragen kolonialer Artefakte und ihrer Kontextualisierung befassen. So hat das Humboldt Forum die Position eines "Kurators für Dekoloniale Praxis" eingerichtet, während das Rautenstrauch-Joest-Museum interdisziplinäre Teams für Provenienzforschung und kulturelle Vermittlung einsetzt. Dazu gehört beispielsweise die Einrichtung von Kurator*innen für "Dekoloniale Praktiken" oder die Implementierung interdisziplinärer Teams, die Provenienzforschung, Vermittlungsarbeit und den Dialog mit internationalen Partnern koordinieren. Gleichzeitig werden staatliche und private Fördermittel bereitgestellt, um diese Projekte finanziell zu unterstützen und langfristig abzusichern.

Ein weiterer wichtiger Schritt ist die Schaffung von Plattformen für den interkulturellen Austausch. Beispiele hierfür sind die Kooperation des Humboldt Forums mit nigerianischen Institutionen im Rahmen der Rückgabe der Benin-Bronzen oder die Veranstaltungsreihe "Dekoloniale Perspektiven" des Deutschen Historischen Museums, die den Dialog mit internationalen Expertinnen und betroffenen Gemeinschaften fördert. Workshops, Ausstellungen und Kooperationen mit Vertreterinnen der Herkunftsgemeinschaften tragen dazu bei, unterschiedliche Perspektiven einzubringen und die Bedeutung der Artefakte im kulturellen Kontext der Ursprungskulturen besser zu verstehen. Solche Initiativen dienen nicht nur der historischen Aufarbeitung, sondern auch der Neudefinition musealer Aufgaben im Rahmen dekolonialer Praktiken.

Die Einbindung von Narrativen der betroffenen Gemeinschaften ist ein weiterer entscheidender Punkt, um sicherzustellen, dass die in Museen erzählten Geschichten nicht einseitig bleiben. Durch die Integration indigener, afrikanischer und asiatischer Perspektiven wird der Diskurs über die koloniale Vergangenheit diversifiziert und bereichert. Dies stellt nicht nur die historischen Zusammenhänge differenzierter dar, sondern schafft auch die Grundlage für eine gerechtere und inklusivere kulturelle Praxis.

Derartige Maßnahmen verdeutlichen, dass Museen nicht nur Orte des Bewahrens und Ausstellens sind, sondern auch Verantwortungsträger im gesellschaftlichen Diskurs über die koloniale Vergangenheit und ihre Auswirkungen auf die Gegenwart. Zu den zentralen Maßnahmen zählen die Förderung der Provenienzforschung, die Zusammenarbeit mit Herkunftsgemeinschaften und die Schaffung dekolonialer Plattformen wie der "Dekoloniale Perspektiven"-Reihe. Mit Blick auf die Zukunft ist es entscheidend, diese Initiativen weiter auszubauen, internationale Kooperationen zu intensivieren und die Integration vielfältiger Narrative in museale Präsentationen sicherzustellen. Indem sie historische Ungerechtigkeiten aktiv aufarbeiten und den Dialog mit den Herkunftsländern suchen, leisten sie einen wesentlichen Beitrag zur globalen Versöhnung und zu einem besseren Verständnis gemeinsamer Geschichte.[64]

Politische Reaktionen

Spannungen im politischen Diskurs

Die Diskussion um Deutschlands koloniale Vergangenheit ist zunehmend von Spannungen und Uneinigkeit geprägt, insbesondere im Kontext ausgeprägter politischer Spaltungen. Laut einer aktuellen Analyse des Historischen Seminars der Universität Hamburg zeigen Umfragen, dass über 60 % der namibischen Bevölkerung die deutschen Reparationsangebote als unzureichend betrachten, während politische Akteure unterschiedliche Strategien verfolgen, um die Verhandlungen voranzutreiben. Diese Konflikte treten nicht nur innerhalb Deutschlands auf, sondern sind auch in den Beziehungen zu den von Kolonialismus betroffenen Ländern sichtbar. Ein besonders prägnantes Beispiel ist Namibia, wo die Verhandlungen zwischen der deutschen Regierung und namibischen Vertreter*innen über Reparationen für die Gräueltaten während der Kolonialzeit immer wieder zu hitzigen Debatten geführt haben.

In Namibia selbst zeigen sich die internen politischen Spannungen deutlich, insbesondere zwischen der regierenden SWAPO-Partei und anderen politischen Akteur*innen. Mitglieder der SWAPO-Partei, dar-

---

64 Quellen: 1. Bundesministerium für Bildung und Forschung (BMBF): "Förderprogramme zur Aufarbeitung kolonialer Vergangenheit." https://www.bmbf.de/ 2. Deutsches Zentrum Kulturgutverluste: "Provenienzforschung zu kolonialem Erbe." https://www.kulturgutverluste.de/ 3. Humboldt Forum: "Dekoloniale Perspektiven im Museumskontext." https://www.humboldtforum.org/

unter Minister Tom Alweendo, haben wiederholt Frustration über die polarisierende Natur parlamentarischer Debatten zu diesem Thema geäußert. Alweendo kritisierte etwa, dass in Debatten oft Vorwürfe wie "Verrat an nationalen Interessen" und "koloniale Kollaboration" geäußert wurden, anstatt sich auf konkrete Lösungsvorschläge wie die Verteilung von Reparationen oder die Einbindung betroffener Gemeinschaften zu konzentrieren. In seiner Kritik hob Alweendo hervor, dass die Diskussionen zunehmend von Beleidigungen und abwertenden Äußerungen geprägt seien, anstatt konstruktive Ansätze zur Lösung der komplexen Fragen rund um die koloniale Vergangenheit zu entwickeln. Diese spaltenfördernde Rhetorik erschwert nicht nur den innerstaatlichen Konsens, sondern untergräbt auch die Glaubwürdigkeit der Verhandlungen mit Deutschland.

Die Dynamik erinnert an die historische "Teile-und-herrsche"-Strategie, die von Kolonialmächten verwendet wurde, um Uneinigkeit innerhalb indigener Gemeinschaften zu fördern und so ihre eigene Macht zu sichern. Ein Beispiel dafür war die Politik der deutschen Kolonialverwaltung in Namibia, die bewusst rivalisierende Gruppen wie die Herero und Nama gegeneinander ausspielte, um Aufstände zu verhindern und ihre koloniale Kontrolle zu festigen. Auch in der heutigen politischen Landschaft spiegeln sich diese Mechanismen wider, da spaltende Rhetorik und mangelnder Respekt zwischen politischen Lagern den Dialog erheblich belasten. Die daraus resultierenden Spannungen erschweren es, gemeinsame Positionen zu entwickeln und auf die Forderungen der betroffenen Gemeinschaften einzugehen.

Auch auf internationaler Ebene gibt es Herausforderungen. Deutschlands offizielles Angebot über 1,1 Milliarden Euro als "Wiedergutmachung" für die Gräueltaten an den Herero und Nama wurde in Namibia unterschiedlich aufgenommen. Während Regierungsvertreter wie Präsident Hage Geingob das Angebot als einen ersten Schritt zur Anerkennung der historischen Verantwortung begrüßen, haben Vertreter der betroffenen Gemeinschaften, insbesondere der Nama und Herero, das Angebot als unzureichend kritisiert.

Hage Geingob (*3. August 1941 in Grootfontein, Namibia) ist ein namibischer Politiker und seit 2015 Präsident Namibias. Geingob spielte eine zentrale Rolle im Unabhängigkeitskampf Namibias als Mitglied der SWAPO (South West Africa People's Organization). Nach dem Studium in Südafrika und den USA promovierte er an der Universität Leeds. Geingob wurde 1990 der erste Premierminister des unabhängigen Namibia und prägte maßgeblich die Verfassung des Landes. Nach einer Pause von der aktiven Politik kehrte er 2012 als Vizepräsident der SWAPO zurück. 2014 wurde er mit deutlicher Mehrheit zum Präsidenten gewählt und später wiedergewählt. Geingob setzt sich für wirtschaftliche Entwicklung und soziale Gerechtigkeit ein, sieht sich aber auch Kritik wegen Korruptionsvorwürfen ausgesetzt.

Sie betonen, dass die Summe die historischen Verluste und das fortwährende Leid nicht annähernd kompensieren könne, und fordern eine direkte Beteiligung an den Verhandlungen sowie umfassendere Entschädigungen, die auch symbolische und kulturelle Dimensionen berücksichtigen. Während einige die Summe als Zeichen eines ersten Schrittes zur Anerkennung der historischen Verantwortung betrachten, kritisieren andere sie als unzureichend und fordern eine umfassendere Entschädigung, die sowohl materielle als auch symbolische Dimensionen abdeckt.

Dieses Phänomen verdeutlicht die allgemeinen Herausforderungen bei der Aufarbeitung des kolonialen Erbes. Die Komplexität zeigt sich in der Schwierigkeit, einen breiten gesellschaftlichen Konsens zu finden, die betroffenen Gemeinschaften angemessen einzubinden und die historische Verantwortung durch substanzielle Reparationen sowie symbolische Anerkennung umzusetzen. Die Frage, wie historische Ungerechtigkeiten nicht nur anerkannt, sondern auch durch konkrete Maßnahmen adressiert werden können, bleibt komplex. Die politischen Spannungen zeigen dabei nicht nur die Schwierigkeiten eines innerstaatlichen Konsenses, sondern auch die Notwendigkeit eines respektvollen, inklusiven Dialogs, der die Perspektiven aller beteiligten Akteur*innen berücksichtigt.[65]

Die Natur der Versöhnungsbemühungen

Die Versöhnungsbemühungen zwischen Namibia und Deutschland stehen im Fokus intensiver Kritik, insbesondere in Bezug auf die gemeinsame Erklärung von 2021. Diese Erklärung wurde zwar als bedeutender Schritt gefeiert, da sie die Gräueltaten an den Ovaherero und Nama erstmals als Genozid anerkannte, stieß jedoch aufgrund der Höhe der zugesagten finanziellen Wiedergutmachung und des Ausschlusses betroffener Gemeinschaften von den Verhandlungen auf breiten Widerstand. Diese Erklärung markierte einen wichtigen Schritt, da sie die historischen Gräueltaten an den Ovaherero und Nama erstmals offiziell als Genozid anerkannte und symbolische sowie finanzielle Wiedergutmachung in Aussicht stellte. Dennoch wurden die Inhalte und der Prozess der Verhandlungen von vielen namibischen politischen und gesellschaftlichen Akteur*innen scharf verurteilt.

MacHenry Venaani, Vorsitzender der Popular Democratic Movement (PDM), äußerte sich besonders kritisch und bezeichnete die Erklärung als einen "eklatanten Ausdruck von Arroganz" seitens der deutschen Regierung. Er bemängelte, dass die deutsche Seite die Verhandlungen dominierte und die zugesagte Summe von 1,1 Milliarden Euro als "Entwicklungshilfe" deklariert wurde, anstatt sie als direkte Entschädigung für den Genozid anzuerkennen. Diese Haltung wurde von

---

65 Quellen: 1. Alice Petersen, (1990), Livingstones schwarze Erben: Kolonialherrschaft und afrikanische Elite: das Beispiel Malawi, Deutschland: Horlemann, ISBN 9783927905139 2.Bundeszentrale für politische Bildung (BpB): "Koloniale Vergangenheit und Reparationen." https://www.bpb.-de/

Venaani als Zeichen mangelnder Sensibilität und Respekts gegenüber den betroffenen Gemeinschaften gewertet. Er kritisierte, dass die zugesagten 1,1 Milliarden Euro über einen Zeitraum von 30 Jahren nicht annähernd den materiellen und immateriellen Schaden kompensieren könnten, den die Ovaherero und Nama während der Kolonialzeit erlitten hatten. Venaani argumentierte, dass diese Summe weder die historischen Verluste noch die anhaltenden sozioökonomischen Ungleichheiten adressiere, die bis heute spürbar sind.

MacHenry Venaani (*1977 in Windhoek, Namibia) ist ein namibischer Politiker und führende Persönlichkeit in der Oppositionspolitik seines Landes. Er trat 2013 das Amt des Vorsitzenden der Popular Democratic Movement (PDM) an, die bis 2017 als Democratic Turnhalle Alliance (DTA) bekannt war. Venaani, der in Rechtswissenschaften und Politikwissenschaft ausgebildet wurde, gilt als entschlossener Fürsprecher für soziale Gerechtigkeit, wirtschaftliche Reformen und eine transparente Regierungsführung. Unter seiner Führung hat die PDM an Bedeutung gewonnen und sich als starke Stimme für die Opposition gegen die dominierende SWAPO-Partei positioniert. Seine politische Karriere ist geprägt von seinem Engagement für die Förderung der Jugend und die Überwindung historischer Ungleichheiten in Namibia.

Ein weiterer Kritikpunkt ist der Ausschluss der betroffenen Gemeinschaften von den entscheidenden Verhandlungsphasen. Beispielsweise berichteten Vertreter der Nama, dass sie erst nach Abschluss der Verhandlungen über zentrale Punkte informiert wurden, was ihre Möglichkeit, eigene Forderungen einzubringen, erheblich einschränkte. Obwohl die Verhandlungen formal zwischen den Regierungen Deutschlands und Namibias stattfanden, bemängelten Vertreter der Ovaherero und Nama, dass ihre Perspektiven und Forderungen weitgehend ignoriert wurden. Bernadus Swartbooi, Vorsitzender der Landless People's Movement (LPM), unterstrich diese Kritik und wies darauf hin, dass der Ausschluss dieser Gemeinschaften nicht nur die Legitimität der Vereinbarung untergrabe, sondern auch ein Versagen des namibischen Nationalstaats darstelle, echte Repräsentation und Inklusivität zu gewährleisten.

Swartbooi betonte, dass die Versöhnung ohne die aktive Einbindung der betroffenen Gemeinschaften nicht als authentisch angesehen werden könne. Er forderte unter anderem die direkte Teilnahme von Vertretern der Ovaherero und Nama an den Verhandlungen sowie eine unabhängige Kommission, die sicherstellt, dass die zugesagten Mittel nicht nur die nationale Infrastruktur fördern, sondern auch gezielt in Projekte zur wirtschaftlichen und kulturellen Stärkung dieser Gemeinschaften fließen. Er argumentierte, dass der Versöhnungsprozess eine historische Chance verpasst habe, die sozialen Wunden des Genozids zu heilen und das Vertrauen zwischen den Nachfahren der Opfer und der namibischen Regierung sowie Deutschland zu stärken. Diese Kritik spiegelt eine breitere Debatte über die Natur von Versöhnung wider: Kann eine Vereinbarung, die von oben herab geschlossen wird, als wahrhaftig empfunden werden, wenn die direkt Betroffenen nicht substantiell einbezogen werden?

Bernadus Swartbooi (*1977 in Südnambia) ist ein prominenter namibischer Politiker und Vorsitzender der Landless People's Movement (LPM). Swartbooi begann seine politische Karriere in der SWAPO-Partei, wo er als stellvertretender Minister für Landreform tätig war. 2016 trat er nach Meinungsverschiedenheiten über die Landpolitik Namibias zurück und gründete 2018 die LPM. Mit seiner neuen Partei setzt er sich für Landrückgabe, soziale Gerechtigkeit und die Stärkung marginalisierter Gemeinschaften ein. Swartbooi ist bekannt für seine scharfe Kritik an der herrschenden Elite und seine leidenschaftliche Rhetorik. Als eine zentrale Figur der namibischen Opposition strebt er eine Umgestaltung der politischen und wirtschaftlichen Landschaft des Landes an, insbesondere durch die Bekämpfung von Ungleichheiten.

Die gemeinsame Erklärung wirft somit grundlegende Fragen zur Authentizität, Wirksamkeit und Gerechtigkeit des Versöhnungsprozesses auf. Kritisiert wurden insbesondere die als unzureichend empfundene finanzielle Wiedergutmachung, die Deklaration der Mittel als "Entwicklungshilfe" anstelle direkter Entschädigung und der Ausschluss der betroffenen Gemeinschaften aus den Verhandlungen. Diese Punkte zeigen, wie stark der Prozess von mangelnder Sensibilität und Inklusion geprägt war. Sie verdeutlicht die Notwendigkeit eines inklusiveren Ansatzes, der die Stimmen der am stärksten betroffenen Gemeinschaften nicht nur respektiert, sondern in den Mittelpunkt stellt. Ohne einen solchen Ansatz riskieren Versöhnungsbemühungen, lediglich oberflächliche Gesten zu bleiben, anstatt echte Transformation und Heilung zu bewirken.[66]

Kolonialrevisionismus und politische Narrative

In der deutschen politischen Landschaft hat sich in den letzten Jahren eine neue Form des Kolonialrevisionismus herausgebildet, die vor allem von rechtsgerichteten Parteien wie der Alternative für Deutschland (AfD) vorangetrieben wird. Ein Beispiel dafür ist die Rede des AfD-Abgeordneten Dr. Marc Jongen im Bundestag, in der er die "positiven Aspekte" der deutschen Kolonialzeit hervorhob und gleichzeitig die Diskussion um Entschädigungen als "Schuldkult" abtat.[67]

---

66 Quellen: 1. Deutsche Welle (DW): "Reaktionen auf die gemeinsame Erklärung zwischen Deutschland und Namibia." https://www.dw.com/ 2. Bundeszentrale für politische Bildung (BpB): "Namibia und die deutsche Kolonialvergangenheit." https://www.bpb.de/ 3. Swartbooi, Bernadus: Öffentliche Stellungnahmen der Landless People's Movement, 2021 4. Venaani, MacHenry: "Die Perspektive der PDM auf die Versöhnungsverhandlungen." In: Namibian Times, 2021

67 Quelle: https://afdbundestag.de/jongen-das-humboldt-forum-muss-mehr-demokratische-streitkultur-wagen/ abgerufen am 13.9.2024

Diese Rhetorik findet sich auch in parteinahen Publikationen, die versuchen, die Kolonialgeschichte durch eine einseitige Darstellung zu relativieren. Obwohl die Partei den deutschen Kolonialismus nicht explizit befürwortet, greift sie Elemente des kolonialen Erbes auf, um diese in ihren breiteren rechtspopulistischen Diskurs zu Migration, nationaler Identität und Souveränität zu integrieren. Dieser Ansatz hat bedeutende Auswirkungen auf das öffentliche Verständnis der deutschen Kolonialgeschichte und die gesellschaftliche Auseinandersetzung mit historischem Unrecht. Studien, wie die der Bundeszentrale für politische Bildung, zeigen, dass revisionistische Narrative die Bereitschaft zur Auseinandersetzung mit kolonialem Unrecht in Teilen der Bevölkerung mindern. Zudem wird die Politisierung der Geschichte in Umfragen als Ursache für eine zunehmende Polarisierung der gesellschaftlichen Debatte genannt, wodurch Versöhnungsbemühungen erschwert werden.

Eine zentrale Strategie der AfD besteht darin, die Errungenschaften der deutschen Kolonialzeit hervorzuheben und gleichzeitig die Verbrechen und Ungerechtigkeiten herunterzuspielen. So wird in politischen Reden und Publikationen gelegentlich behauptet, dass die deutsche Kolonialverwaltung "effizient" gewesen sei und Fortschritte wie den Ausbau der Infrastruktur und die Einführung moderner Bildungssysteme gebracht habe. Beispielsweise wurde in einer Rede des AfD-Abgeordneten Björn Höcke hervorgehoben, dass deutsche Kolonialprojekte als Vorbild für "zivilisatorische Fortschritte" in Afrika dienten, während Kritik an den Gräueltaten als "einseitige Geschichtsbetrachtung" bezeichnet wurde. Diese Darstellungen ignorieren jedoch die brutale Unterdrückung indigener Bevölkerungen, Enteignungen und den Völkermord an den Ovaherero und Nama. Indem solche Narrative propagiert werden, versucht die AfD, die deutsche Kolonialgeschichte in ein positiveres Licht zu rücken und ihre Anhänger gegen die vermeintlich "einseitige" Darstellung in der öffentlichen Debatte zu mobilisieren.

Darüber hinaus nutzt die AfD das Thema Kolonialismus, um Parallelen zu aktuellen politischen Herausforderungen wie der Migration zu ziehen. Indem sie das Narrativ einer "Belastung" Deutschlands durch Migrant:innen mit der "Bürde" der kolonialen Wiedergutmachung verknüpft, wird suggeriert, dass Deutschland durch internationale Verpflichtungen und historische Verantwortung übermäßig benachteiligt werde. Diese Verknüpfung von Kolonialrevisionismus mit nationalistischen und migrationsfeindlichen Botschaften trägt zur Politisierung der deutschen Kolonialgeschichte bei und erschwert Bemühungen um eine ehrliche Aufarbeitung und Versöhnung. So haben kritische Stimmen in der öffentlichen Debatte, darunter Historiker:innen wie Jürgen Zimmerer, darauf hingewiesen, dass diese Narrative nicht nur die Akzeptanz von Wiedergutmachungsforderungen senken, sondern auch die Entstehung einer konstruktiven Erinnerungskultur behindern. Gleichzeitig haben Umfragen gezeigt, dass etwa ein Drittel der Befragten in Deutschland der Meinung ist, dass die Auseinandersetzung mit kolonialem Erbe übertrieben werde, was die gesellschaftliche Polarisierung weiter verstärkt.

Ein weiteres Element dieser Strategie ist die Instrumentalisierung von Begriffen wie "Identität" und "Kultur". Indem die AfD behauptet, dass die Auseinandersetzung mit Deutschlands kolonialem Erbe eine "Gefahr" für die nationale Identität darstelle, wird eine Abwehrhaltung gefördert, die Versöhnungsbemühungen und die Anerkennung historischer Ungerechtigkeiten aktiv behindert. Diese Narrative finden zunehmend Resonanz in Teilen der Gesellschaft, die sich durch Globalisierung und soziale Veränderungen verunsichert fühlen. Laut einer Studie des Meinungsforschungsinstituts YouGov von 2022 gaben 37 % der Befragten an, dass sie die Diskussion über Deutschlands koloniales Erbe als übertrieben empfinden. Gleichzeitig zeigte eine Untersuchung des Historischen Seminars der Universität Hamburg, dass revisionistische Positionen vor allem in Regionen mit starker rechtspopulistischer Wählerschaft besonders verbreitet sind.

Die Auswirkungen dieser Entwicklungen sind vielschichtig. Zum einen tragen sie zu einer Fragmentierung der Debatte über Deutschlands koloniale Verantwortung bei, da revisionistische Positionen immer wieder als Gegenargument gegen die Forderungen nach Wiedergutmachung und einer dekolonialen Erinnerungskultur genutzt werden. Zum anderen beeinflussen sie die öffentliche Wahrnehmung der deutschen Kolonialgeschichte und erschweren eine breite gesellschaftliche Einigung darüber, wie mit diesem Erbe umzugehen ist. Diese Politisierung verstärkt nicht nur bestehende Spannungen, sondern verhindert auch, dass zentrale Fragen zur historischen Gerechtigkeit und zur Verantwortung Deutschlands im internationalen Kontext angemessen adressiert werden.

Herausforderungen der Anerkennung und Verantwortung

Die Diskussionen um Wiedergutmachungsmaßnahmen, wie sie in der gemeinsamen Erklärung zwischen Deutschland und Namibia formuliert wurden, sind von einer tiefen Zurückhaltung geprägt, den Begriff „Reparationen" explizit zu verwenden. Ein Beispiel dafür ist die Debatte im Bundestag, in der Regierungsvertreter betonten, dass der Begriff bewusst vermieden werde, um keine juristischen Ansprüche zu wecken, was von Kritiker*innen als Zeichen mangelnder Verantwortungsübernahme interpretiert wurde. Diese sprachliche Vermeidung hat Zweifel an Deutschlands Engagement für eine ernsthafte Rechenschaftspflicht geweckt. Kritiker argumentieren, dass ohne die klare Anerkennung einer rechtlichen Verantwortung die Versöhnungsbemühungen Gefahr laufen, oberflächlich zu bleiben und lediglich symbolischen Charakter zu tragen.

Ein zentraler Streitpunkt ist die geplante Entschuldigung des deutschen Bundespräsidenten sowie die finanzielle Zusage Deutschlands, 1,1 Milliarden Euro über einen Zeitraum von 30 Jahren in Entwicklungs- und Bildungsprojekte zu investieren. Vertreter der Nama und Ovaherero äußerten, dass diese Projekte oft von der namibischen Regierung kontrolliert werden und ihre Gemeinschaften kaum direkten Nutzen daraus ziehen. In einer Stellungnahme erklärte Bernadus Swartbooi, dass die betroffenen Gemeinschaften nicht nur übergangen, sondern auch in ihrer Rolle als Hauptbetroffene ignoriert wurden. Diese Gesten wurden von einigen als Zeichen eines ersten Schrittes zur Anerkennung der historischen Verantwortung aufgenommen. Gleichzeitig haben jedoch betroffene Gemeinschaften, insbesondere die Ovaherero und Nama, erhebliche Zweifel an der Aufrichtigkeit dieser Maßnahmen geäußert. Sie kritisieren, dass die Mittel nicht direkt an sie fließen und die Bezeichnung als "Entwicklungshilfe" statt als Entschädigung eine Entwertung ihrer Forderungen darstellt.

Darüber hinaus wird bemängelt, dass die betroffenen Gemeinschaften nur unzureichend in die Verhandlungen einbezogen wurden. So wurde berichtet, dass Vertreter der Nama und Ovaherero erst nach Abschluss zentraler Verhandlungsphasen über die genauen Inhalte informiert wurden, was ihnen die Möglichkeit nahm, eigene Forderungen und Perspektiven rechtzeitig einzubringen. Dieser Ausschluss hat nicht nur das Vertrauen in den Versöhnungsprozess untergraben, sondern auch die Glaubwürdigkeit der politischen Reaktionen infrage gestellt. Vertreter der Nama und Ovaherero argumentieren, dass echte Versöhnung nicht ohne ihre direkte Mitwirkung und die Einhaltung ihrer Forderungen möglich ist. Sie fordern daher eine Neubewertung der bestehenden Vereinbarungen und eine umfassendere Beteiligung an den Entscheidungsprozessen.

Ein weiterer kritischer Punkt ist der starke Widerstand, der innerhalb der deutschen politischen Landschaft gegen umfassendere Wiedergutmachungsmaßnahmen besteht. Diese Haltung unterstreicht die Herausforderung, eine offene und ehrliche Diskussion über Deutschlands koloniale Verantwortung zu führen. Dieser Widerstand zeigt sich unter anderem in der Vermeidung des Begriffs „Reparationen", da dieser juristische Konsequenzen nach sich ziehen könnte, und in der Zögerlichkeit, eine öffentliche Debatte über die langfristigen Verpflichtungen Deutschlands im Kontext des kolonialen Erbes zu führen.

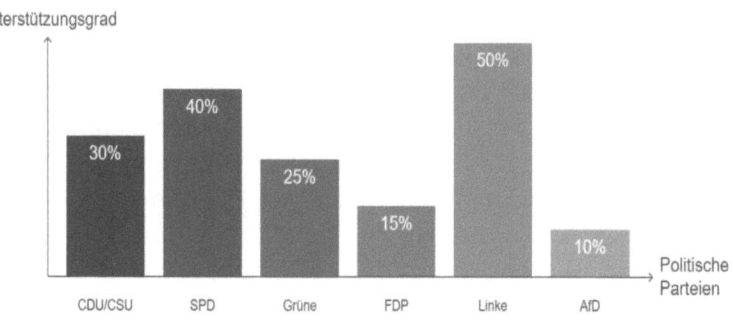

**Haltung deutscher Parteien zu
Wiedergutmachung**

Abbildung 14: diverses Datenmaterial, bereitgestellt von Uni Hanover, Bundeszentrale für politische Bildung, Deutscher Bundestag, etc. © Ralf Schönert

Letztlich hängt die Wirksamkeit dieser politischen Reaktionen davon ab, ob sie in der Lage sind, die historischen Ungerechtigkeiten, die den Ovaherero und Nama widerfahren sind, wirklich anzuerkennen und zu adressieren. Zu den zentralen Forderungen der betroffenen Gemeinschaften zählen die Anerkennung des Genozids als rechtlich bindendes Verbrechen, direkte finanzielle Entschädigungen an die betroffenen Gruppen und die Rückgabe kultureller Artefakte, die während der Kolonialzeit geraubt wurden. Entscheidend wird sein, wie diese Gemeinschaften den Versöhnungsprozess wahrnehmen und inwiefern sie aktiv daran teilhaben können. Ohne eine klare rechtliche und moralische Verantwortung riskieren die aktuellen Bemühungen, die gesellschaftliche Spaltung zu vertiefen, anstatt nachhaltige Heilung und Gerechtigkeit zu fördern.[68]

Entwicklung des öffentlichen Bewusstseins

Das öffentliche Engagement mit der deutschen Kolonialgeschichte hat in den letzten Jahren durch zahlreiche Initiativen, wie etwa dekoloniale Stadtführungen in Berlin, die Provenienzforschung im Humboldt Forum und die interaktiven Ausstellungen im Rautenstrauch-Joest-Museum, die auf Sensibilisierung und Verständnis abzielen, einen bemerkenswerten Aufschwung erfahren. Diese Initiativen setzen sich dafür ein, ein differenziertes und kritisches Verständnis der kolonialen Vergangenheit zu schaffen, das über traditionelle Darstellungen hinausgeht. Ziel ist es, die Auswirkungen des Kolonialismus auf heutige Gesellschaften zu verdeutlichen und eine offene Auseinandersetzung zu fördern.

Ein zentraler Aspekt dieser Bemühungen ist die bewusste Abkehr von traditionellen touristischen Darstellungen, wie etwa der romantisierten Darstellung von Kolonialherren in Denkmälern oder geführten Stadtrundgängen, die koloniale Bauten als rein architektonische Meisterwerke preisen, und der Fokus auf lokale Kontexte. Laut Kopp (2022)[69] streben diese Initiativen an, eine „maximale Distanz zu tou-

---

68 Quellen: 1. Historisches Seminar der Universität Hamburg: "Postkoloniale Debatten und ihre politischen Herausforderungen." 2. Bundeszentrale für politische Bildung (BpB): "Namibias koloniales Erbe und Deutschlands Verpflichtungen." https://www.bpb.de/

69 **Christine Kopp** ist eine deutsche Wissenschaftlerin und Autorin, die sich auf postkoloniale Perspektiven in der Stadtgeschichte spezialisiert hat. In ihrem Buch *Postkoloniale Perspektiven in der deutschen Stadtgeschichte* (2022) analysiert sie, wie urbane Räume und koloniale Erinnerungen kritisch aufgearbeitet werden können. Sie beleuchtet insbesondere die Rolle von Stadtführungen, Bildungsinitiativen und Umbenennungsdebatten, um eine gerechtere Erinnerungskultur zu fördern. Kopp verbindet histori-

ristischen Attraktionen" zu wahren, indem sie alternative Ansätze wie historisch fundierte Stadtführungen, Workshops zur kritischen Reflexion und interaktive Ausstellungen entwickeln, die auf eine tiefere Einbindung lokaler Gemeinschaften und die Dekonstruktion kolonialer Erzählungen abzielen. Dies spiegelt sich in der Entwicklung von Bildungsprogrammen, wie den "Dekoloniale Bildungsmodulen" des Humboldt Forums, Stadtführungen wie den "Spuren des Kolonialismus"-Rundgängen in Hamburg und interaktiven Ausstellungen wie "Deutscher Kolonialismus" im Deutschen Historischen Museum wider, die gezielt Orte und Objekte in den Mittelpunkt stellen, die in den offiziellen Narrativen oft ausgeklammert werden.

Ein Beispiel dafür ist die öffentliche Debatte um Straßennamen, die koloniale Persönlichkeiten ehren. So wurde in Berlin die Mohrenstraße in Anton-Wilhelm-Amo-Straße umbenannt, um an den ersten schwarzen Philosophen in Deutschland zu erinnern. Ähnliche Diskussionen fanden in Hamburg zur Petersallee und in München zur Wissmannstraße statt, wobei jeweils der koloniale Hintergrund der Namensgeber und die historischen Kontexte kritisch hinterfragt wurden. In vielen deutschen Städten, darunter Berlin, Hamburg und München, wurden Umbenennungen von Straßen angestoßen, um den kolonialen Charakter dieser Ehrungen kritisch zu hinterfragen. Diese Maßnahmen sind Teil einer breiteren Bewegung, die darauf abzielt, eine dekoloniale Perspektive in die urbane Landschaft zu integrieren und die Geschichten der betroffenen Gemeinschaften sichtbarer zu machen.

Darüber hinaus spielen kulturelle Institutionen wie Museen eine zentrale Rolle. So hat das Humboldt Forum mit der Ausstellung "Berlin und der Kolonialismus" einen Raum geschaffen, der die Verbindung

sche Forschung mit praxisnahen Ansätzen und trägt maßgeblich zur Diskussion über die Dekolonisierung urbaner Landschaften in Deutschland bei.

Berlins zur Kolonialgeschichte kritisch beleuchtet. Das Rautenstrauch-Joest-Museum in Köln präsentiert in seiner Ausstellung "Gesichter des Kolonialismus" Artefakte und ihre kolonialen Kontexte, um die Bedeutung und Herkunft der Objekte transparent zu machen. Museen wie das Humboldt Forum oder das Rautenstrauch-Joest-Museum haben begonnen, ihre Sammlungen kritisch zu überprüfen und Provenienzforschung zu betreiben, um die Herkunft kolonialer Artefakte offenzulegen. Im Humboldt Forum wurde beispielsweise die Provenienz mehrerer afrikanischer Kunstwerke untersucht, was zur Rückgabe einiger Benin-Bronzen an Nigeria führte. Das Rautenstrauch-Joest-Museum arbeitet aktuell an der Herkunftsanalyse einer bedeutenden Sammlung von Masken aus Kamerun, um den historischen Kontext und die Umstände ihres Erwerbs zu klären. Diese Transparenz trägt dazu bei, das Vertrauen der Öffentlichkeit in die Aufrichtigkeit der Aufarbeitung zu stärken und eine Plattform für einen interkulturellen Dialog zu schaffen.

Ein weiterer wichtiger Bestandteil ist die Einbindung der betroffenen Gemeinschaften in Deutschland und den ehemaligen Kolonien. Beispiele hierfür sind Workshops wie "Erinnerung und Identität" im Humboldt Forum, bei dem Nachfahren betroffener Gemeinschaften ihre Perspektiven einbringen, sowie Kooperationen mit namibischen Institutionen, die an der Entwicklung gemeinsamer Ausstellungen und Forschungsprojekte arbeiten. Interkulturelle Workshops, Kooperationen und öffentliche Veranstaltungen tragen dazu bei, unterschiedliche Perspektiven in die Diskussion einzubringen und die globale Dimension des kolonialen Erbes zu verdeutlichen. Beispiele dafür sind das "Kolonialismus und Erinnerung"-Festival in Berlin, bei dem Vorträge und Diskussionen mit internationalen Expertinnen stattfanden, sowie die Zusammenarbeit des Rautenstrauch-Joest-Museums mit namibischen Historikerinnen zur gemeinsamen Aufarbeitung kolonialer Artefakte. Diese Bemühungen zielen darauf ab, das Bewusstsein für historische Ungerechtigkeiten zu schärfen und gleichzeitig neue Wege für eine gerechtere und inklusivere Erinnerungskultur zu finden. Konkrete Erfolge sind unter anderem die Rückgabe der Benin-Bronzen an Nigeria, was ein wichtiger Schritt für die Anerkennung kolonialen Unrechts war. Gleichzeitig stehen diese Initiativen vor Herausforderungen, wie der Widerstand einiger Bevölkerungsgruppen gegen die Umbenennung von Straßennamen, was zeigt, dass ein breiter gesellschaftlicher Konsens weiterhin schwierig zu erreichen ist.[70]

Beweggründe für Engagement

Die Triebkräfte hinter den zahlreichen Initiativen zur Auseinandersetzung mit der deutschen Kolonialgeschichte lassen sich in drei Hauptthemen unterteilen: Erstens steht die ethische Verantwortung im Fokus, insbesondere die Kritik an der Kommerzialisierung historischen Leids. Zweitens wird die Nutzung urbaner Räume als Lernorte betont, um Geschichte sichtbarer und zugänglicher zu machen. Drittens dienen geführte Touren als zentrale Bildungsinstrumente, um das öffentliche Bewusstsein für koloniale Zusammenhänge zu schärfen.

Ethische Verantwortung und Kritik an Kommerzialisierung

Ein zentraler Beweggrund vieler Initiativen ist eine ethisch motivierte Ablehnung der Kommerzialisierung historischen Leids. Ein Beispiel dafür ist die Arbeit der Initiative "Erinnerung ohne Kommerz" in Hamburg, die Stadtführungen kostenlos anbietet und stattdessen auf Spendenbasis arbeitet, um Bildung und Sensibilisierung über kommerzielle Interessen zu stellen. Befürworter argumentieren, dass es unangemessen sei, touristische Erlebnisse im Zusammenhang mit menschlichem Leid zu monetarisieren. Dieser Standpunkt wird von ei-

---

70 Quellen: 1. Bundeszentrale für politische Bildung (BpB): "Koloniale Spuren in deutschen Städten." https://www.bpb.de/ 2. Humboldt Forum: "Dekoloniale Ansätze in der Ausstellungskonzeption." https://www.humboldtforum.org/

nem Stadtführer auf den Punkt gebracht, der diese Aussage in einem Interview mit Fechner (2022) im Rahmen einer Veranstaltung zur Erinnerungskultur in Hamburg tätigte. Diese Haltung spiegelt eine breitere ethische Position wider, die Bildung und Sensibilisierung über finanzielle Gewinne stellt. Viele Initiativen, insbesondere im Bereich dekolonialer Bildungsprogramme, setzen daher auf gemeinnützige Strukturen und partizipative Ansätze, um die Auseinandersetzung mit kolonialer Vergangenheit zu fördern.

Urbane Räume als Lernorte

Ein weiterer wesentlicher Aspekt ist die zunehmende Wahrnehmung urbaner Räume als Lernorte. Lokale urbane Umgebungen werden nicht mehr nur als touristische Ziele, sondern auch als geschichtsträchtige Orte betrachtet, deren Bedeutung vielen Bewohner*innen oft verborgen bleibt. Ein Beispiel dafür ist das Afrikanische Viertel in Berlin, dessen Straßennamen auf koloniale Akteure hinweisen, oder die Speicherstadt in Hamburg, die eng mit dem kolonialen Handel verbunden ist und deren Geschichte durch Initiativen wie „Kolonialismus in unserer Nachbarschaft" neu beleuchtet wird. Dies korrespondiert mit der Auffassung Burckhardts (1995), dass alltägliche Routinen dazu führen können, bedeutende historische Kontexte zu übersehen. Durch geführte Touren, wie die "Kolonialismus in unserer Nachbarschaft"-Reihe in Hamburg, interaktive Ausstellungen wie "Deutscher Kolonialismus" im Deutschen Historischen Museum und Bildungsinitiativen wie die "Dekoloniale Stadtspaziergänge" in Berlin, wird versucht, diese historischen Kontexte sichtbar zu machen und ein breiteres Verständnis für die komplexen Verflechtungen zwischen Kolonialismus und urbanen Landschaften zu schaffen.

Beispiele dafür sind Programme wie die Berliner Initiative „Dekoloniale Stadtspaziergänge", die gezielt Orte wie das Afrikanische Viertel thematisieren und eine breite Diskussion über das koloniale Erbe Berlins angestoßen haben. Eine Folge davon war die Umbenennung von

Straßennamen wie der Mohrenstraße. Das Hamburger Projekt „Kolonialismus in unserer Nachbarschaft" hat nicht nur lokale Straßennamen und Denkmäler kritisch hinterfragt, sondern auch zu Workshops geführt, bei denen Bewohner*innen gemeinsam die historische Bedeutung dieser Orte diskutieren konnten. Diese Ansätze machen städtische Räume zu offenen Bildungsplattformen und regen zur Reflexion über die prägende Rolle des Kolonialismus an.

Geführte Touren als Bildungsinstrument

Geführte Touren gelten als einer der Hauptmechanismen zur Förderung des öffentlichen Bewusstseins für koloniale Geschichte, da sie es den Teilnehmenden erlauben, direkt in den historischen Kontext einzutauchen. Diese Touren schaffen eine physische und emotionale Verbindung zu den behandelten Themen, indem sie Orte mit kolonialem Erbe erlebbar machen und oft interaktive Elemente wie Diskussionen oder Rollenspiele einbinden, um die Reflexion zu verstärken. Sie erlauben eine direkte Auseinandersetzung mit urbanen Landschaften und machen Aspekte der Kolonialität sichtbar, die in alltäglichen Routinen oft übersehen werden. Postkoloniale Themen stehen dabei häufig im Fokus. Ein besonders innovatives Beispiel ist die Initiative „Blind Date mit Ihrer Stadt" in Bielefeld, bei der Teilnehmer*innen thematische Spaziergänge ohne vorherige Kenntnis des Themas unternehmen. Die Spaziergänge umfassen Themen wie koloniale Handelswege, die Rolle lokaler Industrien im Kolonialismus und soziale Ungleichheit. Laut Rückmeldungen der Teilnehmenden regen diese unvorhersehbaren Touren zum Nachdenken über ihre eigene Stadtgeschichte und die verborgenen kolonialen Spuren im Alltag an. Diese Methode soll Neugier wecken und die Teilnehmenden dazu anregen, sich unvoreingenommen mit ihrer Umgebung auseinanderzusetzen.

Andere Beispiele umfassen Touren wie „Koloniale Spuren" in Leipzig, die gezielt auf Orte hinweisen, die eine Verbindung zum Kolonialismus haben, sowie interaktive Workshops im Rahmen von Stadtführungen, die Teilnehmende aktiv in die Diskussion einbinden. Diese Ansätze tragen nicht nur zur Wissensvermittlung bei, sondern regen auch dazu an, die eigene Rolle in der Erinnerungskultur kritisch zu hinterfragen. Ein Beispiel dafür ist die Fragestellung „Welche kolonialen Spuren prägen meine Umgebung, und welche Verantwortung trage ich als Bewohner*in?", die in interaktiven Workshops oft als Ausgangspunkt für Diskussionen genutzt wird.

Die Beweggründe für das Engagement in der Auseinandersetzung mit kolonialer Geschichte sind vielfältig und reflektieren sowohl ethische als auch didaktische Prioritäten. Initiativen wie die Berliner "Dekoloniale Stadtspaziergänge" oder das Hamburger Projekt „Kolonialismus in unserer Nachbarschaft" verdeutlichen, wie urbane Räume als Bildungsplattformen genutzt werden können. Gleichzeitig zeigen Programme wie die Initiative „Blind Date mit Ihrer Stadt" in Bielefeld, dass innovative Methoden wie thematische Spaziergänge das Bewusstsein für historische Kontexte nachhaltig schärfen können. Die Ablehnung von Kommerzialisierung und die aktive Einbindung der Bevölkerung tragen wesentlich dazu bei, die Auseinandersetzung mit der kolonialen Vergangenheit inklusiver und kritischer zu gestalten. Durch die Fokussierung auf die Ablehnung von Kommerzialisierung, die Nutzung urbaner Räume als Lernorte und die Entwicklung innovativer Bildungsinstrumente tragen diese Initiativen dazu bei, das Bewusstsein für die koloniale Vergangenheit zu schärfen und eine kritischere Auseinandersetzung mit historischen Kontexten zu fördern.[71]

71 Quellen: 1. Fechner, Thomas: "Ethische Ansätze in der Erinnerungskultur", 2022 2. Burckhardt, Jacob: Die Bedeutung urbaner Räume in der Geschichtswahrnehmung, 1995 3. Dekoloniale Initiative Berlin: "Stadtspaziergänge und koloniale Geschichte." https://www.dekoloniale.de/ 3. Hamburger Bildungsinitiative: "Kolonialismus in unserer Nachbarschaft." https://www.hamburg.de/ 4. Initiative Bielefeld: "Blind Date mit Ihrer Stadt." https://www.bielefeld.de/

Herausforderungen und Kritik

Die Auseinandersetzung mit der deutschen Kolonialgeschichte steht vor erheblichen Herausforderungen, die auf strukturelle, gesellschaftliche und politische Ebenen verweisen. Dazu zählen die fehlende Sichtbarkeit kolonialer Ungerechtigkeiten im kollektiven Gedächtnis, der Widerstand gegen dekoloniale Projekte sowie die unzureichende Einbindung betroffener Gemeinschaften in Entscheidungsprozesse. Diese Aspekte verdeutlichen den Bedarf an einer breiten und inklusiven Aufarbeitung, die gesellschaftliche Akzeptanz findet und die historische Verantwortung Deutschlands umfassend adressiert. Eine wesentliche Kritik betrifft die unzureichende Repräsentation kolonialer Ungerechtigkeiten im kollektiven Gedächtnis der überwiegend weißen deutschen Gesellschaft. Diese Leerstelle verdeutlicht die Notwendigkeit eines robusteren und inklusiveren Dialogs, der nicht nur auf akademische Kreise beschränkt bleibt, sondern auch breite gesellschaftliche Schichten erreicht.

Obwohl Deutschland zunehmend öffentliche Debatten über die eigene koloniale Vergangenheit führt, fehlt es häufig an einer systematischen Integration dieser Geschichte in die nationale Erinnerungskultur. Beispiele für solche Debatten sind die Diskussionen um die Umbenennung der Berliner Mohrenstraße in Anton-Wilhelm-Amo-Straße und die Auseinandersetzung um die Rückgabe der Benin-Bronzen an Nigeria. Während diese Fortschritte einen Anfang markieren, zeigen sie auch die gesellschaftliche Polarisierung und die Schwierigkeiten bei der Umsetzung solcher Initiativen. Denkmäler, Straßennamen oder andere öffentliche Erinnerungszeichen beziehen sich noch immer vorwiegend auf deutsche Errungenschaften oder europäische historische Ereignisse. Beispiele dafür sind die Wissmannstraße in München, die nach dem Kolonialgouverneur Hermann von Wissmann benannt wurde, oder das Bismarck-Denkmal in Hamburg, das die imperialistische Politik des deutschen Reichskanzlers ehrt. Diese Symbole bleiben weitgehend unkritisiert, während koloniale Verbrechen und ihre Auswirkungen auf betroffene Gemeinschaften oft unbeachtet bleiben. Koloniale Verbrechen und ihre Auswirkungen auf betroffene Gemeinschaften bleiben oft unberücksichtigt, was das Bewusstsein für diese Aspekte der Geschichte in der Bevölkerung erheblich einschränkt. Kritiker*innen fordern daher eine umfassendere öffentliche Aufarbeitung, die auch von Schulen, Museen und Medien getragen wird.

Eine weitere Herausforderung ist der gesellschaftliche und politische Widerstand gegen eine intensivere Auseinandersetzung mit dem kolonialen Erbe. Besonders konservative und rechtspopulistische Strömungen lehnen eine kritische Aufarbeitung ab und werten Initiativen, die eine Entkolonialisierung des öffentlichen Raumes anstreben, als "Geschichtsrevisionismus". Diese Ablehnung erschwert nicht nur die Umsetzung dekolonialer Projekte wie Umbenennungen von Straßennamen oder die Rückgabe von Artefakten, sondern auch den Aufbau eines gesellschaftlichen Konsenses über die historische Verantwortung Deutschlands.

Ein zentraler Kritikpunkt ist die unzureichende Einbindung von Vertreterinnen der ehemals kolonisierten Gemeinschaften. Diese Einbindung ist essenziell, um die Perspektiven und Erfahrungen der Betroffenen direkt in die Gestaltung von Wiedergutmachungsmaßnahmen, Erinnerungsprojekten und der Rückgabe von Kulturgütern einfließen zu lassen. Ihr Fehlen birgt das Risiko, dass Entscheidungen an den Bedürfnissen dieser Gemeinschaften vorbeigehen und bestehende koloniale Machtstrukturen unbewusst fortgeführt werden. Ohne ihre aktive Teilnahme wirken viele Initiativen unauthentisch und können das Vertrauen in den Aufarbeitungsprozess erheblich beeinträchtigen. Viele Entscheidungen über Wiedergutmachungsmaßnahmen, Erinnerungsprojekte oder die Rückgabe von Kulturgütern werden ohne substanzielle Beteiligung dieser Gruppen getroffen. Ein Beispiel dafür ist die Entscheidung zur Höhe der finanziellen Zusagen im Rahmen der gemeinsamen Erklärung zwischen Deutschland und Namibia, bei der Vertreterinnen der Ovaherero und Nama nicht ausreichend konsultiert wurden. Ebenso wurde die Planung zur Rückgabe der Benin-Bronzen häufig ohne direkte Einbindung der betroffenen Gemeinschaften in Nigeria vorangetrieben. Dieser Ausschluss mindert nicht nur die Glaubwürdigkeit der Aufarbeitungsprozesse, sondern birgt auch die Gefahr, koloniale Machtstrukturen unbewusst zu reproduzieren. Betroffene Gemeinschaften fordern daher mehr Mitsprache und Einfluss bei der Gestaltung dekolonialer Initiativen.

Die oben genannten Herausforderungen verdeutlichen die dringende Notwendigkeit eines inklusiveren und breiten Dialogs über die deutsche Kolonialgeschichte. Ein solcher Dialog sollte nicht nur historische Fakten vermitteln, sondern auch die fortwährenden Auswirkungen kolonialer Strukturen auf heutige gesellschaftliche Realitäten thematisieren. Bildungsinitiativen, bürgerschaftliche Projekte und interkulturelle Kooperationen könnten hierbei eine Schlüsselrolle spielen, um das Bewusstsein für historische Ungerechtigkeiten zu stärken und die Grundlage für eine gerechtere Erinnerungskultur zu schaffen.

Wie wird die deutsche Kolonialgeschichte heute international diskutiert?

Die deutsche Kolonialgeschichte steht im internationalen Diskurs in einem Spannungsfeld zwischen Erinnerung, Aufarbeitung und Verantwortung. Während der Kolonialismus in Deutschland lange Zeit ein Randthema der öffentlichen Geschichtsschreibung war, rückt er zunehmend in den Fokus politischer und wissenschaftlicher Debatten. Vor allem durch internationale Vergleiche mit der Aufarbeitung des Kolonialismus in Großbritannien, Frankreich und Belgien wird sichtbar, dass Deutschland seine koloniale Vergangenheit erst spät umfassend thematisiert hat. Doch welche Aspekte stehen dabei im Vordergrund, und wie wird die deutsche Kolonialgeschichte heute weltweit wahrgenommen und diskutiert?

Zwischen 1884 und 1919 war Deutschland eine Kolonialmacht, deren Einfluss sich auf verschiedene Regionen erstreckte, darunter Deutsch-Südwestafrika (heutiges Namibia), Deutsch-Ostafrika (heutige Staaten Tansania, Ruanda und Burundi), Kamerun, Togo, Teile von Neuguinea sowie einige Pazifikinseln und chinesische Gebiete (Kiautschou mit Qingdao). Die deutsche Kolonialpolitik war geprägt von wirtschaftlicher Ausbeutung, Rassismus und Gewalt, die in einigen Fällen, wie beim Völkermord an den Herero und Nama (1904–1908) in Namibia, besonders drastische Formen annahm.

Mit dem Ende des Ersten Weltkriegs verlor Deutschland seine Kolonien durch die Bestimmungen des Versailler Vertrags. Anders als Frankreich oder Großbritannien setzte sich Deutschland nach dem Verlust dieser Gebiete nur zögerlich mit seiner kolonialen Vergangenheit auseinander. Diese Lücke in der Erinnerungskultur beeinflusst bis heute die Art und Weise, wie die deutsche Kolonialgeschichte international diskutiert wird.

Die namibische Perspektive auf die deutsche Kolonialzeit ist durch die traumatischen Erlebnisse des Völkermords an den Herero und Nama geprägt. Im Jahr 2021 erkannte Deutschland nach jahrelangen Verhandlungen offiziell an, dass es sich bei den Massakern um einen Völkermord handelte, und stellte eine Entschuldigung sowie Entwicklungshilfen in Höhe von 1,1 Milliarden Euro in Aussicht. Dieser Schritt wurde international sowohl als überfällig als auch als unzureichend kritisiert. Viele Stimmen aus Namibia fordern direkte Reparationen an die Nachkommen der Opfer, während die deutsche Regierung vor allem staatliche Hilfsprogramme unterstützt.

Internationale Historiker und Menschenrechtsorganisationen betrachten Deutschlands Umgang mit dem Völkermord oft kritisch und ziehen Parallelen zur Entschädigungspraxis anderer Staaten. Beispielsweise leistete Belgien Wiedergutmachung für Kolonialverbrechen im Kongo, und Frankreich erkannte die Verantwortung für Verbrechen im Algerienkrieg an. Deutschland steht unter internationalem Druck, mehr für eine gerechte Aufarbeitung seiner kolonialen Vergangenheit zu tun.

In der internationalen Forschung wird Deutschland oft als eine „späte Kolonialmacht" betrachtet, die jedoch eine besonders brutale Form des Kolonialismus ausübte. Die Debatte um den deutschen Kolonialismus konzentriert sich auf mehrere zentrale Fragen:

- War die deutsche Kolonialherrschaft grundsätzlich anders als die anderer europäischer Mächte?

- Welche Verbindung gibt es zwischen dem deutschen Kolonialismus und dem späteren Nationalsozialismus?

- Wie können postkoloniale Strukturen bis heute überwunden werden?

Ein prominentes Forschungsfeld ist die These, dass es eine ideologische Kontinuität zwischen dem deutschen Kolonialismus und dem Holocaust gibt. Historiker wie Jürgen Zimmerer argumentieren, dass der deutsche Genozid an den Herero und Nama als eine Art „Testlauf" für spätere nationalsozialistische Vernichtungspolitiken gesehen werden kann. Diese These wird jedoch international kontrovers diskutiert, da sie von anderen Historikern als zu vereinfachend angesehen wird.

In vielen ehemaligen Kolonien wird die deutsche Aufarbeitung als unzureichend empfunden. Besonders in afrikanischen Ländern gibt es eine anhaltende Kritik an Deutschlands Umgang mit kolonialem Erbe, Restitution von Raubkunst und Entwicklungszusammenarbeit. In Berlin fand 2021 eine weltweit beachtete Restitution von 20 Benin-Bronzen an Nigeria statt, ein Schritt, den viele afrikanische Nationen als überfällig betrachteten. In Frankreich oder Großbritannien gibt es bereits umfangreiche Debatten und Gesetzesinitiativen zu Rückgaben kolonialer Artefakte, während Deutschland erst nach und nach aktiv wird.

Viele ehemalige Kolonien fordern zudem eine Neubewertung der globalen wirtschaftlichen Ungleichheiten, die durch die Kolonialzeit entstanden sind. Während Deutschland betont, dass es sich nicht als klassische Kolonialmacht wie Großbritannien oder Frankreich sieht, argumentieren postkoloniale Theoretiker, dass strukturelle Ausbeutung, neokoloniale Wirtschaftsbeziehungen und eurozentristische Narrative weiterhin bestehen.

Lange Zeit wurde der deutsche Kolonialismus im Schulunterricht, in Museen und in der allgemeinen Geschichtsschreibung kaum thematisiert. Erst in den letzten Jahrzehnten hat sich ein Bewusstsein für die historische Verantwortung entwickelt. Initiativen wie die Umbenennung von Straßennamen in Berlin (ehemals „Moltke-Straße" zu „Bell-Straße", benannt nach dem Widerstandskämpfer Rudolf Duala Manga Bell) oder das geplante „Humboldt Forum", das eine kritische Auseinandersetzung mit kolonialer Raubkunst ermöglichen soll, zeigen ein wachsendes öffentliches Interesse an der Thematik.

Dennoch bleibt der Umgang mit kolonialer Vergangenheit in Deutschland umstritten. Konservative Stimmen warnen vor einer „Übermoralisierung" der Geschichte, während Aktivisten und Historiker betonen, dass eine tiefere Aufarbeitung notwendig sei.

Deutschland steht unter internationalem Druck, seine koloniale Vergangenheit nicht nur symbolisch, sondern auch materiell aufzuarbeiten. Die Anerkennung des Völkermords in Namibia, Restitutionen und finanzielle Unterstützungsmaßnahmen sind wichtige Schritte, doch viele ehemalige Kolonien sehen sie als unzureichend an. Organisationen wie die UNESCO, die Afrikanische Union und Menschenrechtsgruppen fordern weitergehende Reparationszahlungen, eine umfangreichere Restitution von Kulturgütern und eine verstärkte postkoloniale Bildungsarbeit.

Die internationale Diskussion über die deutsche Kolonialgeschichte hat in den letzten Jahren an Dynamik gewonnen. Während Deutschland große Fortschritte in der Anerkennung kolonialer Verbrechen gemacht hat, besteht weiterhin Nachholbedarf in den Bereichen Restitution, Reparationen und Bildungsarbeit. International wird Deutschlands Umgang mit dem Kolonialismus im Vergleich zu anderen europäischen Mächten oft als zögerlich betrachtet. Während Frankreich und Großbritannien eine längere Tradition der Auseinandersetzung mit ihrer Kolonialgeschichte haben, steht Deutschland erst am Anfang eines umfassenden Prozesses.

Die zukünftige Debatte wird sich daran messen lassen, inwiefern Deutschland bereit ist, über symbolische Gesten hinauszugehen und substanzielle Veränderungen in der politischen, wirtschaftlichen und gesellschaftlichen Auseinandersetzung mit seiner kolonialen Vergangenheit vorzunehmen. Nur durch eine tiefgreifende Aufarbeitung kann eine wirkliche Versöhnung mit den ehemaligen Kolonien erreicht werden.

14. LEHREN FÜR DIE GEGENWART UND ZUKUNFT

Die deutsche Kolonialgeschichte ist ein Kapitel, das lange Zeit am Rande des gesellschaftlichen und politischen Diskurses stand. Wie oft fragen wir uns jedoch, welche Spuren diese Zeit in unserer Gesellschaft hinterlassen hat? Denken wir etwa an die Kulturgüter in unseren Museen oder an Straßennamen, die immer noch an koloniale Akteure erinnern – diese Relikte werfen die Frage auf, wie viel Vergangenheit in unserer Gegenwart steckt. Im Gegensatz zu den Verbrechen des Nationalsozialismus wurde die Kolonialzeit, die zwischen 1884 und 1918 dauerte, erst in den letzten Jahrzehnten intensiver aufgearbeitet. Dabei offenbart ein genauerer Blick auf diese Epoche nicht nur die Grausamkeiten und Ungerechtigkeiten, die in den damaligen deutschen Kolonien verübt wurden, sondern auch die tiefgreifenden Verbindungen zwischen der kolonialen Vergangenheit und den Herausforderungen der Gegenwart. So zeigt sich beispielsweise in den wirtschaftlichen Abhängigkeiten vieler ehemaliger Kolonien, dass historische Ausbeutung bis heute nachwirkt. Gleichzeitig finden sich koloniale Denkmuster in aktuellen Debatten über Migration und Integration wieder, wo stereotype Vorstellungen oft unbewusst weitergetragen werden. Die Frage, warum sich Deutschland mit seiner Kolonialgeschichte auseinandersetzen sollte, gewinnt daher zunehmend an Bedeutung. Es geht dabei nicht nur um das historische Bewusstsein, sondern auch um die Lehren, die aus diesem Erbe für die Gegenwart und Zukunft gezogen werden können.

Die verdrängte Vergangenheit: Ein blinder Fleck in der deutschen Erinnerungskultur

Nach dem Ende des deutschen Kolonialreiches, das mit dem Verlust aller außer-europäischen Gebiete nach dem Ersten Weltkrieg einherging, geriet die Kolonialzeit weitgehend in Vergessenheit. Dies lag vor allem daran, dass die Weimarer Republik und später das NS-Regime kaum Interesse an einer Aufarbeitung hatten. Stattdessen wurde die Erinnerung an die Kolonialzeit häufig in einem nationalistischen Kontext genutzt, um den Verlust der Kolonien als Symbol für das Unrecht des Versailler Vertrags zu stilisieren. Während in Frankreich und Großbritannien koloniale Themen aufgrund der anhaltenden Verbindung zu ehemaligen Kolonien präsenter blieben, fand in Deutschland eine systematische Verdrängung statt. Die Weimarer Republik und später das NS-Regime hatten kaum Interesse daran, die Kolonialzeit aufzuarbeiten. Vielmehr diente die Erinnerung an die „verlorenen Kolonien" in nationalistischer Rhetorik als Symbol für vermeintliches Unrecht, das Deutschland widerfahren sei.

Diese Verdrängung setzte sich nach 1945 fort. In der Nachkriegszeit dominierte die Auseinandersetzung mit den Verbrechen des Nationalsozialismus, während die deutsche Kolonialgeschichte in der öffentlichen Erinnerung kaum eine Rolle spielte. Auch in den Schulen wurde das Thema nur am Rande behandelt, wenn überhaupt. Erst in den letzten zwei Jahrzehnten begann eine ernsthafte gesellschaftliche und wissenschaftliche Aufarbeitung, die vor allem durch Initiativen aus der Zivilgesellschaft, von Historikern sowie von Aktivisten angestoßen wurde.

Relevanz für die Gegenwart: Warum koloniale Strukturen bis heute wirken

Die Kolonialzeit mag äußerlich betrachtet ein abgeschlossenes Kapitel der deutschen Geschichte sein, doch ihre Auswirkungen sind bis heute spürbar. Ein anschauliches Beispiel dafür ist die Debatte um die Rückgabe von Kulturgütern wie den Benin-Bronzen, die während der Kolonialzeit geraubt wurden und noch immer in deutschen Museen zu finden sind. Diese Objekte symbolisieren nicht nur historische Ungerechtigkeit, sondern prägen bis heute die Diskussionen über kulturelle Identität und Verantwortung. Viele globale Ungleichheiten, die sich in wirtschaftlichen, politischen und kulturellen Bereichen manifestieren, haben ihre Wurzeln in der kolonialen Vergangenheit. So sind die Grenzen vieler afrikanischer Staaten das Ergebnis willkürlicher Abmachungen der europäischen Kolonialmächte, die wenig Rücksicht auf die ethnische oder kulturelle Zusammensetzung der Bevölkerung nahmen. Diese Grenzziehungen trugen zu Konflikten bei, die bis heute anhalten.

Auch die wirtschaftliche Ausbeutung der Kolonien hat langfristige Folgen. Die Kolonialmächte entzogen den besetzten Gebieten Rohstoffe, zerstörten lokale Wirtschaftssysteme und schufen Abhängigkeiten, die bis heute bestehen. Viele ehemalige Kolonien sind aufgrund dieser historischen Lasten strukturell benachteiligt und kämpfen mit Entwicklungsrückständen. Gleichzeitig profitieren die ehemaligen Kolonialmächte, darunter auch Deutschland, bis heute indirekt von den Vermögenswerten, die während der Kolonialzeit angeeignet wurden.

Auf gesellschaftlicher Ebene zeigt sich das koloniale Erbe vor allem in rassistischen Denkstrukturen und Stereotypen, die in der Kolonialzeit geprägt wurden. Die Vorstellung von der Überlegenheit der europäischen Kultur und der Minderwertigkeit anderer Kulturen diente einst zur Legitimation der kolonialen Herrschaft. Diese Denkweisen haben sich – trotz aller Fortschritte in der Gleichberechtigung – in vielen Gesellschaften verfestigt und tragen bis heute zu Diskriminierung und Ungleichbehandlung bei.

Die Verbindung zwischen Vergangenheit und aktuellen Herausforderungen

Die Auseinandersetzung mit der deutschen Kolonialgeschichte bietet eine wertvolle Perspektive, um aktuelle gesellschaftliche und politische Herausforderungen zu verstehen. Ein Beispiel ist die anhaltende Diskussion um Rassismus und strukturelle Diskriminierung, die sich in vielen Gesellschaften als Nachwirkung kolonialer Denkweisen manifestieren. Ebenso relevant sind die Fragen nach globaler Gerechtigkeit, etwa im Umgang mit wirtschaftlichen Abhängigkeiten und der Restitution kultureller Artefakte. Diese Themen verdeutlichen, wie eng Vergangenheit und Gegenwart miteinander verwoben sind. Themen wie Migration, globale Ungleichheit und Rassismus können nicht losgelöst von ihrer historischen Dimension betrachtet werden. Deutschland hat in den letzten Jahrzehnten zahlreiche Migranten aus ehemaligen Kolonien anderer europäischer Länder aufgenommen, ohne dabei ausreichend die Verantwortung für seine eigene koloniale Vergangenheit zu reflektieren.

Die Frage der Restitution von Kulturgütern ist ein weiteres Beispiel für die Verbindung zwischen Vergangenheit und Gegenwart. Viele deutsche Museen besitzen Artefakte, die während der Kolonialzeit aus den besetzten Gebieten nach Europa gebracht wurden. Diese Objekte sind nicht nur wertvolle Kunstwerke, sondern auch Träger kultureller Identität für die Ursprungsgesellschaften. Die Rückgabe solcher Kulturgüter ist daher nicht nur eine Frage der Gerechtigkeit, sondern auch ein Schritt hin zu einer echten Aufarbeitung der Kolonialgeschichte.

Was können wir aus der Geschichte lernen?

Die deutsche Kolonialgeschichte bietet wichtige Lehren für die Gegenwart und Zukunft. Eine zentrale Erkenntnis ist die Notwendigkeit, historische Verantwortung zu übernehmen. Dies bedeutet nicht nur, die Verbrechen der Vergangenheit anzuerkennen, sondern auch aktive Schritte zu unternehmen, um die Folgen dieser Verbrechen zu mildern. Deutschland hat in den letzten Jahren Fortschritte in dieser Hinsicht gemacht, etwa durch offizielle Entschuldigungen für den Genozid an den Herero und Nama in Namibia. Doch solche symbolischen Gesten müssen durch konkrete Maßnahmen ergänzt werden, etwa durch Entwicklungszusammenarbeit auf Augenhöhe oder die Restitution von Kulturgütern.

Darüber hinaus zeigt die Kolonialgeschichte die Gefahren von Machtmissbrauch und rassistischer Ideologie auf. Sie mahnt dazu, Wachsamkeit gegenüber jeglicher Form von Diskriminierung und Ungleichheit zu bewahren. In einer globalisierten Welt, in der die Grenzen zwischen Nationen zunehmend verschwimmen, ist es wichtiger denn je, die Prinzipien der Gleichberechtigung und gegenseitigen Achtung zu wahren.

Warum jetzt? Die Dringlichkeit der Aufarbeitung

Die Auseinandersetzung mit der Kolonialgeschichte ist kein Luxusprojekt, sondern eine dringende Notwendigkeit. In einer Zeit, in der Bewegungen wie Black Lives Matter weltweit auf Rassismus und soziale Ungerechtigkeit aufmerksam machen, kann Deutschland nicht länger seine koloniale Vergangenheit ignorieren. Die Aufarbeitung dieser Geschichte ist ein Schlüssel zur Überwindung tief verwurzelter Vorurteile und zur Schaffung einer inklusiveren Gesellschaft.

Gleichzeitig bietet die Aufarbeitung der Kolonialgeschichte eine Chance, Deutschlands Rolle in der Welt neu zu definieren. Als wirtschaftliche und politische Macht hat Deutschland die Möglichkeit, eine Vorreiterrolle bei der Bewältigung globaler Herausforderungen zu übernehmen. Eine ehrliche Auseinandersetzung mit der eigenen Geschichte ist dabei ein unverzichtbarer Schritt.

Ausblick: Ein Aufruf zum Handeln

Die deutsche Kolonialgeschichte ist mehr als ein historisches Thema. Sie ist ein Spiegel, der uns zeigt, wie die Vergangenheit die Gegenwart prägt und welche Verantwortung wir für die Zukunft tragen. Die Lehren, die wir aus dieser Geschichte ziehen, können uns helfen, eine gerechtere und solidarischere Welt zu schaffen. Es liegt an uns, diese

Lehren in die Tat umzusetzen – durch Bildung, durch politische und gesellschaftliche Maßnahmen und durch eine offene und ehrliche Auseinandersetzung mit unserer Geschichte.

Indem wir uns mit der deutschen Kolonialgeschichte auseinandersetzen, schaffen wir die Grundlage für ein besseres Verständnis der Gegenwart und für eine Zukunft, in der globale Gerechtigkeit mehr ist als ein idealistisches Ziel. Es ist eine Chance, aus den Fehlern der Vergangenheit zu lernen und eine Welt zu gestalten, die auf Respekt, Gleichberechtigung und Zusammenarbeit basiert.

Die abschließende Reflexion über die deutsche Kolonialgeschichte führt zu einer zentralen Frage: Welche Verantwortung trägt die heutige Gesellschaft für die Aufarbeitung dieses dunklen Kapitels? Historische Gerechtigkeit ist keine abgeschlossene Aufgabe; sie ist ein andauernder Prozess, der kontinuierliche Anstrengungen und Anpassungen erfordert. Die folgenden Aspekte beleuchten, wie wir diesen Weg gemeinsam gestalten können.

Kollektives Gedächtnis und Erinnerungskultur

Ein Schlüsselaspekt der Aufarbeitung ist die Etablierung eines kollektiven Gedächtnisses, das die koloniale Vergangenheit Deutschlands angemessen reflektiert. Erinnerungskultur darf nicht nur auf symbolische Gesten wie Entschuldigungen und Denkmäler beschränkt bleiben. Vielmehr sollte sie tief in die gesellschaftliche Praxis eingebettet sein, etwa durch Bildung, Medien und Kultur.

Gedenkstätten und Museen könnten eine zentrale Rolle spielen, indem sie die Geschichte der deutschen Kolonialzeit kritisch aufarbeiten und sowohl die Verbrechen als auch die Perspektiven der Betroffenen sichtbar machen. Mobile Ausstellungen und digitale Plattformen bieten die Möglichkeit, ein breiteres Publikum zu erreichen und die Bedeutung dieser Geschichte in den Alltag der Menschen zu integrieren.

Dialog auf Augenhöhe

Eine erfolgreiche Aufarbeitung setzt voraus, dass betroffene Gesellschaften aktiv in den Prozess einbezogen werden. Der Dialog mit den Nachfahren der Opfer kolonialer Verbrechen sollte auf Augenhöhe stattfinden und deren Bedürfnisse in den Mittelpunkt stellen. Dies könnte durch bilaterale Arbeitsgruppen, gemeinsame Projekte und langfristige Partnerschaften geschehen, die auf Respekt und Zusammenarbeit basieren.

Ein Beispiel hierfür ist die Zusammenarbeit bei der Rückgabe von Kulturgütern. Dieser Prozess sollte nicht nur als eine Form der Wiedergutmachung verstanden werden, sondern auch als eine Gelegenheit, Brücken zwischen Kulturen zu bauen und voneinander zu lernen. Solche Projekte könnten den Grundstein für eine neue Ära der internationalen Beziehungen legen.

Bildung und Bewusstsein

Die Verankerung kolonialer Geschichte im Bildungssystem ist von entscheidender Bedeutung, um künftige Generationen zu sensibilisieren und ein Bewusstsein für historische Zusammenhänge zu schaffen. Lehrpläne sollten so gestaltet werden, dass sie die Verflechtungen zwischen Vergangenheit und Gegenwart verdeutlichen und die Rolle Deutschlands im globalen Kontext kritisch hinterfragen.

Darüber hinaus könnten außerschulische Bildungsprogramme, etwa Workshops und Seminare, dazu beitragen, das Wissen über die deutsche Kolonialgeschichte zu erweitern. Hierbei wäre es wichtig, verschiedene Perspektiven einzubeziehen, um ein umfassenderes Verständnis zu fördern.

Politische Verantwortung

Die Bundesregierung spielt eine zentrale Rolle bei der Umsetzung von Maßnahmen zur Aufarbeitung der Kolonialgeschichte. Politische Entscheidungen könnten den Weg für konkrete Projekte ebnen, etwa durch die Bereitstellung von Mitteln für Bildungsinitiativen, Gedenkstätten und Forschungsprojekte. Gleichzeitig sollten politische Programme die globale Gerechtigkeit fördern und strukturelle Ungleichheiten abbauen.

Ein Beispiel hierfür wäre die Unterstützung von internationalen Entwicklungsprojekten, die auf Nachhaltigkeit und lokale Stärkung abzielen. Die Vermeidung von neuen Abhängigkeiten sollte dabei oberste Priorität haben.

Ein inklusiver Gesellschaftsvertrag

Letztlich erfordert die Aufarbeitung der deutschen Kolonialgeschichte einen neuen gesellschaftlichen Konsens, der auf Inklusion und Gerechtigkeit basiert. Dieser Gesellschaftsvertrag sollte sicherstellen, dass alle Mitglieder der Gesellschaft – unabhängig von ihrer Herkunft – gleichberechtigt an der Gestaltung der Zukunft teilhaben können.

Dies bedeutet auch, Rassismus und Diskriminierung entschieden entgegenzutreten und eine Kultur der Vielfalt und des Respekts zu fördern. Nur so kann eine nachhaltige Versöhnung mit der Vergangenheit erreicht und eine gerechtere Zukunft geschaffen werden.

Die Verantwortung, die sich aus der deutschen Kolonialgeschichte ergibt, ist vielschichtig und reicht weit über symbolische Gesten hinaus. Sie erfordert eine umfassende gesellschaftliche Anstrengung, die Bildung, Kultur, Politik und internationale Zusammenarbeit einschließt. Durch diesen Prozess könnte Deutschland nicht nur seiner historischen Verantwortung gerecht werden, sondern auch eine Vorbildfunktion im globalen Kontext übernehmen. Eine gerechte und inklusive Zukunft ist möglich, wenn wir bereit sind, aus der Vergangenheit zu lernen und gemeinsam an einer besseren Welt zu arbeiten.

GLOSSAR

A

- *Afrikanische Kolonien*: Die deutschen Kolonialbesitzungen in Afrika umfassten Deutsch-Ostafrika, Deutsch-Südwestafrika, Kamerun und Togo. Diese Gebiete waren von wirtschaftlicher Ausbeutung und militärischer Kontrolle geprägt.

- *Aufstand der Herero und Nama*: Widerstandsbewegung der indigenen Bevölkerung gegen die deutsche Kolonialherrschaft in Deutsch-Südwestafrika (heutiges Namibia) 1904-1908, die in einem Völkermord gipfelte.

B

- *Bismarcksche Kolonialpolitik*: Otto von Bismarck war zunächst gegen eine deutsche Kolonialpolitik, änderte jedoch in den 1880er Jahren seine Haltung und initiierte die formelle Aneignung von Kolonialgebieten.

- *Boerkrieg*: Konflikt zwischen den Burenrepubliken und dem Britischen Empire (1899-1902), in dessen Umfeld Deutschland diplomatische Beziehungen zu den Buren pflegte.

C

- *Chartered Companies*: Handelsgesellschaften mit Sonderrechten zur wirtschaftlichen Erschließung von Kolonien, etwa die "Deutsche Kolonialgesellschaft".

- *Chinesisch-Deutsches Abkommen*: Vereinbarung zur Pachtung des Gebietes um Qingdao in China, das Deutschland zwischen 1898 und 1914 kontrollierte.

D

- *Deutscher Kolonialkrieg*: Bezeichnung für militärische Auseinandersetzungen, in denen das Deutsche Reich seine Kolonien sicherte oder verteidigte, insbesondere in Afrika und China.

- *Duala*: Eine indigene Volksgruppe Kameruns, die in Handelsbeziehungen mit deutschen Kolonialherren stand und später Widerstand leistete.

E

- *Eingeborenenrecht*: Deutsche Kolonialgesetze zur Verwaltung indigener Bevölkerungen, oft diskriminierend und zum Schutz wirtschaftlicher Interessen ausgelegt.

- *Expeditionen*: Forschungsreisen deutscher Wissenschaftler in koloniale Gebiete zur Kartierung, Rohstofferkundung und ethnographischen Studien.

F

- *Forschungsreisen*: Expeditionen deutscher Gelehrter wie Carl Peters, die zur Erschließung und wirtschaftlichen Nutzung der Kolonien beitrugen.

- *Friedensvertrag von Versailles*: Vertrag von 1919, durch den Deutschland alle Kolonien verlor.

G

- *Germanisierung*: Versuche der deutschen Kolonialverwaltung, europäische Kultur in Kolonien zu etablieren, oft mit Zwangsmaßnahmen verbunden.

- *Gouverneure*: Leitende Verwaltungsbeamte in deutschen Kolonien, etwa in Deutsch-Ostafrika oder Qingdao.

H

- *Handelskompanien*: Private Gesellschaften, die den deutschen Kolonialhandel betrieben und stark von staatlicher Unterstützung profitierten.

- *Hottentottenkrieg*: Alternativer Name für den Herero- und Nama-Aufstand (1904-1908) in Deutsch-Südwestafrika.

J

- *Jiaozhou-Bucht*: Gebiet in China, das Deutschland 1898 pachtete und als Handels- und Marinestützpunkt Qingdao ausbaute.

K

- *Kolonialgesellschaften*: Private Organisationen zur Förderung deutscher Siedlungs- und Handelsprojekte in Afrika, Ozeanien und China.

- *Kaiserliche Schutztruppe*: Militäreinheiten des Deutschen Reichs zur Sicherung der Kolonien gegen Aufstände und feindliche Mächte.

M

- *Missionare*: Religiöse Gesandte, die christliche Glaubenslehren verbreiten und westliche Bildungsstrukturen in Kolonien einrichten sollten.

- *Maji-Maji-Aufstand*: Widerstandsbewegung indigener Bevölkerung in Deutsch-Ostafrika (1905-1907), brutal niedergeschlagen von der deutschen Armee.

- *Mitigationsstrategien* (auch Minderungsstrategien oder Abschwächungsstrategien) bezeichnen Maßnahmen, die darauf abzielen, negative Auswirkungen eines Risikos, einer Krise oder einer Bedrohung zu reduzieren oder zu verhindern. Sie finden Anwendung in vielen Bereichen wie Wirtschaft, Umwelt, IT-Sicherheit, Politik und Katastrophenmanagement.

N

- *Nachwirkungen des Kolonialismus*: Die langfristigen sozialen, politischen und wirtschaftlichen Effekte der deutschen Kolonialzeit in betroffenen Ländern.

- *Neuguinea-Kompagnie*: Private Gesellschaft, die bis 1899 für die Verwaltung von Deutsch-Neuguinea zuständig war.

P

- *Pazifikkolonien*: Deutsche Besitzungen in der Südsee, darunter Deutsch-Samoa und die Karolinen.

- *Plantagenwirtschaft*: Wirtschaftssystem in deutschen Kolonien, bei dem einheimische Arbeiter auf großen Agrarbetrieben (z. B. für Kaffee und Kautschuk) eingesetzt wurden.

Q

- *Qingdao*: Deutsche Kolonialstadt in China, bekannt für Infrastrukturprojekte, Wirtschaftsentwicklung und das Tsingtao-Bier.

R

- *Rassengesetze*: Diskriminierende Bestimmungen, die Europäer in den Kolonien privilegierten und die Rechte der Einheimischen einschränkten.

- *Rohstoffausbeutung*: Die systematische Nutzung natürlicher Ressourcen (z. B. Gold, Kupfer, Kautschuk) in deutschen Kolonien.

S

- *Samoa-Krise*: Konflikt zwischen Deutschland, Großbritannien und den USA um die Vorherrschaft auf den samoanischen Inseln (1889-1899).

- *Schutzvertrag*: Verträge, die formal den Schutz indigener Völker durch Deutschland zusicherten, jedoch meist zu faktischer Kontrolle führten.

T

- *Tsingtao-Brauerei*: Berühmte Bierbrauerei, die während der deutschen Kolonialzeit in Qingdao gegründet wurde und bis heute besteht.

V

- *Völkerbundmandate*: Kolonien, die nach dem Ersten Weltkrieg von Deutschland abgetreten und unter Mandatsverwaltung des Völkerbundes gestellt wurden.

W

- *Widerstand*: Aufstände und Proteste gegen die deutsche Kolonialherrschaft, z. B. in Deutsch-Ostafrika oder Samoa.

- *Wissmann, Hermann von*: Deutscher Kolonialbeamter und Gouverneur von Deutsch-Ostafrika, bekannt für seine gewaltsame Niederschlagung indigener Aufstände.

Z

- *Zwangsarbeit*: Systematische Einsetzung indigener Bevölkerung zur Arbeit in Plantagen, Bergwerken und Infrastrukturprojekten in deutschen Kolonien.

LITERATURVERZEICHNIS

Rolf Walter, et al., Der Traum vom Eldorado. Die deutsche Conquista in Venezuela im 16. Jahrhundert. Eberhard, München 1992, ISBN 3-926777-23-0

German Latorre, 1919, Relaciones geográficas de Indias: (contenidas en el
Archivo general de Indias de Sevilla). La Hispano-américa del siglo XVI: Co-
lombia--Venezuela--Puerto Rico--República argentina. Spanien: Tip. Zarzuela.

Hermann Kellenbenz, Die Brandenburger auf St. Thomas. In: Jahrbuch für
Geschichte von Staat, Wirtschaft und Gesellschaft Lateinamerikas. 2 (1965),
S. 196–217

Heinhold Fast, Die Mennoniten und die Gründung von Neustadtgödens. In:
Mennonitische Geschichtsblätter, Bd. 52 (1995), S. 85–100

Hermann Wellenreuther, Niedergang und Aufstieg. Geschichte Nordamerikas
vom Beginn der Besiedlung bis zum Ausgang des 17. Jahrhunderts. Lit,
Münster u. a. 2000, ISBN 3-8258-4447-1

Marianne S. Wokeck, Trade in Strangers – The Beginnings of Mass Migration
to North America, 1999, Pennsylvania State University, ISBN 978-0-271-
01832-4

Jürgen Osterhammel, Die Entzauberung Asiens. Europa und die asiatischen
Reiche im 18. Jahrhundert. Beck, München 1998, ISBN 3-406-44203-X

Jork Artelt, Tsingtau, deutsche Stadt und Festung in China 1897-1914, 1984,
Droste Verlag, ISBN 9783770006465

Peter J. Hempenstall, Pacific Islanders Under German Rule: A Study in the
Meaning of Colonial Resistance, 2016, Lulu Press, ISBN 9781921934315

Augustine Krämer (1994). The Samoa Islands: An Outline of a Monograph
With Particular Consideration of German Samoa: Constitution, Pedigrees and
Traditions. Vol. I. Honolulu, HI: University of Hawaii Press. ISBN 0824822196

Heinrich Schnee (Hrsg.): Deutsches Kolonial-Lexikon. 3 Bände, Quelle & Meyer, Leipzig 1920

Hartmann, G., Koch-Grünberg, T. (1972). Zwischen Amazonas und Orinoko: Zum 100. Geburtstag von Theodor Koch-Grünberg. Deutschland: Staatl. Museen Preussischer Kulturbersitz Berlin

Hugo Zöller, (1883). Die Deutschen im Brasilischen Urwald, Deutschland: Spemann, Österreichische Nationalbibliothek

Plumpe, W., Nützenadel, A., Schenk, C. R. (2020). Deutsche Bank: Die globale Hausbank 1870 - 2020. Deutschland: Ullstein Ebooks

Manfred Illi, (1977) Die deutsche Auswanderung nach Lateinamerika: eine Literaturübersicht, Deutschland: Vervuert

Peter Sebald et al., Studien zur Geschichte des deutschen Kolonialismus in Afrika, Centaurus Verlagsgesellschaft 2005, ISBN 9783890859392

Franz Göttlicher, Koloniale Gesellschaften und Verbände Bestände: Deutsche Kolonialgesellschaft - R 8023, Kolonialwirtschaftliches Komitee - R 8024, Deutsch-Ostafrikanische Gesellschaft - R 8124, Neu-Guinea Compagnie, Berlin - R 8133, ISBN 9783865090911, Bundesarchiv 2022

Weitere Bücher vom Autor

Im Online-Shop, direkt beim Verlag ------->

oder

www.thalia.de   www.buecher.de
www.bookshop.de   www.amazon.de
www.eurobuch.at   www.lehmanns.de

NEU

Flucht, Vertreibung, Integration

Eine Nachkriegsgeschichte mit Gegenwartsbezug

Ralf Schönert

Paperback
Verlag: BoD - Books on Demand
Erscheinungsdatum: 23.01.2025

19,90 € Buch
inkl. MwSt. / portofrei

9,99 € E-Book
inkl. MwSt.
sofort verfügbar als Download

Zwischen Aufklärung und Revolution

Die deutschen Lande im Wandel (1770 - 1848)

Ralf Schönert

Paperback
Verlag: BoD - Books on Demand
Erscheinungsdatum: 10.12.2024

19,90 € Buch
inkl. MwSt. / portofrei

9,99 € E-Book
inkl. MwSt.
sofort verfügbar als Download

Kreuzwege der Macht

Der politische Katholizismus in der modernen Welt

Ralf Schönert

Paperback
Verlag: BoD - Books on Demand
Erscheinungsdatum: 28.08.2024

18,90 € Buch
inkl. MwSt. / portofrei